电子信息科学与工程类专业系列教材

电路分析基础

主编 胡 君 刘婵梓 赵晓芳
主审 李秀平

电子工业出版社
Publishing House of Electronics Industry
北京·BEIJING

内 容 简 介

本书是根据编者十几年的教学经验，在所用讲稿的基础上进行必要的精选和扩充，并考虑地方本科院校的生源和教学实际情况，为电子信息类专业本科生而编写的颇具特色的电路分析教材。全书由电路元件、变量与定律，直流电阻电路的等效变换，直流电阻电路的系统分析法，电路定理，直流电阻电路的综合求解，动态电路的分析，正弦稳态电路的分析，含有耦合电感的电路（互感耦合电路），三相电路，双口网络，10章内容组成。本书基本概念讲述透彻、观点特色鲜明、归纳总结到位、例题丰富、解题思路条理清晰，特别是第5章"直流电阻电路的综合求解"对初学者全面掌握电路分析的重点内容具有很好的参考价值，是本书的特色之一。

本书可作为高等院校电子信息类专业电路分析课程的教材或教学参考书，也可供学生考研复习使用，对电类相关专业的工程技术人员也有较大的参考价值。

未经许可，不得以任何方式复制或抄袭本书之部分或全部内容。
版权所有，侵权必究。

图书在版编目（CIP）数据

电路分析基础 / 胡君，刘婵梓，赵晓芳主编. —北京：电子工业出版社，2021.8
ISBN 978-7-121-41647-7

Ⅰ. ①电… Ⅱ. ①胡… ②刘… ③赵… Ⅲ. ①电路分析－高等学校－教材 Ⅳ. ①TM133

中国版本图书馆 CIP 数据核字（2021）第 150562 号

责任编辑：赵玉山　　特约编辑：田学清
印　　刷：北京盛通数码印刷有限公司
装　　订：北京盛通数码印刷有限公司
出版发行：电子工业出版社
　　　　　北京市海淀区万寿路 173 信箱　邮编：100036
开　　本：787×1092　1/16　印张：19　字数：484.8 千字
版　　次：2021 年 8 月第 1 版
印　　次：2025 年 8 月第 4 次印刷
定　　价：59.00 元

凡所购买电子工业出版社图书有缺损问题，请向购买书店调换。若书店售缺，请与本社发行部联系，联系及邮购电话：(010) 88254888，88258888。
质量投诉请发邮件至 zlts@phei.com.cn，盗版侵权举报请发邮件至 dbqq@phei.com.cn。
本书咨询联系方式：zhaoys@phei.com.cn。

前　言

《电路分析基础》是电类相关专业的入门专业基础课程，其基本概念和分析方法是所有电路计算和分析的基础。

本书共 10 章，主要遵循"基本元件—基本方法—基本定律（理）—实际应用训练"的层次展开课程内容，首先通过引入理想电源内阻的概念，将学生对回路（网孔）电流法和节点电压法的理解推向新的境界；其次在内容编排上进行调整，将"替代定理"提前，并巧妙地应用于电路的求解；最后将直流电阻电路的分析求解作为电路分析课程的教学重点。

本书的内容和编写的主要特点如下。

1. 在结构方面

本书主要由直流电阻电路、一阶和二阶动态电路、正弦稳态电路、互感耦合电路、三相电路及双口网络等内容构成。相对于传统电路分析教材的内容而言，本书摒弃了大而全的做法，在内容上进行了精简和优化，并注意突出教学重点。本书在内容简洁清新的基础上能满足本科教学大纲的基本要求。

2. 在内容方面

本书的内容组织、更新和编排是一大亮点。

（1）引入了电压源和电流源内阻的概念。传统电路分析教材由于没有提及电源内阻的概念，所以在利用网孔电流法或节点电压法求解电路时，读者无法解释无伴电流源支路或无伴电压源支路的处理办法（为何要进行这种处理），而利用电源内阻的概念则很容易理解。

（2）将第 4 章中的"替代定理"内容提前到第 2 章介绍（如例 2.9）。替代定理可为网孔电流法中无伴电流源支路及节点电压法中无伴电压源支路的处理办法提供理论支持。

（3）将直流电阻电路的四种求解方法按其特点进行了分类（分为直接法和间接法两大类），以便读者理解和归纳总结。

（4）引入了静态电路与动态电路的比较内容，并对动态元件的动态变化过程进行了详细的描述，以加深对动态电路的理解；其次，回避了"非独立初始值"的求取。不论求解任何变量，总是先求出电容电压（动态元件为电容时）或电感电流（动态元件为电感时），再利用电容或电感的 VAR 和 KCL 及 KVL 等进一步求解所要求的电路变量。由于利用 VAR 和 KCL 及 KVL 的后续求解比较简单，所以该求解方法是比较直观和简单的求解方法。

（5）为配合电路实验，引入了"微分电路"和"积分电路"的内容，并对其进行了数学和电路工作状态方面的详细解释，以加强对其工作原理的理解；另外，还引入了"提高功率因数的方法"的内容。

3. 在重点方面

很明显，直流电阻电路是本书的重点。直流电阻电路涵盖了本书前 4 章的内容，它既是一阶动态电路三要素法应用的基础，也是正弦稳态电路分析的理论基础（分析方法跟直流电阻电路相同，只是数的范围扩大为复数域），其重要性不言而喻。

为了强化直流电阻电路的分析计算能力训练，本书特别引入了"直流电阻电路的综合求解"一章，通过一题多解、综合分析和归纳总结，对常见直流电阻电路的求解方法进行全面归纳、总结、比较和分析，以加深读者对直流电阻电路内容的理解，提高对其直流电阻电路问题的求解能力。

本书由李秀平担任主审，胡君、刘婵梓、赵晓芳担任主编。本书在编写过程中得到了东莞理工学院电子工程与智能化学院领导与老师的大力支持和帮助，在此表示衷心的感谢。

由于作者水平有限，书中可能存在错误和不足之处，恳请广大读者批评指正。

编者

2020 年 6 月

目　录

第1章　电路元件、变量和定律 … 1
1.1 电路及其模型 … 1
1.2 电压、电流及其参考方向 … 2
1.2.1 电压及其参考方向 … 2
1.2.2 电流及其参考方向 … 2
1.2.3 电压和电流的关联参考方向 … 3
1.3 电功率和能量 … 4
1.3.1 电功率 … 4
1.3.2 能量 … 5
1.4 电路元件 … 5
1.4.1 电阻 … 6
1.4.2 电容 … 7
1.4.3 电感 … 10
1.4.4 独立电源 … 13
1.4.5 受控电源 … 15
1.5 基尔霍夫定律 … 18
1.5.1 集总参数电路与分布参数电路 … 18
1.5.2 基尔霍夫电流定律 … 18
1.5.3 基尔霍夫电压定律 … 19
1.6 电路中电位的计算 … 22
1.7 本章小结 … 23
习题 … 23

第2章　直流电阻电路的等效变换 … 29
2.1 电路等效变换的概念 … 29
2.2 电阻的串联与并联 … 30
2.2.1 电阻的串联 … 30
2.2.2 电阻的并联 … 31
2.3 电阻的Y形电路与△形电路的等效变换 … 36
2.4 理想电源的串联和并联 … 40
2.4.1 电压源的串联 … 40
2.4.2 电流源的并联 … 40
2.5 实际电源的两种模型及其等效变换 … 41
2.6 输入电阻 … 44
2.7 本章小结 … 45
习题 … 46

第3章 直流电阻电路的系统分析法 ... 51
3.1 直接法 ... 51
3.1.1 2b法 ... 51
3.1.2 支路电流法 ... 52
3.2 间接法 ... 54
3.2.1 网孔电流法 ... 54
3.2.2 回路电流法 ... 58
3.2.3 节点电压法 ... 60
3.3 本章小结 ... 67
习题 ... 68

第4章 电路定理 ... 72
4.1 齐次定理 ... 72
4.2 叠加定理 ... 74
4.3 替代定理 ... 79
4.4 等效电源定理 ... 82
4.4.1 戴维宁定理 ... 82
4.4.2 诺顿定理 ... 86
4.5 最大功率传输定理 ... 89
4.6 特勒根定理 ... 97
4.7 互易定理 ... 99
4.8 本章小结 ... 103
习题 ... 105

第5章 直流电阻电路的综合求解 ... 110
5.1 直流电阻电路求解的基本思路 ... 110
5.1.1 变换型方法 ... 110
5.1.2 代数型方法 ... 111
5.1.3 定理型方法 ... 112
5.1.4 混合型方法 ... 112
5.2 直流电阻电路综合求解点评 ... 113
5.3 本章小结 ... 129
习题 ... 130

第6章 动态电路的分析 ... 131
6.1 电路的时域特性 ... 131
6.1.1 静态电路与动态电路 ... 131
6.1.2 动态电路的特征 ... 132
6.2 动态电路的数学模型 ... 134
6.2.1 一阶动态电路的数学模型 ... 134
6.2.2 二阶动态电路的数学模型 ... 135
6.3 一阶动态电路的时域响应求解 ... 136
6.3.1 初始值的确定与换路定理 ... 136

	6.3.2	一阶动态电路的零输入响应	137
	6.3.3	一阶动态电路的零状态响应	141
	6.3.4	一阶动态电路的全响应及三要素法	144
	6.3.5	一阶动态电路的单位阶跃响应	149
	6.3.6	一阶动态电路的单位冲激响应	152
	6.3.7	微分电路与积分电路	156

6.4 二阶动态电路的时域响应求解 158
  6.4.1 二阶动态电路的零输入响应 159
  6.4.2 二阶动态电路的零状态响应 167
  6.4.3 二阶动态电路的全响应 168

6.5 动态电路响应的复频域（s 域）求解 169
  6.5.1 Laplace 变换的定义 170
  6.5.2 常见信号的 Laplace 变换 170
  6.5.3 Laplace 变换的主要性质 172
  6.5.4 Laplace 逆（反）变换 173
  6.5.5 动态电路的复频域求解 177

6.6 本章小结 181
习题 183

第 7 章 正弦稳态电路的分析 188
7.1 正弦电源激励下动态电路响应的结构分析 188
7.2 复数及其运算 189
  7.2.1 复数的表示形式 189
  7.2.2 复数的运算 189
7.3 正弦量与相量 191
  7.3.1 正弦量的定义及特征 191
  7.3.2 正弦量的有效值 192
  7.3.3 正弦量的相量表示 192
  7.3.4 正弦量的相量性质 193
7.4 电路定律的相量形式 195
  7.4.1 KCL 与 KVL 的相量形式 195
  7.4.2 电路元件 VAR 的相量形式 195
7.5 阻抗与导纳 198
  7.5.1 阻抗及其连接 198
  7.5.2 导纳及其连接 199
  7.5.3 阻抗与导纳的关系 201
7.6 正弦稳态电路的相量域分析 202
  7.6.1 正弦稳态电路的分析方法 203
  7.6.2 正弦稳态电路的相量图 204
  7.6.3 正弦稳态电路的计算 206
  7.6.4 正弦稳态电路的功率 210

		7.6.5 最大功率传输条件	213
		7.6.6 提高功率因数的方法	215
		7.6.7 正弦稳态电路的谐振	216
	7.7	本章小结	220
	习题		221

第 8 章 含有耦合电感的电路（互感耦合电路） ... 225

	8.1	耦合电感（互感）	225
	8.2	耦合电感的 VAR	226
		8.2.1 磁通相助	226
		8.2.2 磁通相消	226
		8.2.3 同名端	227
	8.3	耦合电感的去耦等效	228
		8.3.1 耦合电感的等效受控源模型	228
		8.3.2 耦合电感的串联	228
		8.3.3 耦合电感的并联	229
		8.3.4 T 型去耦等效电路	230
	8.4	互感电路的正弦稳态计算	230
	8.5	变压器	233
		8.5.1 空心变压器	233
		8.5.2 全耦合变压器	234
		8.5.3 理想变压器	236
	8.6	本章小结	239
	习题		241

第 9 章 三相电路 ... 244

	9.1	三相电路	244
		9.1.1 三相电压源	244
		9.1.2 三相负载	245
	9.2	线电压（流）与相电压（流）的关系	246
	9.3	对称三相电路的计算	247
	9.4	不对称三相电路的概念	249
	9.5	三相电路的功率	251
	9.6	本章小结	254
	习题		254

第 10 章 双口网络 ... 259

	10.1	双口网络	259
	10.2	双口网络的方程和参数矩阵	260
		10.2.1 时域表达式	260
		10.2.2 相量表达式	263
	10.3	双口网络参数的计算	267
		10.3.1 直流电阻电路	267

  10.3.2 正弦稳态电路···271
 10.4 双口网络的等效电路··272
 10.5 互易双口网络和互易定理··273
  10.5.1 互易定理···273
  10.5.2 互易定理的等效电路···274
 10.6 含双口网络的电路分析··276
  10.6.1 双口网络端接负载时的输入电阻·······························276
  10.6.2 双口网络端接信号源的戴维宁等效电路·······················277
 10.7 双口网络的连接··278
 10.8 本章小结··280
 习题··280
习题答案··284
参考文献··294

第1章　电路元件、变量和定律

教学提示：（理想）电路元件是构成电流回路（即电路）的基本要素，其特性和参数是分析电路响应的基础；电路变量是指电路中的特定元件或支路的电压、电流，是反映电路系统工作状态的物理量，一般也是电路的求解目标；电路定律是指任何电路中的电压和电流变量都必须满足的约束条件，有 KCL 和 KVL 两个定律。它们是求解电路所必须遵循的最基本的电路定律，也是其他电路求解方法的基础。

教学要求：本章的内容主要有电路元件的特性介绍，电压和电流的（关联）参考方向及功率的定义、计算等，最后还重点介绍了求解电路的两个基本定律——KCL 和 KVL，以及其简单应用。在教学时，应遵循"元件—电路—求解"这一思路进行介绍。对于电路元件，应着重讲清它们的伏安特性和内在含义；对于电路变量，应讲清电压和电流的（关联）参考方向的含义及其与元件伏安特性的联系；对于电路定律，应讲清其物理意义及其在建立电路方程时应注意的问题。

1.1　电路及其模型

简单地说，电路是指由电路元件（如电源、电阻、电容、电感、晶体管等）按照一定的方式连接而成的电流回路，以实现某一具体的能量转换、传输和信号处理任务。例如，照明电路将电源的电能转换为温度足够高的热能，从而实现照明功能；电力传动系统将电力传输导线提供的电能经电动机转换为机械能，并由电动机带动工作机构运动，从而实现传动功能，等等。实际电路的种类繁多，要逐一对其进行分析和研究是不现实的，也没必要。一般将常用电路元件所实现的功能进行抽象归类，从而得到所谓的"理想元件"，再用这些理想元件来表示具体的电路元件，从而构成由理想元件组成的电路。由于理想元件的数量很少，伏安特性唯一，所以其给电路的分析和设计带来了极大方便。

一般来说，电路模型是指由理想电路元件构成的电路。图 1.1 所示为一个电容充电电路。

常见的理想电路元件有电阻、电感、电容、独立电源、受控电源、理想变压器、开关等。其中，（独立、受控）电源是提供电能或电信号的设备，是电路中产生电压、电流和功率的源泉；电阻（或电感、电容等）是消耗（储存）电能的设备，称为负载；理想变压器是电能转

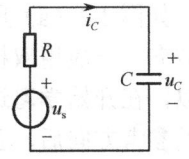

图 1.1　电容充电电路

换设备，它是一个二端口元件，一端接电源，另一端接负载。其他元件（如导线、开关等）称为连接设备，主要起输送和控制电能的作用。电路的作用是借助电路中产生的电压、电流进行电能和信号的传输或信号的处理、测量、控制和计算等。

电路分析的主要任务是在电路结构和参数已知的条件下，求解电路中产生的电压、电流和功率。有时为简明起见，常将电源称为激励，由于激励的作用，在电路中产生的电压和电流称为响应。从系统的角度来看，也将激励称为输入，响应称为输出。

1.2 电压、电流及其参考方向

对于电路的分析,需要用一组变量描述其工作状态,最基本的电路变量是电压 u 和电流 i,有时也会用到电荷 q 和磁链 ψ。

1.2.1 电压及其参考方向

电压是描述电场力对电荷做功能力的物理量。一般来说,用 u 表示随时间变化的电压,用 U 表示不随时间变化的电压(称为直流电压)。在电场中,电场力将正电荷 $\mathrm{d}q$ 从 a 点移动到 b 点所做的功 $\mathrm{d}W$ 与正电荷 $\mathrm{d}q$ 之比,称为 a、b 两点之间的电压,即

$$u = \frac{\mathrm{d}W}{\mathrm{d}q} \tag{1-1}$$

式(1-1)中的 $\mathrm{d}W$ 可正可负。当 $\mathrm{d}W>0$ 时,$u>0$,即 a 点的电位高于 b 点的电位,电场力对正电荷做正功。当 $\mathrm{d}W<0$ 时,$u<0$,即 a 点的电位低于 b 点的电位,电场力对正电荷做负功,此时需要其他力量来移动该正电荷,比如电池内部产生的化学能。总之,电场中任意两点的电位差就是这两点之间的电压,其值可正可负,也可为零,零电压表示这两点是等电位点。

电压的基本单位是伏(特),用字母 V 表示。此外,为表示不同大小级别的电压,还有千伏(kV)、毫伏(mV)和微伏(μV)等电压单位,它们的换算关系为

$$1\mathrm{kV} = 10^3\mathrm{V}, \quad 1\mathrm{mV} = 10^{-3}\mathrm{V}, \quad 1\mathrm{\mu V} = 10^{-6}\mathrm{V}$$

电压是电场中两点的电位差,是有方向的。电压的实际方向规定为由高电位指向低电位的方向,即电压降的方向。在进行电路分析时,由于很难事先知道某个电压的实际方向,因此为求解方便,必须事先假设其方向,这个假设的电压方向称为参考方向。如果电压的计算结果为正值,则表明该电压的实际方向与参考方向相同;如果电压的计算结果为负值,则表明该电压的实际方向与参考方向相反,这样就可以根据电压的参考方向和其值的正负情况来确定电压的实际方向。

电压的参考方向可用双极性法或双下标法(如 u_{ab},即 a 端为正极性,b 端为负极性)表示,如图 1.2(a)所示。在进行电路计算时,对所涉及的电压,必须先在电路图上标明其参考方向(一般用双极性法标注),然后才能进行计算,否则容易计算出错,别人也看不明白。所以,在开始学习这门课时,一定要养成"先标注,后计算"的良好习惯。另外,在标注电压的参考方向后,还应在正负极性之间用一个字母表示其大小,或者直接标注已知的电压值,以便进行电路计算。

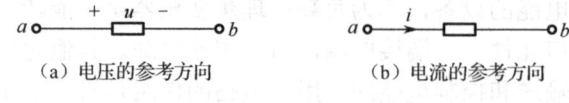

(a)电压的参考方向　　　(b)电流的参考方向

图 1.2　电压及电流的参考方向

1.2.2 电流及其参考方向

电荷在电场中的定向运动形成了电流,表征电流大小的物理量为电流强度(简称电流),其是一个宏观量,描述了单位时间内通过导体横截面的电荷量,其数学表达式为

$$i = \frac{dq}{dt} \tag{1-2}$$

电流的基本单位是安（培），用字母 A 表示。此外，为表示不同大小级别的电流，还有千安（kA）、毫安（mA）和微安（μA）等电流单位，它们的换算关系为

$$1kA = 10^3 A，\quad 1mA = 10^{-3} A，\quad 1\mu A = 10^{-6} A$$

一般来说，电流 i 是随时间变化的变量。如果电流在某个时刻以后不再变化，则称其为直流电流，用大写字母 I 表示。由式（1-2）可知，电流的值可正可负。当 $dq>0$ 时，$i>0$，电流为正，当 $dq<0$ 时，$i<0$，电流为负。电流的正负值表示了两个相反的电流方向，电流的实际方向规定为正电荷在电场中的移动方向。

对于简单电路，电流的实际方向很容易确定，但对于复杂电路，电流的实际方向往往难以事先确定。例如，在如图 1.3 所示的桥式电路中，流过 40Ω 电阻的实际电流方向就难以事先确定。

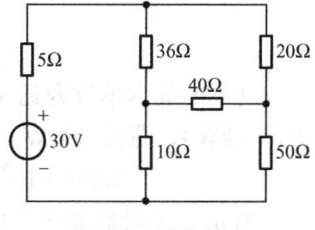

与电压的处理方式一样，在进行电路计算时，对所涉及的电流也必须按"先标注，后计算"的原则来处理。电流的参考方向一般用箭头来表示，如图 1.2（b）所示，或者用双下标法（如 i_{ab}，即由 a 端流向 b 端的电流）表示。当然，还必须在箭头旁用一个

图 1.3 桥式电路

字母来表示其大小，或者直接标注已知的电流值。如果电流的计算结果为正值，则表明该电流的实际方向与参考方向相同；如果电流的计算结果为负值，则表明该电流的实际方向与参考方向相反，这样就可以根据电流的参考方向和其值的正负情况来确定电流的实际方向。

需要注意的是，在进行电路求解时，电路变量的计算都是针对参考方向进行的，实际方向要根据参考方向和计算结果来判断。参考方向的标注没有统一的方法，可以任意选定。从理论上来说，电路变量的实际方向不会随参考方向的选择而变化。但有时参考方向选得不好，会使电路方程的形式不简洁，容易出错。只有在实际解题中不断理解和体会，才能培养出这方面的直觉。

1.2.3 电压和电流的关联参考方向

对于同一个元件或同一条支路（即同一段电路），其电压和电流的参考方向都可以任意标注，这种标注组合有 2 种：相同或相反。如果电压和电流的参考方向相同，则称其为关联参考方向；如果电压和电流的参考方向相反，则称其为非关联参考方向。图 1.4 显示了某元件或支路电压和电流的关联和非关联参考方向。

(a) 关联参考方向　　　　　(b) 非关联参考方向

图 1.4 电压和电流的关联和非关联参考方向

电压和电流的关联参考方向在电路计算中具有重要的地位，在具体计算时应予以足够重视。在电路分析中，所有典型理想电路元件的伏安特性方程和功率的计算公式都是在其电压、电流为关联参考方向的前提下得到的（有正、负的区别）。

1.3 电功率和能量

功率是指一段电路在单位时间内所吸收（消耗）或提供（发出）的（电）能量，它反映的是一段电路吸收或发出能量的能力，一般用 p 表示随时间变化的动态功率，用 P 表示不随时间变化的恒定功率（直流电路功率或交流电路平均功率）。

1.3.1 电功率

电功率的定义为

$$p=\frac{\mathrm{d}W}{\mathrm{d}t} \tag{1-3}$$

功率的基本单位为瓦（特），用字母 W 表示。此外，为表示不同大小级别的功率，还有千瓦（kW）、兆瓦（MW）、毫瓦（mW）和微瓦（μW）等功率单位，它们的换算关系为

$$1\mathrm{MW}=10^6\mathrm{W},\ 1\mathrm{kW}=10^3\mathrm{W},\ 1\mathrm{mW}=10^{-3}\mathrm{W},\ 1\mathrm{\mu W}=10^{-6}\mathrm{W}$$

当 u、i 为关联参考方向时，由式（1-1）、式（1-2）和式（1-3）可得

$$p=\frac{\mathrm{d}W}{\mathrm{d}t}=\frac{\mathrm{d}W}{\mathrm{d}q}\times\frac{\mathrm{d}q}{\mathrm{d}t}=ui \tag{1-4}$$

当 u、i 为非关联参考方向时，有

$$p=-ui \tag{1-5}$$

式（1-4）和式（1-5）计算的是一段电路吸收的功率。若 $p>0$，则表示电路吸收功率；若 $p<0$，则表示电路发出功率。负载（如电阻）只能吸收功率，电源一般发出功率，有时也吸收功率（充电时）。

例 1.1 计算图 1.5 所示各元件的功率，并判断元件的性质（电源或负载）。

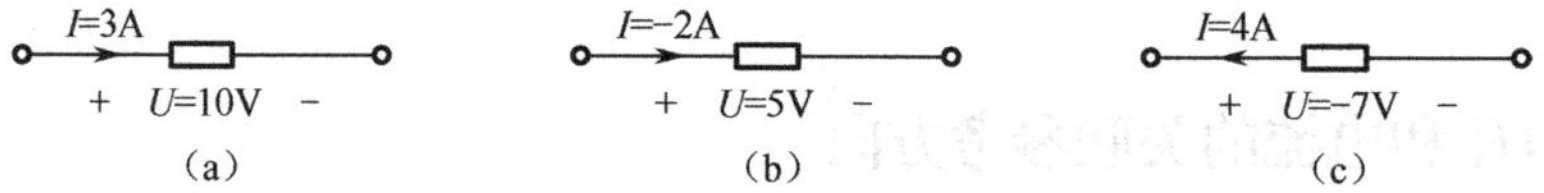

图 1.5 例 1.1 图

解题思路：计算元件的功率时，首先要观察其电压和电流的参考方向是否为关联参考方向，如果是则用式（1-4）计算，否则用式（1-5）计算；在计算时，电压和电流的符号要代入公式；最后用功率的正负值来判断元件的性质，正值表示吸收功率，元件为负载，负值表示发出功率，元件为电源。

解：图 1.5（a）中的 U、I 为关联参考方向，故其功率为

$$P=UI=10\times3=30\mathrm{W}$$

因为 $P>0$，所以该元件为负载，其吸收的功率为 30W。

图 1.5（b）中的 U、I 为关联参考方向，故其功率为

$$P=UI=5\times(-2)=-10\mathrm{W}$$

因为 $P<0$，所以该元件为电源。其发出的功率为 10W（不能说发出的功率为-10W）。

图 1.5（c）中的 U、I 为非关联参考方向，故其功率为

$$P=-UI=-(-7)\times4=28\mathrm{W}$$

因为 $P>0$，所以该元件为负载，其吸收的功率为 28W。

例 1.2 计算如图 1.6 所示电路中流过各元件的电流 I。其中，图 1.6（a）中元件吸收的功率为 125W，图 1.6（b）中元件发出的功率为 240W，图 1.6（c）中元件吸收的功率为 75W。

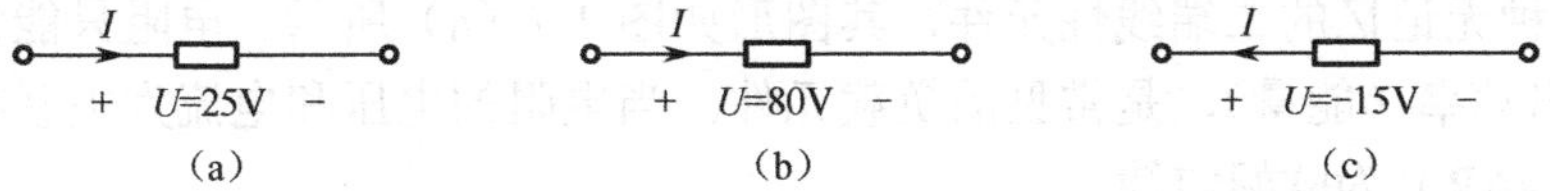

图 1.6 例 1.2 图

解题思路：图 1.6 中标注了电压和电流的参考方向，也知道了电压和吸收（或发出）功率的具体数值。解题时可直接用式（1-4）计算。其中，吸收的功率为正，发出的功率为负。

解：图 1.6（a）中的 U、I 为关联参考方向，故其功率为
$$P = UI = 125$$
所以
$$I = \frac{125}{25} = 5\text{A}$$

图 1.6（b）中的 U、I 为关联参考方向，故其功率为
$$P = UI = -240$$
所以
$$I = \frac{-240}{80} = -3\text{A}$$

图 1.6（c）中的 U、I 为非关联参考方向，故其功率为
$$P = -UI = 75$$
所以
$$I = -\frac{75}{-15} = 5\text{A}$$

1.3.2 能量

由式（1-4）可得，元件的能量为
$$dW = pdt = uidt$$
在区间 $[t_0, t]$ 内，元件吸收的能量为
$$W = \int_{t_0}^{t} p(x)dx = \int_{t_0}^{t} u(x)i(x)dx$$
当电压的单位为 V，电流的单位为 A 时，能量的单位为 J（焦耳，简称焦）。

1.4 电路元件

电路元件在无特殊说明时均指理想电路元件。电路元件是组成电路的最基本的部件，常见的电路元件有电阻、电感、电容、电源（独立电源和受控电源）、理想变压器等。一般的电路元件均为二端（或一端口）元件，理想变压器为四端（二端口）元件。本节将介绍电阻、电感、电容和电源的伏安特性（VAR）和电压、电流的关系（VCR），也称为元件约束关系，它们是分析电路所应具备的基本条件。

1.4.1 电阻

电阻是一种无记忆的二端线性元件，其图形如图 1.7（a）所示。电阻只能消耗功率（能量），不能发出功率（能量），是常见的负载元件。当电阻的电压和电流为关联参考方向时，其伏安特性（VAR）为欧姆定律

$$u = Ri \tag{1-6}$$

在一般情况下，式（1-6）中的 R 为常数，称为电阻（值），它是电阻的唯一参数。在不引起混淆的情况下，也可表示电阻元件本身。电阻的基本单位为欧（姆），用字母 Ω 表示。另外，还有兆欧（MΩ）和千欧（kΩ）等电阻单位，它们的换算关系为

$$1\text{M}\Omega = 10^6 \Omega, \quad 1\text{k}\Omega = 10^3 \Omega$$

由于线性电阻是耗能元件，它的功率总是正的，所以其电压和电流的实际方向总是相同的，不会随其电压和电流方向是否为关联方向而变化。如果电阻的电压和电流方向不是关联方向，则其 VAR 为

$$u = -Ri$$

在求解含有电阻的电路时，应注意其电压和电流方向之间的关系，避免符号出错。

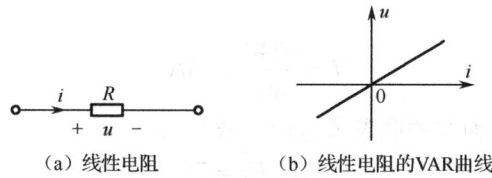

(a) 线性电阻　　　　(b) 线性电阻的VAR曲线

图 1.7　线性电阻及其 VAR 曲线

线性电阻的 VAR 曲线如图 1.7（b）所示，是一条斜率为正且通过坐标原点的直线。所以，电阻的电压和电流是同时建立和消失的，不存在先后关系，且其电压和电流的建立和消失不需要时间，它的能量可以"突变"。电阻只消耗能量，不发出能量，所以它是无记忆元件，这是电阻与电感和电容的本质区别。

除线性电阻外，还存在非线性电阻，如半导体热敏电阻等。非线性电阻的 VAR 曲线是一条曲线，其电阻不是常数，而是随坐标点 (i,u) 的变化而变化。所以，电阻的一般定义为

$$R = \frac{\mathrm{d}u}{\mathrm{d}i} \tag{1-7}$$

式（1-7）在分析理想电压源和理想电流源的内阻时特别有用。

线性电阻属于非线性电阻的特殊情形，其参数也是最简单的情形。如无特别说明，本书所说的电阻均为线性电阻。

电阻消耗的功率为

$$p = \pm ui = \pm(\pm Ri)i = Ri^2 = \frac{u^2}{R} \tag{1-8}$$

由式（1-8）可知，电阻吸收的功率总是正的，其大小取决于流过它的电流 i 和端电压 u。理想电阻元件消耗的功率不受限制，可以为任意值。但对于实际电阻元件，其消耗的功率受到其额定功率的限制。所谓额定功率，是指实际电阻元件在工作时所允许消耗的最大功率。如果实际电阻元件消耗的功率超过额定功率，则元件将因过热而有烧坏的危险。所以，在选用电阻时，除了要看电阻值的大小，还应根据电阻的实际工作电压和电流值，用式（1-8）计

算出电阻在工作时消耗的功率，选用额定功率大于实际功率的电阻，留有一定的裕量。

如果电阻 $R=0$，则此时的电阻退化为一段理想导线，称为短路。短路的特点是电压为零，电流为需要的任意值。如果电阻 $R=\infty$，则相当于电阻两端被断开，称为开路。开路的特点是电流为零，电压为需要的任意值。总之，有电流无电压的情形称为短路，有电压无电流的情形称为开路。

电阻是一种典型的负载。一般来说，负载是相对于电压源而言的，即负载是指电压源的负载。衡量负载大小的指标是流过负载的电流 I，因为 I 越大，电压源需要提供的电流也越大，所以其输出功率也越大，负担也越重。当负载承受的电压不变时，由于

$$I = \frac{U}{R}$$

所以，电阻 R 越大，电流 I 就越小，负载就越小，极端情况为开路，此时负载为零（即电源没有接负载）；电阻 R 越小，电流 I 就越大，负载就越大，极端情况为短路，此时负载变得非常大。总而言之，负载大小与电阻大小成反比。

1.4.2 电容

电容（器）在电子和电气设备中应用非常广泛，品种也多种多样。如果在两个金属极板之间用绝缘材料作为介质，并在极板上引出两根电极，则可形成一个实际的电容器。当电容器接上电源后，就会在两个极板上聚集等量的异号电荷，从而在极板之间的介质中形成电场，这个过程称为电容器的充电过程。当外加电源断开后接上一个负载（如电阻），极板上的异号电荷就会通过电阻定向流动而形成电流，这个过程称为电容器的放电过程。如果忽略极板间的介质损耗和漏电流，则一个实际电容元件就可抽象成一个理想电容元件。

理想电容元件是一个线性二端元件，其电路符号如图1.8所示。

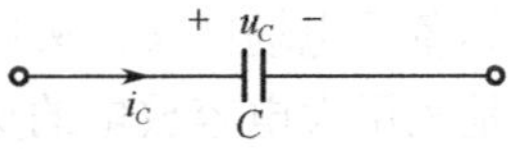

当电容的电压和电流方向为如图1.8所示的关联参考方向时，由于

$$q = Cu_C \qquad (1-9)$$

图1.8 理想电容元件

则结合式（1-2）可得

$$i_C = \frac{dq}{dt} = C\frac{du_C}{dt} \qquad (1-10)$$

式（1-10）为电容元件的 VAR，它表明电容电流与电压的导数（变化率）成正比，比例系数为电容 C。在不引起混淆的前提下，C 既可表示电容元件，也可表示元件参数。

电容的基本单位为法（拉），用字母 F 表示。另外，还有微法（μF）和皮法（pF）等电容单位，它们的换算关系为

$$1\mu F = 10^{-6} F, \quad 1pF = 10^{-12} F$$

由式（1-10）可知，当电容电压 u_C 不变时（如常数，即直流），其电流 $i_C=0$。也就是说，在直流电路中，当电路处于稳定状态时（因为电容电压 u_C 的建立需要时间），电容相当于开路，直流信号不能通过电容，所以电容具有"隔直"作用。

当电容的电压和电流方向为非关联参考方向时，其 VAR 为

$$i_C = -C\frac{du_C}{dt}$$

在求解含有电容的电路时，应注意其电压和电流方向之间的关系，避免符号出错。

由式（1-10）得

$$du_C = \frac{1}{C}i_C dt$$

对式（1-10）两边在区间$[t_0, t]$内进行积分，可得

$$u_C(t) = u_C(t_0) + \frac{1}{C}\int_{t_0}^{t} i_C(x)dx \tag{1-11}$$

式（1-11）表明，电容电压不仅与充电电流 i_C 有关，还与充电开始时电容电压的初始值 $u_C(t_0)$ 有关（即与电容的初始储能有关），所以电容元件是一个有记忆的理想元件。

设电容的电压与电流方向为关联参考方向，则电容吸收的功率为

$$p_C = u_C i_C = Cu_C\frac{du_C}{dt}$$

由式（1-3）可得电容在区间$[t_0, t]$内吸收的能量为

$$W_C = \int_{t_0}^{t} p_C(x)dx = \int_{t_0}^{t} Cu_C(x)\frac{du_C(x)}{dx}dx = \int_{t_0}^{t} Cu_C(x)du_C(x)$$
$$= \frac{1}{2}Cu_C^2(t) - \frac{1}{2}Cu_C^2(t_0) = W_C(t) - W_C(t_0) \tag{1-12}$$

式中

$$W_C(t) = \frac{1}{2}Cu_C^2(t) \tag{1-13}$$

为电容在时刻 t 所具备的能量。式（1-12）表明，电容在区间$[t_0, t]$内所吸收的能量等于电容在该区间端点处的能量差。该能量差为正时表示电容充电，能量差为负时表示电容放电。

由式（1-13）可知，电容的能量只取决于电容电压 u_C，与其电流 i_C 无关。充过电的电容就具备了电场能量，外接负载后即可对该负载放电。早期用于计算机的不间断电源（UPS）就是利用大电容放电的原理进行工作的。电容只是一种储能元件，本身并不消耗能量，其工作过程就是不断充电和放电（与外电路不断交换能量）的过程。需要注意的是，虽然电容可以放电（具备电源的特性），但其发出的能量不会多于其吸收的能量，所以电容本质上是一个无源元件。

在实际应用中，有时出于电容大小或额定功率的考虑，需要将多个电容串（并）联。与电阻一样，多个电容串（并）联时，从效果上看可以用一个等效电容来替代（只对外等效）。

图1.9（a）为 n 个电容的串联，图1.9（b）为其等效电容。对于图1.9（a）所示的 n 个电容串联电路，每个电容流过的电流均为 i_C，所以有

$$i_C = C_1\frac{du_1}{dt} = C_2\frac{du_2}{dt} = \cdots = C_n\frac{du_n}{dt} \tag{1-14}$$

而 n 个电容串联的总电压 u_C 为

$$u_C = u_1 + u_2 + \cdots + u_n \tag{1-15}$$

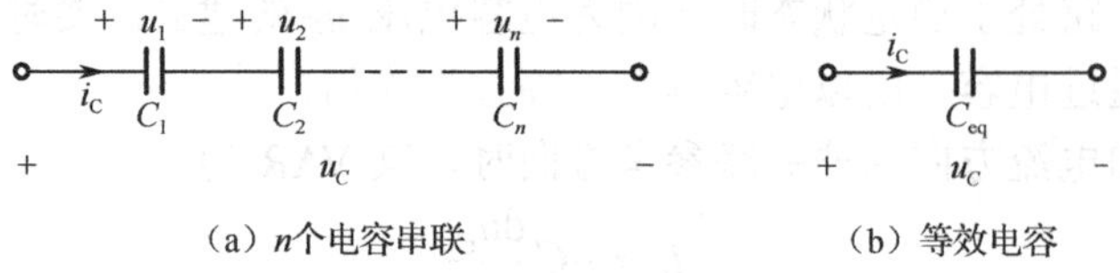

(a) n个电容串联　　　　　　(b) 等效电容

图1.9 串联电容的等效电容

将式（1-15）两端对时间 t 求导得

$$\frac{du_C}{dt} = \frac{du_1}{dt} + \frac{du_2}{dt} + \cdots + \frac{du_n}{dt} \tag{1-16}$$

将式（1-14）代入式（1-16）得

$$\begin{aligned}\frac{du_C}{dt} &= \frac{1}{C_1}i_C + \frac{1}{C_2}i_C + \cdots + \frac{1}{C_n}i_C \\ &= \left(\frac{1}{C_1} + \frac{1}{C_2} + \cdots + \frac{1}{C_n}\right)i_C = \left(\sum_{k=1}^{n}\frac{1}{C_k}\right)i_C\end{aligned} \tag{1-17}$$

由式（1-17）和图 1.9（b）得

$$i_C = \frac{1}{\sum_{k=1}^{n}\frac{1}{C_k}} \times \frac{du_C}{dt} = C_{eq}\frac{du_C}{dt}$$

所以

$$C_{eq} = \frac{1}{\sum_{k=1}^{n}\frac{1}{C_k}} \tag{1-18}$$

或

$$\frac{1}{C_{eq}} = \sum_{k=1}^{n}\frac{1}{C_k} = \frac{1}{C_1} + \frac{1}{C_2} + \cdots + \frac{1}{C_n} \tag{1-19}$$

图 1.10（a）为 n 个电容的并联，图 1.10（b）为其等效电容。对于图 1.10（a），有

$$i_C = i_1 + i_2 + \cdots + i_n = \sum_{k=1}^{n}i_k \tag{1-20}$$

式中

$$i_k = C_k\frac{du_C}{dt} \quad (k=1,2,\cdots,n) \tag{1-21}$$

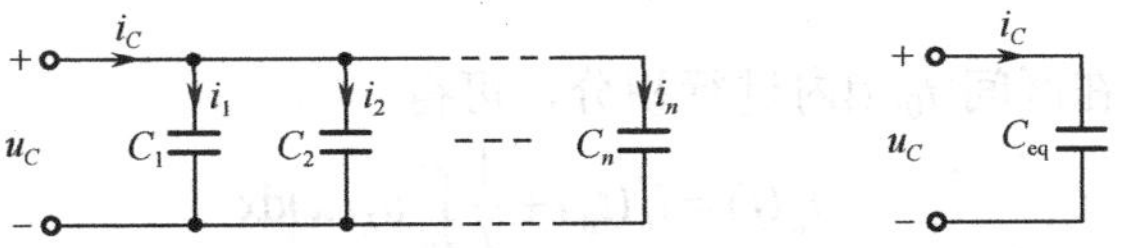

（a）n 个电容并联　　　　（b）等效电容

图 1.10　并联电容的等效电容

将式（1-21）代入式（1-20）得

$$i_C = \left(\sum_{k=1}^{n}C_k\right)\frac{du_C}{dt} = C_{eq}\frac{du_C}{dt}$$

由图 1.10（b）得

$$C_{eq} = \sum_{k=1}^{n}C_k = C_1 + C_2 + \cdots + C_n \tag{1-22}$$

由式（1-18）和式（1-22）可知，电容串（并）联的等效电容计算公式与电阻串（并）联的等效电阻计算公式刚好相反，即电容串联的等效电容计算公式与电阻并联的等效电阻计算公式相同，电容并联的等效电容计算公式与电阻串联的等效电阻计算公式相同。

1.4.3 电感

我们知道，载流导线的周围会产生磁场。绕制成线圈的载流导线会在其内部形成较强磁场，如果将导线绕在具有高导磁率的导磁材料上，则可制成可储存更多磁能的大电感元件。在忽略次要因素的前提下，实际电感可以抽象为理想电感，其电路符号如图 1.11 所示。

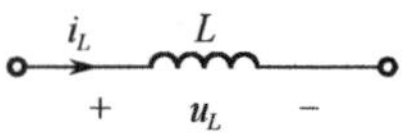

图 1.11 电感元件

理想电感的磁链与通过它的电流成正比，即

$$\psi = Li_L \tag{1-23}$$

如果电感的电压和电流方向为如图 1.11 所示的关联参考方向，则由电磁感应定律得

$$u_L = \frac{d\psi_L}{dt} = L\frac{di_L}{dt} \tag{1-24}$$

式（1-24）为电感元件的 VAR，它表明电感电压与电流的导数（变化率）成正比，比例系数为电感（系数）L。在不引起混淆的前提下，L 既可表示电感元件，也可表示元件参数。

电感的基本单位为亨（利），用字母 H 表示。另外，还有毫亨（mH）和微亨（μH）等电感单位，它们的换算关系为

$$1mH = 10^{-3}H, \quad 1\mu H = 10^{-6}H$$

由式（1-24）可知，当电感电流 i_L 不变时（如常数，即直流），其电压 $u_L = 0$。也就是说，在直流电路中，当电路处于稳定状态时（因为电感电流 i_L 的建立需要时间），电感相当于短路，直流信号可以无损耗地通过电感。

当电感的电压和电流方向为非关联参考方向时，其 VAR 为

$$u_L = -L\frac{di_L}{dt}$$

在求解含有电感的电路时，应注意其电压和电流方向之间的关系，避免符号出错。

由式（1-24）得

$$di_L = \frac{1}{L}u_L dt$$

对式（1-24）两边在区间$[t_0, t]$内进行积分，可得

$$i_L(t) = i_L(t_0) + \frac{1}{L}\int_{t_0}^{t} u_L(x)dx \tag{1-25}$$

式（1-25）表明，电感电流不仅与电感电压 u_L 有关，还与电感电流的初始值 $i_L(t_0)$ 有关（即与电感的初始储能有关），所以电感元件是一个有记忆的理想元件。

设电感的电压和电流方向为关联参考方向，则电感吸收的功率为

$$p_L = u_L i_L = Li_L\frac{di_L}{dt}$$

电感在区间$[t_0, t]$内吸收的能量为

$$\begin{aligned}W_L &= \int_{t_0}^{t} p_L(x)dx = \int_{t_0}^{t} Li_L(x)\frac{di_L(x)}{dx}dx = \int_{t_0}^{t} Li_L(x)di_L(x) \\ &= \frac{1}{2}Li_L^2(t) - \frac{1}{2}Li_L^2(t_0) = W_L(t) - W_L(t_0)\end{aligned} \tag{1-26}$$

式中

$$W_L(t) = \frac{1}{2}Li_L^2(t) \tag{1-27}$$

为电感在时刻 t 所具备的能量。式（1-26）表明，电感在区间$[t_0, t]$内所吸收的能量等于电感在该区间端点处的能量差。该能量差为正时表示电感的磁场能量增加，能量差为负时表示电感的磁场能量减少。

由式（1-27）可知，电感的能量只取决于电感电流 i_L，与其电压 u_L 无关。电感是一种储能元件，它吸收电能时以磁能的形式储存（称为充磁），释放磁能时又以电能的形式释放（称为放磁）。电感本身并不消耗能量，其工作过程就是磁电转换（与外电路不断交换能量）的过程。需要注意的是，虽然电感放磁时具备电源的特性，但其发出的能量不会多于其吸收的能量，所以电感本质上是一个无源元件。

由式（1-24）可知，当电感电路中 i_L 开始减小时，电感电压 u_L 会变负，以延缓 i_L 的减小，即电感具有"续流"作用，这种特性在分析大电感电路（如电动机）时应特别注意。

在实际应用中，有时出于电感大小或额定功率的考虑，需要将多个电感串（并）联。与电阻一样，多个电感串（并）联时，从效果上看可以用一个等效电感来替代（只对外等效）。图 1.12（a）为 n 个电感串联，图 1.12（b）为其等效电感。

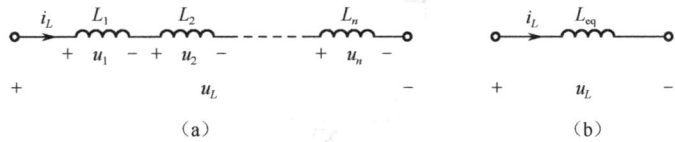

图 1.12 串联电感的等效电感

对于图 1.12（a）所示电路，有

$$u_L = u_1 + u_2 + \cdots + u_n = \sum_{k=1}^{n} u_k \tag{1-28}$$

式中

$$u_k = L_k \frac{di_L}{dt} \quad (k=1,2,\cdots,n) \tag{1-29}$$

将式（1-29）代入式（1-28）得

$$u_L = \left(\sum_{k=1}^{n} L_k\right)\frac{di_L}{dt} = L_{eq}\frac{di_L}{dt}$$

由图 1.12（b）得

$$L_{eq} = \sum_{k=1}^{n} L_k = L_1 + L_2 + \cdots + L_n \tag{1-30}$$

图 1.13（a）为 n 个电感并联，图 1.13（b）为其等效电感。

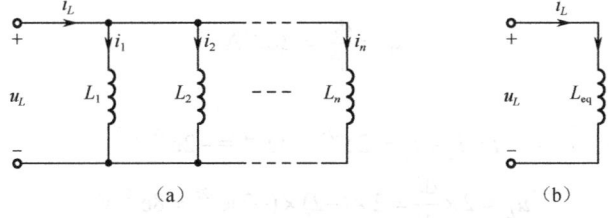

图 1.13 并联电感的等效电感

对于图 1.13（a），有

$$i_L = i_1 + i_2 + \cdots + i_n \tag{1-31}$$

$$u_L = L_1 \frac{di_1}{dt} = L_2 \frac{di_2}{dt} = \cdots = L_n \frac{di_n}{dt} \tag{1-32}$$

将式（1-31）两端对时间 t 求导得

$$\frac{di_L}{dt} = \frac{di_1}{dt} + \frac{di_2}{dt} + \cdots + \frac{di_n}{dt} \tag{1-33}$$

将式（1-32）代入式（1-33）得

$$\begin{aligned}\frac{di_L}{dt} &= \frac{1}{L_1}u_L + \frac{1}{L_2}u_L + \cdots + \frac{1}{L_n}u_L \\ &= \left(\frac{1}{L_1} + \frac{1}{L_2} + \cdots + \frac{1}{L_n}\right)u_L = \left(\sum_{k=1}^{n}\frac{1}{L_k}\right)u_L\end{aligned} \tag{1-34}$$

由式（1-34）和图 1.13（b）得

$$u_L = \frac{1}{\sum_{k=1}^{n}\frac{1}{L_k}} \times \frac{di_L}{dt} = L_{eq}\frac{di_L}{dt}$$

所以

$$L_{eq} = \frac{1}{\sum_{k=1}^{n}\frac{1}{L_k}} \tag{1-35}$$

或

$$\frac{1}{L_{eq}} = \sum_{k=1}^{n}\frac{1}{L_k} = \frac{1}{L_1} + \frac{1}{L_2} + \cdots + \frac{1}{L_n} \tag{1-36}$$

由式（1-30）和式（1-36）可知，电感串（并）联的等效电感计算公式与电阻串（并）联的等效电阻计算公式相同，即电感串联的等效电感计算公式与电阻串联的等效电阻计算公式相同，电感并联的等效电感计算公式与电阻并联的等效电阻计算公式相同。

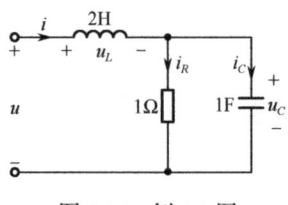

图 1.14 例 1.3 图

例 1.3 如图 1.14 所示电路，已知 $u_C = 2e^{-2t}$V，求 i 和 u。

解题思路：可由电容的 VAR 求出电容电流，由欧姆定律求出电阻电流，然后由基尔霍夫电流定律（KCL）求出电感电流 i，再由电感的 VAR 求出电感电压，最后由基尔霍夫电压定律（KVL）求出 u。

解：因为

$$i_C = C\frac{du_C}{dt} = 1 \times 2 \times (-2)e^{-2t} = -4e^{-2t}\text{A}$$

$$i_R = \frac{u_C}{R} = 2e^{-2t}\text{A}$$

所以

$$i = i_R + i_C = 2e^{-2t} - 4e^{-2t} = -2e^{-2t}\text{A}$$

$$u_L = 2 \times \frac{di}{dt} = 2 \times (-2) \times (-2)e^{-2t} = 8e^{-2t}\text{V}$$

$$u = u_L + u_C = 8\mathrm{e}^{-2t} + 2\mathrm{e}^{-2t} = 10\mathrm{e}^{-2t}\mathrm{V}$$

1.4.4 独立电源

独立电源是电路中为负载提供电能的装置，是产生电路响应的源泉，是一种理想化的电源模型。"独立"的含义是不需要其他条件，本身能单独工作。按照其工作特性的异同情况，独立电源可分为独立电压源和独立电流源两种类型。

（1）电压源。理想电压源是一个二端有源元件，其端电压仅由电压源自身决定，与流过它的电流及外电路无关。理想电压源的端电压可以是时变的（用 $u_s(t)$ 表示，称为交流电压源），也可以是恒定的（用 U_s 表示，称为直流电压源）。电压源符号及 VAR 曲线如图 1.15 所示，其 VAR 可用式（1-37）表示。

$$\begin{cases} u(t) = u_s(t) \\ i(t) = 任意值 \end{cases} \quad (1\text{-}37)$$

$i(t)$ 为任意值的含义是指其大小由电压源和外电路（如负载）共同决定。当 $u_s(t)$ 为恒定值时，称为直流电压源，其电压用 U_s 表示。

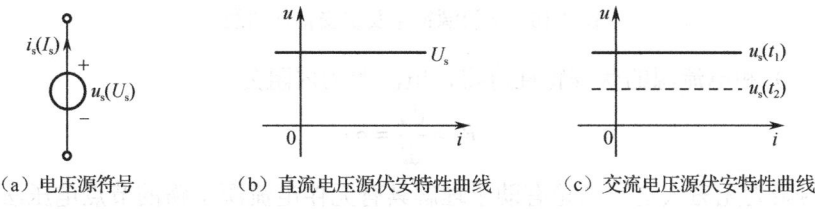

(a) 电压源符号　　(b) 直流电压源伏安特性曲线　　(c) 交流电压源伏安特性曲线

图 1.15　电压源符号及 VAR 曲线

由图 1.15（b）可知，直流电压源的伏安特性曲线是一条与电压轴垂直且与电流轴平行的直线，其电压值与电流大小无关。由图 1.15（c）可知，时变电压源的电压虽然随时间 t 变化，但并不随其电流的变化而变化，所以时变电压源的伏安特性曲线是一簇平行于电流轴的直线。

由式（1-7）和电压源的伏安特性可得，电压源的内阻为

$$R_u = \frac{\mathrm{d}u}{\mathrm{d}i} = 0 \quad (1\text{-}38)$$

电压源内阻为零这一结论有助于理解具有无伴电压源支路的节点电压法。

若 $u_s(t)=0$，则电压源的伏安特性曲线与电流轴重合，此时的电压源将失去作用，相当于短路，称为"置零"。欲使电压源置零，必须将电压源移去后在原处短路，电压源置零相当于短路的概念在用叠加定理求解电路响应和戴维宁等效电路时会用到。

电压源一般输出电流（功率），所以其端电压与电流的方向应设为非关联参考方向，此时的功率计算公式为 $p = -u_s i_s$。如果该功率值为负，则表示电压源发出功率，发出的功率为 $p = u_s i_s$。如果该功率值为正，则表示电压源吸收功率（表现为负载），吸收的功率为 $p = u_s i_s$。

电压源的输出端可以不外接负载（不工作），但不允许输出端短路，因为其（串联的）内阻很小，所以短路时其输出电流（功率）会很大，电压源会因此而损坏。

（2）电流源。理想电流源是一个二端有源元件，其电流仅由电流源自身决定，与其端电压及外电路无关。理想电流源的电流可以是时变的（用 $i_s(t)$ 表示，称为交流电流源），也可以是恒定的（用 I_s 表示，称为直流电流源）。电流源符号及 VAR 曲线如图 1.16 所示，其 VAR

可用式（1-39）表示。

$$\begin{cases} i(t) = i_s(t) \\ u(t) = 任意值 \end{cases} \tag{1-39}$$

$u(t)$为任意值的含义是指其大小由电流源和外电路（如负载）共同决定。当$i_s(t)$为恒定值时，称为直流电流源，其电流用I_s表示。

由图 1.16（b）可知，直流电流源的伏安特性曲线是一条与电流轴垂直且与电压轴平行的直线，其电流值与电压大小无关。由图 1.16（c）可知，交流电流源的电流虽然随时间 t 变化，但并不随其电压的变化而变化，所以交流电流源的伏安特性曲线是一簇平行于电压轴的直线。

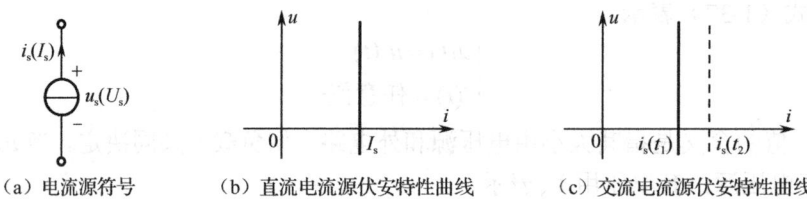

(a) 电流源符号　　(b) 直流电流源伏安特性曲线　　(c) 交流电流源伏安特性曲线

图 1.16　电流源符号及伏安特性曲线

由式（1-7）和电流源的伏安特性可得，电流源的内阻为

$$R_i = \frac{\mathrm{d}u}{\mathrm{d}i} = \infty \tag{1-40}$$

电流源内阻为无穷大这一结论有助于理解具有无伴电流源支路的节点电压法。

若 $i_s(t)=0$，则电流源的伏安特性曲线与电压轴重合，此时的电流源将失去作用，相当于开路，称为"置零"。欲使电流源置零，必须将电流源移去后在原处开路，电流源置零相当于开路的概念在用叠加定理求解电路响应和戴维宁等效电路时会用到。

电流源总是输出电流，其端电压与电流的方向一般应设为非关联参考方向，此时的功率计算公式为 $p = -u_s i_s$。如果该功率值为负，则表示电流源发出功率，发出的功率为 $p = u_s i_s$。如果该功率值为正，则表示电流源吸收功率（表现为负载），吸收的功率为 $p = u_s i_s$。

电流源的输出端不允许开路，因为其（并联的）内阻很大，所以开路时其输出端电压（功率）会很大，电流源会因此而损坏。

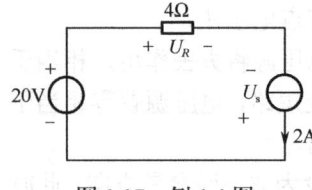

图 1.17　例 1.4 图

例 1.4 求图 1.17 所示电路中电压源、电流源及电阻的功率（须说明是吸收还是发出），并检验电路的功率是否平衡。

解题思路：求电源功率的前提条件是必须知道电源的电压和电流。由于该题的电路是串联电路，所以电压源及电阻的电流等于电流源的电流，电流源的电压可用基尔霍夫电压定律（KVL）求出。

解：由图 1.17 可得

$$U_R = 4 \times 2 = 8\text{V}$$
$$U_s = U_R - 20 = 8 - 20 = -12\text{V}$$

所以电压源的功率为

$$P_U = -20 \times 2 = -40\text{W}（发出）$$

电流源的功率为

$$P_I = -(-12) \times 2 = 24\text{W} \quad (\text{吸收})$$

电阻的功率为

$$P_R = 8 \times 2 = 16\text{W} \quad (\text{吸收})$$

电路发出的功率为 $P = 40\text{W}$，吸收的功率为 $P' = 24 + 16 = 40\text{W}$，$P = P'$，所以电路的功率是平衡的。事实上，所有电路的功率都是平衡的，否则就会违反能量守恒原理。

例 1.5 求如图 1.18 所示电路中电压源、电流源及电阻的功率（须说明是吸收还是发出）。

解题思路：该电路为并联电路，电流源和电阻的功率可依据已知条件直接求出，电压源的功率在求出其电流 I 后才能求出，I 的求取要用到基尔霍夫电流定律（KCL）。

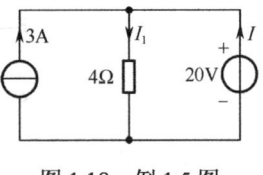

图 1.18　例 1.5 图

解：由欧姆定律及基尔霍夫电流定律（KCL）得

$$I_1 = \frac{20}{4} = 5\text{A}$$

$$I = I_1 - 3 = 5 - 3 = 2\text{A}$$

所以，电压源的功率为

$$P_U = -20 \times 2 = -40\text{W} \quad (\text{发出})$$

电流源的功率为

$$P_I = -20 \times 3 = -60\text{W} \quad (\text{发出})$$

电阻的功率为

$$P_R = 5^2 \times 4 = 100\text{W} \quad (\text{吸收})$$

1.4.5　受控电源

受控电源简称受控源，又称为非独立电源，分为受控电压源和受控电流源两种类型。顾名思义，受控电源就是其电压或电流受到电路中某支路（元件）的电压或电流控制，即受控电源的电压或电流与电路中某支路（元件）的电压或电流呈比例关系。这种起控制作用的电压或电流称为受控电源的控制量。例如，因为集电极电流与基极电流呈比例关系，所以晶体三极管的集电极电流受到基极电流的控制。放大电路的输出电压受到输入电压的控制。这种控制作用与独立电源的作用不同，需要用受控电源模型来描述。

受控电源本身不能单独作为电源使用，因为它必须在独立电源提供能量（即产生控制量）时才能正常工作。受控电源本质上反映了电路中某个电压或电流对另一个电压或电流的控制作用，说明被控量与控制量之间存在一种耦合关系。当控制量为零时，受控电压源的电压为零，相当于短路，而受控电流源的电流为零，相当于开路。当电路中存在独立电源时，受控电源可以对外提供电能，所以受控电源是一种有源元件。受控电源的另一个特点是电阻（或阻抗）变换特性，这在以后求一端口的等效电阻（阻抗）时会清楚地看到。

与独立电源一样，受控电源也有受控电压源和受控电流源之分，其控制量既可以是电压也可以是电流，所以受控电源有四种类型：电压控制电压源（VCVS）、电压控制电流源（VCCS）、电流控制电压源（CCVS）和电流控制电流源（CCCS）。这四种受控电源的图形符号如图 1.19 所示。为了区别于独立电源，受控电源的图形符号用菱形表示。图 1.19 中受控电源左边的电路表示控制量所在支路（控制支路），右边的电路表示电源所在支路（受控支路）。虽然图 1.19 中把受控电源与控制量画在一起，但在实际电路中它们往往是分开的。图 1.19

中的系数 μ、r、g 和 β 称为控制系数，μ 和 β 是无量纲的量，r 和 g 分别具有电阻和电导的量纲。当这些系数为常数时，被控量与控制量成正比，这种受控源称为线性受控源。本书只讨论线性受控源，简称受控源。

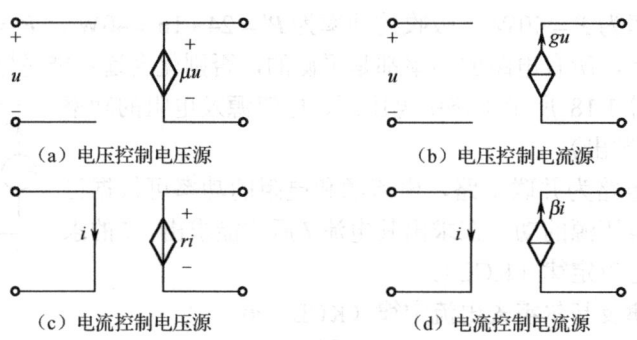

图 1.19 受控电源的图形符号

控制量若是电压 u_1，则从该电压处引出电压 u_1，控制量相当于开路电压；控制量若是电流 i_1，则从该电流处引出电流 i_1，控制量相当于短路电流。以 u_1 和 i_1 分别是某电阻两端的电压和流经某电阻的电流为例，控制量的引出如图 1.20 所示。因此，控制端口不从控制支路中吸收功率，受控源的功率仅由受控支路决定。

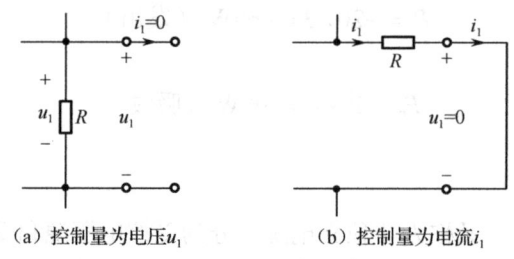

图 1.20 控制量的引出

在有些电路中，受控支路与控制支路之间离得较远，如果把两个支路画在一起，则连线较长，电路很乱。因此在一般情况下只画出受控端口，用一端口模型来表示受控源，但必须在电路图中标明控制量的位置。

很明显，分析含有受控源的电路比分析同等规模的独立电源电路要复杂。所以，在分析含有受控源的电路时，要注意以下几点：

（1）要仔细区分受控源的类型（由图形符号区分）和控制量及控制支路，不要将受控源的类型和其他控制量混为一谈。

（2）受控源也是一种电源，除其大小待定和不能置零（在求一端口等效电阻或阻抗时）之外，完全可以将其视作独立电源进行分析。

（3）在进行电路等效变换时，要保留所有受控源的控制支路，否则涉及受控源的计算将失去依据。

（4）受控源的工作依赖于独立电源，在求含有受控源的一端口等效电阻时，由于该端口内所有独立电源都已置零，所以必须用外加独立电源法进行求取，否则受控源的电阻或阻抗效应无法体现，更不能将受控源和独立电源一样置零。

例1.6 如图1.21所示电路，求电流 I。

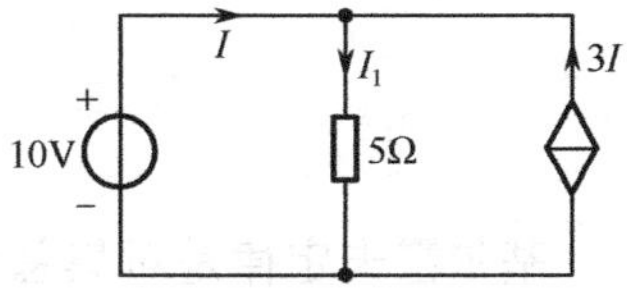

解题思路：可用欧姆定律先求出电流 I_1，再由 KCL 求出电流 I。

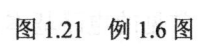

图1.21 例1.6图

解：由欧姆定律得

$$I_1 = \frac{10}{5} = 2\text{A}$$

由 KCL 得

$$I_1 = I + 3I$$

解得

$$I = 0.5\text{A}$$

例1.7 如图1.22所示电路，求 3Ω 电阻上消耗的功率 P。

解题思路：由 KCL 及 KVL 可列出含变量 I 和 I_1 的二元一次方程组，解出 I 后即可求出 3Ω 电阻上消耗的功率 P。要注意图1.22中的受控源是受控电压源（由其图形符号可以看出），其控制量为 3Ω 电阻上的电流 I，不要因为控制量是电流 I 而认为该受控源是受控电流源，受控源类型判断错误会导致计算错误。

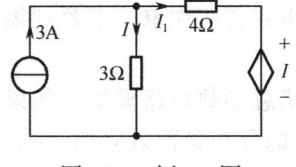

图1.22 例1.7图

解：由 KCL 及 KVL 得

$$\begin{cases} I_1 + I = 3 \\ 3I = 4I_1 + I \end{cases}$$

解得

$$I = 2\text{A}$$

故 3Ω 电阻上消耗的功率为

$$P = I^2 \times 3 = 2^2 \times 3 = 12\text{W}$$

例1.8 如图1.23所示电路，已知电阻 R 消耗的功率为50W，求电阻 R 的大小。

解题思路：由 KCL 及 KVL 可得用电阻 R 表示的电流 I，再利用电阻 R 消耗的功率为50W 的条件求出电阻 R 的值。

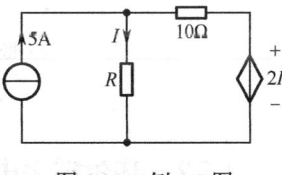

图1.23 例1.8图

解：由 KCL 及 KVL 得

$$RI = 10 \times (5 - I) + 2I$$

解得

$$I = \frac{50}{8 + R}$$

已知电阻 R 消耗的功率为50W，所以

$$\left(\frac{50}{8+R}\right)^2 \times R = 50$$

整理得

$$R^2 - 34R + 64 = 0$$

解得

$$R = 32\Omega \text{ 或 } R = 2\Omega$$

1.5 基尔霍夫定律

基尔霍夫定律是对集总参数电路中各支路（或元件）的电压和电流大小进行约束的基本定律。常见的电路基本元件如电阻、电感和电容等，都属于集总参数元件。全部由集总参数元件构成的电路称为集总参数电路。除了集总参数元件，实际电路中还存在大量"看不见"的分布参数元件。含有分布参数元件的电路称为分布参数电路。

1.5.1 集总参数电路与分布参数电路

常见的集总参数元件集中地表征了一种电磁现象。例如，电阻可以是一个实际的电路部件，也可以是一段实际电路热能消耗的集中体现；电感集中反映了电磁感应现象；电容则集中反映了电场的物理现象。

如果电路的实际物理尺寸远小于交流电源信号的波长，则使用集总参数电路模型。如果电路的实际物理尺寸和交流电源信号的波长是一个数量级，则应该考虑分布参数效应的影响。此时导线上不同位置的电位是不同的（因为导线上的分布参数电感存在压降），两根导线间存在分布参数电容，电感也存在分布参数电容，否则电路的计算将出现较大偏差，不能反映电路的实际特性。在设计天线、雷达及微波设备的电路时，均需要使用分布参数电路。

图 1.24 为低频和中高频信号作用下的实际电感模型。其中，中高频电感模型中并联的电容为考虑电感的分布参数电容后的等效电容。在信号频率非常高的情况下，分布参数电容将起主导作用，整个电感将变成电容性元件，而实际电感中并无可见的电容，只是"隐形"的分布参数电容在起作用，这就是分布参数效应的神奇之处。

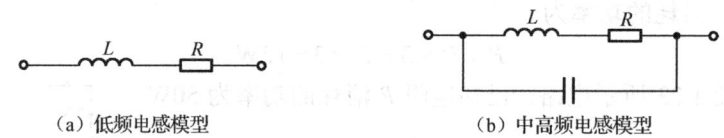

(a) 低频电感模型　　　　　(b) 中高频电感模型

图 1.24　低频和中高频信号作用下的实际电感模型

1.5.2 基尔霍夫电流定律

基尔霍夫定律是关于电路拓扑约束的基本定律，对于集总参数电路具有普适性，不论电路是否时变和是否线性都适用。它反映了电路元件的不同连接对各支路电流和电压的影响。其中，对支路电流的约束称为基尔霍夫电流定律（KCL），对支路电压的约束称为基尔霍夫电压定律（KVL）。基尔霍夫定律是分析电路响应最基本的依据，也是其他电路分析方法的基础。

为了说明基于电路拓扑约束的基尔霍夫定律，有必要介绍支路、节点、回路和网孔的概念。

（1）支路：由一个或多个元件串联组成的一段电路。
（2）节点：三条及三条以上支路的连接点。
（3）回路：由支路构成的闭合回路。
（4）网孔：平面电路中，内部不含支路的回路。

在图 1.3 所示的桥式电路中，共有 6 条支路，4 个节点，7 个回路，3 个网孔。

电荷在各支路中的流动是总体均衡或守恒的,不会无缘无故地产生,也不会无缘无故地消失。描述电流守恒性的定律称为基尔霍夫电流定律,其内容为:在集总参数电路中,任何时刻,对任一节点,所有与该节点连接的支路电流的代数和都等于零。这里所说的各支路电流是有符号的,并规定:根据各支路电流的参考方向,流出节点的电流符号为正,流入节点的电流符号为负。所以,对电路中任一节点,根据基尔霍夫电流定律都有

$$\sum i = 0 \tag{1-41}$$

例如,图 1.25 为电路中某一节点,对该节点应用 KCL 得

$$i_1 + i_2 + i_3 - i_4 + i_5 - i_6 = 0$$

整理得

$$i_1 + i_2 + i_3 + i_5 = i_4 + i_6$$

上式说明,流出节点的电流之和等于流入节点的电流之和,即

$$\sum i_{\text{out}} = \sum i_{\text{in}} \tag{1-42}$$

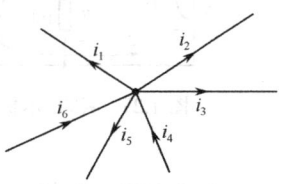

图 1.25 KCL 示例图

式(1-42)为基尔霍夫电流定律的另一种表述形式。该式表明,对于电路中某个节点来说,电流总是连续的,电流经过节点时不会产生任何消耗。

在求某一支路电流时,不必先写出式(1-41)或式(1-42),可在判断待求电流(可以是未知的,也可以是已知的)相对于考察节点流向(流入或流出)的基础上,用"异类电流"之和减去"其余同类电流"之和的方法直接写出待求电流的表达式,以简化计算步骤。这里的"同类电流"和"异类电流"是指与待求电流相对于考察节点流向相同和相反的电流。例如,在图 1.25 中,可直接写出以下两式

$$i_3 = i_4 + i_6 - i_1 - i_2 - i_5$$
$$i_4 = i_1 + i_2 + i_3 + i_5 - i_6$$

KCL 一般应用于节点,但对包围几个节点的"广义"节点也是适用的。例如,图 1.26 电路中虚线所示的闭合曲面为一个广义节点。

对该广义节点应用 KCL 得

$$-i_3 - i_4 - i_5 + i_8 + i_9 = 0$$

事实上,上式可由该广义节点所包含的节点 1、2 的 KCL 方程变换而得

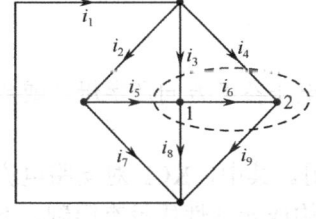

图 1.26 广义节点的 KCL 示例图

节点 1 的 KCL 方程为

$$-i_3 - i_5 + i_6 + i_8 = 0$$

节点 2 的 KCL 方程为

$$-i_4 - i_6 + i_9 = 0$$

将节点 1、2 的 KCL 方程相加即可得到广义节点的 KCL 方程。

1.5.3 基尔霍夫电压定律

基尔霍夫电压定律对电路中任一回路上的各支路电压都进行约束,其内容为:在集总参数电路中,任何时刻,沿任一回路,所有支路电压的代数和都等于零。这里所说的各支路电压是有符号的,并规定:根据任意指定的回路绕行方向,若支路电压的参考方向与回路绕行方向相同,则其符号为正,若支路电压的参考方向与回路绕行方向相反,则其符号为负。所

以，对电路中的任一回路，根据基尔霍夫电压定律都有

$$\sum u = 0 \qquad (1\text{-}43)$$

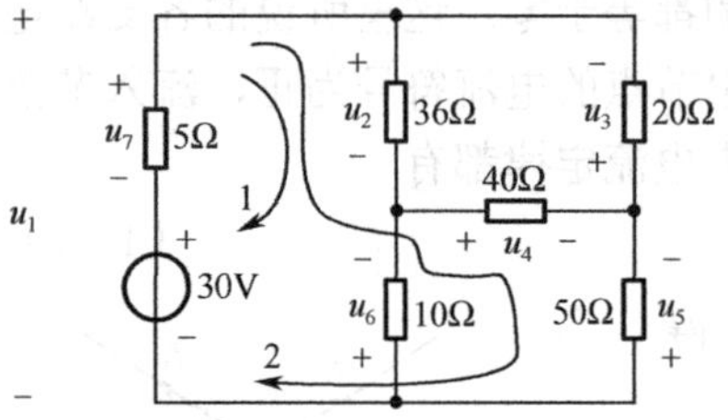

如图 1.27 所示电路选择了两条回路，规定其绕行方向如图所示。可用式（1-43）写出其 KVL 方程。

对回路 1 应用 KVL 得

$$-u_1 + u_2 - u_6 = 0$$

对回路 2 应用 KVL 得

$$-u_1 + u_2 + u_4 - u_5 = 0$$

图 1.27 KVL 示例图

该 KVL 方程可变形为

$$u_2 + u_4 = u_1 + u_5$$

上式表明，在任一回路的支路电压中，按所指定的绕行方向，电压降的和等于电压升的和，即

$$\sum u_{降} = \sum u_{升} \qquad (1\text{-}44)$$

式（1-44）为基尔霍夫电压定律的另一种表述形式。

由式（1-43）和式（1-44）可知，KVL 方程只针对支路电压，不涉及支路的具体结构。在实际应用中，一条支路往往是由一个元件或几个元件串联组成的。这时可沿所选回路按指定的绕行方向针对每一个元件电压写出其 KVL 方程。

在求某个电压时，不必先写出式（1-43）或式（1-44），可从待求电压（可以是未知的，也可以是已知的）的"+"端出发，沿所选回路按指定的绕行方向，遇到电压降取正号，遇到电压升取负号，最后回到待求电压的"-"端，即可得出待求电压的计算表达式。例如，在图 1.27 中，可直接写出以下两式

$$u_7 = u_2 - u_6 - 30$$
$$u_4 = u_5 - u_6$$

在应用 KCL 或 KVL 求解电路问题时，应将所涉及的电流或电压参考方向及字母（或数值）标识在电路图中，以避免混淆或出错。

KCL 和 KVL 是集总参数电路的两个公设，对任何电路都适用。其中，KCL 对支路电流施加线性约束，KVL 则对支路电压施加线性约束，它们对支路的构成元件性质没有限制，不论元件是线性的还是非线性的，是时变的还是时不变的，KCL 和 KVL 都成立。所以，KCL 和 KVL 是分析和求解电路的基本工具。对简单电路可直接使用 KCL 和 KVL 进行求解，但对较复杂的电路则需用在其基础上演化出来的高级算法（如后面要介绍的回路电流法、节点电压法等）进行求解，以提高计算效率。

例 1.9 如图 1.28（a）所示电路，已知 R_2 的功率为 2W，求 R_1、R_2 和 R_3 的值。

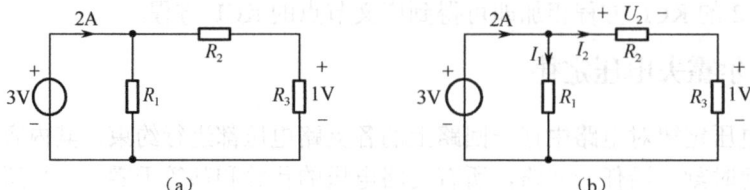

图 1.28 例 1.9 图

解题思路：先用 KVL 求出 R_2 的电压 U_2，再用电阻功率公式求出 R_2，最后由欧姆定律和 KCL 求出 R_3 和 R_1。

解：U_2、I_1 和 I_2 标注如图 1.28（b）所示，由题得

$$U_2 = 3 - 1 = 2\text{V}, \quad R_2 = \frac{U_2^2}{P} = \frac{2^2}{2} = 2\Omega$$

$$I_2 = \frac{U_2}{R_2} = \frac{2}{2} = 1\text{A}, \quad R_2 = \frac{U_3}{I_2} = \frac{1}{1} = 1\Omega$$

$$I_1 = 2 - I_2 = 2 - 1 = 1\text{A}, \quad R_1 = \frac{3}{I_1} = \frac{3}{1} = 3\Omega$$

例 1.10　如图 1.29（a）所示电路，求 U_s、R_1 和 R_2 的值。

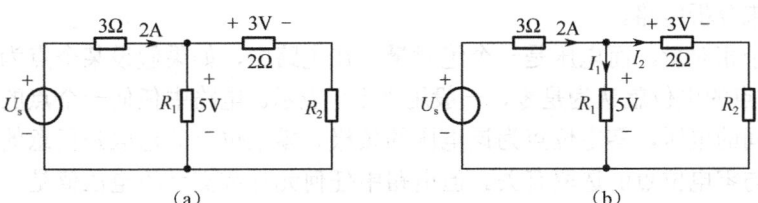

图 1.29　例 1.10 图

解题思路：先由已知条件求出流过 2Ω 电阻的电流，再由 KCL 求出流过 R_1 的电流，最后由 KVL 和欧姆定律求得最后结果。

解：标注电流 I_1 和 I_2 如图 1.29（b）所示。由已知条件可得

$$I_2 = \frac{3}{2} = 1.5\text{A}, \quad I_1 = 2 - I_2 = 2 - 1.5 = 0.5\text{A}$$

故

$$R_1 = \frac{5}{I_1} = \frac{5}{0.5} = 10\Omega, \quad R_2 = \frac{5-3}{I_2} = \frac{2}{1.5} = \frac{4}{3}\Omega$$

$$U_s = 3 \times 2 + 5 = 11\text{V}$$

例 1.11　如图 1.30（a）所示电路，求电阻 R。

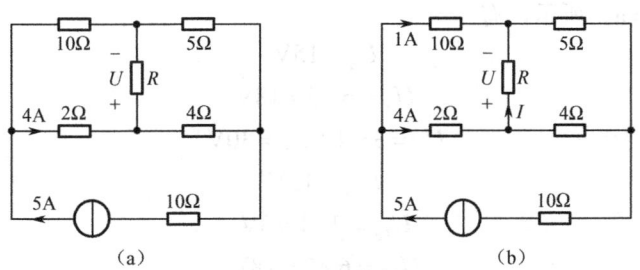

图 1.30　例 1.11 图

解题思路：先用 KCL 求出通过上边 10Ω 电阻的电流，然后用 KCL 和 KVL 求出图 1.30（b）所示 U 和 I，最后用欧姆定律求出电阻 R。

解：标注电流和电压如图 1.30（b）所示。在图 1.30（b）的上边左网孔应用 KVL 可得

$$U = -2 \times 4 + 10 \times 1 = 2\text{V}$$

在图 1.30（b）的上边右网孔应用 KCL 和 KVL 可得

$$U = 4 \times (4-I) - 5 \times (1+I) = 2$$

解得

$$I = 1\text{A}$$

故

$$R = \frac{U}{I} = \frac{2}{1} = 2\Omega$$

1.6 电路中电位的计算

在电路的分析计算中，特别是电子电路的分析计算中，除了用电压来分析问题，还常常用电位的概念来分析电路。

电位是一个相对量，而电压是一个绝对量。在电路中，如果假设某个点为零电位点（即参考点），则该点的电位就认为是零，一般用"⊥"表示。电路中任何一个点的电位就是该点与零电位点之间的电压，零电位点为该电压的负极。零电位点的选取是任意的，所以电位不是唯一的，它与零电位点的选取有关。但电路中任何元件或支路的电压值是唯一的，不会随零电位点的选取而改变，所以电压是一个绝对量。

例 1.12 在图 1.31 所示电路中，求当分别选取 d 点和 a 点作为零电位点时，其余各点的电位和各元件的电压。

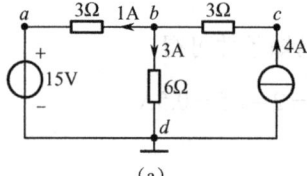
(a)

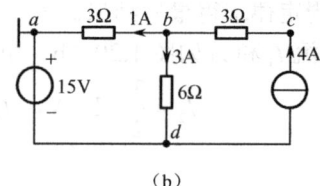
(b)

图 1.31 例 1.12 图

解题思路：该题的电源和电阻参数均已知，各支路的电流也已给出，只需求出各点相对于零电位点的电压即可求出其电位，各元件的电压可用欧姆定律和 KVL 求出。

解：如图 1.31（a）所示，有

$$U_a = 15\text{V}$$
$$U_b = 6 \times 3 = 18\text{V}$$
$$U_c = 3 \times 4 + U_b = 30\text{V}$$
$$U_{ad} = 15\text{V}$$
$$U_{ba} = 3 \times 1 = 3\text{V}$$
$$U_{bd} = 6 \times 3 = 18\text{V}$$
$$U_{cb} = 3 \times 4 = 12\text{V}$$
$$U_{cd} = U_{cb} + U_{bd} = 12 + 18 = 30\text{V}$$

如图 1.31（b）所示，有

$$U_b = 3 \times 1 = 3\text{V}$$
$$U_c = 3 \times 4 + U_b = 15\text{V}$$
$$U_d = -15\text{V}$$

$$U_{ba} = 3 \times 1 = 3\text{V}$$
$$U_{bd} = 6 \times 3 = 18\text{V}$$
$$U_{ad} = 15\text{V}$$
$$U_{cb} = 3 \times 4 = 12\text{V}$$
$$U_{cd} = U_{cb} + U_{bd} = 12 + 18 = 30\text{V}$$

由该题的求解结果可知，电路中各点的电位随零电位点选取而改变，但电压保持不变。

1.7 本章小结

本章主要介绍了电路基本变量、电路元件和基尔霍夫定律等内容。这些内容是分析电路工作状态的基本依据，也是本书后续内容的基础，应予以足够重视。应在理解的基础上多做练习和总结，才能掌握其本质。本章的主要内容可总结如下：

（1）电压、电流及其（关联）参考方向，以及功率的计算。要遵循"先标注，后计算"的原则来对待电压和电流（简单情况下也可不标注），特别要注意电压和电流的关联参考方向，因为电阻、电容、电感的伏安特性及功率的表达式都是在电压和电流为关联参考方向时得出的（否则表达式中有负号）。

（2）电阻、电容和电感的伏安特性。要在理解的基础上掌握它们的伏安特性，并能正确应用。

（3）理想电源。理想电源有（理想）独立电源和（理想）受控电源之分。独立电源有独立电压源和独立电流源两种类型，要掌握它们的外特性（即伏安特性）、功率及内阻等内容。受控电源有四种类型，要能够根据其图形符号和控制量正确辨认出其类型，不能将其控制量与类型混为一谈，否则就会造成计算错误。受控电源除了不能独立工作和其大小是某个支路（元件）电压或电流的线性函数，其余性质与独立电源相同。要注意理想电源的功率计算及其正负号含义。理解短路与开路的概念与特点。

（4）基尔霍夫定律。基尔霍夫定律分为基尔霍夫电流定律（KCL）和基尔霍夫电压定律（KVL），它们是任何电路都必须满足的两个基本定律。KCL 约束的要素是电路中的节点及与之关联的支路电流；KVL 约束的要素是电路中的回路及其包含的支路（元件）电压。

（5）电位计算。电位的实质是电压，电路中某点的电位即该点与零电位点之间的电压。电位是一个相对量，随零电位点的选取而改变，电压是一个绝对量，不随零电位点的选取而改变。在计算某点的电位时，往往要先求出相关支路的电流。

习　题

1-1　如图 1.32 所示电路，求各元件的功率，并说明元件是发出功率还是吸收功率。

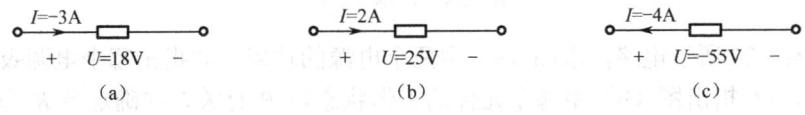

图 1.32　习题 1-1 图

1-2　在如图 1.33 所示电路中，已知元件 A 吸收的功率为 45W，元件 B 发出的功率为 12W，元件 C 发出的功率为 60W，求 U_A，I_B 和 I_C。

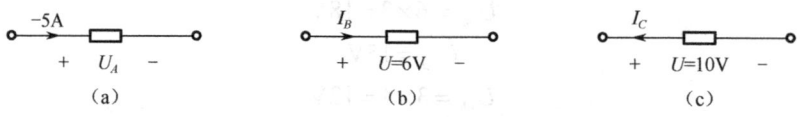

图 1.33　习题 1-2 图

1-3　如图 1.34 所示电路，已知元件 C 发出的功率为 30W，求元件 A 和 B 吸收的功率。

1-4　如图 1.35 所示电路，已知元件 A 吸收的功率为 20W，求元件 B 和 C 吸收的功率。

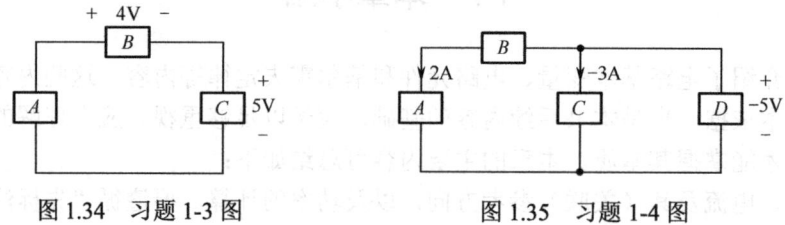

图 1.34　习题 1-3 图　　　　　图 1.35　习题 1-4 图

1-5　在如图 1.36 所示电路中，5 个元件分别为电源或负载。已知：$I_1 = -2\text{A}$，$I_2 = 3\text{A}$，$I_3 = 5\text{A}$，$U_1 = 70\text{V}$，$U_2 = -45\text{V}$，$U_3 = 30\text{V}$，$U_4 = -40\text{V}$，$U_5 = -15\text{V}$。

（1）指出各电流的实际方向和各电压的实际极性。

（2）判断哪些元件是电源？哪些元件是负载？

（3）计算各元件的功率，并验证功率平衡。

1-6　求图 1.37 所示电路中各元件的功率，并验证功率平衡。

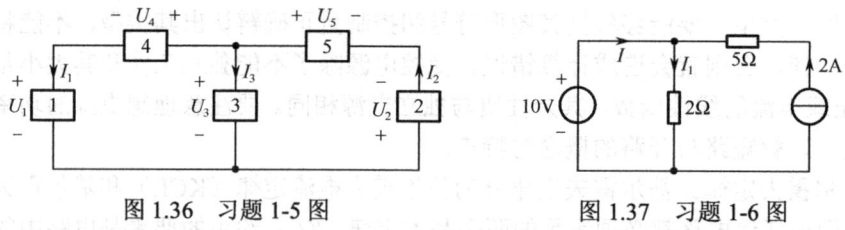

图 1.36　习题 1-5 图　　　　　图 1.37　习题 1-6 图

1-7　如图 1.38 所示电路，求图（a）中两个电源的功率，并指出哪个电源吸收功率？哪个电源发出功率？指出图（b）中哪个元件总是在吸收功率？哪个元件总是在发出功率？哪个元件可能吸收或发出功率？

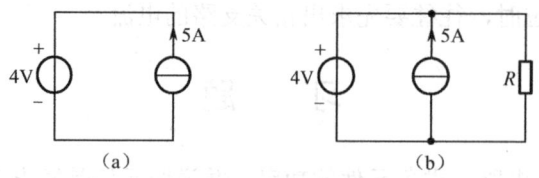

图 1.38　习题 1-7 图

1-8　如图 1.39 所示电路，求图（a）中两个电源的功率，并指出哪个电源吸收功率？哪个电源发出功率？指出图（b）中哪个元件的工作状态与 R 有关？并确定当 R 为何值时，该元件吸收功率、发出功率和功率为零？

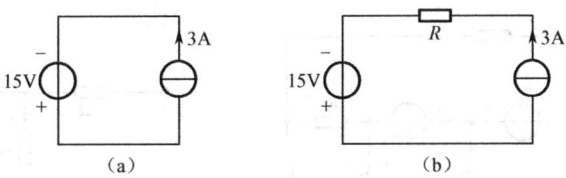

图 1.39　习题 1-8 图

1-9　如图 1.40 所示电路，分别计算图（a）、（b）、（c）中每个电阻消耗的功率及每个电源发出的功率。

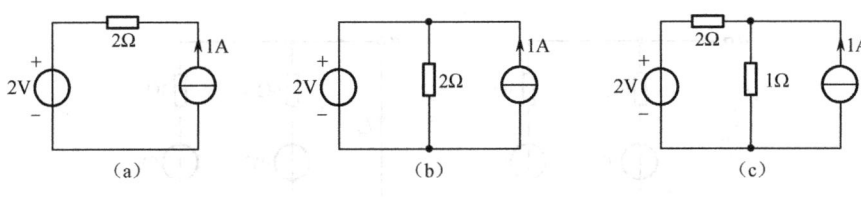

图 1.40　习题 1-9 图

1-10　求图 1.41 所示电路中的电流 I_1、I_2、I_3、I_4。

1-11　求图 1.42 所示电路中的 I、R 和 U_s。

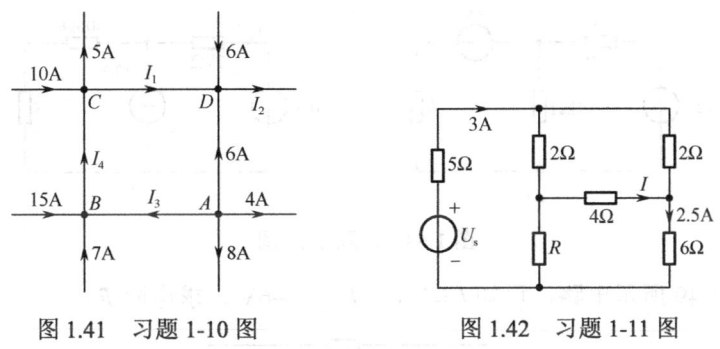

图 1.41　习题 1-10 图　　　　图 1.42　习题 1-11 图

1-12　如图 1.43 所示电路，已知 $U = 20\text{V}$，求电阻 R 的大小。

1-13　如图 1.44 所示电路，求受控电流源和理想电流源发出的功率。

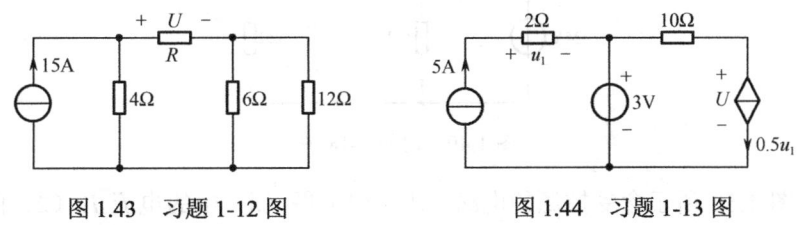

图 1.43　习题 1-12 图　　　　图 1.44　习题 1-13 图

1-14　求图 1.45 所示电路中的 I 和 I_o。

1-15　如图 1.46 所示电路，已知 U_s 发出的功率为 1W，电流 $I=1\text{A}$，试求开路电压 U_{oc}。

1-16　求图 1.47 所示电路中图（a）的开路电压 U_{ab}，图（b）的短路电流 I_{ab}。

1-17　求如图 1.48 所示电路中图（a）和图（b）的电阻 R。

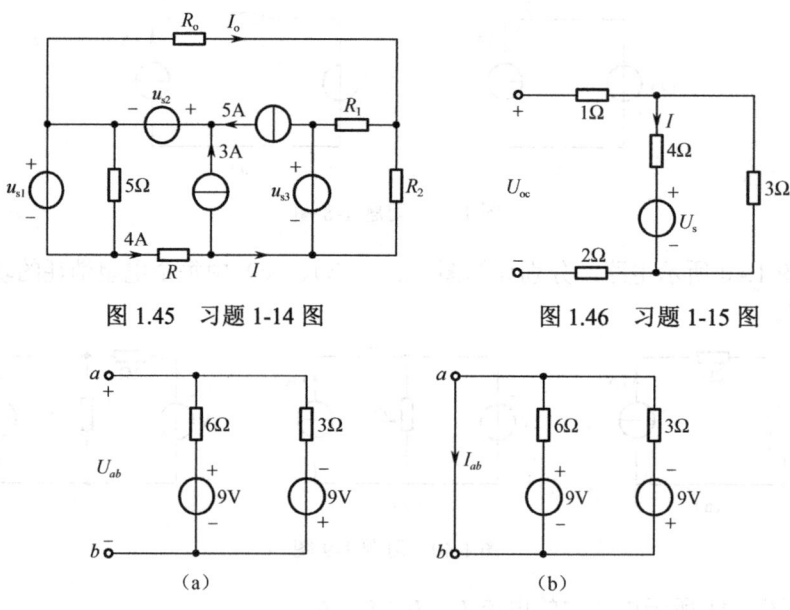

图 1.45　习题 1-14 图　　　　图 1.46　习题 1-15 图

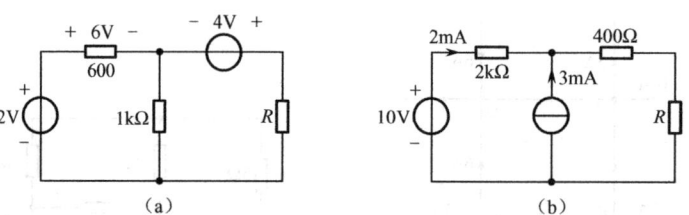

图 1.47　习题 1-16 图

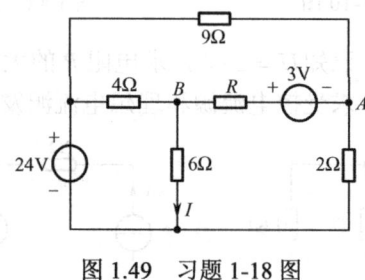

图 1.48　习题 1-17 图

1-18　如图 1.49 所示电路，已知 $I = 2\text{A}$，$U_{AB} = -6\text{V}$，求电阻 R。

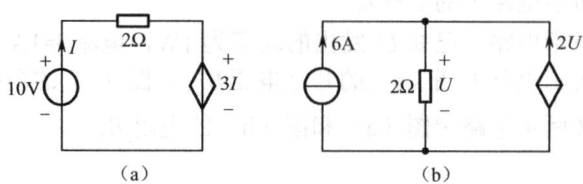

图 1.49　习题 1-18 图

1-19　如图 1.50 所示含受控源的电路。求：（1）图（a）中的电流 I；（2）图（b）中的电压 U。

图 1.50　习题 1-19 图

1-20 利用 KCL 与 KVL 求如图 1.51 所示电路中的电流 I。

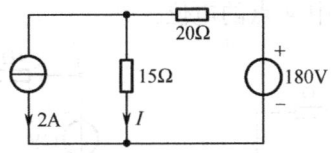

图 1.51　习题 1-20 图

1-21 如图 1.52 所示电路，已知 $I=0$，求电阻 R。

1-22 求图 1.53 所示电路中的电流 I 及电压 U。

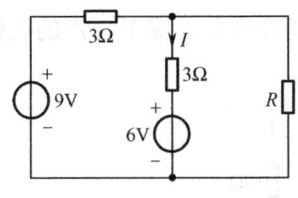 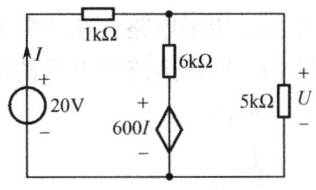

图 1.52　习题 1-21 图　　　　图 1.53　习题 1-22 图

1-23 求如图 1.54 所示电路中受控源发出的功率。

1-24 试用 KCL、KVL 求解如图 1.55 所示电路中的电流 i。

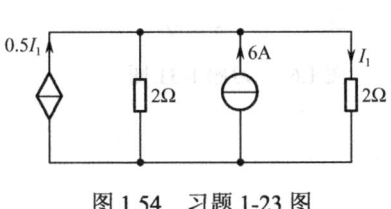 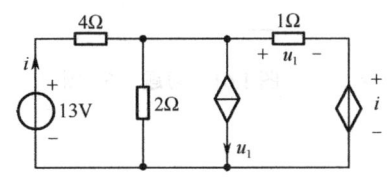

图 1.54　习题 1-23 图　　　　图 1.55　习题 1-24 图

1-25 如图 1.56 所示含受控源的电路。求：(1) 图 (a) 中的电流 I 与电压 U；(2) 图 (b) 中的电压 U。

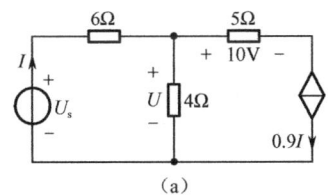 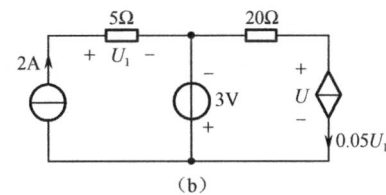

(a)　　　　　　　　　　　(b)

图 1.56　习题 1-25 图

1-26 求如图 1.57 所示电路中的控制量 U_1 及电压 U。

1-27 如图 1.58 所示电路，若电流 $I=0$，则电阻 R_x 应取多大值？

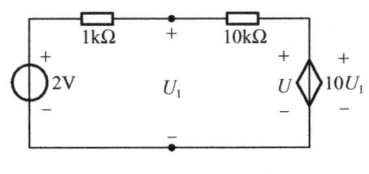 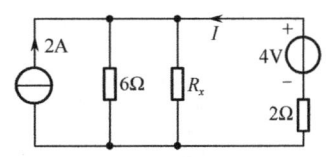

图 1.57　习题 1-26 图　　　　图 1.58　习题 1-27 图

1-28 如图 1.59 所示电路，求电压 u_o 和受控源发出的功率。

1-29 求如图 1.60 所示电路中 A 点的电位。

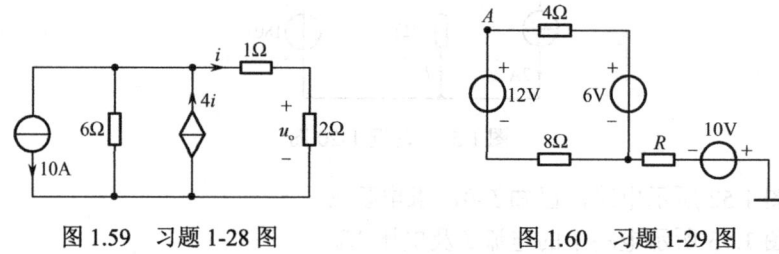

图 1.59　习题 1-28 图　　　　　图 1.60　习题 1-29 图

1-30 求如图 1.61 所示电路中在开关 S 断开和闭合两种情况下 A 点的电位。

1-31 求如图 1.62 所示电路中 B 点的电位。

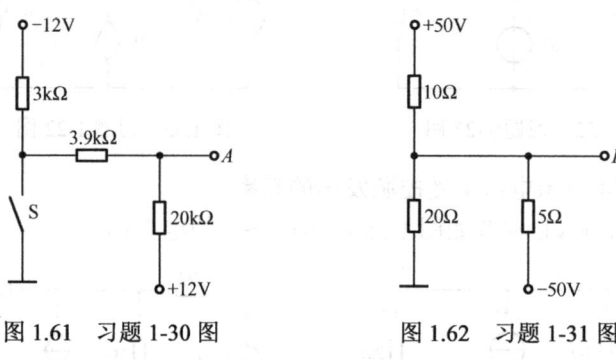

图 1.61　习题 1-30 图　　　　　图 1.62　习题 1-31 图

第2章 直流电阻电路的等效变换

教学提示：本章主要介绍直流电阻电路的各种常见等效变换。顾名思义，直流电阻电路是指由直流电源（独立或受控）和电阻组成的电路。当所有电源置零（即失去作用）时，直流电阻电路则蜕变为纯电阻电路。直流电阻电路是电路分析中最简单、最基本和最重要的电路，也是分析和计算正弦稳态电路的基础。在直流电阻电路的分析中，常用的方法有系统分析法和等效变换法两种。系统分析法一般不需要改变电路的结构，所求得的结果为电路所有支路的电压或电流；等效变换法是将复杂电路（对外）等效变换成简单电路的方法，被变换电路的内部结构将会被改变。当只需关注一条支路的电压（流）或某个局部电路的对外作用时，往往采用等效变换法。本章只介绍直流电阻电路的等效变换法，系统分析法将在第3章介绍。

教学要求：本章的内容主要有电阻的串联、并联和混联，电阻的Y形电路和△形电路的等效变换，理想电源的串联和并联，实际电源的两种模型及其等效变换，输入电阻等。在教学过程中，要讲清这些内容的基本概念、电路特点和基本运算规律及技巧。

2.1 电路等效变换的概念

电路的结构往往比较复杂，且电路参数可能是变化的。虽然可以用第3章介绍的系统分析法求解电路（电压或电流），但求解结果与可变参数之间的关系不直观、不明确，不便于理解和分析。如果仅需要研究某段电路对其余电路的影响，则可以先将该部分电路进行等效变换，即用一个相对简单的电路来等效替代原来的电路，使电路计算简化。

一般来说，一段电路可以用如图 2.1 所示的一端口网络（或电路）来表示，或者称为二端网络。

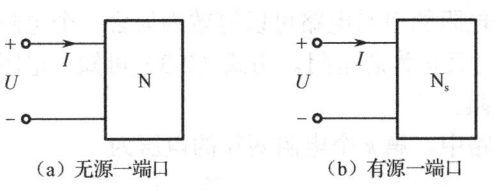

(a) 无源一端口　　　　(b) 有源一端口

图 2.1　一端口网络

一端口网络有两个端点与外电路相连接，其内部元件的连接形式和参数可以是任意的。本章所研究的一端口网络由电阻和直流电源组成。当一端口网络内部不含独立电源，全部由电阻元件组成时，称为无源一端口（网络），否则称为有源一端口。

对于两个不同的一端口网络，如果它们端口处的伏安特性完全相同，则称这两个一端口网络是等效的（因为它们对外电路的影响完全相同）。在保持等效的前提下，将复杂电路变换成简单电路的过程称为电路的等效变换。需要注意的是，这种等效只是对外等效，对网络内部并不等效，因为它们的内部结构不同。所以，在将某一端口网络进行等效变换后，如果还需要求解其内部电路的电压和电流，则必须回到原来的电路进行求解。

一端口网络的等效电路不是唯一的。一般来说，电路总是由复杂形式变为简单形式。至于要变换到什么程度的简单电路，可视解决问题的需要而定。

2.2 电阻的串联与并联

电阻的串联和并联是电阻最基本的两种连接方式，它们都可以等效为只含一个电阻的一端口电路，这种等效可以给电路的分析带来很大的方便。

2.2.1 电阻的串联

多个电阻的串联就是将电阻的两端首尾连接在一起，如图 2.2 所示。很明显，构成串联的各电阻之间不存在其他电流通路，每个电阻都流过同一个电流，它们的电压各不相等。

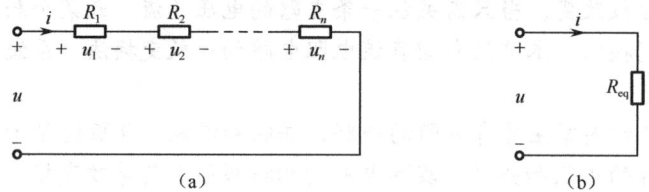

图 2.2 电阻的串联

由 KVL 及欧姆定律可得，图 2.2（a）中端口的伏安特性为

$$u = u_1 + u_2 + \cdots + u_n = R_1 i + R_2 i + \cdots + R_n i$$
$$= (R_1 + R_2 + \cdots + R_n)i \tag{2-1}$$

由图 2.2（b）可得，其端口的伏安特性为

$$u = R_{eq} i \tag{2-2}$$

图 2.2（a）和图 2.2（b）等效，由式（2-1）和式（2-2）可得

$$R_{eq} = R_1 + R_2 + \cdots + R_n = \sum_{k=1}^{n} R_k \tag{2-3}$$

由图 2.2 可知，n 个电阻的串联电路可以等效为只含一个电阻的电路，只要这些电阻满足式（2-3）。等效电阻有时又称为总电阻。由式（2-3）可知，电阻的串联使总电阻增大，且总电阻大于每一个串联电阻。

在图 2.2（a）所示电路中，第 k 个电阻两端的电压为

$$u_k = R_k i = \frac{R_k}{R_{eq}} u = ku \tag{2-4}$$

式中

$$k = \frac{R_k}{R_{eq}}$$

式（2-4）称为电阻串联电路的分压公式，表明在串联电路中，电阻的电压与总电压成正比，比例系数 $k<1$。对于总电压 u 不变的情形（如理想电压源的端电压），当其他电阻不变时，该电阻越大，其分得的电压也越大；该电阻越小，其分得的电压也越小。

在串联电路的计算中，最常遇到的情形是两个电阻的串联电路，如图 2.3 所示。

其等效电阻为
$$R_{eq} = R_1 + R_2$$
其分压公式为
$$u_1 = \frac{R_1}{R_1 + R_2} u$$
$$u_2 = \frac{R_2}{R_1 + R_2} u$$
(2-5)

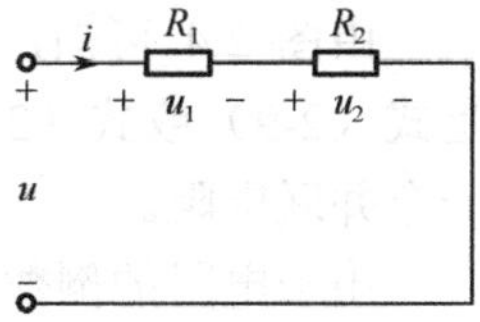

图 2.3 两个电阻串联

由式（2-5）可知，当 $R_1 \to 0$ 时，有 $u_1 \to 0$，$u_2 \to u$，R_1 相当于短路，电压 u 全部加在了 R_2 上；当 $R_1 \to \infty$ 时，有 $u_1 \to u$，$u_2 \to 0$，R_1 相当于开路，电路中没有电流流过，电压 u 全部加在了 R_1 上，R_2 的电压为零。

图 2.3 所示电路的总功率为

$$p = ui = \left(\sum_{k=1}^{n} u_k\right) i = \left(\sum_{k=1}^{n} R_k\right) i^2$$
$$= R_{eq} i^2 = p_{eq} = \sum_{k=1}^{n} p_k$$
(2-6)

式（2-6）表明，串联电路吸收的总功率等于各电阻吸收的功率之和，也等于等效电阻吸收的功率。

2.2.2 电阻的并联

多个电阻的并联就是将电阻的两端分别连接到两个公共点，如图 2.4 所示。很明显，构成并联的各个电阻承受同一个电压，它们的电流各不相同。

由 KCL 及欧姆定律可得，图 2.4（a）的端口伏安特性为

$$i = i_1 + i_2 + \cdots + i_n = \left(\sum_{k=1}^{n} \frac{1}{R_k}\right) u$$
(2-7)

由图 2.4（b）可得，其端口的伏安特性为

$$i = \frac{1}{R_{eq}} u$$
(2-8)

图 2.4（a）和图 2.4（b）等效，由式（2-7）和式（2-8）可得

$$\frac{1}{R_{eq}} = \sum_{k=1}^{n} \frac{1}{R_k} = \frac{1}{R_1} + \frac{1}{R_2} + \cdots + \frac{1}{R_n}$$
(2-9)

或

$$R_{eq} = \frac{1}{\sum_{k=1}^{n} \frac{1}{R_k}} = \frac{1}{\frac{1}{R_1} + \frac{1}{R_2} + \cdots + \frac{1}{R_n}}$$
(2-10)

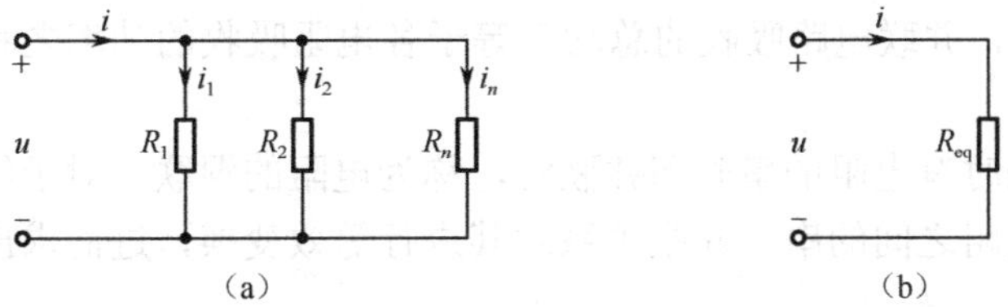

图 2.4 电阻的并联

由图 2.4 可知，n 个电阻的并联电路可以等效为只含一个电阻的电路，只要这些电阻满足式（2-9）或式（2-10）。由式（2-10）可知，电阻的并联使总电阻减小，且总电阻小于每一个并联电阻。

由于电阻的倒数为电导，所以式（2-9）可表达为

$$G_{eq} = \sum_{k=1}^{n} G_k = G_1 + G_2 + \cdots + G_n \tag{2-11}$$

即 n 个电导并联的总电导等于各电导之和。

在图 2.4（a）所示电路中，第 k 个电阻的电流为

$$i_k = \frac{u}{R_k} = \frac{R_{eq}}{R_k} i = \frac{G_k}{G_{eq}} i = ki \tag{2-12}$$

式中

$$k = \frac{G_k}{G_{eq}}$$

式（2-12）称为电阻并联电路的分流公式，表明在并联电路中，电阻的电流与总电流成正比，比例系数 $k<1$。对于总电流 i 不变的情形（如理想电流源的输出电流），当其他电阻不变时，该电阻越大，其分得的电流越小；该电阻越小，其分得的电流越大。

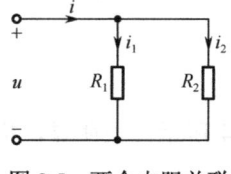

图 2.5 两个电阻并联

两个电阻并联的电路如图 2.5 所示。

其等效电阻为

$$R_{eq} = \frac{1}{\frac{1}{R_1} + \frac{1}{R_2}} = \frac{R_1 R_2}{R_1 + R_2}$$

其分流公式为

$$i_1 = \frac{R_2}{R_1 + R_2} i$$

$$i_2 = \frac{R_1}{R_1 + R_2} i \tag{2-13}$$

由式（2-13）可知，当 $R_1 \to 0$ 时，有 $i_1 \to i$，$i_2 \to 0$，R_1 相当于短路，电流 i 全部流过 R_1，此时 R_2 被短路，没有电流流过；当 $R_1 \to \infty$ 时，有 $i_1 \to 0$，$i_2 \to i$，R_1 相当于开路，没有电流流过，电流 i 全部流过 R_2。

图 2.5 所示电路的总功率为

$$p = ui = u(i_1 + i_2 + \cdots + i_n) = \left(\frac{1}{R_1} + \frac{1}{R_2} + \cdots + \frac{1}{R_n} \right) u^2$$

$$= \frac{u^2}{R_{eq}} = p_{eq} = \sum_{k=1}^{n} p_k \tag{2-14}$$

式（2-14）表明，并联电路吸收的总功率等于各电阻吸收的功率之和，也等于等效电阻吸收的功率。

当电阻电路中同时有电阻的串联和并联时，称为电阻的混联。对于结构较简单的混联电路而言，可依据各电阻之间的串、并联关系对其进行等效变换，进而求出其等效电阻。

例 2.1 求图 2.6 所示各电路 ab 端的等效电阻 R_{ab}。

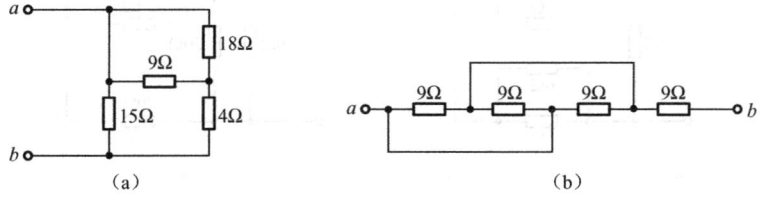

图 2.6 例 2.1 图

解题思路：对于图 2.6（a）所示电路，通过观察可知，9Ω 电阻与 18Ω 电阻并联，再与 4Ω 电阻串联，最后与 15Ω 电阻并联；对于图 2.6（b）所示电路，通过观察可知，左边 3 个电阻并联后与最右边的电阻串联。

解：图 2.6（a）的等效电路如图 2.7（a）所示。

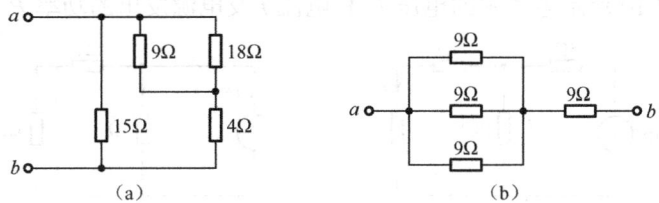

图 2.7 图 2.6 的等效电路

其等效电阻为
$$R_{ab} = (9//18 + 4)//15 = (6+4)//15$$
$$= 10//15 = 6\Omega$$

图 2.6（b）的等效电路如图 2.7（b）所示。
其等效电阻为
$$R_{ab} = 9//9//9 + 9 = 3 + 9 = 12\Omega$$

式中，"//"表示电阻的并联运算。

例 2.2 求图 2.8 所示各电路 ab 端的等效电阻 R_{ab}。

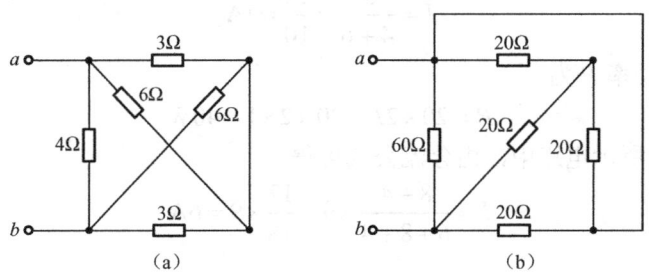

图 2.8 例 2.2 图

解题思路：通过观察，画出其等效电路图，然后再求等效电阻。

解：图 2.8（a）的等效电路如图 2.9（a）所示。
其等效电阻为
$$R_{ab} = (3//6 + 6//3)//4 = (2+2)//4$$
$$= 4//4 = 2\Omega$$

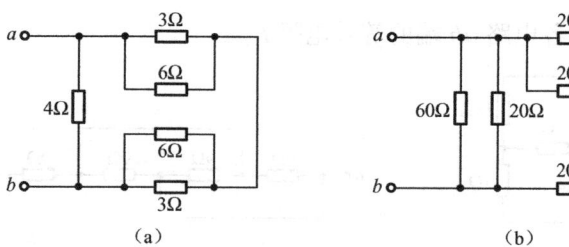

图 2.9 图 2.8 的等效电路

图 2.8（b）的等效电路如图 2.9（b）所示。
其等效电阻为

$$R_{ab} = (20//20+20)//20//60$$
$$= (10+20)//15 = 30//15 = 10\Omega$$

例 2.3 求图 2.10 所示电路中的电压 U 和电流 I 及电源发出的功率 P。

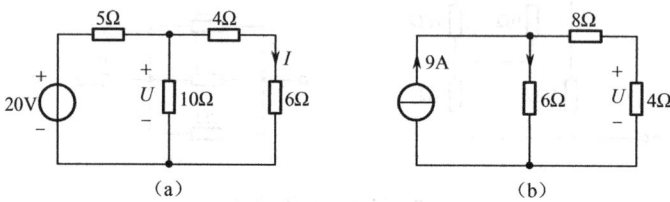

图 2.10 例 2.3 图

解题思路：对于图 2.10（a）所示电路，可先求出并联等效电阻，再利用分压公式求出电压 U，进而求出电流 I 和电压源发出的功率 P；对于图 2.10（b）所示电路，可先用分流公式求出电流 I，再用 KCL（或分压公式）求出电压 U，最后求电流源发出的功率 P。

解：在图 2.10（a）所示电路中，由分压公式可得

$$U = \frac{10//(4+6)}{5+10//(4+6)} \times 20 = \frac{5}{5+5} \times 20 = 10\text{V}$$

所以

$$I = \frac{U}{4+6} = \frac{10}{10} = 1\text{A}$$

电压源发出的功率 P 为

$$P = 20 \times 2I = 20 \times 2 \times 1 = 40\text{W}$$

在图 2.10（b）所示电路中，由分流公式可得

$$I = \frac{8+4}{6+8+4} \times 9 = \frac{12}{18} \times 9 = 6\text{A}$$

所以

$$U = 4 \times (9-I) = 4 \times (9-6) = 12\text{V}$$

或

$$U = \frac{4}{8+4} \times 6I = \frac{4}{12} \times 6 \times 6 = 12\text{V}$$

电流源发出的功率 P 为

$$P = 6I \times 9 = 6 \times 6 \times 9 = 324\text{W}$$

例 2.4 如图 2.11 所示电路：
（1）求 ab 两点间的电压 u_{ab}；
（2）若 ab 两点用理想导线短接，求流过该导线上的电流 i_{ab}。

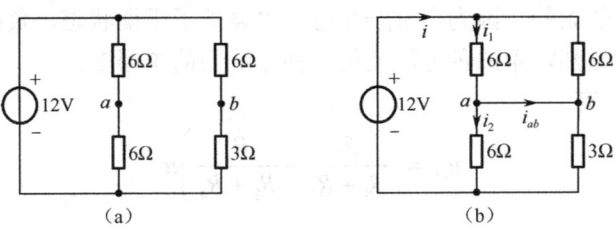

图 2.11 例 2.4 图

解题思路：对于图 2.11（a）所示电路，可用分压公式求取 u_{ab}；对于图 2.11（b）所示电路，可先将电路进行等效变换，以求取电流 i，再用分流公式求取支路电流 i_1 和 i_2，最后用 KCL 求得 i_{ab}。

解：（1）在图 2.12（a）所示电路中，标注电压源负极为"c"点。
由分压公式可得

$$u_{ab} = u_{ac} - u_{bc} = \frac{6}{6+6} \times 12 - \frac{3}{6+3} \times 12$$
$$= 6 - 4 = 2\text{V}$$

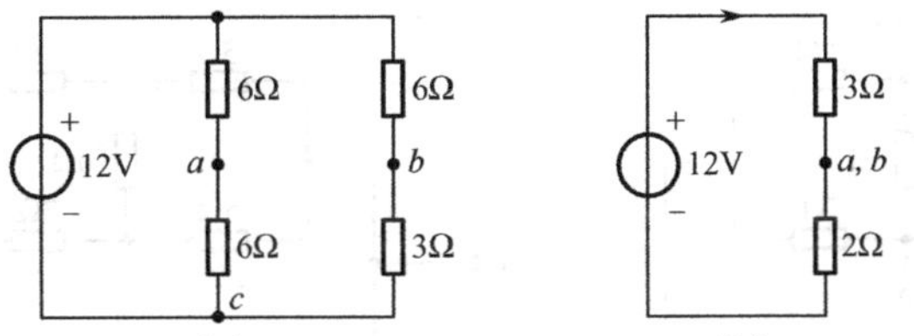

图 2.12 图 2.11 的等效电路

（2）将图 2.11（b）等效变换为图 2.12（b）所示电路，由此可得

$$i = \frac{12}{3+2} = 2.4\text{A}$$

对图 2.11（b）应用分流公式有

$$i_1 = \frac{1}{2}i = \frac{1}{2} \times 2.4 = 1.2\text{A}$$

$$i_2 = \frac{3}{6+3}i = \frac{3}{9} \times 2.4 = 0.8\text{A}$$

由 KCL 可得

$$i_{ab} = i_1 - i_2 = 1.2 - 0.8 = 0.4\text{A}$$

例 2.5 确定图 2.13 所示电桥电路（又称惠斯通电桥）的电桥平衡条件。

解题思路：所谓电桥电路，是指如图 2.13 所示的电路。其中，电阻 $R_1 \sim R_4$ 称为 4 个桥臂电阻，R_L 称为负载电阻（用以获取输出信号）。当电阻 $R_1 \sim R_4$ 的大小配合恰当时，$u_{ab}=0$，此

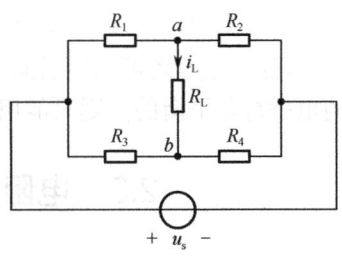

图 2.13 电桥电路

时负载电阻 R_L 中无电流流过,电桥电路的这种状态称为电桥平衡状态,相应地,4 个桥臂电阻 $R_1 \sim R_4$ 应满足的关系称为电桥平衡条件。求解电桥平衡条件的方法一般有以下两种:(1) 直接求出图 2.13 所示电桥电路中的负载电流 i_L,再令 $i_L=0$ 求解;(2) 先将负载电阻 R_L 去掉,求解使 $u_{ab}=0$ 的条件。因为当 $u_{ab}=0$ 时,电路处于平衡状态,负载的接入与否并不改变电路的工作状态。显然,第二种方法比第一种方法要简单得多。

解:去掉 R_L 后,有

$$u_{ab} = \left(\frac{R_2}{R_1 + R_2} - \frac{R_4}{R_3 + R_4} \right) u_s$$

令 $u_{ab}=0$,可得

$$R_2(R_3 + R_4) - R_4(R_1 + R_2) = 0$$

整理得

$$R_1 R_4 = R_2 R_3 \tag{2-15}$$

或

$$\frac{R_1}{R_2} = \frac{R_3}{R_4} \tag{2-16}$$

式(2-15)或式(2-16)为电桥平衡条件。电桥电路在传感器的信号测量中有着广泛的应用。

例 2.6 求图 2.14(a)所示电路 ab 端的等效电阻 R_{ab}。

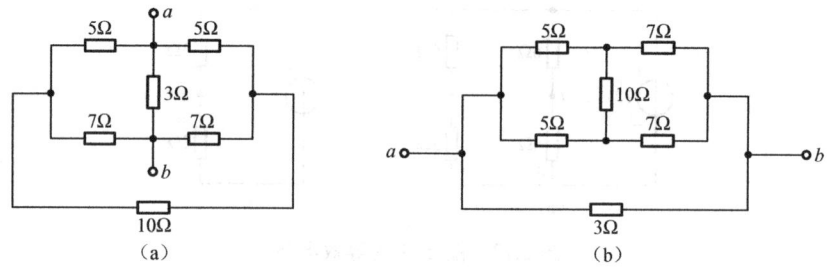

图 2.14 例 2.6 图

解题思路:虽然图 2.14(a)所示电路 ab 端的等效电阻并不容易直接求出,但将 ab 端间的电路改画成图 2.14(b)之后,问题就好解决了。显然,该电路的上半部分是一个平衡电桥,其负载电阻可以去掉或短接(因为其两端的电位相等),从而简化计算。

解:如图 2.14(b)所示,去掉平衡电桥的负载电阻后,其 ab 端的等效电阻 R_{ab} 为

$$R_{ab} = 3 // (5+7) // (5+7) = 3 // 12 // 12 = 3 // 6 = 2\Omega$$

或

$$R_{ab} = 3 // (5//5 + 7//7) = 3 // (2.5 + 3.5) = 3 // 6 = 2\Omega$$

(注:该题还可以用后面将要介绍的 Y-△ 变换法求解,但求解过程要复杂些。如果题中的电桥是非平衡的,则只能用 Y-△ 变换法求解。)

2.3 电阻的 Y 形电路与 △ 形电路的等效变换

在实际的电阻电路中,除了前面介绍的电阻的串联与并联,还有许多更复杂的连接形式。

其中，以电阻的 Y 形（星形）连接与△形（三角形）连接最为典型和重要。电阻的 Y 形网络和△形网络都是三端网络，都有三个端口与外电路相连接。它们内部的三个电阻之间既不是串联关系，也不是并联关系。虽然不能直接对这两种电阻网络进行简化计算，但在一定条件下，这两种电阻网络之间可以进行等效变换，这种等效变换在电阻电路的分析和计算中有着广泛的应用。

电阻的 Y 形电路与△形电路的等效变换如图 2.15 所示。等效的原则是当对应端口间的电压相同时，对应端口的电流也相同。很明显，只要满足这个等效原则，它们对外电路的影响就完全相同。也就是说，从外电路的角度来看，它们是完全相同的电路，尽管它们的内部结构并不相同。总之，电阻的 Y 形电路与△形电路之间的等效只是对外等效，对内并不等效，因为它们的内部结构不一样。

如图 2.15 所示，Y 形电阻网络与△形电阻网络的对应端口电压都分别为 u_{12}、u_{23} 和 u_{13}，对应的端口电流都分别为 i_1、i_2 和 i_3，显然，它们彼此等效。下面将推导这两种不同电阻网络等效时，各自电阻之间应满足的关系。

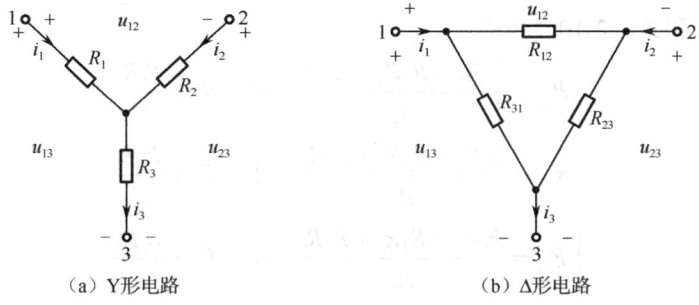

（a）Y 形电路　　　　　　　（b）△形电路

图 2.15　Y 形电路与△形电路的等效变换

对于 Y 形电路，根据 KCL 及 KVL 可得

$$\begin{cases} u_{12} = R_1 i_1 - R_2 i_2 \\ u_{13} = R_1 i_1 + R_3(i_1 + i_2) = (R_1 + R_3)i_1 + R_3 i_2 \end{cases} \tag{2-17}$$

由式（2-17）可得

$$\begin{cases} i_1 = \dfrac{R_3}{R_1 R_2 + R_2 R_3 + R_3 R_1} u_{12} + \dfrac{R_2}{R_1 R_2 + R_2 R_3 + R_3 R_1} u_{13} \\ i_2 = -\dfrac{R_1 + R_3}{R_1 R_2 + R_2 R_3 + R_3 R_1} u_{12} + \dfrac{R_1}{R_1 R_2 + R_2 R_3 + R_3 R_1} u_{13} \end{cases} \tag{2-18}$$

对于△形电路，根据 KCL 及 KVL 可得

$$\begin{cases} i_1 = \dfrac{1}{R_{12}} u_{12} + \dfrac{1}{R_{31}} u_{13} \\ i_2 = -\dfrac{1}{R_{12}} u_{12} + \dfrac{1}{R_{23}} (u_{13} - u_{12}) = -\left(\dfrac{1}{R_{12}} + \dfrac{1}{R_{23}} \right) u_{12} + \dfrac{1}{R_{23}} u_{13} \end{cases} \tag{2-19}$$

由式（2-19）可得

$$\begin{cases} u_{12} = \dfrac{R_{12}R_{31}}{R_{12}+R_{23}+R_{31}}i_1 - \dfrac{R_{12}R_{23}}{R_{12}+R_{23}+R_{31}}i_2 \\ u_{13} = \dfrac{R_{31}(R_{12}+R_{23})}{R_{12}+R_{23}+R_{31}}i_1 + \dfrac{R_{23}R_{31}}{R_{12}+R_{23}+R_{31}}i_2 \end{cases} \quad (2\text{-}20)$$

由于Y形电路和△形电路等效，所以它们端口的伏安特性相同，即式（2-17）和式（2-20）相同，式（2-18）和式（2-19）相同。由于两组方程组的变量一样，所以对应项的系数相同。

由式（2-17）和式（2-20）可得

$$\begin{cases} R_1 = \dfrac{R_{12}R_{31}}{R_{12}+R_{23}+R_{31}} \\ R_2 = \dfrac{R_{12}R_{23}}{R_{12}+R_{23}+R_{31}} \\ R_3 = \dfrac{R_{23}R_{31}}{R_{12}+R_{23}+R_{31}} \end{cases} \quad (2\text{-}21)$$

由式（2-18）和式（2-19）可得

$$\begin{cases} R_{12} = \dfrac{R_1R_2+R_2R_3+R_3R_1}{R_3} = R_1 + R_2 + \dfrac{R_1R_2}{R_3} \\ R_{23} = \dfrac{R_1R_2+R_2R_3+R_3R_1}{R_1} = R_2 + R_3 + \dfrac{R_2R_3}{R_1} \\ R_{31} = \dfrac{R_1R_2+R_2R_3+R_3R_1}{R_2} = R_1 + R_3 + \dfrac{R_1R_3}{R_2} \end{cases} \quad (2\text{-}22)$$

式（2-21）是由△形电路计算Y形电路的计算公式，式（2-22）是由Y形电路计算△形电路的计算公式。

作为特殊情形，当Y形电路的三个电阻相等且为R_Y时，其等效△形电路的三个电阻也相等，记为R_Δ。R_Y和R_Δ的关系为

$$R_\Delta = 3R_Y$$

或

$$R_Y = \dfrac{1}{3}R_\Delta$$

利用电阻的Y形电路与△形电路的等效变换，有时可以方便地分析复杂电阻电路。

例2.7　如图2.16（a）所示电路，求ad间的等效电阻R_{ad}。

解题思路：显然，直接用串并联法求不出R_{ad}，只能用Y-△变换法求解。该电路有左右两个△形电路和上下两个Y形电路，共有四种变换方式。选择其中任何一个变换方式都可以得到正确结果。本题分别选择了一种△形电路和一种Y形电路进行变换，以兹比较。

解：方法1：将左边的△形电路变换成Y形电路，变换后的电路如图2.16（b）所示。
其等效电阻为

$$R_{ad} = 1.5 + (3+6)//(1+8) = 1.5 + 9//9$$
$$= 1.5 + 4.5 = 6\Omega$$

方法2：将上边的Y形电路变换成△形电路，变换后的电路如图2.16（c）所示，进一步简化电路如图2.16（d）所示。

其等效电阻为

$$R_{ad} = 24//\left(\frac{8}{3}+\frac{16}{3}\right) = 24//8 = 6\Omega$$

显然，方法1比方法2简单。

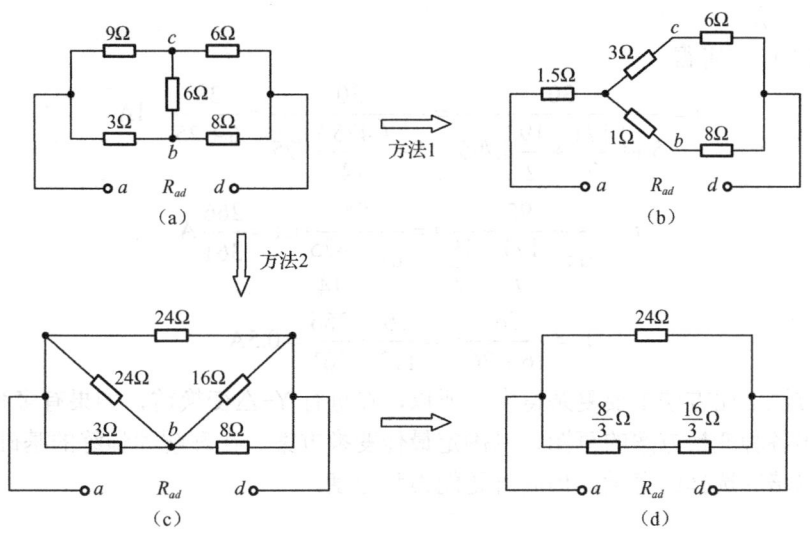

图 2.16 例 2.7 图

例 2.8 用 Y-△ 变换法求图 2.17（a）所示电路中的电流 i 和 i_1。

解题思路：与例 2.7 一样，该题也有四种变换方式。选择不同的变换方式将会导致不同的计算复杂性。本题将用两种解法来显示不同的计算难度，以培养对最佳解法的直觉认识。

解：方法1：将下边的△形电路变换为 Y 形电路，如图 2.17（b）所示。

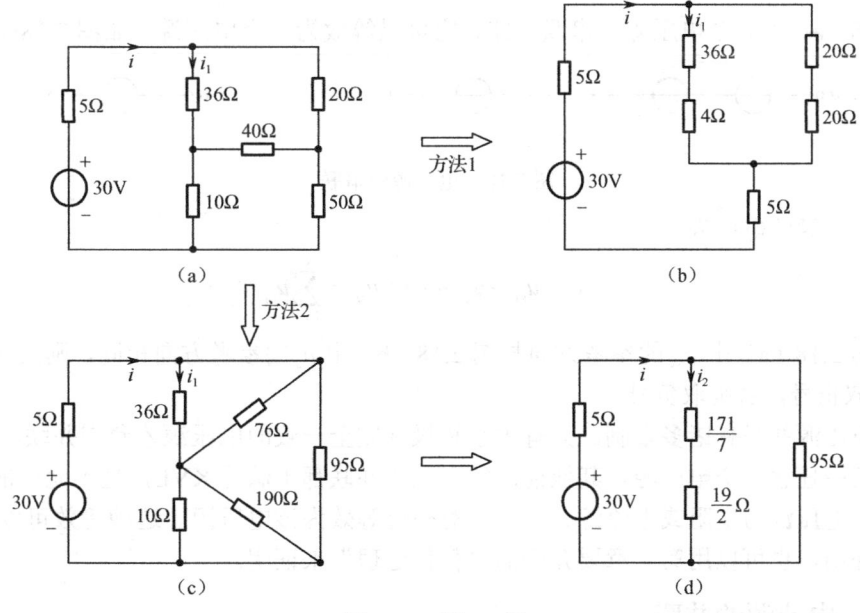

图 2.17 例 2.8 图

由图 2.17（b）可得

$$i = \frac{30}{5+(36+4)//(20+20)+5} = \frac{30}{5+20+5} = \frac{30}{30} = 1\text{A}$$
$$i_1 = 0.5i = 0.5 \times 1 = 0.5\text{A}$$

方法 2：将右边的 Y 形电路变换为 △ 形电路，如图 2.17（c）所示，进一步简化电路如图 2.17（d）所示。

由图 2.17（d）可得

$$i = \frac{30}{5+\left(\frac{171}{7}+\frac{19}{2}\right)//95} = \frac{30}{5+\left(\frac{475}{14}\right)//95} = \frac{30}{5+25} = 1\text{A}$$

$$i_2 = \frac{95}{95+\frac{171}{7}+\frac{19}{2}}i = \frac{95}{95+\frac{475}{14}} \times 1 = \frac{266}{361}\text{A}$$

$$i_1 = \frac{76}{36+76}i_2 = \frac{76}{112} \times \frac{266}{361} = 0.5\text{A}$$

显然，方法 2 比方法 1 要复杂得多。所以，在进行 Y-△ 变换前，如果有多种变换方案，则应事先画出各种变换方案的草图，以确定最佳变换方案。在理解和训练的基础上，进行归纳和总结，以培养选择的直觉，提高解题能力和速度。

2.4　理想电源的串联和并联

在实际电源的等效变换中，常会出现多个理想电压源串联和多个理想电流源并联的情况。它们都可以等效为一个理想电压源和一个理想电流源，以简化分析和计算。

2.4.1　电压源的串联

图 2.18（a）为 n 个电压源的串联电路，它可以等效为一个电压源，如图 2.18（b）所示。

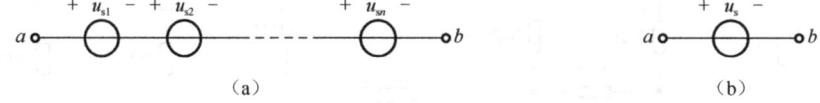

图 2.18　电压源的串联

等效电压源的电压为

$$u_s = u_{s1} + u_{s2} + \cdots + u_{sn} = \sum_{k=1}^{n} u_{sk} \tag{2-23}$$

如果图 2.18（a）中 u_{sk} 的参考方向与图 2.18（b）中 u_s 的参考方向相同，则式（2-23）中 u_{sk} 的前面取正号，否则取负号。

多个电压源并联有诸多限制。只有大小和极性完全一致的电压源才允许并联，此时对外可等效为其中任意一个电压源。其他情形的电压源并联都不满足 KVL，是不允许的。

另外，电压源与电阻或电流源并联时，对外可等效为该电压源。这种等效可以用电压源的定义来证明，也可以用第 4 章要介绍的"替代定理"来证明。

2.4.2　电流源的并联

图 2.19（a）为 n 个电流源的并联电路，它可以等效为一个电流源，如图 2.19（b）所示。

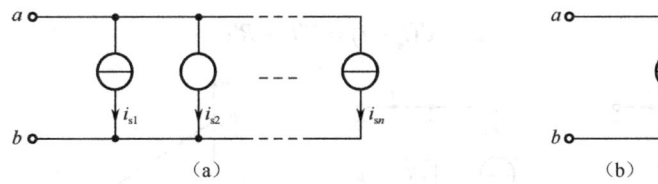

图 2.19 电流源的并联

等效电流源的电流为

$$i_s = i_{s1} + i_{s2} + \cdots + i_{sn} = \sum_{k=1}^{n} i_{sk} \tag{2-24}$$

如果图 2.19（a）中 i_{sk} 的参考方向与图 2.19（b）中 i_s 的参考方向相同，则式（2-24）中 i_{sk} 的前面取正号，否则取负号。

多个电流源串联也有限制。只有大小和流向完全一致的电流源才允许串联，此时对外可等效为其中任意一个电流源。其他情形的电流源串联都不满足 KCL，是不允许的。

另外，电流源与电阻或电压源串联时，对外可等效为该电流源。这种等效可以用电流源的定义来证明，也可以用第 4 章要介绍的"替代定理"来证明。

2.5 实际电源的两种模型及其等效变换

前面介绍的理想电源不涉及带负载的能力问题，其输出功率不受限制，根据负载的需要而定。但实际电源带负载的能力是有限的，随着负载的增大，电压源的输出电压会逐渐降低。图 2.20（a）为一个实际直流电源，如一个电池，图 2.20（b）为实际直流电源的伏安特性曲线。

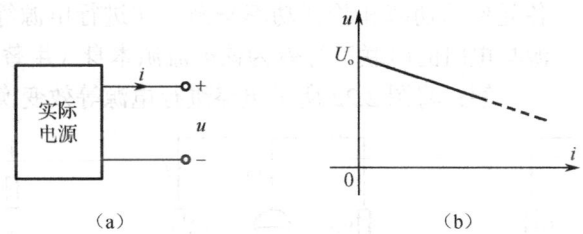

图 2.20 实际直流电源及其伏安特性曲线

由图 2.20（b）可得，实际电源的输出电压会随着输出电流（即负载）的增大而减小。实际电源在工作时，其输出电流不能超过规定的最大值（即额定电流），否则会损坏电源。不过，在一定的电流范围内，电压 u 与电流 i 可近似为直线。为简单起见，可将该直线延长作为电源的伏安特性曲线，如图 2.21（c）所示。该直线与 u 轴的交点为 $i=0$ 时的电压，称为电源的开路电压 u_{oc}，直线与 i 轴的交点为 $u=0$ 时的电流，称为电源的短路电流 i_{sc}。根据简化后的伏安特性，可以用电压源与电阻的串联或电流源与电阻的并联作为实际电源的电路模型，如图 2.21（a）、（b）所示。

既然同一个实际电源可以用如图 2.21（a）、（b）所示的两个电路模型来表示，那么它们端口处的伏安特性也应该相同。

由图 2.21（a）、（b）可得，其端口处的伏安特性分别为

$$u = u_s - Ri$$

和

$$u = R'(i_s - i) = R'i_s - R'i$$

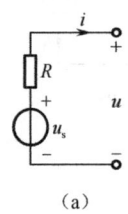
(a)

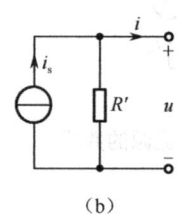
(b)

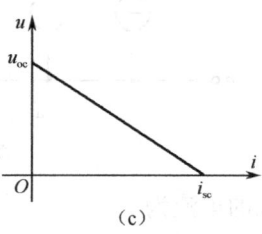
(c)

图 2.21 实际电源的两种模型及其伏安特性曲线

要使这两个伏安特性相同,必须有
$$R = R', u_s = Ri_s \qquad (2\text{-}25)$$

式(2-25)为实际电源的两种模型间等效变换的条件。在进行电源的等效变换时,除了要注意变换后电路的参数计算,还应注意变换后电源的极性,其原则是变换前后 i_s 的方向应从 u_s 的负极指向正极。此外,电源的等效变换只是对外等效,对内并不等效。比如,图 2.21(a) 所示电路开路时不消耗功率,而图 2.21(b) 所示电路开路时消耗的功率为 Ri_s^2。

利用电源的等效变换,可以将一个复杂电路等效变换为一个或几个相对简单的电路,以便于求解。另外,电源等效变换也同样适用于受控电源电路。

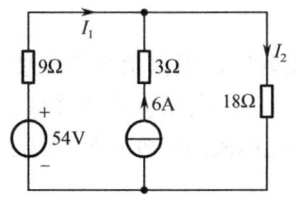

图 2.22 例 2.9 图

例 2.9 利用电源等效变换法求图 2.22 所示电路中的电流 I_1 和 I_2,并讨论电路的功率平衡情况。

解题思路:根据本题的电路结构,可将 18Ω 电阻左边的电路进行电源等效变换,先求出电流 I_2,再用 KCL 求出电流 I_1,进而求出各元件的功率和验证功率平衡。在进行电源等效变换时,6A 电流源与电阻的串联可等效为该电流源本身(用替代定理)。

解:将图 2.22 所示电路进行电源等效变换,如图 2.23 所示。

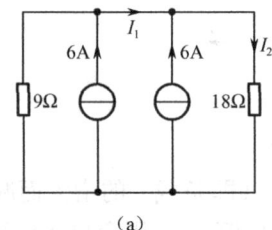
(a)

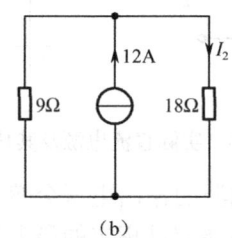
(b)

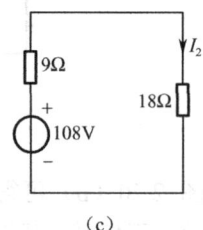
(c)

图 2.23 例 2.9 图的等效变换电路

由图 2.23 可得
$$I_2 = \frac{108}{9+18} = \frac{108}{27} = 4\text{A}$$

由图 2.22 可得
$$I_1 = I_2 - 6 = 4 - 6 = -2\text{A}$$

54V 电压源的功率为
$$P_1 = -54 \times I_1 = -54 \times (-2) = 108\text{W}$$

6A 电流源的功率为
$$P_2 = -(3 \times 6 + 18 \times I_2) \times 6 = -(3 \times 6 + 18 \times 4) \times 6 = -90 \times 6 = -540\text{W}$$

9Ω 电阻的功率为
$$P_3 = 9 \times I_1^2 = 9 \times (-2)^2 = 36\text{W}$$

3Ω 电阻的功率为
$$P_4 = 3 \times 6^2 = 108\text{W}$$

18Ω 电阻的功率为
$$P_5 = 18 \times I_2^2 = 18 \times 4^2 = 288\text{W}$$

因为
$$\sum_{k=1}^{5} P_k = 108 - 540 + 36 + 108 + 288 = 0$$

所以整个电路的功率是平衡的。

例 2.10 用电源等效变换法求图 2.24（a）所示电路中的电流 I。

解题思路：根据本题的电路结构，只需将待求支路两边的电路进行电源等效变换，即可求出电流 I。

解：将图 2.24（a）所示电路进行电源等效变换，如图 2.24（b）～（d）所示。

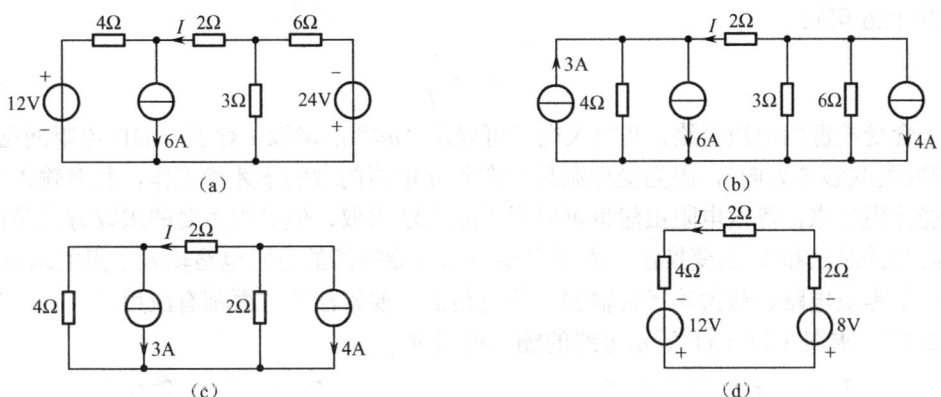

图 2.24 例 2.10 图的等效变换电路

由图 2.24（d）可得
$$I = \frac{12 - 8}{4 + 2 + 2} = \frac{4}{8} = 0.5\text{A}$$

例 2.11 用电源等效变换法求图 2.25（a）所示电路中的电流 I。

解题思路：将待求支路左边的电路进行电源等效变换，即可求出电流 I。

解：其电源等效变换电路如图 2.25（b）、(c) 所示，由欧姆定律得
$$I = \frac{15 + 2}{30 + 2 + 2} = \frac{17}{34} = 0.5\text{A}$$

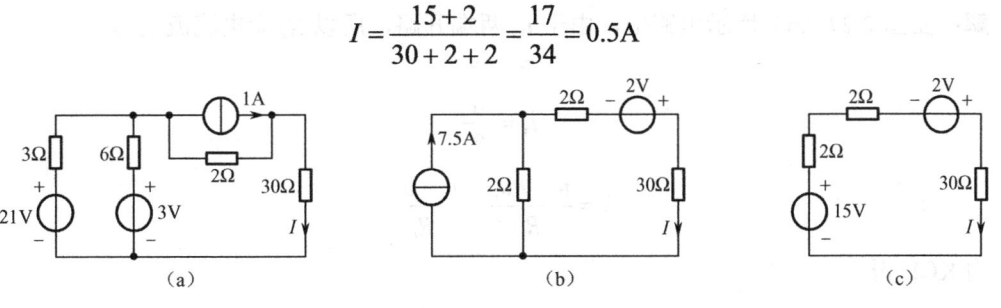

图 2.25 例 2.11 图

2.6 输入电阻

对于不含独立电源的一端口电阻网络，当其作为负载时，可以用一个特定阻值的电阻来代替，这个电阻就是该一端口电阻网络的输入电阻。如果该一端口电阻网络不含受控源，即纯电阻网络，则其输入电阻称为等效电阻。

一端口电阻网络的输入电阻可以用"u/i"法（外加电压源法）求取，其大小为端口电压 u 与端口电流 i（u 与 i 应为非关联参考方向）的比值，用 R_{in} 表示，如图 2.26 所示。

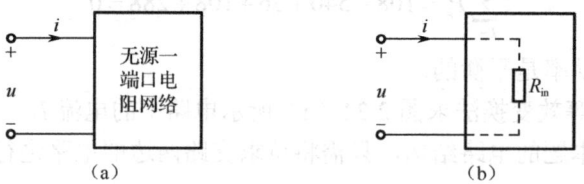

图 2.26 输入电阻

由图 2.26 可知

$$R_{in} = \frac{u}{i} \tag{2-26}$$

对于含受控源的电阻网络，其输入电阻可以用"u/i"法求取（对于一端口电阻网络而言，u 与 i 应取关联参考方向），因为受控源只有在独立电源的激励下才能工作，其对输入电阻的影响才能体现出来。等效电阻虽然也可以用"u/i"法求取，但其更主要的求取方法是前面介绍的电阻串并联法和 Y-△ 变换法。本节主要介绍含受控源的电阻电路输入电阻的求取方法，它在戴维宁等效电路、最大功率传输和一阶电路的三要素法等方面都有应用。

例 2.12 求图 2.27（a）所示电路的输入电阻 R_{ab}。

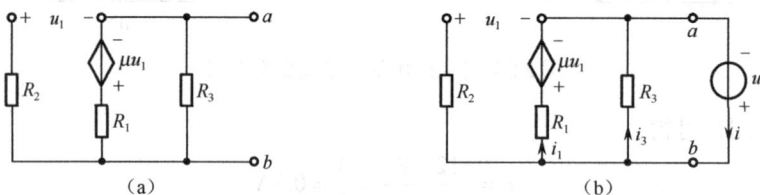

图 2.27 例 2.12 图

解题思路：在 a, b 端外加一个电压源，用"u/i"法求取。为方便计算，假设电压源的极性与 u_1 一致，如图 2.27（b）所示。

解：在图 2.27（b）所示电路中，由于 u_1 两端开路，所以 R_2 无电流流过。

$$u_1 = u$$

$$i_3 = \frac{u}{R_3}$$

$$i_1 = \frac{u - \mu u_1}{R_1} = \frac{u - \mu u}{R_1}$$

由 KCL 得

$$i = i_1 + i_3 = \frac{1-\mu}{R_1}u + \frac{u}{R_3} = \left(\frac{1-\mu}{R_1} + \frac{1}{R_3}\right)u$$

所以

$$R_{ab} = \frac{u}{i} = \frac{1}{\dfrac{1-\mu}{R_1} + \dfrac{1}{R_3}} = \frac{R_1 R_3}{R_1 + (1-\mu)R_3}$$

例 2.13 求图 2.28（a）所示电路的输入电阻 R_{ab}。

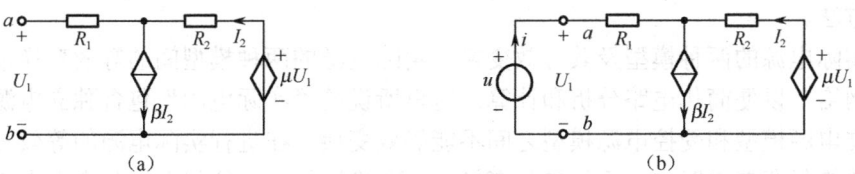

图 2.28 例 2.13 图

解题思路：在 a，b 端外加一个电压源，用"u/i"法求取，如图 2.28（b）所示。

解：由图 2.28（b）所示电路得

$$u = U_1$$
$$i = \beta I_2 - I_2 = (\beta - 1)I_2$$

所以

$$u = R_1 i - R_2 I_2 + \mu u$$
$$= R_1 i + \frac{R_2}{1-\beta}i + \mu u$$

故

$$R_{ab} = \frac{u}{i} = \frac{1}{1-\mu}\left(R_1 + \frac{R_2}{1-\beta}\right)$$

2.7 本章小结

本章主要介绍了电路等效变换的概念，电阻的串联与并联，电阻的Y形电路与△形电路的等效变换，实际电源的两种模型及其等效变换，输入电阻等内容。一般来说，电路等效变换的目的，一是使电路结构简化，二是使电路便于分析和求解。需要注意的是，等效变换会改变电路结构，从而使原电路的某些节点和支路消失，所以在求解某些支路电压或电流时要回到原电路进行。对于一个给定的电路，由于可进行等效变换的方式不止一个，所以应视电路结构特点和求解任务进行合理选择，这就需要多看、多练、多总结，培养出直觉。本章的主要内容可总结如下：

（1）电阻的串联与并联。电阻的串并联是电阻最基本的两种连接方式。在求解混联电路的等效电阻时，应根据电路结构判断出各电阻的连接方式，然后再进行求解。要正确理解并熟练掌握电阻串联的分压公式和电阻并联的分流公式，以及电桥电路的结构特点和电桥平衡条件。需要注意的是，电路中无电流流过的电阻既可视为开路也可视为短路，等电位点可用理想导线短接。

（2）电阻的 Y 形电路与△形电路的等效变换。电阻电路的 Y-△变换是求解复杂电阻电路的有效工具。要正确掌握它们的结构特点和参数计算公式，必要时还要结合变换前的电路进行电路变量求解。如果存在多种变换方案，则可先分别画出它们的变换电路，再结合求解任务选用最佳方案。

（3）理想电源的串联和并联。一般来说，理想电压源只能串联，理想电流源只能并联。理想电压源的并联和理想电流源的串联有诸多限制，且很危险，只可理论探讨，并无实用价值。要掌握理想电压源的串联等效电路及其参数计算方法和理想电流源的并联等效电路及其参数计算方法。

（4）实际电源的两种模型及其等效变换。实际电源的两种模型间的等效变换常用于化简有源电阻网络，以便简化电路分析和计算。这里所说的"实际电源"包含独立电源和受控电源，但独立电源模型和受控电源模型之间不能等效变换。在进行实际电源的等效变换时，待求支路应始终保留在电路中，不能参与变换。在变换过程中，往往会遇到多个电压源串联和多个电流源并联的情况，应注意其合并后的大小、极性和方向。

（5）输入电阻。输入电阻是无源电阻网络对外表现的主要特征。输入电阻的特殊情形即等效电阻（不含受控源）。等效电阻一般用电阻的串并联法和 Y-△变换法等求取，而输入电阻只能用"u/i"法求取，且外加电源的电压 u 和电流 i 应取非关联参考方向，此时输入电阻 R_{in} 为 u 与 i 的比值。求解输入电阻 R_{in} 时可能会用到欧姆定律、KCL 与 KVL、电阻串并联、Y-△变换、电源等效变换（针对受控源）等内容。

习　题

2-1　求如图 2.29 所示各电路 ab 端的等效电阻 R_{ab}。

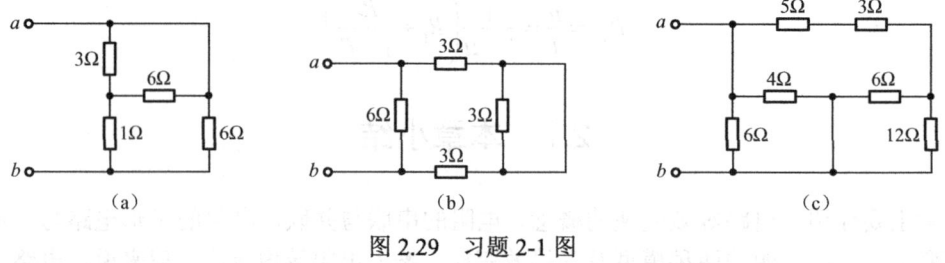

图 2.29　习题 2-1 图

2-2　用 Y-△变换法求如图 2.30 所示电路 ab 端的等效电阻 R_{ab}。

2-3　如图 2.31 所示电路，表示无限长网络，其中，每个电阻的阻值都为 R，求其 ab 端的等效电阻 R_{ab}。

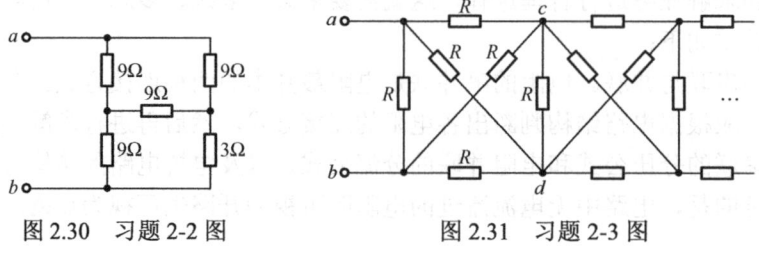

图 2.30　习题 2-2 图　　　　　图 2.31　习题 2-3 图

2-4 将如图 2.32 所示各电路化简成实际电压源模型。

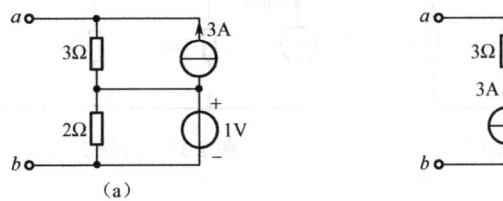

图 2.32 习题 2-4 图

2-5 求如图 2.33 所示电路中的电流 I。

2-6 求如图 2.34 所示电路中的电流 I_1 和 I。

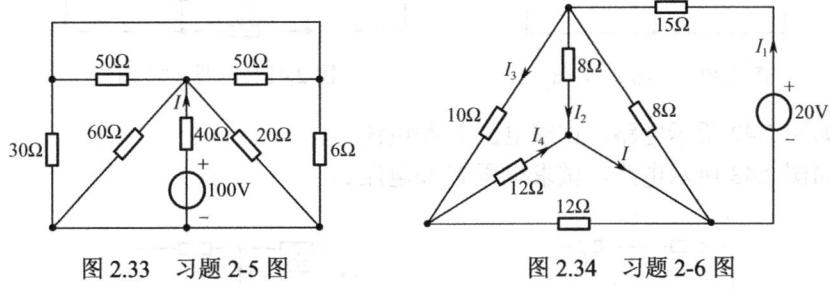

图 2.33 习题 2-5 图 图 2.34 习题 2-6 图

2-7 求如图 2.35 所示电路中的电压 U 及 U_{ab}。

2-8 如图 2.36 所示电路,电流 $I = 2A$,求 R 的值。

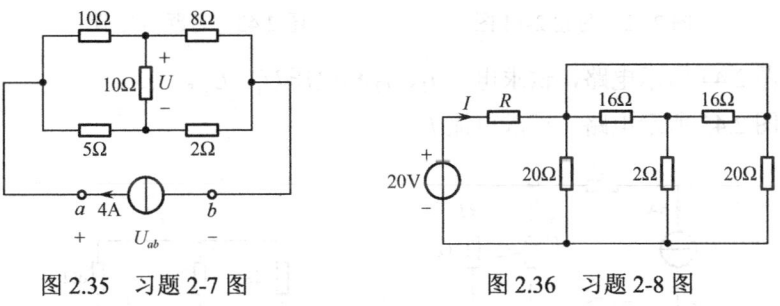

图 2.35 习题 2-7 图 图 2.36 习题 2-8 图

2-9 如图 2.37 所示各电路。求:(1) 图(a)中的电流 I;(2) 图(b)中的电压 U;(3) 图(c)中的电流 I。

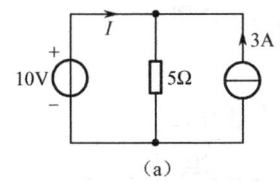 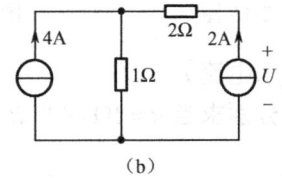 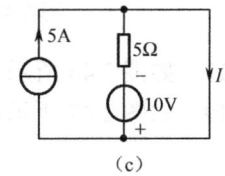

(a)　　　　　　　　(b)　　　　　　　　(c)

图 2.37 习题 2-9 图

2-10 如图 2.38 所示电路,求未知电阻 R。

2-11 如图 2.39 所示电路,求电流 I。

2-12 如图 2.40 所示电路,求电压 U。

2-13 如图 2.41 所示电路,求电压 U。

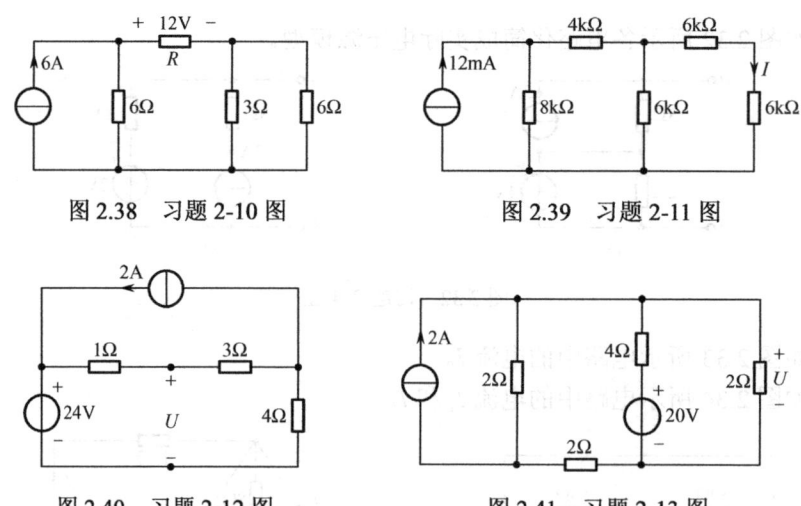

图 2.38　习题 2-10 图　　　图 2.39　习题 2-11 图

图 2.40　习题 2-12 图　　　图 2.41　习题 2-13 图

2-14　如图 2.42 所示电路，试求电压 U 和电流 I。

2-15　如图 2.43 所示电路，试求电压 U 和电流 I。

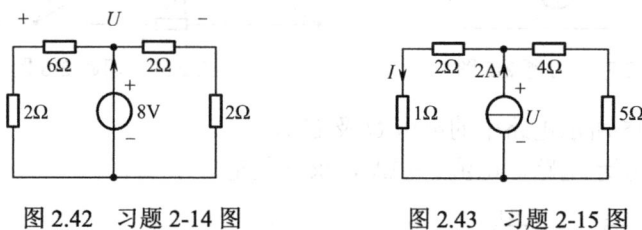

图 2.42　习题 2-14 图　　　图 2.43　习题 2-15 图

2-16　如图 2.44 所示电路，试求电流 I_1、I_2 和电压 U_1、U_s。

2-17　如图 2.45 所示电路，试求电流 I。

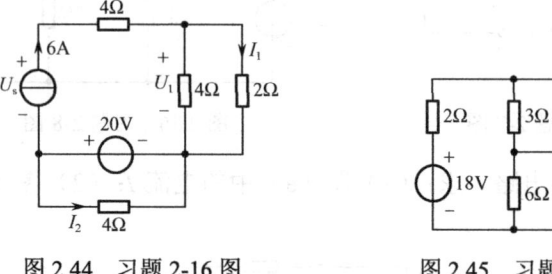

图 2.44　习题 2-16 图 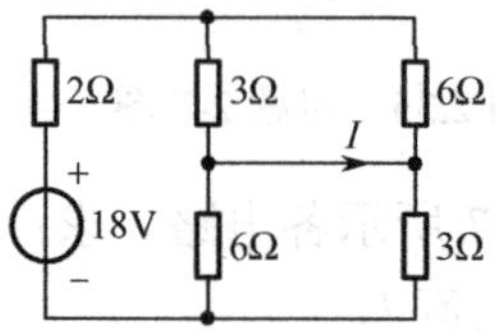　　　图 2.45　习题 2-17 图

2-18　如图 2.46 所示电路，求电流 I。

2-19　如图 2.47 所示电路，分别求当 $R=1\Omega$ 时和 $R=2\Omega$ 时的电流 I。

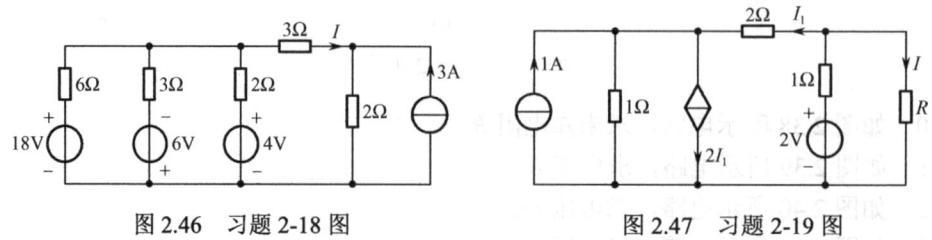

图 2.46　习题 2-18 图　　　图 2.47　习题 2-19 图

2-20 如图 2.48 所示电路，用电源等效变换法求电路中 4Ω 电阻消耗的功率。

2-21 求如图 2.49 所示电路中的开路电压 u_{oc}。

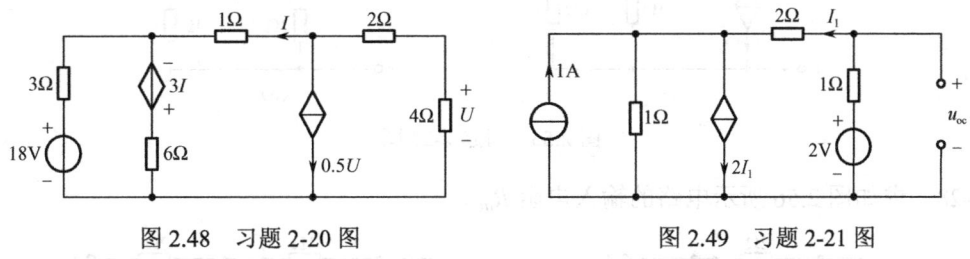

图 2.48 习题 2-20 图　　　图 2.49 习题 2-21 图

2-22 求如图 2.50 所示电路中的开路电压 u_{oc}。

2-23 求如图 2.51 所示电路中 15Ω 电阻消耗的功率。

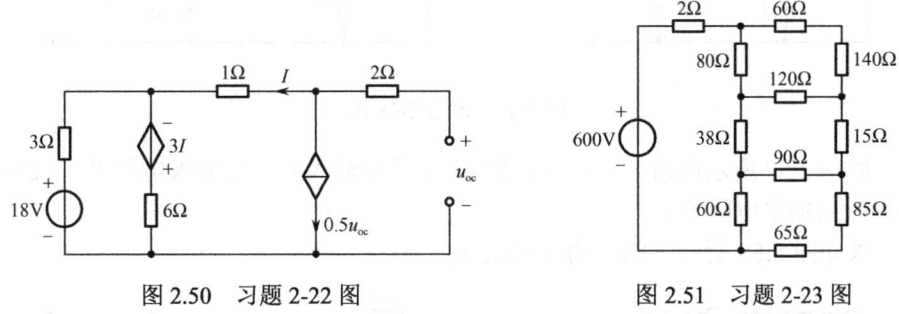

图 2.50 习题 2-22 图　　　图 2.51 习题 2-23 图

2-24 如图 2.52 所示电路，$R_L = 5\Omega$，求其电流 I_L；若 R_L 减小，则 I_L 增大，求当 I_L 增大到原来的 3 倍时，负载电阻 R_L 的值。

2-25 求如图 2.53 所示电路中的电流 I。

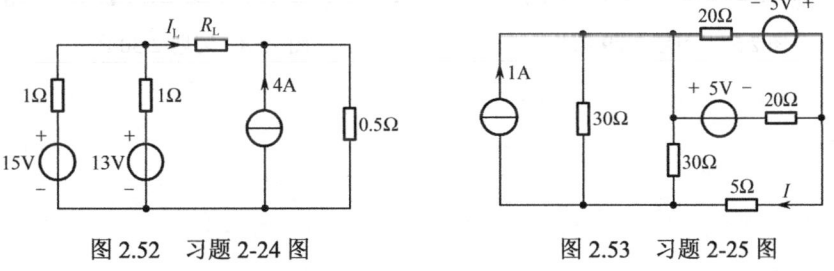

图 2.52 习题 2-24 图　　　图 2.53 习题 2-25 图

2-26 求如图 2.54 所示电路的输入电阻 R_{ab}。

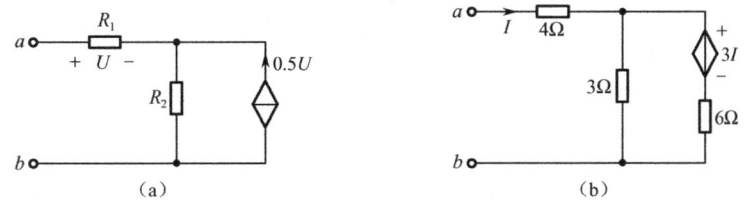

图 2.54 习题 2-26 图

2-27 求如图 2.55 所示电路的输入电阻 R_{ab}。

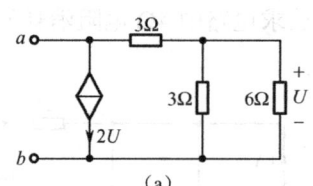
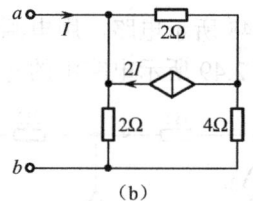

(a)　　　　　　　　　　(b)

图 2.55　习题 2-27 图

2-28　求如图 2.56 所示电路的输入电阻 R_{ab}。

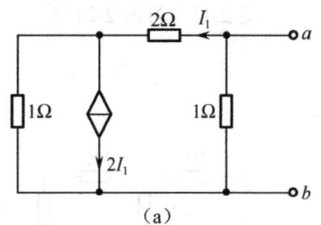
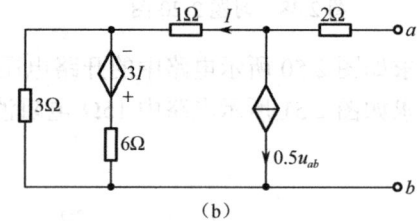

(a)　　　　　　　　　　(b)

图 2.56　习题 2-28 图

2-29　如图 2.57 所示电路，求：(1) 把 ab 端看作输入端时的输入电阻 R_i；(2) 把 cd 端看作输出端时的输出电阻 R_o。

2-30　求如图 2.58 所示电路的输出电阻 R_o。

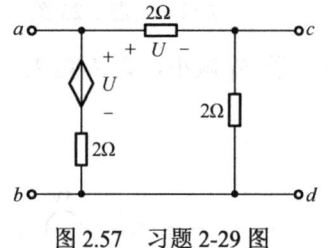
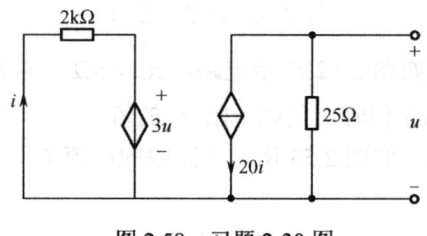

图 2.57　习题 2-29 图　　　　图 2.58　习题 2-30 图

第3章 直流电阻电路的系统分析法

教学提示：本章主要介绍直流电阻电路的系统分析法。第2章介绍的直流电阻电路的等效变换法需要改变电路的结构，即将相对复杂的电路等效变换成相对简单的电路，以便于电路的分析和求解。由于一个具体电路的等效变换方案往往不止一种，所以其等效变换求解过程不规范，具有较强的技巧性，不便于计算机编程求解。而直流电阻电路的系统分析法一般不需要改变电路的结构，其求解方法具有规范性，便于计算机编程求解。按求解变量的性质不同，可将系统分析法分为直接法和间接法两种类型。直接法有 $2b$ 法和支路电流法两种，间接法有网孔电流法、回路电流法和节点电压法三种。

教学要求：本章的内容主要有 $2b$ 法、支路电流法、网孔电流法、回路电流法和节点电压法。在教学过程中，要讲清这些内容的概念、特点、应用场合、基本运算规律及技巧。

3.1 直接法

所谓直流电阻电路系统分析法的直接法，是指直接用未知的实际支路电压和（或）支路电流作为电路变量，依据 KCL 和 KVL，以及各电路元件的 VAR，列写这些电路变量应满足的线性方程组，进而进行方程组求解的方法。直接法有 $2b$ 法和支路电流法两种。

3.1.1 $2b$ 法

实际的电路可以抽象成图论中所研究的"图"。为方便讨论，将具有 n 个节点、b 条支路的电路记为电路图 $G(n,b)$。其中，"节点"是指3条及以上支路的交汇点，而"支路"是指一段具体的电路，可由一个电路元件组成，也可由多个电路元件串联组成。根据图论知识，电路图 $G(n,b)$ 的独立 KCL 方程数为 $(n-1)$，独立 KVL 方程数为 $(b-n+1)$。在列写 KCL 方程时，可以任意选取电路图 $G(n,b)$ 的 $(n-1)$ 个节点。在列写 KVL 方程时，可以选取电路中的 $(b-n+1)$ 个"网孔"作为 KVL 回路，也可以选取其他独立的 $(b-n+1)$ 个 KVL 回路。

对于电路图 $G(n,b)$，当用其支路电压和支路电流作为待求变量列写方程时，共有 $2b$ 个变量，而其 KCL 方程数为 $(n-1)$，KVL 方程数为 $(b-n+1)$，再加上 b 条支路的 VAR 方程，共有 $2b$ 个方程，正好可以求解出 $2b$ 个变量，这就是 $2b$ 法的基本思想。

例 3.1 用 $2b$ 法列写图 3.1 所示电路的方程。

解题思路：将各支路的电流变量和电压变量及其参考方向标注于图 3.1 中，并选定好参考节点和回路绕行方向，分别列写出电路的 KCL 方程、KVL 方程和 VAR 方程。

解：由图 3.1 可知，该电路的 $n=4$，$b=6$，所以其 KCL 方程数为 3，KVL 方程数为 3，VAR 方程数为 6，分别列写如下：

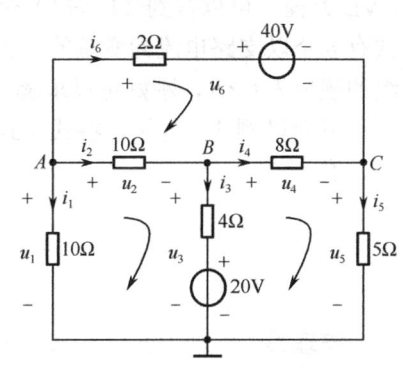

图 3.1 例 3.1 图

（1）KCL 方程（取参考节点如图 3.1 所示）

$$\begin{cases} i_1 + i_2 + i_6 = 0 \\ -i_2 + i_3 + i_4 = 0 \\ -i_4 + i_5 - i_6 = 0 \end{cases} \tag{3-1}$$

（2）KVL 方程（取回路绕行方向如图 3.1 所示）

$$\begin{cases} -u_1 + u_2 + u_3 = 0 \\ -u_3 + u_4 + u_5 = 0 \\ -u_2 - u_4 + u_6 = 0 \end{cases} \tag{3-2}$$

（3）VAR 方程

$$\begin{cases} u_1 = 10i_1 \\ u_2 = 10i_2 \\ u_3 = 4i_3 + 20 \\ u_4 = 8i_4 \\ u_5 = 5i_5 \\ u_6 = 2i_6 + 40 \end{cases} \tag{3-3}$$

在例 3.1 中，由于 $2b = 2 \times 6 = 12$，所以上述方程的规模为 12×12，用手工计算是不方便的。另外，在列写各支路的 VAR 方程时，要求支路电压能用支路电流表示，否则 VAR 方程数会减少。发生这种情形的支路一般由电流源与其他元件串联构成，或者单独由电流源/电压源构成。如果该支路由电流源构成，则支路电流是已知的；如果该支路由电压源构成，则支路电压是已知的。所以，未知的电路变量数也会相应减少，整个电路的未知变量数与方程数仍然相等，电路的方程组可解。

$2b$ 法是求解直流电阻电路的系统分析法中变量数最多的计算方法，其优点是能一次求解出所有支路的电压和电流，计算灵活，适应性强。缺点是方程组的规模大，不适宜手工计算，一般只能用编程的方法计算。另外，$2b$ 法还是支路电流法的基础。

3.1.2 支路电流法

支路电流法就是以各支路的未知电流为电路变量来列写电路方程，进而求出支路电流的方法。求出支路电流后，可进一步求解各元件的电压、功率等。

支路电流法可由 $2b$ 法演化而来。在 $2b$ 法中，将 VAR 方程中以支路电流表示的电压代入 KVL 方程，可以得到（$b-n+1$）个以支路电流为变量的方程，再加上（$n-1$）个 KCL 方程，共有 b 个以支路电流为变量的方程。而方程组的变量数就是电路的支路数，也是 b 个，方程组的规模为 $b \times b$，刚好可以求解。

下面以例 3.1 为例，将式（3-3）所表示的 VAR 方程代入式（3-2）所表示的 KVL 方程中，有

$$\begin{cases} -10i_1 + 10i_2 + 4i_3 + 20 = 0 \\ -4i_3 - 20 + 8i_4 + 5i_5 = 0 \\ -10i_2 - 8i_4 + 2i_6 + 40 = 0 \end{cases} \tag{3-4}$$

整理得

$$\begin{cases} -10i_1 + 10i_2 + 4i_3 = -20 \\ -4i_3 + 8i_4 + 5i_5 = 20 \\ -10i_2 - 8i_4 + 2i_6 = -40 \end{cases} \quad (3-5)$$

式（3-5）与式（3-1）联立可得到规模为 6×6 的方程组，据此可求解出支路电流 $i_1 \sim i_6$。

式（3-5）是 KVL 方程的另一种表达式。其中，方程的左边是电阻电压（压降）的代数和（用支路电流表示），方程的右边是电压源电压的代数和。它表明在电路的任一回路内，电阻电压的代数和都等于电压源电压的代数和。电压的方向是这样规定的：当流过电阻的支路电流与回路绕行方向一致时，电阻电压为正，否则为负；当电压源方向与回路绕行方向相反时，电压源电压为正，否则为负。

另外，如果电路中含有受控电压源，则应先将其视为独立电源处理，再用支路电流表示其控制量，最后将含支路电流的项移到方程的左端进行合并。

式（3-5）也可表示为

$$\sum R_k i_k = \sum u_{sk} \quad (3-6)$$

用支路电流法求解直流电阻电路的步骤如下：
（1）选定各支路电流变量及其参考方向；
（2）选定参考节点，对 (n-1) 个参考节点列写 KCL 方程；
（3）选定 (b-n+1) 个独立回路，指定其绕行方向，按式（3-6）列写 KVL 方程；
（4）对上述 b×b 的线性方程组进行求解，即可求得各支路电流。

支路电流法的规模只有 2b 法的一半，所以其求解要方便得多。但支路电流法要求每一条支路的电压都能用其对应的支路电流来表示，否则就不能写成式（3-6）的形式。在这种情况下应用支路电流法时，需要另行处理，而 2b 法就不受这种限制。总的来说，支路电流法比 2b 法简单，但适应性稍差，而 2b 法虽然复杂，但适应性强。

例 3.2 如图 3.2（a）所示电路，用支路电流法求电压 U、电流 I 和电压源发出的功率 P。

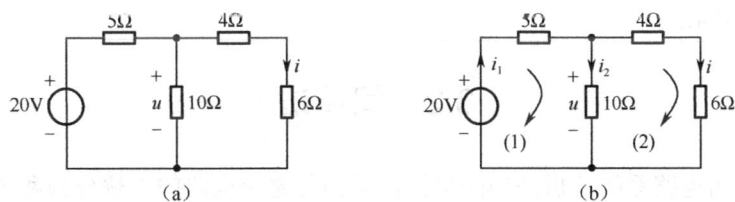

图 3.2 例 3.2 图

解题思路：将电压源与电阻的串联看作一条支路，则该电路的拓扑参数为：n=2，b=3。用支路电流法可列出 1 个 KCL 方程和 2 个 KVL 方程。

解：标注支路电流和回路绕行方向如图 3.2（b）所示，可列出其支路电流方程如下

$$\begin{cases} -i_1 + i_2 + i = 0 \\ 5i_1 + 10i_2 = 20 \\ -10i_2 + 10i = 0 \end{cases}$$

解得：$i_1 = 2\text{A}$，$i_2 = i = 1\text{A}$。

所以

$$u = 10i_2 = 10 \times 1 = 10\text{V}$$

电压源发出的功率为

$$P = 20i_1 = 20 \times 2 = 40\text{W}$$

例 3.3 如图 3.3 所示电路，求各支路电流。

解题思路：将电压源（受控电压源）与电阻的串联看作一条支路，则该电路的拓扑参数为：$n=2$，$b=3$。用支路电流法可列出 1 个 KCL 方程和 2 个 KVL 方程。

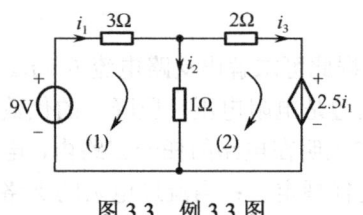

图 3.3 例 3.3 图

解：该电路的支路电流方程如下

$$\begin{cases} -i_1 + i_2 + i_3 = 0 \\ 3i_1 + i_2 = 9 \\ -i_2 + 2i_3 = -2.5i_1 \end{cases}$$

整理得

$$\begin{cases} -i_1 + i_2 + i_3 = 0 \\ 3i_1 + i_2 = 9 \\ 2.5i_1 - i_2 + 2i_3 = 0 \end{cases}$$

解得：$i_1 = 2\text{A}$，$i_2 = 3\text{A}$，$i_3 = -1\text{A}$。

前面支路电流法所介绍的通过列写 KCL 和 KVL 方程进行求解的方法是规范形式，以便于计算机编程求解。实际计算时可进行适当简化，即只标出部分支路电流，然后用这些支路电流表示其他支路电流。这种表示实际上相当于将支路电流法中的 KCL 方程代入 KVL 方程。简化的支路电流法便于手工计算，如例 1.7、例 1.8 和例 1.10 所示。在例 1.7 和例 1.8 中，由于有一条支路的电流已知（电流源支路），所以可少列写一个 KVL 方程。若用规范形式的支路电流法，则需增设电流源的端电压作为新的变量来列写 KVL 方程。

手工计算时，支路电流法主要用于拓扑结构较简单的电路，或者用于电路的"设计性问题"（即已知电路的结构、部分元件参数和部分响应信息，求其余某元件的参数）求解，如例 1.8～例 1.11 所示。

3.2 间接法

所谓直流电阻电路系统分析法的间接法，是指将整个电路的求解分为两个步骤：先用虚拟的电路变量（如网孔或回路电流、节点电压等）建立并求解线性方程组，再求解各支路电压、电流和功率。虽然间接法的求解步骤增多了，但每一个步骤的计算量相对于直接法减少了很多，特别是第二个步骤的计算只是简单的代数运算，不涉及方程组的求解，所以整体的计算量会大幅下降，当电路复杂时更是如此。

间接法是分析求解电路的简单又有效的方法。间接法有网孔电流法、回路电流法和节点电压法三种。

3.2.1 网孔电流法

所谓电路的网孔，是指不包含任何支路的回路，如图 3.4 所示电路的回路（1）～（3）均为网孔，其他回路均包含一条及以上的支路，所以不是网孔。由前面的讨论可知，对于电路图 $G(n,b)$，其独立的 KCL 方程数为（$n-1$），独立的 KVL 方程数为（$b-n+1$）。可以证明，电路的网孔数也为（$b-n+1$）。网孔电流法就是以虚拟（或假想）的网孔电流作为电路变量列写线性方程组，并进行电路求解的方法。需要注意的是，网孔电流法只适用于平面电路。对于空间（或立体）电路的求解，只能用回路电流法或节点电压法。

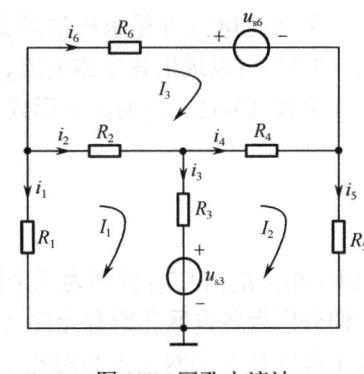

图 3.4 网孔电流法

网孔电流法的变量数为（$b-n+1$），方程组的数量就是电路的网孔数量，也是（$b-n+1$），所以其方程组的规模为 $(b-n+1)\times(b-n+1)$。当电路的节点数较多（即 n 较大）时，方程组的规模较支路电流法会显著减小。下面以图 3.4 为例介绍网孔电流方程的建立方法与注意事项。

在图 3.4 所示电路中，设各网孔电流分别为 I_1，I_2 和 I_3，其绕行方向如图 3.4 所示。

首先，用网孔电流表示各支路电流为

$$\begin{cases} i_1 = -I_1 \\ i_2 = I_1 - I_3 \\ i_3 = I_1 - I_2 \\ i_4 = I_2 - I_3 \\ i_5 = I_2 \\ i_6 = I_3 \end{cases} \tag{3-7}$$

这种用网孔电流表示的支路电流能自动满足 KCL，证明如下。

图 3.4 中三个独立节点的 KCL 方程为

$$\begin{cases} i_1 + i_2 + i_6 = 0 \\ -i_2 + i_3 + i_4 = 0 \\ -i_4 + i_5 - i_6 = 0 \end{cases} \tag{3-8}$$

将式（3-7）中的 $i_1 \sim i_6$ 代入式（3-8），有

$$\begin{cases} -I_1 + I_1 - I_3 + I_3 = 0 \\ -(I_1 - I_3) + I_1 - I_2 + I_2 - I_3 = 0 \\ -(I_2 - I_3) + I_2 - I_3 = 0 \end{cases} \tag{3-9}$$

式（3-9）说明，用网孔电流来表示支路电流可以使各节点自动满足 KCL，所以只需按网孔列写 KVL 方程，减小了电路方程组的规模。

其次，用支路电流表示各网孔的 KVL 方程为

$$\begin{cases} -R_1 i_1 + R_2 i_2 + R_3 i_3 = -u_{s3} \\ -R_3 i_3 + R_4 i_4 + R_5 i_5 = u_{s3} \\ -R_2 i_2 - R_4 i_4 + R_6 i_6 = -u_{s6} \end{cases} \tag{3-10}$$

最后，将式（3-7）代入式（3-10）整理得

$$\begin{cases} (R_1 + R_2 + R_3)I_1 - R_3 I_2 - R_2 I_3 = -u_{s3} \\ -R_3 I_1 + (R_3 + R_4 + R_5)I_2 - R_4 I_3 = u_{s3} \\ -R_2 I_1 - R_4 I_2 + (R_2 + R_4 + R_6)I_3 = -u_{s6} \end{cases} \tag{3-11}$$

式（3-11）为以网孔电流 I_1，I_2 和 I_3 为电路变量的方程组，称为网孔电流方程。

用网孔电流方程求出的解是中间变量（即假想的网孔电流），将假想的网孔电流代入式（3-7）可以求出各支路电流、元件电压和元件功率。

将式（3-11）记为如下形式

$$\begin{cases} R_{11}I_1 + R_{12}I_2 + R_{13}I_3 = u_{s11} \\ R_{21}I_1 + R_{22}I_2 + R_{23}I_3 = u_{s22} \\ R_{31}I_1 + R_{32}I_2 + R_{33}I_3 = u_{s33} \end{cases} \quad (3\text{-}12)$$

式中，R_{11}，R_{22} 和 R_{33} 分别为三个网孔的自阻，即 $R_{11}=R_1+R_2+R_3$，$R_{22}=R_3+R_4+R_5$，$R_{33}=R_2+R_4+R_6$，它们分别为各自网孔所有元件（包括电源）的电阻之和，其值总是正的。R_{12} 和 R_{13} 分别为网孔 1 与网孔 2 和网孔 1 与网孔 3 之间的公共电阻，称为互阻，其值为 $R_{12}=-R_3$，$R_{13}=-R_2$。同样，还有 R_{21} 和 R_{23} 及 R_{31} 和 R_{32} 等互阻，其值分别为 $R_{21}=-R_3$，$R_{23}=-R_4$，$R_{31}=-R_2$，$R_{32}=-R_4$。互阻的值可正可负，也可以为零。当相邻网孔的网孔电流同向流过公共电阻时，它们之间的互阻为正值，否则为负值。如果两个网孔之间没有公共支路，或者它们之间的公共支路元件的电阻为零（如电压源），则它们之间的互阻为零。显然，如果所有网孔电流都取同一个绕行方向，则所有互阻都是负的。

在式（3-12）中，有 $R_{12}=R_{21}=-R_3$，$R_{13}=R_{31}=-R_2$，$R_{23}=R_{32}=-R_4$。当电路中不含任何受控源时，总有 $R_{jk}=R_{kj}$，否则 $R_{jk}\neq R_{kj}$。

式（3-12）的右端项 u_{s11}、u_{s22} 和 u_{s33} 为网孔内所有电压源的电压代数和，其值的正负规定为：按网孔电流的绕行方向，当电压源的电压为电压升时，其值为正，否则为负。

电路图 $G(n,b)$ 的网孔数为 $m=(b-n+1)$，其网孔电流方程的一般形式为

$$\begin{cases} R_{11}I_1 + R_{12}I_2 + \cdots + R_{1m}I_m = u_{s11} \\ R_{21}I_1 + R_{22}I_2 + \cdots + R_{2m}I_m = u_{s22} \\ \cdots\cdots \\ R_{m1}I_1 + R_{m2}I_2 + \cdots + R_{mm}I_m = u_{smm} \end{cases} \quad (3\text{-}13)$$

式（3-13）中共有 $m=(b-n+1)$ 个变量，与支路电流法相比少了 $(n-1)$ 个 KCL 方程，从而简化了计算。

在应用网孔电流法求解电路时，有些特殊情况需要注意：

（1）因为电流源的内阻为无穷大，所以网孔中如果含有（受控）电流源支路，则其自阻将变为无穷大，相应的网孔电流方程就不成立。在这种情况下，如果流过电流源的网孔电流只有一个，则该网孔电流就等于电流源电流（网孔电流的方向与电流源电流的方向相同时为正，否则为负），其网孔电流方程不需要列写；如果有多个网孔电流流过电流源，则需要按替代定理的思路另行处理（见例 3.6）。

（2）一般来说，当电流源与电阻并联时，可以将其等效变换为电压源与电阻串联，这样就可以减少一个网孔，还可避免出现自阻为无穷大的情形。

（3）当电路中存在无伴电流源（即没有电阻与其并联）支路时，则只能按（1）中的方式处理。

例 3.4 用网孔电流法求图 3.5 所示电路中各支路电流 $i_1\sim i_6$。

解题思路：先确定每个网孔电流及其绕行方向，然后列出其网孔电流方程并进行求解。

解：设网孔电流及其绕行方向如图 3.5 所示，其网孔电流方程为

$$\begin{cases}(1+2+3)I_1-3I_2-2I_3=16-6=10\\-3I_1+(3+1+2)I_2-1\times I_3=6-4=2\\-2I_1-1\times I_2+(1+2+3)I_3=-2\end{cases}$$

整理得

$$\begin{cases}6I_1-3I_2-2I_3=10\\-3I_1+6I_2-I_3=2\\-2I_1-I_2+6I_3=-2\end{cases}$$

解得

$$\begin{cases}I_1=3\text{A}\\I_2=2\text{A}\\I_3=1\text{A}\end{cases}$$

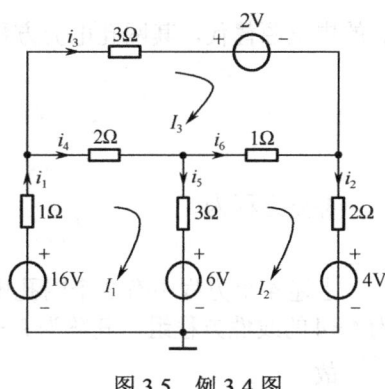

图 3.5 例 3.4 图

进而求得各支路电流为

$$i_1=I_1=3\text{A}$$
$$i_2=I_2=2\text{A}$$
$$i_3=I_3=1\text{A}$$
$$i_4=I_1-I_3=3-1=2\text{A}$$
$$i_5=I_1-I_2=3-2=1\text{A}$$
$$i_6=I_2-I_3=2-1=1\text{A}$$

例 3.5 如图 3.6 所示电路，用网孔电流法求电流 I。

解题思路：先确定每个网孔电流及其绕行方向，然后再列写其网孔电流方程并求解。图 3.6 中的网孔电流 I_3 为已知量，该网孔不需要列写网孔电流方程（就是要写也必须按替代定理的思路来处理，见例 3.6）。

解：设网孔电流及其绕行方向如图 3.6 所示，其网孔电流方程为

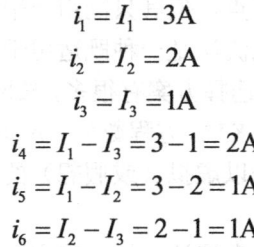

图 3.6 例 3.5 图

$$\begin{cases}10I_1-10I_2=50-10I\\-10I_1+(10+10+20)I_2-20I_3=-30\\I_3=5\\I=I_2\end{cases}$$

解得 $I_1=5\text{A}$，$I_2=3\text{A}$，$I_3=5\text{A}$。所以 $I=I_2=3\text{A}$。

例 3.6 如图 3.7 所示电路，用网孔电流法求电压 u。

解题思路：网孔 1 和网孔 2 均包含电流源，它们的自阻均为无穷大，其对应的网孔电流方程不存在。设电流源的端电压如图 3.7 所示，依据替代定理，电流源可以看成是电压为其端电压的电压源（即用电压源替代电流源），这样就可以列写该电路的网孔电流方程了。不过，这样做的代价是增加了一个变量，所以需要同时增加一个补充方程才能求解。由于无伴电流源的电流已知，因此可以增加一个以网孔电流为变量的补充方程。

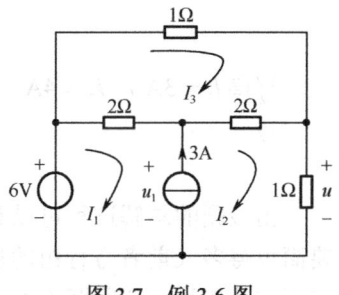

图 3.7 例 3.6 图

解：如图 3.7 所示。根据替代定理，将电流源用端电压为

u_1 的电压源替代,其网孔电流方程为

$$\begin{cases} 2I_1 - 2I_3 = 6 - u \\ 3I_2 - 2I_3 = u_1 \\ -2I_1 - 2I_2 + 5I_3 = 0 \end{cases}$$

补充方程为

$$-I_1 + I_2 = 3$$

上述 4 个方程中有 3 个网孔电流变量和一个电压变量,共 4 个变量,正好构成一个规模为 4×4 的线性方程组,其解为 $I_1 = 1$A, $I_2 = 4$A, $I_3 = 2$A, $u_1 = 8$V。

故

$$u = 1 \times I_2 = 1 \times 4 = 4\text{V}$$

3.2.2 回路电流法

网孔电流法具有直观、方便的特点,但其只能用于平面电路,且在处理网孔中的无伴电流源时费时费事(见例 3.6)。回路电流法是一种既适用于平面电路也适用于非平面电路的适应性很强的电路分析方法,它的回路选择方案有很多,按网孔选择回路的方式是其特殊情况。

如前所述,电路图 $G(n,b)$ 的独立 KVL 方程数为 $(b-n+1)$,但这 $(b-n+1)$ 个独立回路的选择方式却有很多。回路电流法就是以虚拟(或假想)的回路电流作为电路变量列写线性方程组,并进行电路求解的方法。

回路电流法方程组的规模与网孔电流法一样,建立回路电流方程的基本思路也一样。下面将以实例说明其方程组的建立方法,并指出其优点及应用时的注意事项。

例 3.7 如图 3.8 所示电路,用回路电流法求电压 u。

解题思路:该例题其实就是例 3.6,现在用回路电流法来求解。选取回路如图 3.8 所示,其特点是只让一个回路电流流过无伴电流源,这样,该回路电流已知,不需要列写回路电流方程,从而避免了出现自阻为无穷大的情况。

解:如图 3.8 所示,其回路电流方程为

$$\begin{cases} I_1 = 3 \\ -2I_1 + (2+2+1)I_2 - (2+2)I_3 = 6 \\ 2I_1 - (2+2)I_2 + (2+2+1)I_3 = 0 \end{cases}$$

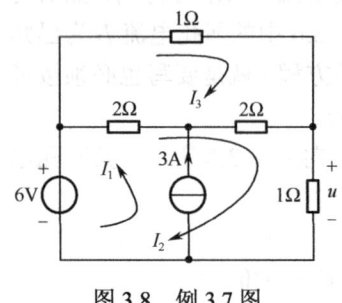

图 3.8 例 3.7 图

整理得

$$\begin{cases} 5I_2 - 4I_3 = 12 \\ -4I_2 + 5I_3 = -6 \end{cases}$$

解得 $I_1 = 3$A, $I_2 = 4$A, $I_3 = 2$A。

故

$$u = 1 \times I_2 = 1 \times 4 = 4\text{V}$$

由该题的求解过程可以看出,对含有无伴电流源支路的电路,回路电流法比网孔电流法要简单得多(前者方程组的规模为 2×2,后者方程组的规模为 4×4)。另外,该题也可选取右下网孔作为一个回路(其他回路不变),回路电流方程的建立与求解也一样简单,但此时电压 u 的计算与两个回路电流有关,后续计算稍显复杂。

在列写回路电流方程时,首先,要注意回路及回路电流方向的选取。虽然网孔也是回路,但网孔的选择是唯一的。而回路则不同,对同一个电路,回路的选取方法有很多种,不同的回路组合,其方程组和计算结果都不同(因回路选取不同,所以回路电流的计算结果肯定不同,但由此计算出来的支路或元件电压和电流的结果是相同的)。至于如何选取回路,需要根据具体情况具体分析,主要原则是使所建立的回路电流方程尽量直观、简单,后续计算尽量方便(见例 3.7),多看、多练、多思考和多总结才能做到熟能生巧和应用自如;其次,要注意各回路之间的公共电阻,以及各回路电流流过公共电阻时的方向,否则互阻的计算就会出错。

例 3.8 在图 3.9(a)所示电路中,已知 $u_{ab}=5V$,用回路电流法求 u_s。

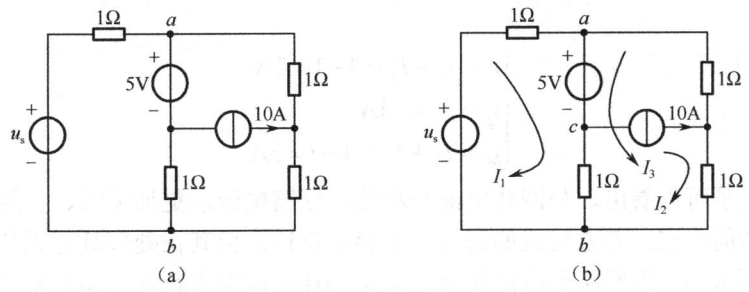

图 3.9 例 3.8 图

解题思路:该题有一个无伴电流源支路,用回路电流法求解时可让一个回路电流流过该支路,则该回路电流已知,无须建立该回路的回路电流方程。

解:选取回路如图 3.9(b)所示。由题中所给条件易知 $u_{cb}=u_{ab}-u_{ac}=5-5=0$,所以其回路电流方程为

$$\begin{cases} 2I_1 - I_2 + I_3 = u_s - 5 \\ I_2 = 10 \\ I_1 - 2I_2 + 3I_3 = -5 \\ I_1 - I_2 + I_3 = 0 \end{cases}$$

由上述方程组的后三个方程可解得 $I_1=7.5A$,$I_3=2.5A$,故由第一个方程可得

$$u_s = 2I_1 - I_2 + I_3 + 5 = 2 \times 7.5 - 10 + 2.5 + 5 = 12.5V$$

例 3.9 在图 3.10 所示电路中,用回路电流法求电路中的电流 i_1,i_3 和 i_5。

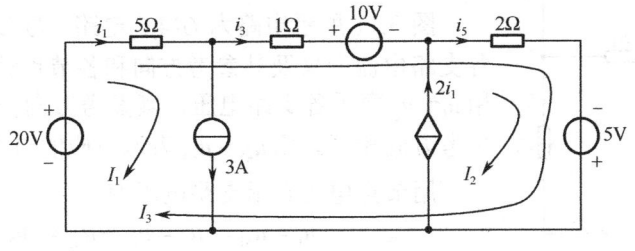

图 3.10 例 3.9 图

解题思路:该题有 2 个无伴电流源支路(其中 1 个是受控电流源),用回路电流法求解时应分别只让 1 个回路电流流过,从而只需列写 1 个回路电流方程。另外,由于受控电流源的电流未知,所以需要增补一个控制量与回路电流之间的关系方程。

解：选取回路如图 3.10 所示。其回路电流方程为

$$\begin{cases} I_1 = 3 \\ I_2 = 2i_1 \\ 5I_1 + 2I_2 + 8I_3 = 20 - 10 + 5 = 15 \\ i_1 = I_1 + I_3 \end{cases}$$

整理得

$$\begin{cases} I_2 + 4I_3 = 0 \\ I_2 - 2I_3 = 6 \end{cases}$$

解得 $I_1 = 3A$，$I_2 = 4A$，$I_3 = -1A$。

则

$$\begin{cases} i_1 = I_1 + I_3 = 3 - 1 = 2A \\ i_3 = I_3 = -1A \\ i_5 = I_2 + I_3 = 4 - 1 = 3A \end{cases}$$

由前面的例子可以看出，与网孔电流法相比，回路电流法更加灵活、实用。网孔电流法具有直观、简洁的特点，其方程组的列写也不容易出错，但其在处理具有无伴电流源支路的电路时有点力不从心。而回路电流法在处理具有无伴电流源支路的电路时游刃有余，但其方程组的列写容易出错，需要加倍小心。总的来说，网孔电流法和回路电流法各具特色，其本质是相同的。事实上，网孔电流法是回路电流法的一种特殊情况。

3.2.3 节点电压法

节点电压法是一种重要的间接分析方法，在电路的求解中应用非常广泛。在电路图 $G(n,b)$ 中任意选取一个节点作为参考节点，其余（$n-1$）个独立节点相对于该参考节点之间的电压称为节点电压。

节点电压法以电路的节点电压为待求变量，并对（$n-1$）个独立节点建立用节点电压表示的 KCL 方程，求解该 KCL 方程组即可求得各节点电压。节点电压只是电路计算的中间结果，利用这些结果可以方便地求出各支路电流、元件电压和元件功率，所以它是一种间接法。下面以图 3.11 为例介绍节点电压方程的建立方法与注意事项。

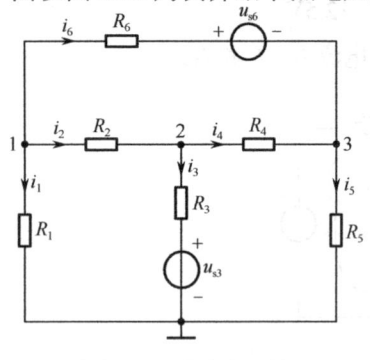

图 3.11 节点电压法

由于任何一条支路都连接在两个节点上，因此，由 KVL（或电压定义）可知，支路电压等于其关联的两个节点电压之差。

图 3.11 所示电路为 $G(4,6)$ 电路，取参考节点如图所示，各支路电流变量及其参考方向和各节点编号已标注于图中。用 $u_1 \sim u_6$ 表示各支路电压，其参考方向与其对应的支路电流参考方向相同。用 $u_{n1} \sim u_{n3}$ 表示对应的节点电压。

用节点电压表示支路电压为

$$u_1 = u_{n1}, \quad u_2 = u_{n1} - u_{n2}, \quad u_3 = u_{n2}$$
$$u_4 = u_{n2} - u_{n3}, \quad u_5 = u_{n3}, \quad u_6 = u_{n1} - u_{n3}$$

可以证明，用节点电压表示的支路电压自动满足 KVL。例如，对图 3.11 的三个网孔应用 KVL，有

$$-u_1 + u_2 + u_3 = -u_{n1} + u_{n1} - u_{n2} + u_{n2} = 0$$

$$-u_3 + u_4 + u_5 = -u_{n2} + u_{n2} - u_{n3} + u_{n3} = 0$$
$$-u_2 - u_4 + u_6 = -(u_{n1} - u_{n2}) - (u_{n2} - u_{n3}) + u_{n1} - u_{n3} = 0$$

所以，在节点电压法中，只需列写电路图 $G(n,b)$ 的 $(n-1)$ 个独立的、用节点电压表示的 KCL 方程，不必列写 KVL 方程。由于电路图 $G(n,b)$ 的变量（独立节点）数为 $(n-1)$，KCL 方程数也为 $(n-1)$，所以节点电压法的规模为 $(n-1) \times (n-1)$。求解出 $(n-1)$ 个节点电压后，可根据需要进一步求出所需的支路电流、元件电压和功率。

对于图 3.11 所示电路，对各独立节点应用 KCL 可得

$$\begin{cases} i_1 + i_2 + i_6 = 0 \\ -i_2 + i_3 + i_4 = 0 \\ -i_4 + i_5 - i_6 = 0 \end{cases} \quad (3\text{-}14)$$

将各支路电流用节点电压表示为

$$\begin{cases} i_1 = \dfrac{u_{n1}}{R_1} \\[4pt] i_2 = \dfrac{u_{n1} - u_{n2}}{R_2} \\[4pt] i_3 = \dfrac{u_{n2} - u_{s3}}{R_3} \\[4pt] i_4 = \dfrac{u_{n2} - u_{n3}}{R_4} \\[4pt] i_5 = \dfrac{u_{n3}}{R_5} \\[4pt] i_6 = \dfrac{u_{n1} - u_{n3} - u_{s6}}{R_6} \end{cases} \quad (3\text{-}15)$$

将式（3-15）代入式（3-14）并整理得

$$\begin{cases} \left(\dfrac{1}{R_1} + \dfrac{1}{R_2} + \dfrac{1}{R_6}\right)u_{n1} - \dfrac{1}{R_2}u_{n2} - \dfrac{1}{R_6}u_{n3} = \dfrac{u_{s6}}{R_6} \\[6pt] -\dfrac{1}{R_2}u_{n1} + \left(\dfrac{1}{R_2} + \dfrac{1}{R_3} + \dfrac{1}{R_4}\right)u_{n2} - \dfrac{1}{R_4}u_{n3} = \dfrac{u_{s3}}{R_3} \\[6pt] -\dfrac{1}{R_6}u_{n1} - \dfrac{1}{R_4}u_{n2} + \left(\dfrac{1}{R_4} + \dfrac{1}{R_5} + \dfrac{1}{R_6}\right)u_{n3} = -\dfrac{u_{s6}}{R_6} \end{cases} \quad (3\text{-}16)$$

式（3-16）即图 3.11 所示电路的节点电压方程。该方程还可以写成如下形式

$$\begin{cases} (G_1 + G_2 + G_6)u_{n1} - G_2 u_{n2} - G_6 u_{n3} = G_6 u_{s6} \\ -G_2 u_{n1} + (G_2 + G_3 + G_4)u_{n2} - G_4 u_{n3} = G_3 u_{s3} \\ -G_6 u_{n1} - G_4 u_{n2} + (G_4 + G_5 + G_6)u_{n3} = -G_6 u_{s6} \end{cases} \quad (3\text{-}17)$$

在式（3-17）中，$G_1 \sim G_6$ 为各支路的电导。

设

$$G_{11} = G_1 + G_2 + G_6$$
$$G_{22} = G_2 + G_3 + G_4$$

$$G_{33} = G_4 + G_5 + G_6$$

且

$$G_{12} = G_{21} = -G_2$$
$$G_{13} = G_{31} = -G_6$$
$$G_{23} = G_{32} = -G_4$$

则式（3-17）可写为

$$\begin{cases} G_{11}u_{n1} + G_{12}u_{n2} + G_{13}u_{n3} = i_{s11} \\ G_{21}u_{n1} + G_{22}u_{n2} + G_{23}u_{n3} = i_{s22} \\ G_{31}u_{n1} + G_{32}u_{n2} + G_{33}u_{n3} = i_{s33} \end{cases} \quad (3\text{-}18)$$

式中，$G_{ii}(i=1\sim3)$ 为各节点的自导，其值为各节点所连接支路的电导之和。由自导的定义可知，自导总是正的。$G_{ij}(i,j=1\sim3, i\neq j)$ 为任意两个节点之间的互导，其值为两个节点之间支路电导的相反数。由互导的定义可知，互导总是负的。当电路中没有受控源时（见图3.11），有 $G_{ij}=G_{ji}(i,j=1\sim3, i\neq j)$，否则不成立。当两个节点之间无支路相连时，其对应的互导为零。方程的右端为电流源作用项，其值为流入某节点的电流源的电流代数和，用 $i_{skk}(k=1\sim3)$ 表示，并规定流入为正，流出为负。如果与某节点相连接的电源是电压源与电阻的串联组合，则用其电源等效变换后的电流源值（见图3.11）。

式（3-18）的节点电压方程可以推广到电路图 $G(n,b)$ 的一般情形，其形式为（式中，$n'=n-1$）

$$\begin{cases} G_{11}u_{n1} + G_{12}u_{n2} + \cdots + G_{1n'}u_{nn'} = i_{s11} \\ G_{21}u_{n1} + G_{22}u_{n2} + \cdots + G_{2n'}u_{nn'} = i_{s22} \\ \cdots\cdots \\ G_{n'1}u_{n1} + G_{n'2}u_{n2} + \cdots + G_{n'n'}u_{nn'} = i_{snn'} \end{cases} \quad (3\text{-}19)$$

式（3-19）的节点电压方程共有 $n'=(n-1)$ 个变量，与支路电流法相比少了 $(b-n+1)$ 个 KVL 方程，从而简化了计算。

在应用节点电压法求解电路时，有些特殊情况需要注意：

（1）因为电压源的内阻为零，所以电路中如果含有无伴（受控）电压源支路，则该支路的自导将变为无穷大，相应的节点电压方程就不成立。在这种情况下，应将电压源负极所在的节点设为参考节点，则正极所在节点电压就等于电压源的电压，不需要列写该节点的节点电压方程，减少了一个变量的求解；或者用替代定理的思路将电压源用电流源进行替代（电流值未知）。

（2）电流源与电阻串联时，由于电流源的内阻为无穷大，所以该支路的电阻也为无穷大，其电导为零，相当于电阻被短路。另外，还可用替代定理的思路将电流源与电阻的串联支路用同样大小的电流源进行替代，其效果也相当于电阻被短路。

例 3.10 如图 3.12 所示电路，用节点电压法求电压 u_{ab}。

解题思路：该题为 $G(3,5)$ 电路，取 c 点为参考节点，可列写出一个二元一次方程组，求出节点电压 u_a 和 u_b 后，其差为 u_{ab}。需要注意的是，电流源与电阻串联支路的电导为零。

解：选取参考节点如图 3.12 所示。

其节点电压方程为

$$\begin{cases}\left(1+\dfrac{1}{2}\right)u_a - u_b = 2 \\ -u_a + \left(1+\dfrac{1}{3}+\dfrac{1}{6}\right)u_b = \dfrac{6}{6}\end{cases}$$

解得 $u_a = 3.2\text{V}$， $u_b = 2.8\text{V}$。
所以
$$u_{ab} = u_a - u_b = 3.2 - 2.8 = 0.4\text{V}$$

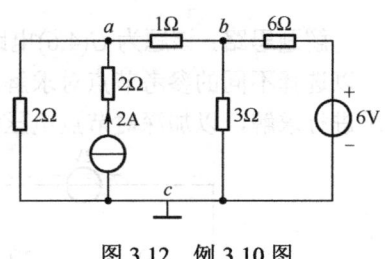

图 3.12　例 3.10 图

例 3.11　如图 3.13 所示电路，求电流 i_1 和 i_2。

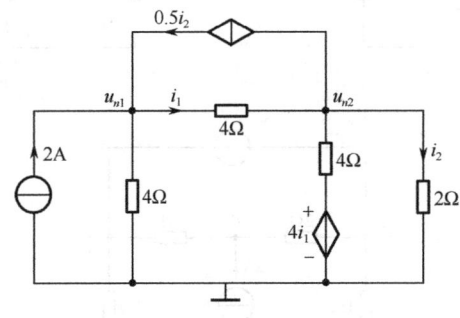

图 3.13　例 3.11 图

解题思路：该题为 $G(3,6)$ 电路，含有受控源。在列写节点电压方程时，可将受控源视为独立源，再将控制量用节点电压表示即可进行求解。

解：选取参考节点如图 3.13 所示
其节点电压方程为

$$\begin{cases}\left(\dfrac{1}{4}+\dfrac{1}{4}\right)u_{n1} - \dfrac{1}{4}u_{n2} = 2 + 0.5i_2 \\ -\dfrac{1}{4}u_{n1} + \left(\dfrac{1}{4}+\dfrac{1}{4}+\dfrac{1}{2}\right)u_{n2} = \dfrac{4i_1}{4} - 0.5i_2\end{cases}$$

式中

$$\begin{cases}i_1 = \dfrac{u_{n1} - u_{n2}}{4} \\ i_2 = \dfrac{u_{n2}}{2}\end{cases}$$

将 i_1 和 i_2 的表达式代入节点电压方程并整理得

$$\begin{cases}u_{n1} - u_{n2} = 4 \\ -u_{n1} + 3u_{n2} = 0\end{cases}$$

解得 $u_{n1} = 6\text{V}$， $u_{n2} = 2\text{V}$。
故
$$i_1 = \dfrac{u_{n1} - u_{n2}}{4} = \dfrac{6-2}{4} = 1\text{A}$$

$$i_2 = \dfrac{u_{n2}}{2} = \dfrac{2}{2} = 1\text{A}$$

例 3.12　如图 3.14（a）所示电路，求电流源端电压 u 和电流 i。

解题思路：该题为 $G(4,6)$ 电路，在用节点电压法求解该电路时，由于无伴电压源的存在，所以选择不同的参考节点对求解的复杂性有很大影响。本题将分两种不同的参考节点选取情况进行求解，以加深对节点电压法的理解，培养对最优解法的敏感性。

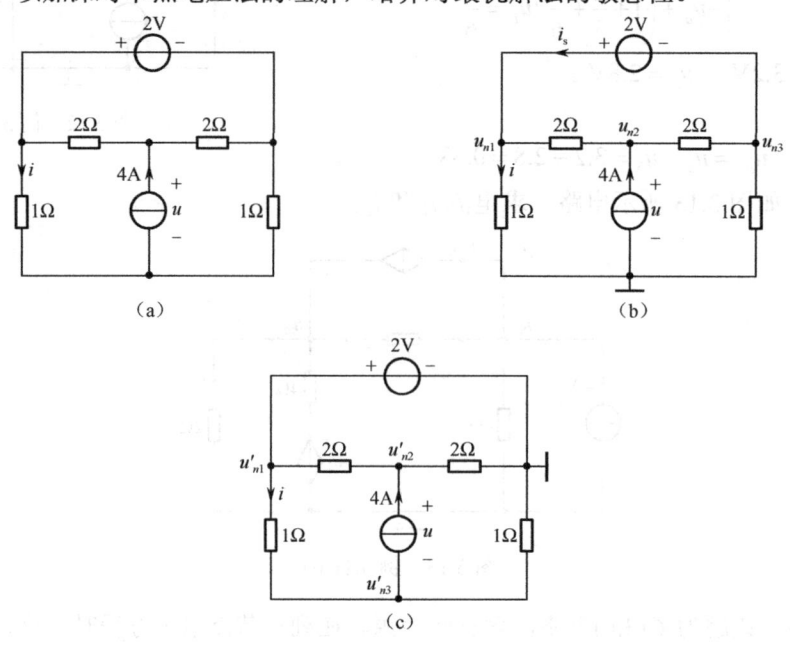

图 3.14 例 3.12 图

解：方法 1：选取参考节点如图 3.14（b）所示。由于无伴电压源支路的电导为无穷大，相应节点的节点电压方程不存在，因此需要依据替代定理将电压源用电流源进行替代（为简便起见，图中未画出替代后的电流源），并假设电流源的电流为未知量 i_s。由于多了一个变量 i_s，所以应根据电压源的端电压为已知的条件，补充一个含节点电压的补充方程。

其节点电压方程为

$$\begin{cases} \left(1+\dfrac{1}{2}\right)u_{n1} - \dfrac{1}{2}u_{n2} = i_s \\ -\dfrac{1}{2}u_{n1} + \left(\dfrac{1}{2}+\dfrac{1}{2}\right)u_{n2} - \dfrac{1}{2}u_{n3} = 4 \\ -\dfrac{1}{2}u_{n2} + \left(1+\dfrac{1}{2}\right)u_{n3} = -i_s \end{cases}$$

补充方程为

$$u_{n1} - u_{n3} = 2$$

上述节点电压方程和补充方程构成了一个四元一次方程组。

解得 $u_{n1}=3\text{V}$，$u_{n2}=6\text{V}$，$u_{n3}=1\text{V}$，$i_s=1.5\text{A}$。

故

$$\begin{cases} u = u_{n2} = 6\text{V} \\ i = \dfrac{u_{n1}}{1} = \dfrac{3}{1} = 3\text{A} \end{cases}$$

方法 2：选取参考节点如图 3.14（c）所示

其节点电压方程为

$$\begin{cases} u'_{n1} = 2 \\ -\dfrac{1}{2}u'_{n1} + \left(\dfrac{1}{2}+\dfrac{1}{2}\right)u'_{n2} = 4 \\ -u'_{n1} + (1+1)u'_{n3} = -4 \end{cases}$$

解得 $u'_{n1} = 2\text{V}$，$u'_{n2} = 5\text{V}$，$u'_{n3} = -1\text{V}$。

故

$$u = u'_{n2} - u'_{n3} = 5 - (-1) = 6\text{V}$$

$$i = \dfrac{u'_{n1} - u'_{n3}}{1} = \dfrac{2-(-1)}{1} = 3\text{A}$$

从本例可以看出，对于具有无伴电压源支路的电路，一般应选择电压源的负极所在节点为参考节点，否则计算量会增大，且方程容易出错（遗漏无伴电压源支路的电流）。

例 3.13 如图 3.15 所示电路，求电压 U。

解题思路：该题为 $G(3,6)$ 电路，其特点是两个节点之间存在两条支路，列写节点电压方程时不能只取一条，应全部计算在内。

解：选取参考节点如图 3.15 所示。

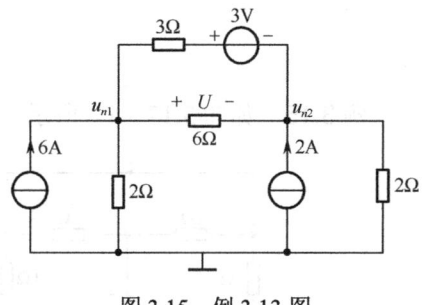

图 3.15 例 3.13 图

其节点电压方程为

$$\begin{cases} \left(\dfrac{1}{2}+\dfrac{1}{3}+\dfrac{1}{6}\right)u_{n1} - \left(\dfrac{1}{3}+\dfrac{1}{6}\right)u_{n2} = 6 + \dfrac{3}{3} = 7 \\ -\left(\dfrac{1}{3}+\dfrac{1}{6}\right)u_{n1} + \left(\dfrac{1}{2}+\dfrac{1}{3}+\dfrac{1}{6}\right)u_{n2} = 2 - \dfrac{3}{3} = 1 \end{cases}$$

整理得

$$\begin{cases} 2u_{n1} - u_{n2} = 14 \\ -u_{n1} + 2u_{n2} = 2 \end{cases}$$

解得 $u_{n1} = 10\text{V}$，$u_{n2} = 6\text{V}$。

故

$$U = u_{n1} - u_{n2} = 10 - 6 = 4\text{V}$$

例 3.14 如图 3.16（a）所示电路，已知 $u = 8\text{V}$，求电阻 R。

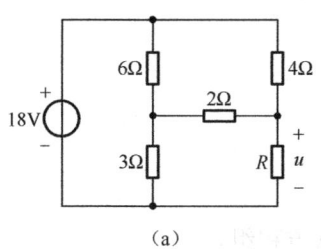
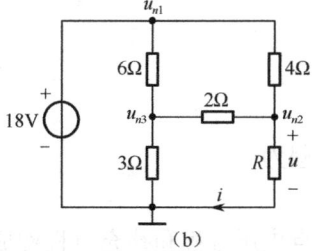

图 3.16 例 3.14 图

解题思路：该题为 $G(4,6)$ 电路，存在一条无伴电压源支路，用节点电压法求解时应选择电压源的负极为参考节点。另外，由于电阻 R 的电压 u 已知，所以电压 u 正极所在节点的电压已知（相当于将其替代为电压源），只需列写一个节点电压方程。求出各节点电压后可用

KCL 求出流过电阻 R 的电流 i，最后用欧姆定律求出电阻 R 的值。

解：选取参考节点如图 3.16（b）所示

其节点电压方程为

$$\begin{cases} u_{n1} = 18 \\ u_{n2} = 8 \\ -\dfrac{1}{6}u_{n1} - \dfrac{1}{2}u_{n2} + \left(\dfrac{1}{2} + \dfrac{1}{3} + \dfrac{1}{6}\right)u_{n3} = 0 \end{cases}$$

解得 $u_{n1} = 18\text{V}$，$u_{n2} = 8\text{V}$，$u_{n3} = 7\text{V}$。

由 KCL 得

$$\begin{aligned} i &= \frac{u_{n1} - u_{n2}}{4} + \frac{u_{n3} - u_{n2}}{2} = \frac{18-8}{4} + \frac{7-8}{2} \\ &= 2.5 - 0.5 = 2\text{A} \end{aligned}$$

故

$$R = \frac{u}{i} = \frac{8}{2} = 4\Omega$$

例 3.15 如图 3.17（a）所示电路，用节点电压法求电流 i。

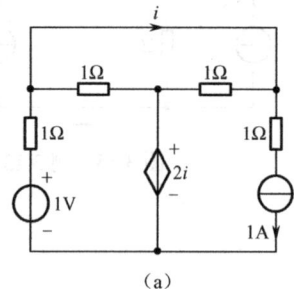 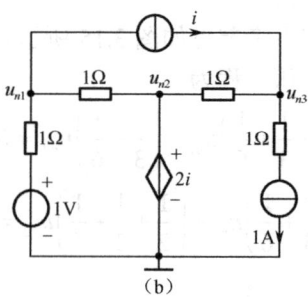

图 3.17　例 3.15 图

解题思路：该题为 $G(4,6)$ 电路。该电路的特点是电流 i 所在支路由理想导线构成，直接应用节点电压法会出现电导为无穷大的情况，即节点电压方程不存在。可以按替代定理的思路用同样大小和方向的电流源替代该支路。由于增加了一个变量 i，所以需补充一个方程。

解：将电流 i 所在支路替换为电流源，并选取参考节点如图 3.17（b）所示

其节点电压方程为

$$\begin{cases} 2u_{n1} - u_{n2} = 1 - i \\ u_{n2} = 2i \\ -u_{n2} + u_{n3} = i - 1 \end{cases}$$

补充方程为

$$u_{n1} - u_{n3} = 0$$

上述节点电压方程和补充方程构成了一个四元一次方程组。

解得 $u_{n1} = u_{n3} = 0.8\text{V}$，$u_{n2} = 1.2\text{V}$。

故

$$i = \frac{u_{n2}}{2} = \frac{1.2}{2} = 0.6\text{A}$$

3.3 本章小结

本章介绍了直流电阻电路的系统分析法,有直接法和间接法两大类。其中,直接法有 $2b$ 法和支路电流法两种,间接法有网孔电流法、回路电流法和节点电压法三种。直接法具有简洁、直观和容易理解的特点,但计算量较大,一般适合计算机编程计算。间接法是将电路求解任务分解为两个相对简单的步骤进行,以降低电路的整体计算量,适合手工计算,当然也适合计算机编程计算。对于具体的电路,求解方法的选用需要根据电路的结构特点和求解任务来综合考虑。对于手工计算而言,$2b$ 法不适用,电路结构简单时可用支路电流法。对于一般的电路,大量使用的是间接法。除题目指定求解方法之外,具体的间接法选择也需根据具体情况来确定,虽然同一个电路可以用不同的间接法进行求解,但其中可能有一个最简洁的方法,这就需要多看、多练、多总结,培养出直觉。本章的主要内容总结如下。

1. 直接法

(1)$2b$ 法。对于电路图 $G(n,b)$ 而言,$2b$ 法以所有 b 条支路的电压和电流为电路变量(共 $2b$ 个变量),以 $(n-1)$ 个独立 KCL 方程、$(b-n+1)$ 个独立 KVL 方程及 b 条支路的 VAR 方程(共 $2b$ 个方程)组成一个 $2b\times 2b$ 的线性方程组,并以此进行电路求解。$2b$ 法能一次求解出电路的所有支路电压和支路电流,且无须对无伴电压(流)源进行特殊处理,适应性很强。$2b$ 法的方程组规模是所有电路分析方法中最大的,不适合手工计算,只适用于计算机编程计算。另外,$2b$ 法还是支路电流法的理论基础。

(2)支路电流法。支路电流法以 b 条支路电流为电路变量,以 $(n-1)$ 个独立 KCL 方程、$(b-n+1)$ 个独立 KVL 方程组成一个 $b\times b$ 的线性方程组,并以此进行电路求解。支路电流法要求支路电压能用支路电流表示,否则需特殊处理(如将无伴电流源替换为电压未知的电压源)。支路电流法比 $2b$ 法简单,但比间接法复杂,一般用于拓扑结构较简单的电路,或者用于电路的"设计性问题"(即已知电路结构、部分元件参数和部分响应信息,求其余某元件的参数)求解。

2. 间接法

(1)网孔电流法。网孔电流法的求解思路是将电路问题的求解分为两个步骤:第一,建立以中间变量——网孔电流为变量的线性方程组并进行求解;第二,利用求出的各网孔电流求出各支路电流(压)和各元件功率。网孔电流是一种虚拟(或假想)电流,实际上并不存在,它的作用在于减少方程组的数目,代价是增加了一个求解步骤(只涉及简单的代数运算)。根据图论理论,对于电路图 $G(n,b)$,其网孔数为 $(b-n+1)$,变量数也为 $(b-n+1)$,方程组的规模为 $(b-n+1)\times(b-n+1)$。总的来说,网孔电流法比支路电流法要简单得多(因为 $n>1$)。

需要注意的是,网孔电流法中的自阻为网孔内所有元件的电阻值之和,包括电阻和(受控)电源。由于理想电流源的电阻值为无穷大,所以当网孔内存在理想电流源时,相应的网孔电流方程不存在。此时,如果只有一个网孔电流流过理想电流源,则该网孔电流已知(注意其大小和符号),不需要列写其网孔电流方程。如果有两个网孔电流流过理想电流源,则需按替代定理的思路将电流源替换为电压源。网孔电流法只适用于平面电路。

(2)回路电流法。回路电流法是网孔电流法的推广,网孔电流法是回路电流法的特例,它们的方程组列写规则是相同的。对于具有无伴电流源支路的电路,或者用网孔电流法时有两个网孔电流流过待求支路的情形,用回路电流法比网孔电流法要简单得多,特别是对第一种情况更是如此。回路电流法的方程组规模与网孔电流法的方程组规模相同，但回路电流法的适应性更强，既适用于平面电路，也适用于非平面（立体）电路。

总的来说，网孔电流法具有直观、简洁和方程列写不易出错的特点，但在求解具有无伴电流源支路的电路时效率较低。回路电流法具有高效、灵活、适应性强的特点，缺点是方程组的列写容易出错。

（3）节点电压法。节点电压法的求解思路是将电路问题的求解分为两个步骤：第一，建立以中间变量—节点电压（独立节点相对于参考节点之间的电压）为变量的线性方程组，并进行求解；第二，利用求出的各节点电压求出各支路电流（压）和各元件功率。根据图论理论，对于电路图 $G(n,b)$，其独立节点数为 $(n-1)$，变量数也为 $(n-1)$，方程组的规模为 $(n-1)×(n-1)$，适用于节点数少而支路数多的电路（此时网孔电流法或回路电流法的变量数较多）。另外，节点电压法列写的是 KCL 方程，不存在回路电流法的回路选择问题，应用起来更加直观和方便。

在列写节点电压方程时，要注意以下几点：(1) 当支路仅由电流源构成时，其支路电阻为无穷大，支路电导为零；(2) 当支路由电流源与电阻串联构成时，其支路电阻也为无穷大，支路电导同样为零，相当于该电阻被短路；(3) 当电路含有无伴电压源支路时，应尽可能选择该无伴电压源的负极为参考节点，以简化计算。

习　题

3-1　如图 3.18 所示电路，试用支路电流法求电压 u 或电流 i。

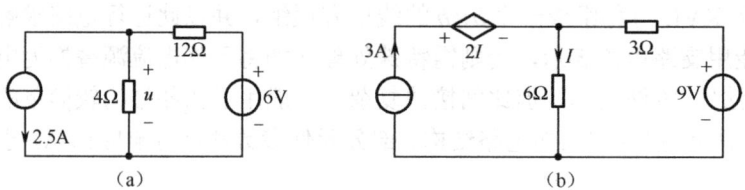

图 3.18　习题 3-1 图

3-2　如图 3.19 所示电路，试用支路电流法列写出电路的支路电流方程。

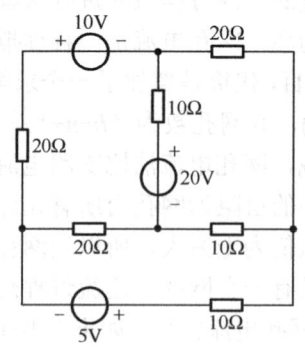

图 3.19　习题 3-2 图

3-3　如图 3.20 所示电路，试用网孔电流法求电流 i 和电压 u_{ab}。

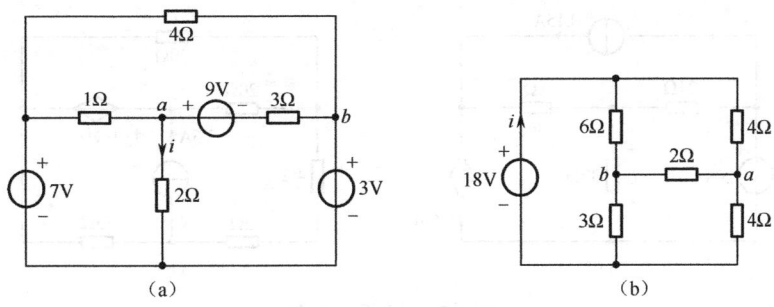

图 3.20　习题 3-3 图

3-4　如图 3.21 所示电路，试用网孔电流法求电流 I 和电压 U。

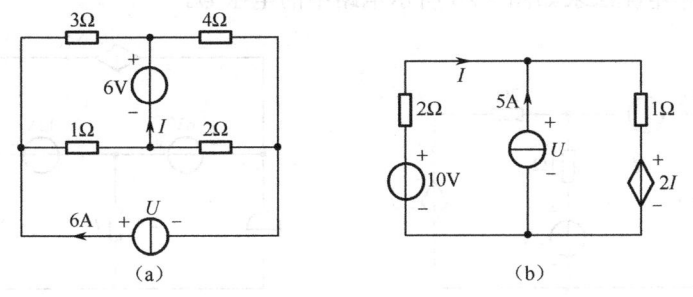

图 3.21　习题 3-4 图

3-5　如图 3.22 所示电路，试用回路电流法求电流 I 和电压 U。

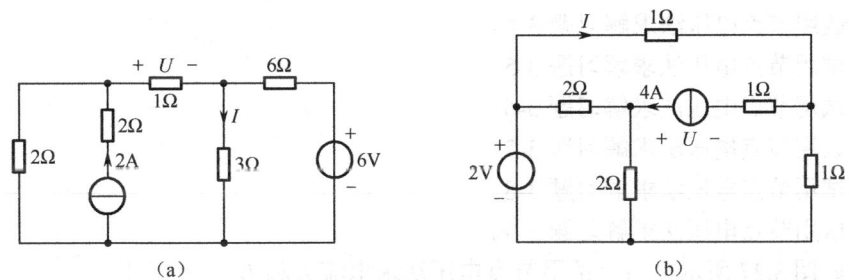

图 3.22　习题 3-5 图

3-6　如图 3.23 所示电路，试用回路电流法求电压 U。

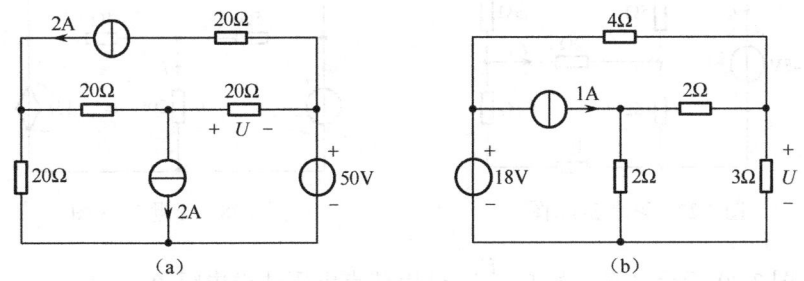

图 3.23　习题 3-6 图

3-7　如图 3.24 所示电路，试用回路电流法求：(1) 图 (a) 中的电压 U；(2) 图 (b) 中的电流 I。

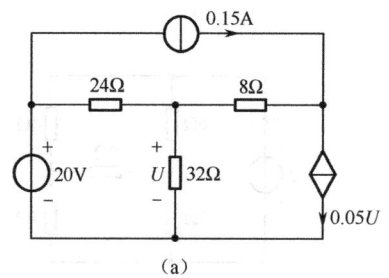 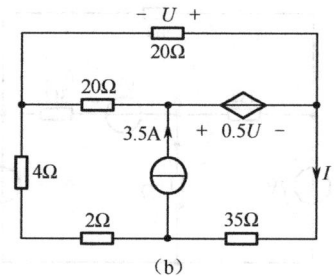

图 3.24 习题 3-7 图

3-8 试用支路电流法求如图 3.25 所示电路中的电流 I。

3-9 试用回路电流法求如图 3.26 所示电路中的电压 U。

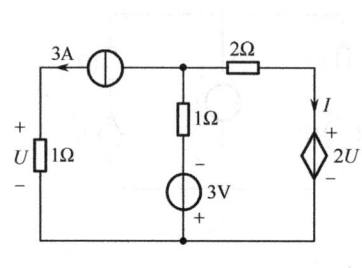 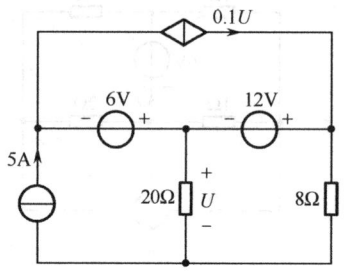

图 3.25 习题 3-8 图　　　　图 3.26 习题 3-9 图

3-10 试用节点电压法求解习题 3-3。

3-11 试用节点电压法求解习题 3-4。

3-12 试用节点电压法求解习题 3-5。

3-13 试用节点电压法求解习题 3-6。

3-14 试用节点电压法求解习题 3-7。

3-15 试用节点电压法求解习题 3-8。

3-16 试用节点电压法求解习题 3-9。

3-17 如图 3.27 所示电路，试用节点电压法求电流 I_s 和 I。

3-18 如图 3.28 所示电路，试用节点电压法求电压 U。

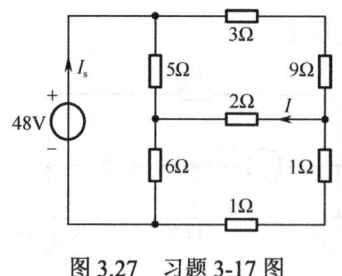 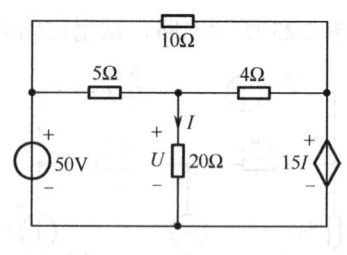

图 3.27 习题 3-17 图　　　　图 3.28 习题 3-18 图

3-19 如图 3.29 所示电路，若 $I=\dfrac{i}{8}$，试用节点电压法求电阻 R。

3-20 求如图 3.30 所示电路中的电压 u。

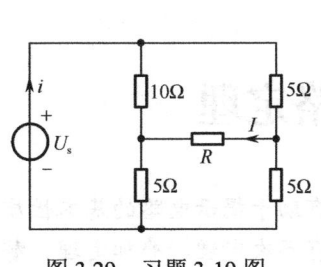
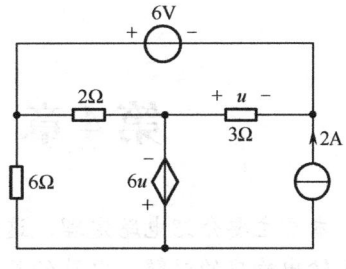

图 3.29　习题 3-19 图　　　　　图 3.30　习题 3-20 图

3-21　如图 3.31 所示电路，求电压 u 和负载电阻 R_L 消耗的功率。

3-22　如图 3.32 所示电路，试用节点电压法求电流 I 和理想电压源发出的功率。

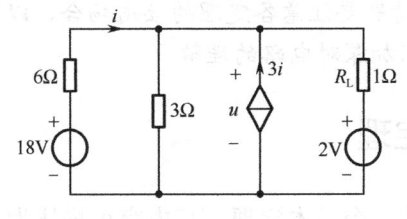
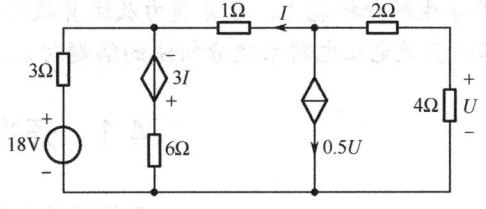

图 3.31　习题 3-21 图　　　　　图 3.32　习题 3-22 图

3-23　如图 3.33 所示电路，试用节点电压法求电压 U。

3-24　如图 3.34 所示电路，试求电流 I。

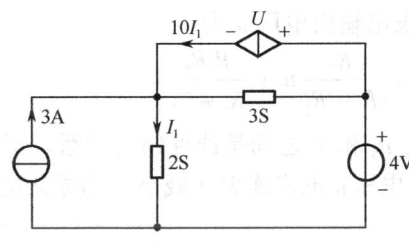
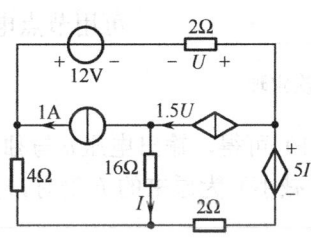

图 3.33　习题 3-23 图　　　　　图 3.34　习题 3-24 图

3-25　如图 3.35 所示电路，试求电流 I。

3-26　如图 3.36 所示电路，试求电压 U_{ab}。

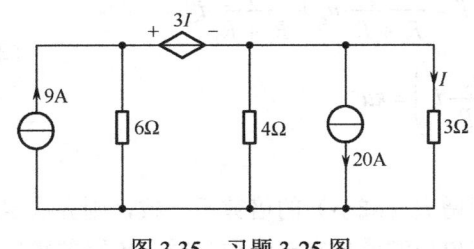
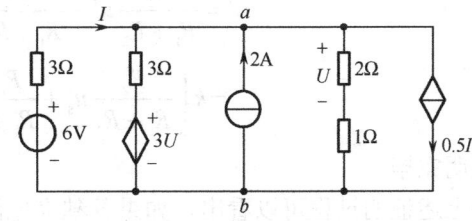

图 3.35　习题 3-25 图　　　　　图 3.36　习题 3-26 图

第4章 电路定理

教学提示：本章主要介绍电路定理，这些定理有助于揭示电路的基本性质，加深对电路的理解和简化其输出响应的求解。电路的基本定理有齐次定理、叠加定理、替代定理、等效电源定理、最大功率传输定理、特勒根定理、互易定理。这些定理除了能揭示电路的基本性质，还经常用于具体电路问题的求解。

教学要求：本章的内容主要是电路定理，在教学过程中，要在讲清这些内容的基础上，着重培养学生的分析能力、运算能力及运算技巧。特别要注意各定理的应用场合，以及与第3章介绍的直流电阻电路系统分析法的解题对比，以加深对电路的理解。

4.1 齐次定理

齐次定理是线性电路的一个基本定理，其内容可描述为：在线性电路中，当所有独立电源都增大或减小 k（k 为常数）倍时，其输出响应（即电路某支路的电压或电流）也同样增大或减小 k 倍。

例如，对于图 4.1 所示电路

可用节点电压法求出输出电压 u 为

$$u = \frac{R_2}{R_1+R_2}u_s + \frac{R_1R_2}{R_1+R_2}i_s \tag{4-1}$$

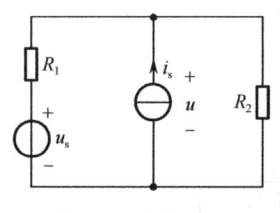

图 4.1 齐次定理

由式（4-1）可得，输出电压 u 与独立电源 u_s 和 i_s 之间是线性组合关系，当独立电源 u_s 和 i_s 都增大（减小）为原来的 k 倍时，其输出电压 u 也将增大（减小）为原来的 k 倍。证明如下：

设

$$u_s' = ku_s, \quad i_s' = ki_s \tag{4-2}$$

由式（4-1）得

$$\begin{aligned}u' &= \frac{R_2}{R_1+R_2}u_s' + \frac{R_1R_2}{R_1+R_2}i_s' = \frac{kR_2}{R_1+R_2}u_s + \frac{kR_1R_2}{R_1+R_2}i_s \\ &= k\left(\frac{R_2}{R_1+R_2}u_s + \frac{R_1R_2}{R_1+R_2}i_s\right) = ku\end{aligned} \tag{4-3}$$

证明完毕。

由上述证明过程可以看出，如果各独立电源增大（减小）的倍数不一致，则齐次定理不成立。另外，当线性电路中只有一个激励（独立电压源或独立电流源）时，电路的输出响应与激励呈正比，称为网络函数（由电路的结构和参数决定，线性电阻电路的网络函数是实数），此时齐次定理一定成立。

齐次定理的表述中没有涉及受控电源的作用，因为四种受控电源均为线性受控电源，不影响电路的线性特性，所以齐次定理仍然成立。另外，齐次定理只适用于电路输出变量为电压或电流的情形。当电路输出变量为功率时，齐次定理不成立，因为功率与各独立电源之间的关系不是线性组合的关系，而是非线性关系（二次函数关系）。

齐次定理适用于 T 型电路的求解。

例 4.1 如图 4.2 所示 T 型电路，若 $u_s=13\text{V}$，求电流 i_5 和电压 u_{bd}。

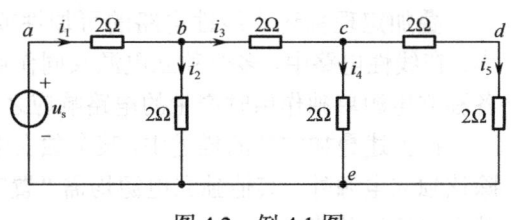

图 4.2　例 4.1 图

解题思路：T 型电路只有一个独立电源，依据齐次定理，其电路响应必然与激励成正比。当 T 型电路的结构和参数确定后，其对应的比例系数才是确定的常数。可采用"倒推法"求出某响应对应的激励的值，即可方便地求出比例系数，再用求得的比例表达式求出给定激励下的电路输出响应。

解：根据齐次定理，电流 i_5 和电压 u_{bd} 均与唯一的电压源 u_s 呈正比，即

$$\begin{cases} i_5 = k_1 u_s \\ u_{bd} = k_2 u_s \end{cases}$$

式中，k_1 和 k_2 为待定常数。

根据倒推法，为便于计算，设 $i_5' = 1\text{A}$，则

$$\begin{cases} u_{ce}' = (2+2) \times i_5' = 4\text{V} \\ i_4' = \dfrac{u_{ce}'}{2} = 2\text{A} \\ i_3' = i_4' + i_5' = 3\text{A} \\ u_{be}' = 2i_3' + u_{ce}' = 10\text{V} \\ i_2' = \dfrac{u_{be}'}{2} = 5\text{A} \\ i_1' = i_2' + i_3' = 8\text{A} \\ u_s' = 2i_1' + u_{be}' = 26\text{V} \\ u_{bd}' = 2i_3' + 2i_5' = 8\text{V} \end{cases}$$

由此可得

$$\begin{cases} k_1 = \dfrac{i_5'}{u_s'} = \dfrac{1}{26} \\ k_2 = \dfrac{u_{bd}'}{u_s'} = \dfrac{8}{26} = \dfrac{4}{13} \end{cases}$$

由齐次定理可得，当 $u_s = 13\text{V}$ 时，有

$$\begin{cases} i_5 = k_1 u_s = \dfrac{1}{26} \times 13 = 0.5\text{A} \\ u_{bd} = k_2 u_s = \dfrac{4}{13} \times 13 = 4\text{V} \end{cases}$$

4.2 叠加定理

叠加定理描述了线性电路的可加性或叠加性，其内容可描述为：在线性电路中，多个独立电源共同作用时产生的电路响应等于各独立电源单独作用时产生的电路响应之和。

在上述叠加定理的描述中，某个独立电源单独作用的含义是指除该独立电源外，其他独立电源均需"置零"，即独立电压源短路，独立电流源开路。

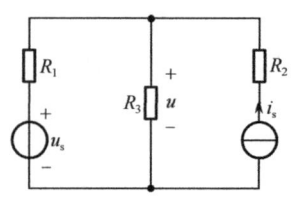

图 4.3 叠加定理

例如，对于图 4.3 所示电路可用节点电压法求出其输出电压 u 为

$$u = \frac{R_3}{R_1 + R_3}u_s + \frac{R_1 R_3}{R_1 + R_3}i_s \tag{4-4}$$

分析式（4-4）所表达的内在含义。式中第一项仅与电压源有关，该项结果正好是电流源开路时仅由电压源单独作用产生的输出电压；而第二项仅与电流源有关，该项结果正好是电压源短路时仅由电流源单独作用产生的输出电压。也就是说，图 4.3 所示电路的响应（即电压 u）可以分解为图 4.4 和图 4.5 两个电路的响应之和。

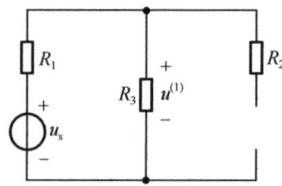 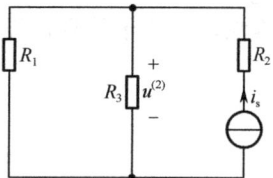

图 4.4 电压源单独作用时的响应　　图 4.5 电流源单独作用时的响应

由图 4.4 可得

$$u^{(1)} = \frac{R_3}{R_1 + R_3}u_s \tag{4-5}$$

由图 4.5 可得

$$u^{(2)} = \frac{R_1 R_3}{R_1 + R_3}i_s \tag{4-6}$$

由叠加定理得

$$u = u^{(1)} + u^{(2)} = \frac{R_3}{R_1 + R_3}u_s + \frac{R_1 R_3}{R_1 + R_3}i_s \tag{4-7}$$

叠加定理是线性电路的重要定理，在电路分析中有着广泛应用。在应用叠加定理求解电路响应时，其基本思路是将相对复杂的电路求解分解为多个相对简单的电路求解，这种"分解—叠加"的求解方法往往可以简化计算，但有时反而会使求解过程更加繁琐，需要根据具体情况具体分析，以做到灵活应用。

叠加定理的使用是有范围的，在以下两种情况下叠加定理不适用。

（1）非线性电路响应的求解。

（2）功率的计算。

第一种情况很容易理解，因为叠加定理只适用于线性电路，当然不能用于非线性电路的响应求解；对于第二种情况，因为功率等于电压和电流这两个变量的乘积，功率与电压和电流之间不是一种线性关系，所以不能用叠加定理进行功率的计算。

本书只涉及线性电路的分析，所以只需注意第二种情况。

在用叠加定理求解线性电路时，还需要注意以下几点。

（1）电路的分解只针对独立电源，电阻和受控电源均要保留在各分解电路中。

（2）在各分解电路中，被置零（即不作用）的电压源应短路，被置零的电流源应开路。

（3）各分解电路中的电压极性和电流流向应与原电路中的一样，否则会出错。

（4）在具有 3 个及以上独立电源的线性电路中，既可以按每个独立电源单独作用进行电路的分解，也可以将其中的某些独立电源视为一组（即同时作用或同时不作用）进行电路的分解。

例 4.2　如图 4.6 所示电路，用叠加定理求电流 I_1 及 I_2。

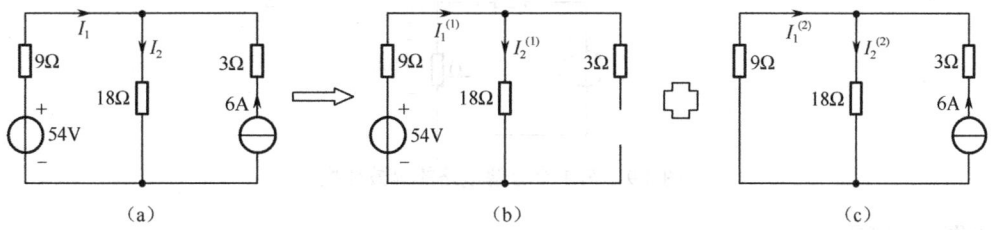

图 4.6　例 4.2 图及其分解图

解题思路：由该题的电路结构可知，用节点电压法或网孔电流法求解是很方便的。本题要求用叠加定理进行求解，电路中只有两个独立电源，所以只需画出两个分解电路，然后分别进行求解，最后将两个分解电路的结果相加。

解：由图 4.6（b）可得

$$I_1^{(1)} = I_2^{(1)} = \frac{54}{9+18} = \frac{54}{27} = 2\text{A}$$

由图 4.6 中（c）可得

$$I_1^{(2)} = -\frac{18}{9+18} \times 6 = -4\text{A}$$

$$I_2^{(2)} = \frac{9}{9+18} \times 6 = 2\text{A}$$

由叠加定理得

$$I_1 = I_1^{(1)} + I_1^{(2)} = 2 - 4 = -2\text{A}$$
$$I_2 = I_2^{(1)} + I_2^{(2)} = 2 + 2 = 4\text{A}$$

例 4.3　如图 4.7 所示电路，用叠加定理求电压 U。

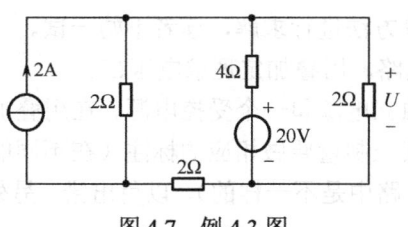

图 4.7　例 4.3 图

解题思路：同例 4.2 一样，电路中只有两个独立电源，所以只需画出两个分解电路，然后分别进行求解，最后将两个分解电路的结果相加。

解：图 4.7 所示电路的两个分解电路如图 4.8 所示。

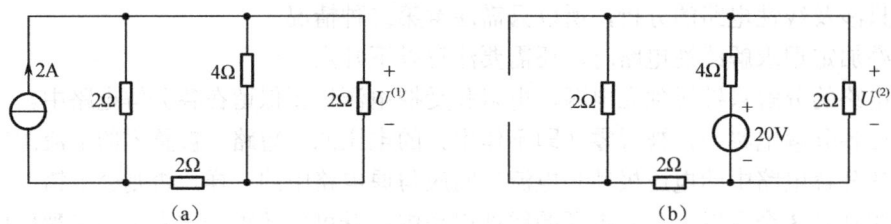

图 4.8　图 4.7 所示电路的分解电路

对于第 1 个分解电路，将其等效变换为如图 4.9 所示电路

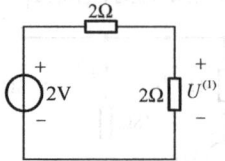

图 4.9　第 1 个分解电路的等效变换

由图 4.9 可得

$$U^{(1)} = \frac{2}{2+2} \times 2 = 1\text{V}$$

对于第 2 个分解电路，将其等效变换为如图 4.10 所示电路
由图 4.10 可得

$$U^{(2)} = \frac{2}{2+2} \times 10 = 5\text{V}$$

由叠加定理得

$$U = U^{(1)} + U^{(2)} = 1 + 5 = 6\text{V}$$

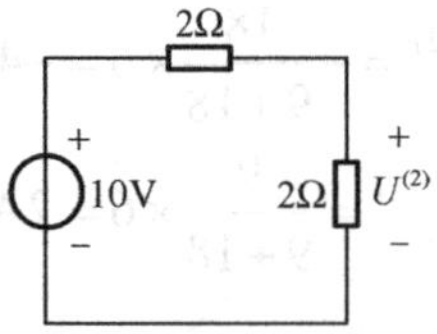

图 4.10　第 2 个分解电路的等效变换

点评：该题用叠加定理求解并不简单，宜用电源等效变换法、节点电压法、网孔电流法或电源等效变换法与节点电压法相结合（先将图 4.7 所示电路的左边部分进行电源等效变换，再用节点电压法进行求解）等方法进行求解，读者不妨一试。

例 4.4　如图 4.11 所示电路，用叠加定理求电压 U。

解题思路：该题有两个独立电源和一个受控电源。在用叠加定理进行求解时，受控电源应保留在各分解电路中，但其控制量要做相应的标注（在不同的分解电路中分别标注不同的上标，因其值在不同的分解电路中是不一样的），以免出错。另外，千万不要试图画一个由受控电源单独作用的分解电路,因为受控电源必须由独立电源供电才能工作,换句话说,单独由受控电源作用时,电路的响应为零,对电路求解不起任何作用。

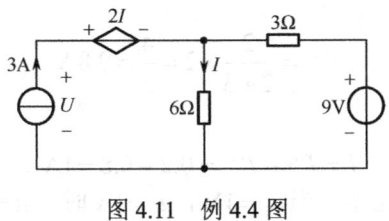

图 4.11 例 4.4 图

解:图 4.11 所示电路的两个分解电路如图 4.12 所示。

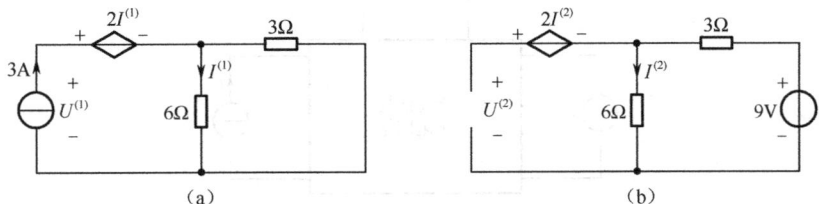

图 4.12 图 4.11 所示电路的分解电路

对于图 4.12(a)有

$$I^{(1)} = \frac{3}{6+3} \times 3 = 1\text{A}$$
$$U^{(1)} = 2I^{(1)} + 6I^{(1)} = 8I^{(1)} = 8 \times 1 = 8\text{V}$$

对于图 4.12(b)有

$$I^{(2)} = \frac{9}{6+3} = 1\text{A}$$
$$U^{(2)} = 2I^{(2)} + 6I^{(2)} = 8I^{(2)} = 8 \times 1 = 8\text{V}$$

由叠加定理得

$$U = U^{(1)} + U^{(2)} = 8 + 8 = 16\text{V}$$

例 4.5 如图 4.13 所示电路,用叠加定理求电流 I。

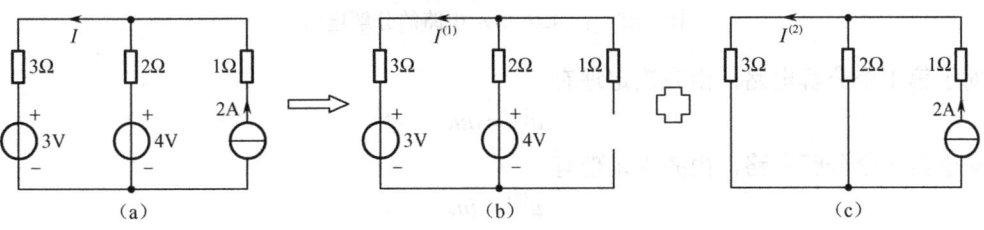

图 4.13 例 4.5 图及其分解图

解题思路:该电路有 3 个独立电源,如果按每个独立电源都进行电路分解,则有 3 个分解电路,过程相对复杂。事实上,在应用叠加定理求解线性电路时,如果电路具有 3 个及以上的独立电源时,可以将多个独立电源进行合并分组,以减少分解电路的数目,本题的求解就用到了这一处理方法。

解:将原电路按图 4.13 所示电路进行分组,共有 2 个分解电路。
对于第 1 个分解电路有

$$I^{(1)} = \frac{4-3}{2+3} = \frac{1}{5} = 0.2\text{A}$$

对于第 2 个分解电路有

$$I^{(2)} = \frac{2}{2+3} \times 2 = \frac{4}{5} = 0.8\text{A}$$

由叠加定理得

$$I = I^{(1)} + I^{(2)} = 0.2 + 0.8 = 1\text{A}$$

例 4.6 在图 4.14 所示电路中，当 $u_s = 1\text{V}$，$i_s = 1\text{A}$ 时，$u = 1\text{V}$；当 $u_s = 5\text{V}$，$i_s = 3\text{A}$ 时，$u = 7\text{V}$。求当 $u_s = 2\text{V}$，$i_s = 1\text{A}$ 时 u 的值。

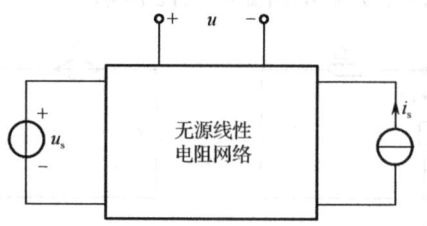

图 4.14　例 4.6 图

解题思路：图 4.14 所示电路有 2 个"外部"独立电源，其中，"无源线性电阻网络"不含独立电源，且结构未知（也无须知道）。求解时可以按叠加定理的思路进行电路分解，然后再按齐次定理写出输出电压 u 的表达式，并用题目给出的输入输出数据确定表达式中的系数，最后计算出电路在新的输入作用下产生的输出电压 u 的值。

解：图 4.14 所示电路的两个分解电路如图 4.15 所示

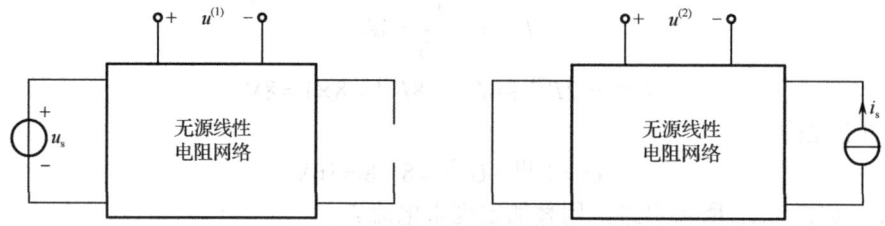

图 4.15　图 4.14 所示电路的分解电路

对于第 1 个分解电路，由齐次定理有

$$u^{(1)} = au_s$$

对于第 2 个分解电路，由齐次定理有

$$u^{(2)} = bi_s$$

由叠加定理得

$$u = u^{(1)} + u^{(2)} = au_s + bi_s$$

代入已知条件得

$$\begin{cases} a+b=1 \\ 5a+3b=7 \end{cases}$$

解得 $a = 2$，$b = -1$。

所以

$$u = 2u_s - i_s$$

当 $u_s = 2\text{V}$，$i_s = 1\text{A}$ 时，u 的值为

$$u = 2u_s - i_s = 2\times 2 - 1 = 3\text{V}$$

点评：该题同时应用了齐次定理和叠加定理进行求解。如果清楚了这类题型的解题思路，则可以不用画出其分解电路，直接依据齐次定理和叠加定理写出输出变量的数学表达式后再进行求解。

例 4.7 在图 4.16 所示电路中，当 $u_s = 1\text{V}$ 时，$i = 3\text{A}$；当 $u_s = 2\text{V}$ 时，$i = 8\text{A}$。求当 $u_s = 3\text{V}$ 时 i 的值。

解题思路：本题与例 4.6 稍有不同。图 4.16 所示电路只有 1 个外部独立电源，其中，"有源线性电阻网络"内含有独立电源（其类型、数量、结构及参数等信息不详）。对于这种问题，仍可用齐次定理和叠加定理进行求解：将"有源线性电阻网络"内的独立电源视为一组独立电源（见例 4.5），它们对输出电流 i 的贡献始终如一（即常数，这从题目的描述中可以看出），将外部独立电源视为另一组独立电源，这样就可以顺利求解了。

图 4.16 例 4.7 图

解：由齐次定理和叠加定理，设

$$i = au_s + b$$

代入已知条件得

$$\begin{cases} a + b = 3 \\ 2a + b = 8 \end{cases}$$

解得 $a = 5$，$b = -2$。
所以

$$i = 5u_s - 2$$

当 $u_s = 3\text{V}$ 时，有

$$i = 5\times 3 - 2 = 13\text{A}$$

4.3 替代定理

替代定理也称为置换定理，它既适用于线性电路，也适用于非线性电路。其内容可以描述为：对于电路中的任意一段支路，若已知其电压 u_k 或电流 i_k，且该支路与其他支路无耦合关系（即不存在受控源的控制与受控关系），则不论该支路的结构如何，这条支路既可以用一个大小（不论是否已知）和极性均与 u_k 相同的独立电压源替代，也可以用一个大小和方向均与 i_k 相同的独立电流源替代，替代后其余支路的电压和电流均保持不变。

被替代的支路可以是无源的（电阻），也可以是有源的（含独立电源），甚至还可以是一个二端口电路；既可以由一个元件构成，也可以由多个元件构成。但被替代的支路与原电路的其余部分之间不能存在受控源之间的耦合关系。被替代支路的电压 u_k 或电流 i_k 既可以是已知常数，也可以是未知变量。

下面以图 4.17 为例来说明替代定理的含义。在图 4.17 中，用节点电压法容易求得 $u=6V$，$i=2A$，$i_1=1.5A$。图 4.18（a）用一个独立电压源来替代虚线部分的二端口电路，而图 4.18（b）则用一个独立电流源来替代虚线部分的二端口电路。可以验证，虚线部分的二端口电路被替代后对左边的电路没有任何影响。

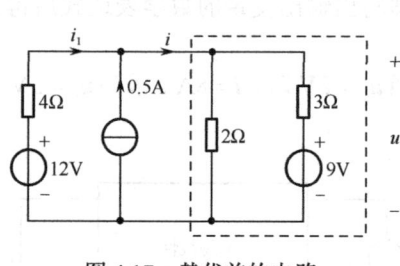

图 4.17 替代前的电路

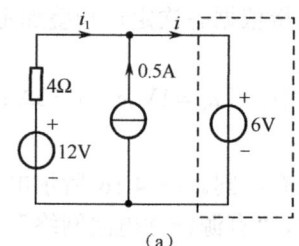

(a)

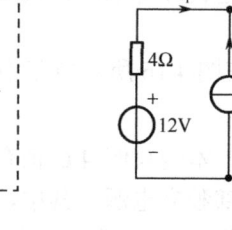

(b)

图 4.18 替代后的电路

例 4.8 用替代定理求图 4.19 所示电路中的电压 u_{ab}。

解题思路：可以用 2A 电流源来替代 2A 电流源与 2Ω 电阻的串联支路，再对新的电路进行电源等效变换求出结果。

解：替代后的电路及其电源等效变换电路如图 4.20 所示。由此可得

$$u_{ab}=\frac{1\times(4-2)}{2+2+1}=\frac{2}{5}=0.4V$$

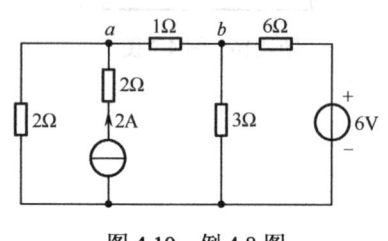

图 4.19 例 4.8 图

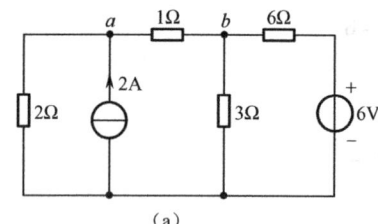

(a)

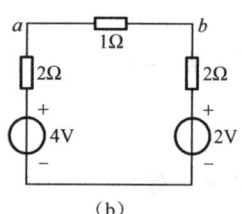

(b)

图 4.20 替代后的电路及其电源等效变换电路

例 4.9 如图 4.21（a）所示电路，已知电压 $u_{ac}=6V$，用替代定理求电压 u_{bc} 和电流 i_s。

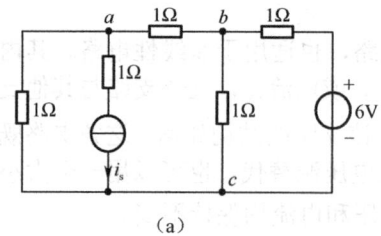

(a)

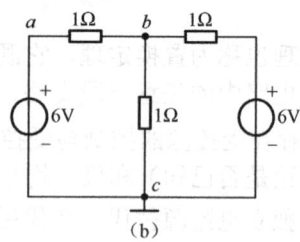

(b)

图 4.21 例 4.9 图

解题思路：依题意，可以用 6V 电压源来替代 a，c 间左边电路，再用节点电压法（也可用其他方法）进行求解求出结果。

解：替代后的电路如图 4.21（b）所示
由节点电压法得

$$(1+1+1)u_{bc}=6+6=12$$

解得 $u_{bc}=4\text{V}$。

因为
$$u_{ab}=u_{ac}-u_{bc}=6-4=2\text{V}$$

所以
$$i_s=-\frac{u_{ab}}{1}-\frac{u_{ac}}{1}=-2-6=-8\text{A}$$

例 4.10 如图 4.22（a）所示电路，已知 $u_{ab}=0$，求电阻 R。

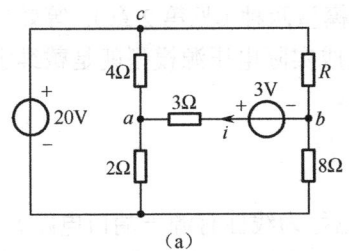 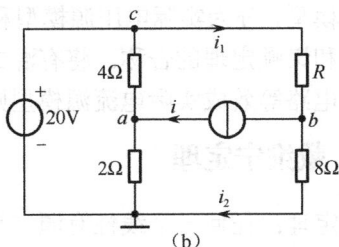

图 4.22 例 4.10 图

解题思路：本题虽然可以用网孔电流法或节点电压法求解，但因电路中的电阻 R 未知，求解比较麻烦，所以可利用题中所给的已知条件，先求出图 4.22（a）所示电路中的电流 i，再利用替代定理将电流 i 所在支路替换成 1A 的电流源，最后用节点电压法求解。

解：在图 4.22（a）所示电路中，由已知条件得
$$u_{ab}=3-3i=0$$

所以
$$i=1\text{A}$$

将电流 i 所在支路替换成 1A 的电流源，如图 4.22（b）所示。

节点 a 的节点电压方程为
$$\left(\frac{1}{2}+\frac{1}{4}\right)u_a-\frac{1}{4}\times 20=1$$

解得
$$u_a=8\text{V}$$

因为 $u_{ab}=0$，所以
$$u_b=u_a=8\text{V}$$

由于
$$i_2=\frac{u_b}{8}=\frac{8}{8}=1\text{A}$$

所以
$$i_1=i_2+1=1+1=2\text{A}$$

故
$$R=\frac{u_{cb}}{i_1}=\frac{u_c-u_b}{i_1}=\frac{20-8}{2}=6\,\Omega$$

4.4 等效电源定理

等效电源定理是电路分析领域的一个重要定理。在分析电路时,有时只需关注某一支路(或元件)的电压、电流或功率,此时该支路(或元件)以外的电路往往就构成了一个有源二端网络(或电路),相当于一个电源。实际的有源二端电路结构往往比较复杂,不便于对特定支路(元件)进行分析,如负载获得最大功率的条件、负载的阻抗匹配等。此时就需要将有源二端电路等效变换成最简单的电源模型,这就是等效电源定理的内容。电源的最简模型就是实际电源模型,分为实际电压源模型和实际电流源模型两种(见第 2 章)。等效电源定理是戴维宁定理和诺顿定理的合称。将有源二端电路等效成实际电压源模型就是戴维宁定理,而将有源二端电路等效成实际电流源模型则是诺顿定理。

4.4.1 戴维宁定理

戴维宁定理:任何一个线性有源二端电路 N_s(也称为线性有源一端口电路),对外电路而言,都可以等效为一个电压为 u_{oc} 的理想电压源和一个电阻 R_{eq} 串联的模型(称为戴维宁等效电路)。其中,u_{oc} 为有源二端电路端口间的开路电压,R_{eq} 为有源二端电路中所有独立电源都置零后(N_0)的端口输入电阻(称为戴维宁等效电阻)。

戴维宁定理示意图如图 4.23 所示。

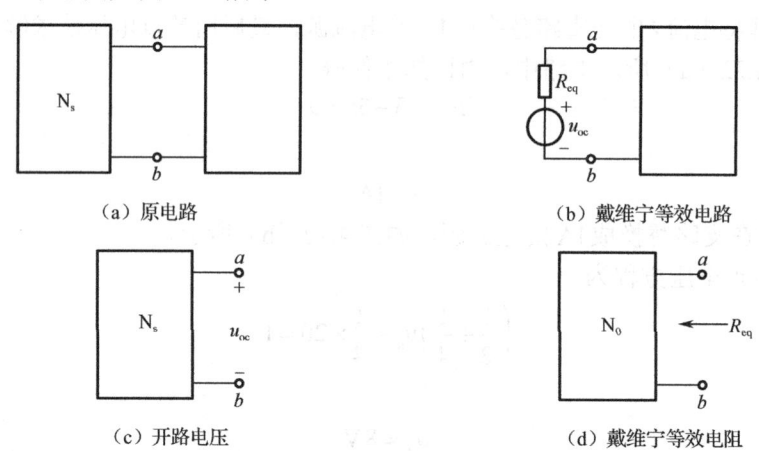

(a)原电路　　　　　　　　　(b)戴维宁等效电路

(c)开路电压　　　　　　　　(d)戴维宁等效电阻

图 4.23　戴维宁定理示意图

在应用戴维宁定理时要注意,当有源二端电路 N_s 或外电路含有受控源时,它们之间不能有耦合关系,否则戴维宁定理不成立。另外,戴维宁等效只是对外等效,对内并不等效(因内部结构已改变)。

戴维宁等效电路的结构是已知的(电压源和电阻的串联),参数是未知的,所以应用戴维宁定理的关键是求出有源二端电路 N_s 的开路电压和戴维宁等效电阻这两个未知电路参数。开路电压可用前面学过的方法求取(如电源等效变换法、网孔电流法、回路电流法、节点电压法、叠加定理等),而戴维宁等效电阻既可用第 2 章介绍的等效变换法(适用于纯电阻电路,如串并联化简、Y-△变换法等)或输入电阻法(适用于含受控源的电路)求取,也可用开路电压法与短路电流法求取,其基本原理如图 4.24 所示。

在图 4.24 示意图中，如果有源二端电路 N_s 端口处的开路电压 u_{oc} 和短路电流 i_{sc} 已知，则 R_{eq} 可由 u_{oc} 和 i_{sc} 求出（简称"u_{oc}/i_{sc}"法）。

由图 4.24（c）可得

$$R_{eq} = \frac{u_{oc}}{i_{sc}} \tag{4-8}$$

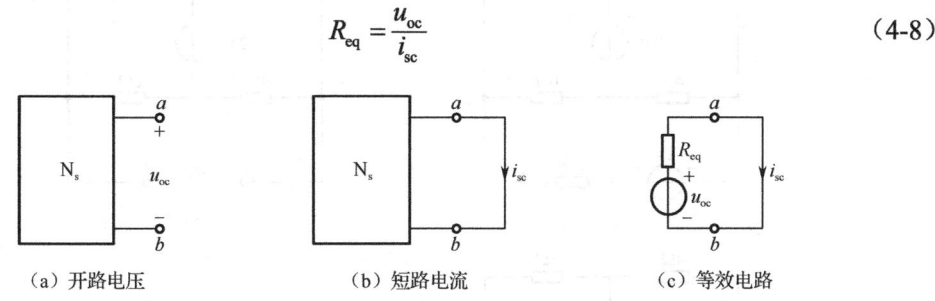

(a) 开路电压　　　(b) 短路电流　　　(c) 等效电路

图 4.24　开路电压法与短路电流法示意图

戴维宁定理可以用替代定理和叠加定理来证明。

证明：如图 4.25 所示。图 4.25（a）为有源二端电路 N_s 和外电路一起构成的电路，其连接处的端口电压和电流分别为 u 和 i。根据替代定理，将外电路用电流为 i 的电流源替代，如图 4.25（b）所示。根据叠加定理，将图 4.25（b）电路分解为图 4.25（c）和图 4.25（d）两个电路。其中，图 4.25（c）电路为有源二端电路 N_s 内所有独立电源单独作用时的分解电路，图 4.25（d）电路为电流源单独作用时的分解电路，其中，N_0 为 N_s 内所有独立电源都置零后的电路，R_{eq} 为 N_0 的 a，b 端输入电阻（或等效电阻）。

所以

$$u^{(1)} = u_{oc} \tag{4-9}$$

$$u^{(2)} = -R_{eq}i \tag{4-10}$$

由叠加定理可得

$$u = u^{(1)} + u^{(2)} = u_{oc} - R_{eq}i \tag{4-11}$$

故有源二端电路 N_s 的戴维宁等效电路为如图 4.25（e）所示电路。

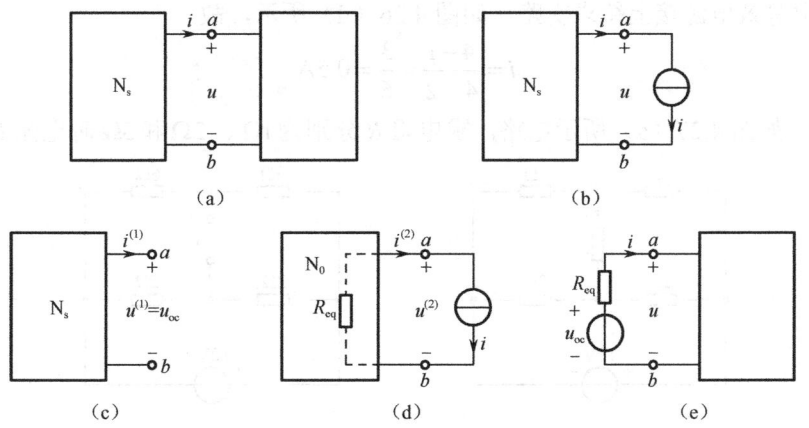

图 4.25　戴维宁定理的证明

例 4.11　如图 4.26（a）所示电路，求电流 i。

解题思路：本题虽然可以用网孔电流法或节点电压法求解，但都需要解三元一次或二元一次方程组。用叠加定理求解也不简单。由于本题的求解任务是一条支路的电流，所以用戴维宁定理进行求解是很方便的。

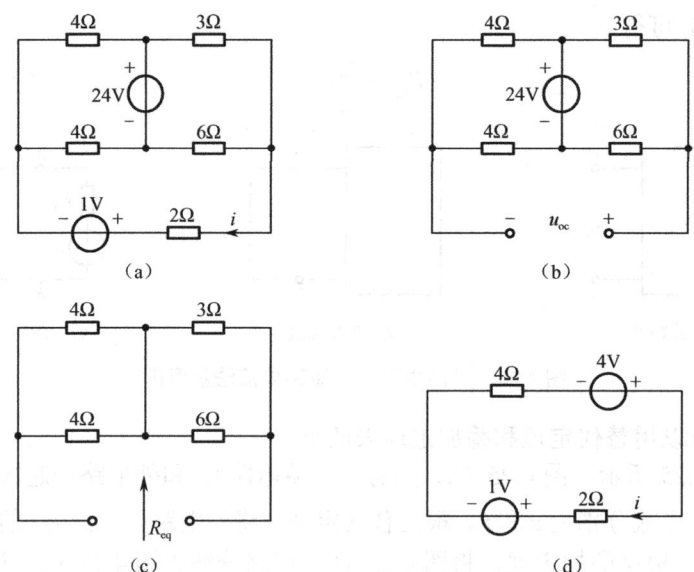

图 4.26　例 4.11 图

解：（1）求开路电压 u_{oc}

如图 4.26（b）所示（整条支路被断开，也可以只断开一个元件），由分压公式得

$$u_{oc} = \frac{6}{6+3} \times 24 - \frac{4}{4+4} \times 24 = 16 - 12 = 4\text{V}$$

（2）求等效电阻 R_{eq}

如图 4.26（c）所示，有

$$R_{eq} = 6//3 + 4//4 = 2 + 2 = 4\Omega$$

（3）求电流 i

将戴维宁等效电源接上待求支路，如图 4.26（d）所示，故

$$i = \frac{4-1}{4+2} = \frac{3}{6} = 0.5\text{A}$$

例 4.12　如图 4.27（a）所示电路，求电阻 R 分别为 1Ω、2Ω 和 5Ω 时电流 I 的值。

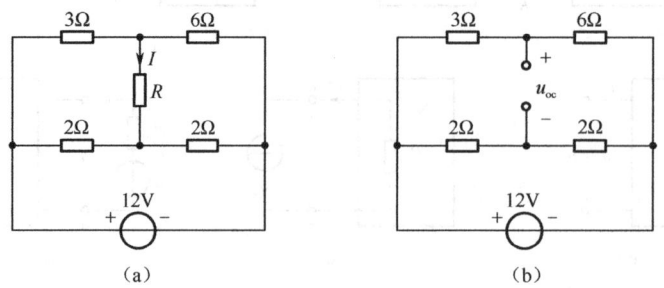

图 4.27　例 4.12 图

解题思路：本题用网孔电流法或节点电压法求解都不方便，因为电阻 R 有 3 个值，所以

需要求解3次，计算量太大。如果将电阻R所在支路外的电路进行戴维宁等效，则戴维宁等效电路与待求支路就构成了一个简单的回路，针对不同的电阻值，可以很容易求出结果。

解：（1）求开路电压 u_{oc}

将电阻R断开，其端口处的开路电压如图4.27（b）所示，故

$$u_{oc} = \frac{6}{3+6} \times 12 - \frac{2}{2+2} \times 12 = 8 - 6 = 2\text{V}$$

（2）求等效电阻 R_{eq}

将电压源短路后，端口处的等效电阻为

$$R_{eq} = 3//6 + 2//2 = 2 + 1 = 3\Omega$$

（3）求电流 I

将电阻R接上戴维宁等效电源（注意电压源极性），如图4.28所示
由图4.28可得

$$I = \frac{2}{3+R}$$

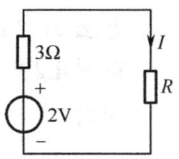

图4.28 例4.12 等效电路

所以，当电阻R分别为1Ω、2Ω和5Ω时，电流I的值分别为0.5A、0.4A和0.25A。

例4.13 如图4.29（a）所示电路，求4Ω电阻上消耗的功率P。

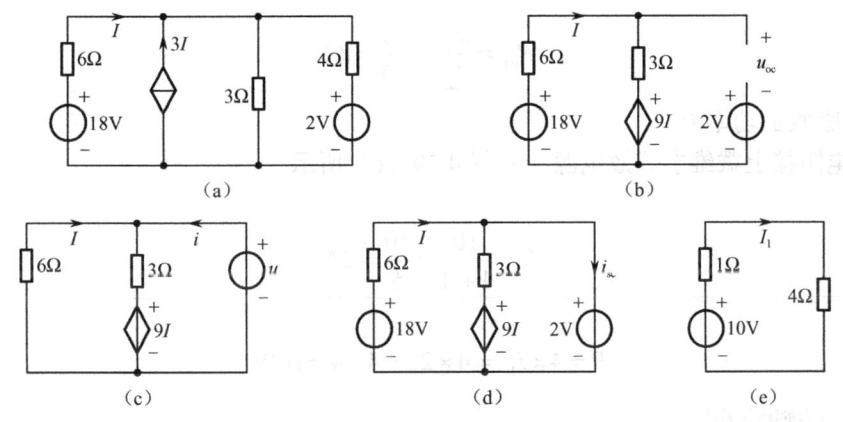

图4.29 例4.13图

解题思路： 本题所求为4Ω电阻上消耗的功率P，用戴维宁定理求解很合适（该题的节点数少，用节点电压法更好，请读者试解）。

解：（1）求开路电压 u_{oc}

如图4.29（b）所示（只断开电阻元件，也可断开整条支路），有

$$(6+3)I + 9I = 18$$

解得 $I = 1\text{A}$。
所以

$$u_{oc} = 3I + 9I - 2 = 12I - 2 = 12 \times 1 - 2 = 10\text{V}$$

（2）求等效电阻 R_{eq}

方法1："u/i"法

将图4.29（b）所示电路中的18V电压源和2V电压源短路，在端口处外接电压源u，其

输出电流为 i，如图 4.29（c）所示。

因为
$$-6I = 3(i+I) + 9I$$

所以
$$i = -6I$$

由此得
$$u = -6I = i$$

故
$$R_{eq} = \frac{u}{i} = 1\Omega$$

方法 2："u_{oc}/i_{sc}" 法

将图 4.29（b）所示电路中的端口短路，设其短路电流为 i_{sc}，如图 4.29（d）所示。

因为
$$I = \frac{18-2}{6} = \frac{16}{6} = \frac{8}{3}\text{A}$$

$$i_{sc} = I + \frac{9I - 2}{3} = 4I - \frac{2}{3} = 4 \times \frac{8}{3} - \frac{2}{3} = 10\text{A}$$

所以
$$R_{eq} = \frac{u_{oc}}{i_{sc}} = \frac{10}{10} = 1\Omega$$

（3）求吸收的功率 P

将 4Ω 电阻接上戴维宁等效电源，如图 4.29（e）所示

因为
$$I_1 = \frac{10}{1+4} = \frac{10}{5} = 2\text{A}$$

所以
$$P = 4 \times I_1^2 = 4 \times 2^2 = 4 \times 4 = 16\text{W}$$

4.4.2 诺顿定理

诺顿定理是戴维宁定理的对偶形式，其内容为：任何一个线性有源二端电路 N_s（也称为线性有源一端口电路），对外电路而言，都可以等效为一个电流为 i_{sc} 的理想电流源和一个电阻 R_{eq} 并联的模型（称为诺顿等效电路）。其中，i_{sc} 为有源二端电路端口间的短路电流，R_{eq} 为有源二端电路中所有独立电源都置零后（N_0）的端口输入电阻。

诺顿定理的示意图如图 4.30 所示。

与戴维宁定理一样，在应用诺顿定理时，有源二端电路 N_s 与外电路之间不能有耦合关系，否则诺顿定理不成立。另外，诺顿等效只是对外等效，对内并不等效（因内部结构已改变）。

诺顿定理中短路电流 i_{sc} 的求取方法与求戴维宁定理中的开路电压 u_{oc} 类似，等效电阻 R_{eq} 则与戴维宁定理中的等效电阻相同。

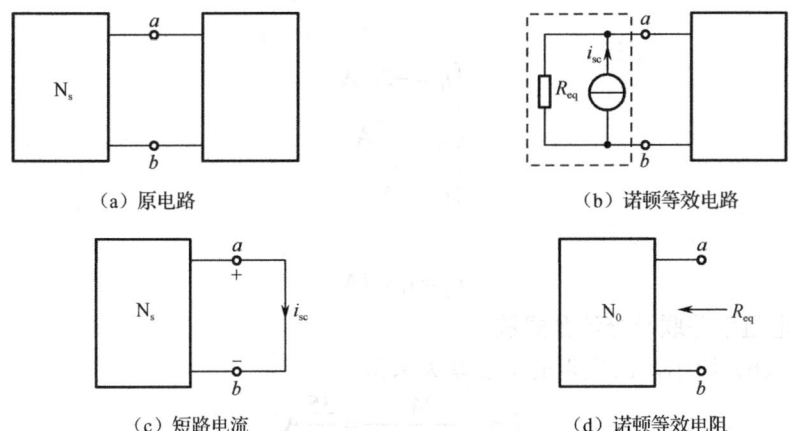

(a) 原电路　　　　　　　　　　　(b) 诺顿等效电路

(c) 短路电流　　　　　　　　　　(d) 诺顿等效电阻

图 4.30　诺顿定理示意图

例 4.14　如图 4.31 所示，用诺顿定理重新求解例 4.11。

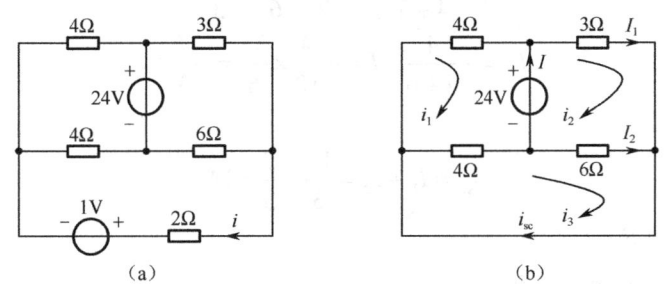

图 4.31　例 4.14 图

解题思路：本题在例 4.11 中是用戴维宁定理求解的，现在要求用诺顿定理求解，主要任务是求端口的短路电流，等效电阻与例 4.11 的一样。求得的诺顿等效电路接上待求支路后（注意电流源方向）需要先化简再求解，以简化计算，如图 4.32 所示。

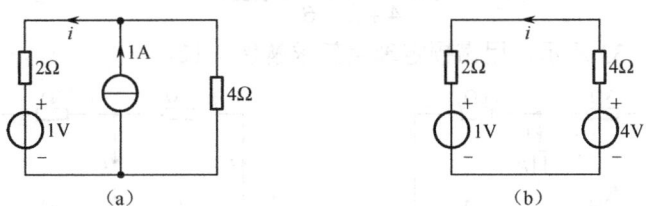

图 4.32　例 4.14 诺顿等效电路

解：（1）求短路电流 i_{sc}

将图 4.31（a）所示电路中电流 i 所在支路开路，并将所形成的端口短路，其短路电流和方向如图 4.31（b）所示。

方法 1：网孔电流法

标注各网孔电流如图 4.31（b）所示，其网孔电流方程为

$$\begin{cases} 8i_1 - 4i_3 = -24 \\ 9i_2 - 6i_3 = 24 \\ -4i_1 - 6i_2 + 10i_3 = 0 \end{cases}$$

解得

$$\begin{cases} i_1 = -2.5\text{A} \\ i_2 = \dfrac{10}{3}\text{A} \\ i_3 = 1\text{A} \end{cases}$$

故

$$i_{sc} = i_3 = 1\text{A}$$

方法 2：电阻串并联及分流公式法
如图 4.31（b）所示，由电阻的串并联关系得

$$I = \frac{24}{4//3 + 4//6} = \frac{35}{6}\text{A}$$

由电阻的分流公式得

$$I_1 = \frac{4}{4+3} \times I = \frac{4}{7} \times \frac{35}{6} = \frac{10}{3}\text{A}$$

$$I_2 = -\frac{4}{4+6} \times I = -\frac{4}{10} \times \frac{35}{6} = -\frac{7}{3}\text{A}$$

由 KCL 得

$$i_{sc} = I_1 + I_2 = \frac{10}{3} - \frac{7}{3} = 1\text{A}$$

（2）求等效电阻 R_{eq}
其等效电阻为（见例 4.11 解答）

$$R_{eq} = 6//3 + 4//4 = 2 + 2 = 4\Omega$$

（3）求电流 i
将诺顿等效电源接上待求支路，如图 4.32（a）所示，其简化电路如图 4.32（b）所示。故

$$i = \frac{4-1}{4+2} = \frac{3}{6} = 0.5\text{A}$$

例 4.15 如图 4.33 所示，用诺顿定理重新求解例 4.12。

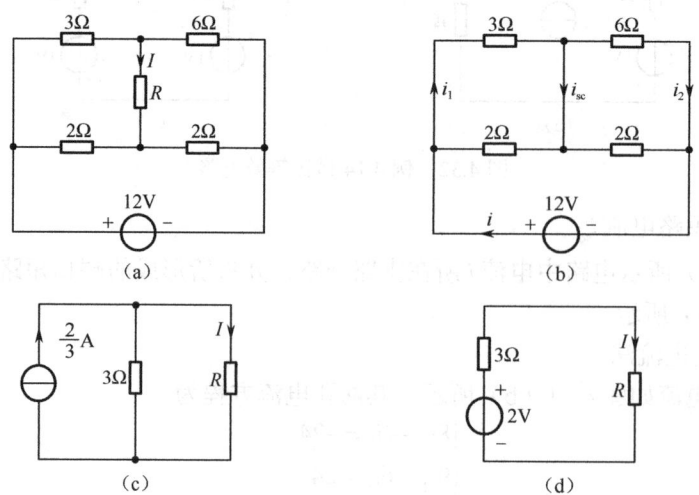

图 4.33 例 4.15 图

解题思路：参照例 4.14 的解题思路。

解：（1）求短路电流 i_{sc}

将图 4.33（a）所示电路中的电阻 R 开路，并将所形成的端口短路，其短路电流和方向如图 4.33（b）所示。

由电阻的串并联关系得

$$i = \frac{12}{3//2 + 6//2} = \frac{40}{9} \text{A}$$

由电阻的分流公式得

$$i_1 = \frac{2}{3+2} \times i = \frac{2}{5} \times \frac{40}{9} = \frac{16}{9} \text{A}$$

$$i_2 = \frac{2}{6+2} \times i = \frac{2}{8} \times \frac{40}{9} = \frac{10}{9} \text{A}$$

由 KCL 得

$$i_{sc} = i_1 - i_2 = \frac{16}{9} - \frac{10}{9} = \frac{2}{3} \text{A}$$

（2）求等效电阻 R_{eq}

其等效电阻为（见例 4.12 解答）

$$R_{eq} = 3//6 + 2//2 = 2 + 1 = 3 \Omega$$

（3）求电流 I

将诺顿等效电源接上待求支路，如图 4.33（c）所示，其简化电路如图 4.33（d）所示。由图 4.33（d）可得

$$I = \frac{2}{3+R}$$

所以，当电阻 R 分别为 1Ω、2Ω 和 5Ω 时，电流 I 的值分别为 0.5A、0.4A 和 0.25A。

实际上，戴维宁定理和诺顿定理描述的是如何将复杂电源模型简化成最简模型的方法。由于实际电源的两种模型之间可以相互等效，所以戴维宁等效电路与诺顿等效电路之间也可相互等效，这可从前面的例题中看出。

在实际应用中，一般将有源二端电路简化成戴维宁等效电路，主要原因有：（1）求解过程简单。求解开路电压容易（回路数减少），求解短路电流难（回路数不变）。当然，特殊情况另当别论，如端口处的有源二端电路存在并联电流源或戴维宁等效电路不存在等；（2）后续求解方便。戴维宁等效电路的模型结构相对简单（没有回路），便于外电路的后续分析和求解。

一般来说，有源二端电路的戴维宁等效电路和诺顿等效电路均存在，且可相互等效变换。在特殊情况下，当有源二端电路内含有受控源时，其等效电阻 R_{eq} 有可能为零，也有可能为无穷大。若等效电阻 R_{eq} 为零，则其戴维宁等效电路为理想电压源，诺顿等效电路不存在；若等效电阻 R_{eq} 为无穷大，则其诺顿等效电路为理想电流源，戴维宁等效电路不存在。

4.5 最大功率传输定理

在电子电路中，对于给定的电源（或信号源，常常是有源二端电路）而言，负载获得（即消耗）的功率显然与且仅与负载的大小有关。所以，为了使负载获得最大功率，需要研究负

载在给定电源条件下获得最大功率的条件和此时的最大功率值,这就是最大功率传输定理所要研究的问题。

实际电源往往比较复杂,且各不相同,不便于分析。如果将给定的实际电源等效成戴维宁等效电源,则可以很容易地分析最大功率传输问题。

图 4.34 所示电路为最大功率传输电路。其中,图 4.34(a)为由有源二端电路供电的原电路,图 4.34(b)为由其戴维宁等效电源供电的等效电路,负载电阻 R_L 连续可变。

负载电阻的功率为

$$P_L = R_L I^2 = R_L \left(\frac{u_{oc}}{R_{eq} + R_L}\right)^2 = \frac{u_{oc}^2 R_L}{(R_{eq} + R_L)^2}$$

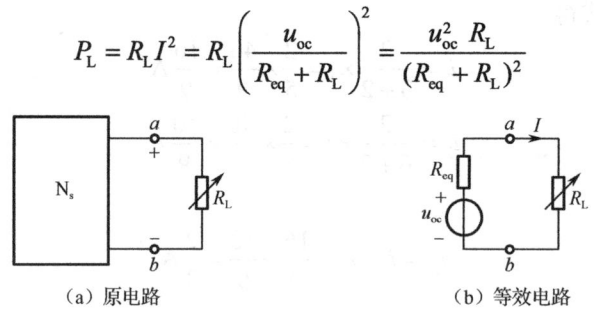

(a)原电路 (b)等效电路

图 4.34 最大功率传输电路

令

$$\frac{dP_L}{dR_L} = \frac{(R_{eq} + R_L)^2 - 2R_L(R_{eq} + R_L)}{(R_{eq} + R_L)^4} \times u_{oc}^2 = 0$$

可得,当

$$R_L = R_{eq} \tag{4-12}$$

时,负载电阻 R_L 获得的功率最大(用高等数学的知识很容易判断),其最大值为

$$P_{Lmax} = \frac{u_{oc}^2}{4R_{eq}} \tag{4-13}$$

式(4-12)为负载获得最大功率的条件,式(4-13)为负载可获得的最大功率值,它们一起被称为最大功率传输定理。

式(4-12)说明,只有当负载电阻与戴维宁等效电源内阻相等时,负载才能获得最大功率,所以也称式(4-12)为负载与戴维宁等效电源的"匹配"条件(注意不是负载直接与电源匹配)。

例 4.16 如图 4.35(a)所示电路,求负载电阻 R_L 获得最大功率时的值,并求出该最大功率 P_{Lmax}。

解题思路:求解此题的关键是求出断开负载电阻 R_L 后所剩一端口的戴维宁等效电路,然后按照式(4-12)和式(4-13)求出结果。

解:将负载电阻 R_L 开路,然后对剩余的一端口电路进行戴维宁等效。

(1)求开路电压 u_{oc}

方法 1:节点电压法(由于开路,节点数少了 2 个)

取参考节点如图 4.35(b)所示,其节点电压方程为

$$\left(\frac{1}{4} + \frac{1}{12}\right)u = \frac{4}{12} + 2$$

解得 $u = 7\text{V}$。
所以
$$u_{oc} = \frac{4 \times (u-4)}{8+4} + 2 \times 2 = \frac{4 \times (7-4)}{12} + 4 = 5\text{V}$$

方法 2：网孔电流法（由于开路，网孔数少了 1 个）
设网孔电流如图 4.35（c）所示，其网孔电流方程为
$$(8+4+4)I - 4 \times 2 = -4$$

解得 $I = 0.25\text{A}$。
所以
$$u_{oc} = 4I + 2 \times 2 = 4 \times 0.25 + 4 = 5\text{V}$$

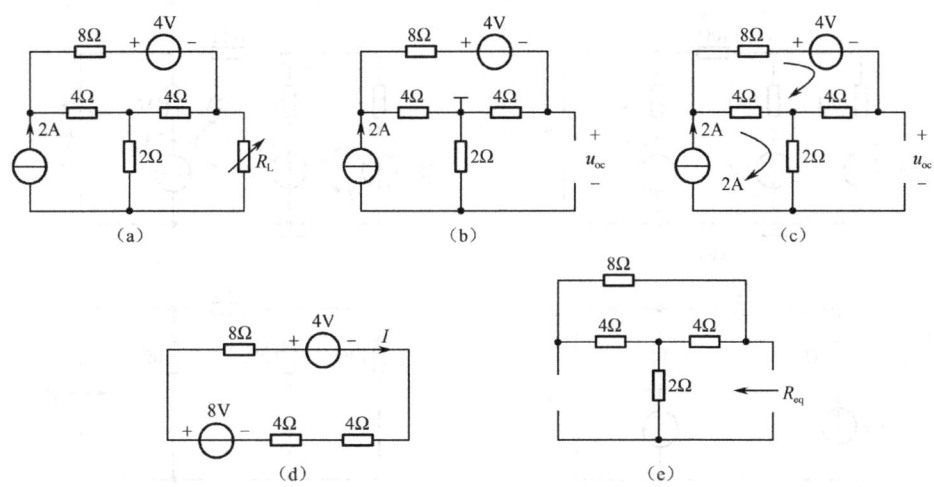

图 4.35　例 4.16 图

方法 3：电源等效变换法
断开负载电阻 R_L 后，将 2A 电流源与 2Ω 电阻的串联等效为 2A 电流源，并将其与 4Ω 电阻的并联进行等效变换，其结果如图 4.35（d）所示。
由此可得
$$I = \frac{8-4}{8+4+4} = \frac{4}{16} = 0.25\text{A}$$

故
$$u_{oc} = 4I + 2 \times 2 = 4 \times 0.25 + 4 = 5\text{V}$$

（2）求等效电阻 R_{eq}

将端口内的电压源短路，电流源开路，其对应的电路如图 4.35（e）所示。由此可得
$$R_{eq} = 2 + 4//(8+4) = 2 + 4//12 = 2 + 3 = 5\Omega$$

（3）求最大功率传输条件及最大功率
由最大功率传输定理可得，当 $R_L = R_{eq} = 5\Omega$ 时，负载电阻 R_L 可获得最大功率。其最大功率为
$$P_{L\max} = \frac{u_{oc}^2}{4R_{eq}} = \frac{5^2}{4 \times 5} = \frac{5}{4} = 1.25\text{W}$$

例 4.17 如图 4.36 所示电路，求当 $R_L = ?$ 时可获得最大功率，并求该最大功率 P_{Lmax}。

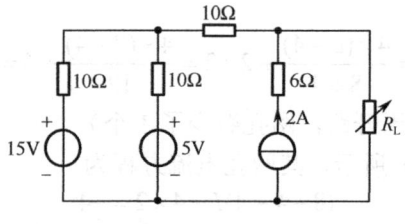

图 4.36 例 4.17 图

解题思路：参照例 4.16 的解题思路。

解：如图 4.37 所示，将负载电阻 R_L 开路，对剩余的一端口电路进行戴维宁等效。

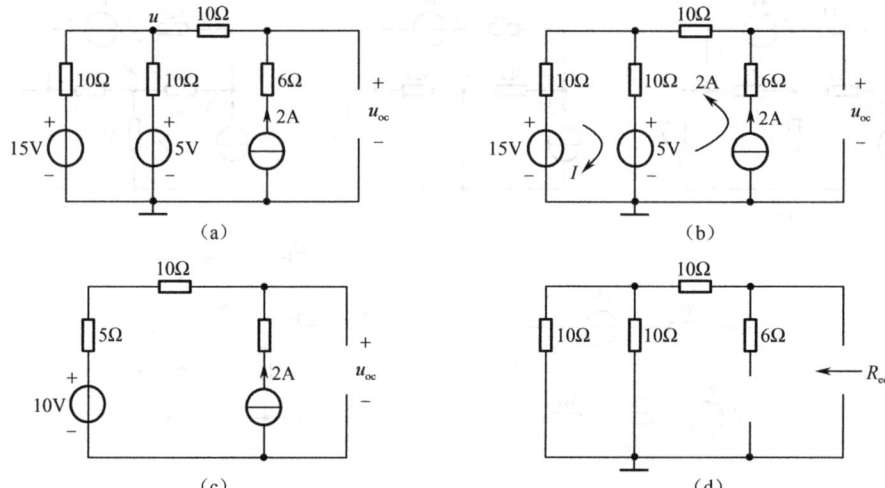

图 4.37 例 4.17 续图

（1）求开路电压 u_{oc}

方法 1：节点电压法（由于开路，节点数少了 2 个）

取参考节点如图 4.37（a）所示，其节点电压方程为

$$\left(\frac{1}{10} + \frac{1}{10}\right)u = \frac{15}{10} + \frac{5}{10} + 2$$

解得 $u = 20\text{V}$。

所以

$$u_{oc} = 10 \times 2 + u = 20 + 20 = 40\text{V}$$

方法 2：网孔电流法（由于开路，网孔数少了 1 个）

设网孔电流如图 4.37（b）所示，其网孔电流方程为

$$(10+10)I + 10 \times 2 = 15 - 5 = 10$$

解得 $I = -0.5\text{A}$。

所以

$$\begin{aligned} u_{oc} &= 10 \times 2 - 10I + 15 \\ &= 20 - 10 \times (-0.5) + 15 = 40\text{V} \end{aligned}$$

方法3：电源等效变换法

将负载开路后的电路左端进行电源等效变换，结果如图 4.37（c）所示。由此可得
$$u_{oc} = (10+5) \times 2 + 10 = 40\text{V}$$

（2）求等效电阻 R_{eq}

方法1：串并联化简法

将端口内的电压源短路，电流源开路，其对应的电路如图 4.37（d）所示。由此可得
$$R_{eq} = 10 + 10 // 10 = 10 + 5 = 15\Omega$$

方法2：电源等效变换法

如图 4.37（c）所示电路，将电压源短路，电流源开路，可得
$$R_{eq} = 10 + 5 = 15\Omega$$

（3）求最大功率传输条件及最大功率

由最大功率传输定理可知，当 $R_L = R_{eq} = 15\Omega$ 时，负载电阻 R_L 可获得最大功率。其最大功率为
$$P_{Lmax} = \frac{u_{oc}^2}{4R_{eq}} = \frac{40^2}{4 \times 15} = \frac{80}{3} = 26.667\text{W}$$

例 4.18 如图 4.38 所示电路，求当 $R_L = ?$ 时可获得最大功率，并求该最大功率 P_{Lmax}。

解题思路：参照例 4.16 的解题思路。

解：将负载电阻 R_L 开路，对剩余的一端口电路进行戴维宁等效。

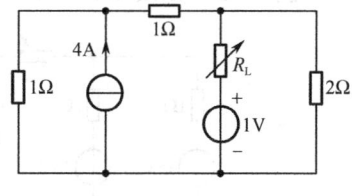

图 4.38 例 4.18 图

（1）求开路电压 u_{oc}

方法1：分流公式法

如图 4.39（a）所示，由分流公式得
$$i = \frac{1}{1+1+2} \times 4 = 1\text{A}$$

所以
$$u_{oc} = 2i - 1 = 2 \times 1 - 1 = 1\text{V}$$

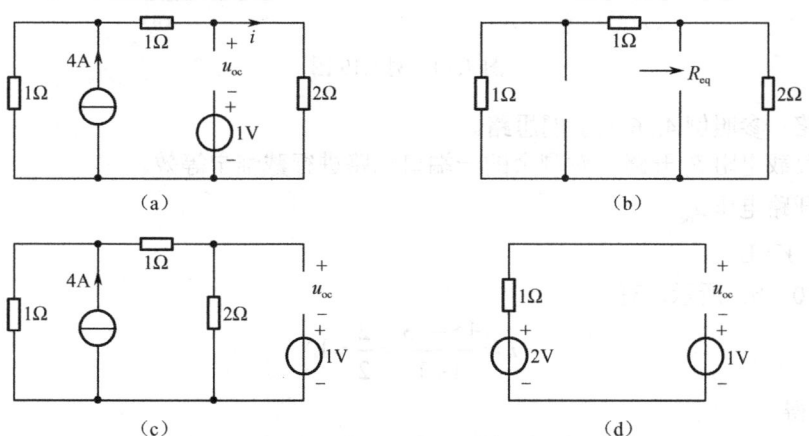

图 4.39 例 4.18 续图

方法 2：电源等效变换法

将最右边的 2Ω 电阻支路移到端口所在支路的左边，如图 4.39（c）所示。对端口所在支路左边的电路进行电源等效变换，其结果如图 4.39（d）所示。由此可得

$$u_{oc} = 2 - 1 = 1\text{V}$$

（2）求等效电阻 R_{eq}

方法 1：串并联化简法

将端口内的电压源短路，电流源开路，其对应的电路如图 4.39（b）所示。由此可得

$$R_{eq} = (1+1)//2 = 2//2 = 1\Omega$$

方法 2：电源等效变换法

如图 4.39（d）所示电路，将两个电压源短路，可得

$$R_{eq} = 1\Omega$$

（3）求最大功率传输条件及最大功率

由最大功率传输定理可得，当 $R_L = R_{eq} = 1\Omega$ 时，负载电阻 R_L 可获得最大功率。其最大功率为

$$P_{Lmax} = \frac{u_{oc}^2}{4R_{eq}} = \frac{1^2}{4 \times 1} = \frac{1}{4} = 0.25\text{W}$$

例 4.19 如图 4.40（a）所示电路，求当 $R_L = ?$ 时可获得最大功率，并求该最大功率 P_{Lmax}。

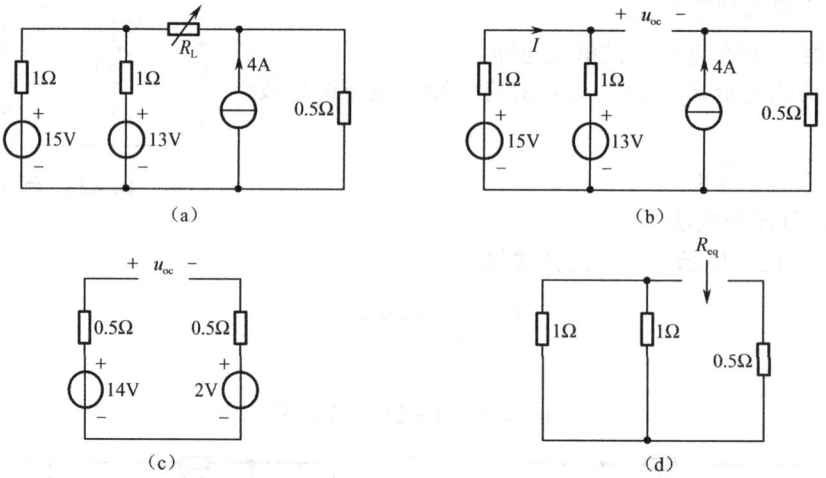

图 4.40 例 4.19 图

解题思路：参照例 4.16 的解题思路。

解：将负载电阻 R_L 开路，对剩余的一端口电路进行戴维宁等效。

（1）求开路电压 u_{oc}

方法 1：KVL

如图 4.40（b）所示，有

$$I = \frac{15-13}{1+1} = \frac{2}{2} = 1\text{A}$$

由 KVL 得

$$u_{oc} = 1 \times I + 13 - 0.5 \times 4 = 1 + 13 - 2 = 12\text{V}$$

方法 2：电源等效变换法

将端口处左右两边的电路进行电源等效变换，其结果如图 4.40（c）所示。由此可得
$$u_{oc} = 14 - 2 = 12\text{V}$$

（2）求等效电阻 R_{eq}

方法 1：串并联化简法

将端口内的电压源短路，电流源开路，其对应的电路如图 4.40（d）所示。由此可得
$$R_{eq} = 1 // 1 + 0.5 = 0.5 + 0.5 = 1\Omega$$

方法 2：电源等效变换法

如图 4.40（c）所示电路，将两个电压源短路，可得
$$R_{eq} = 0.5 + 0.5 = 1\Omega$$

（3）求最大功率传输条件及最大功率

由最大功率传输定理可知，当 $R_L = R_{eq} = 1\Omega$ 时，负载电阻 R_L 可获得最大功率。其最大功率为
$$P_{L\max} = \frac{u_{oc}^2}{4R_{eq}} = \frac{12^2}{4 \times 1} = 36\text{W}$$

例 4.20 如图 4.41（a）所示电路，求当 $R_L = ?$ 时可获得最大功率，并求该最大功率 $P_{L\max}$。

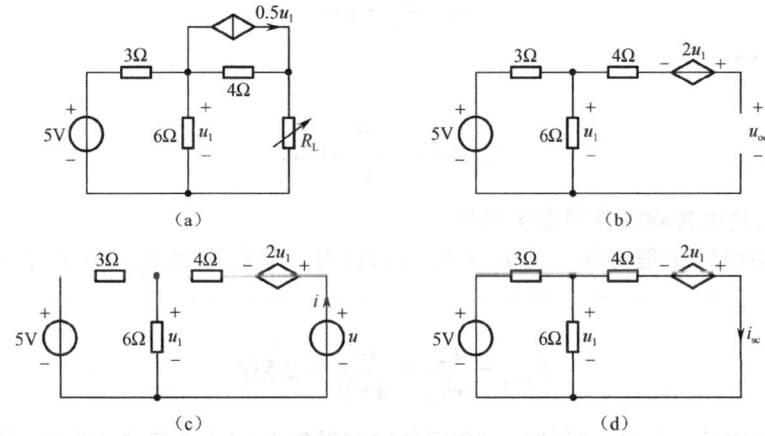

图 4.41 例 4.20 图

解题思路：基本思路同上，但本题含有受控源，所以在求开路电压前需先求控制量。输入（等效）电阻的求取需用"u/i"法或"u_{oc}/i_{sc}"法。

解：将负载电阻 R_L 开路，对剩余的一端口电路进行戴维宁等效。

（1）求开路电压 u_{oc}

将受控电流源与 4Ω 电阻的并联变换成受控电压源与 4Ω 电阻的串联，如图 4.41（b）所示。由此得
$$u_1 = \frac{6}{3+6} \times 5 = \frac{10}{3}\text{V}$$

故
$$u_{oc} = 2u_1 + u_1 = 3u_1 = 3 \times \frac{10}{3} = 10\text{V}$$

（2）求等效电阻 R_{eq}

方法1："u/i" 法

将端口内的5V电压源短路，在端口处外接电压源 u，设其发出的电流为 i，如图4.41（c）所示。由此得

$$u_1 = (3//6) \times i = 2i$$

由KVL得

$$u = 2u_1 + 4i + u_1 = 3u_1 + 4i = 3 \times 2i + 4i = 10i$$

所以

$$R_{eq} = \frac{u}{i} = 10\Omega$$

方法2："u_{oc}/i_{sc}" 法

将端口短路，设短路电流为 i_{sc}，如图4.41（d）所示。由节点电压法得

$$\left(\frac{1}{3} + \frac{1}{6} + \frac{1}{4}\right)u_1 = \frac{5}{3} - \frac{2u_1}{4}$$

解得 $u_1 = \frac{4}{3}$V。

由KVL得

$$u_1 = 4i_{sc} - 2u_1$$

解得 $i_{sc} = 1$A。

故

$$R_{eq} = \frac{u_{oc}}{i_{sc}} = \frac{10}{1} = 10\Omega$$

（3）求最大功率传输条件及最大功率

由最大功率传输定理可知，当 $R_L = R_{eq} = 10\Omega$ 时，负载电阻 R_L 可获得最大功率。其最大功率为

$$P_{Lmax} = \frac{u_{oc}^2}{4R_{eq}} = \frac{10^2}{4 \times 10} = 2.5\text{W}$$

由以上的例题可以看出，求解最大功率传输问题的关键是求其端口处的戴维宁等效电源模型。戴维宁等效电源模型的结构是已知的，由一个电压源和一个电阻串联组成，其参数有两个：开路电压 u_{oc}（即电压源的电压值）和等效电阻 R_{eq}，都是待求量。从求解方法上来看，开路电压 u_{oc} 的求取可能会用到直流电阻电路的所有分析方法，如分压分流公式、电源等效变换法、回路（网孔）电流法、节点电压法等；而等效电阻 R_{eq} 的求取则相对简单，不含受控源的电阻电路用串并联化简法或Y-△变换法，含受控源的电阻电路则需用"u/i"法或"u_{oc}/i_{sc}"法。

需要指出的是，对于有些电路，虽然只用电源等效变换也能得到戴维宁等效电源（例4.15~例4.18可以，例4.19不行），但它们之间还是有区别的，其区别主要有：（1）戴维宁等效变换的结果只有一个模型，即电压源与电阻串联，而电源等效变换的结果可以按需要进行到不同的程度，结果模型不唯一（见例4.15~例4.19）；（2）在求戴维宁等效电源电压时，可能会用到电源等效变换（见例4.15~例4.19）；（3）电源等效变换是在两种实际电源模型之间进行的，而电路中不一定存在这种电源与电阻的连接方式，此时仅用电源等效变换的方法不

能获得最终的戴维宁等效电源模型；（4）对于含有受控源的有源二端电路而言，只用电源等效变换法得不到最终的戴维宁等效电源模型。

4.6 特勒根定理

特勒根定理（Tellegen's Theorem）是荷兰工程师 Bernard D. H. Tellegen 于 1952 年提出的一个具有普遍意义的定理，它适用于任何集总参数电路，不论该电路中包含的元件是线性还是非线性、无源还是有源、时变还是非时变，也不论该电路中包含什么类型的激励。基尔霍夫的两个定律分别描述了电路中电流之间的关系和电压之间的关系，而特勒根定理可以给出电路中各功率之间的关系。特勒根定理通常被分成两个定理。

特勒根定理 1—功率守恒定理

任意时刻，集总参数电路中各支路的电压与电流（取关联参考方向）乘积的代数和恒等于零，即

$$\sum_{k=1}^{b} u_k i_k = 0 \quad (4\text{-}14)$$

式中，u_k 和 i_k 分别为第 k 条支路的电压和电流（$k=1,2,\cdots,b$）。等号左侧的每一项都代表对应支路吸收的功率，故该式是电路的瞬时功率守恒方程。

下面通过图 4.42 所示电路证明特勒根定理 1。图 4.42 中各支路的方向就是各支路的电压、电流方向，选节点 a 作为参考节点，根据 KVL 可得出各支路电压与节点电压之间的关系为

$$\left.\begin{array}{l} u_1 = u_{n1} \\ u_2 = u_{n1} - u_{n2} \\ u_3 = u_{n2} - u_{n3} \\ u_4 = u_{n3} - u_{n4} \\ u_5 = u_{n2} \\ u_6 = u_{n3} \end{array}\right\} \quad (4\text{-}15)$$

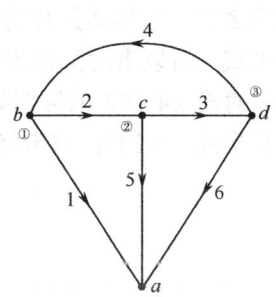

图 4.42 特勒根定理 1

对节点 b、c、d 应用 KCL，得

$$\left.\begin{array}{l} i_1 + i_2 - i_4 = 0 \\ -i_2 + i_3 + i_5 = 0 \\ -i_3 + i_4 + i_6 = 0 \end{array}\right\} \quad (4\text{-}16)$$

故

$$\sum_{k=1}^{6} u_k i_k = u_1 i_1 + u_2 i_2 + u_3 i_3 + u_4 i_4 + u_5 i_5 + u_6 i_6 \quad (4\text{-}17)$$

把支路电压用式（4-15）的节点电压表示后，代入式（4-17）可得

$$\sum_{k=1}^{6} u_k i_k = u_{n1} i_1 + (u_{n1} - u_{n2}) i_2 + (u_{n2} - u_{n3}) i_3 + (u_{n3} - u_{n4}) i_4 + u_{n5} i_5 + u_{n6} i_6$$
$$= u_{n1}(i_1 + i_2 - i_4) + u_{n2}(-i_2 + i_3 + i_5) + u_{n3}(-i_3 + i_4 + i_6)$$

式中，括号内的电流分别是节点 b、c、d 的 KCL 方程，均恒等于 0，即

$$\sum_{k=1}^{6} u_k i_k = 0$$

上式可推广到任何具有 n 个节点和 b 条支路的电路，即

$$\sum_{k=1}^{b} p_k = \sum_{k=1}^{b} u_k i_k = 0$$

特勒根定理 1 描述了电路中各支路吸收功率的代数和恒为零，因此称为功率守恒定理。当然也可令各支路的电压与电流皆取非关联参考方向，则式（4-14）表示电路中各支路发出功率的代数和恒为零。

特勒根定理 2－拟功率守恒定理

对于两个结构完全相同、支路内容不同的电路 N 和 $\hat{\text{N}}$，令各支路取相同编号，各支路的电压与电流方向对应一致，皆取关联参考方向。设电路 N 中各支路电压、电流分别为 u_k 和 i_k（$k=1,2,\cdots,b$，b 为电路的总支路数），电路 $\hat{\text{N}}$ 中各支路电压、电流分别为 $\hat{u}_k$ 和 $\hat{i}_k$，则

$$\sum_{k=1}^{b} u_k \hat{i}_k = 0 \tag{4-18}$$

$$\sum_{k=1}^{b} \hat{u}_k i_k = 0 \tag{4-19}$$

在特勒根定理 2 中，$u_k \hat{i}_k$ 和 $\hat{u}_k i_k$ 是分别处于两个电路 N 和 $\hat{\text{N}}$ 中同一对应支路上的电压与电流之积，虽然其具有功率的量纲，但并非客观存在的实际功率物理量，只是具有功率之和的形式，所以有时又称为"拟功率守恒定理"。

对式（4-18）的证明如下：设两个电路连接关系如图 4.43 所示。对电路（a）应用 KVL，可列出式（4-13）；对电路（b）应用 KCL，可得

$$\left.\begin{array}{r}\hat{i}_1 + \hat{i}_2 - \hat{i}_4 = 0 \\ -\hat{i}_2 + \hat{i}_3 + \hat{i}_5 = 0 \\ -\hat{i}_3 + \hat{i}_4 + \hat{i}_6 = 0\end{array}\right\} \tag{4-20}$$

由式（4-15）和式（4-20）可得

$$\sum_{k=1}^{6} u_k \hat{i}_k = u_{n1}(\hat{i}_1 + \hat{i}_2 - \hat{i}_4) + u_{n2}(-\hat{i}_2 + \hat{i}_3 + \hat{i}_5) + u_{n3}(-\hat{i}_3 + \hat{i}_4 + \hat{i}_6) = 0$$

此式可推广到任何具有 n 个节点和 b 条支路的两个电路，只要它们具有相同的结构。式（4-19）可用类似方法证明。

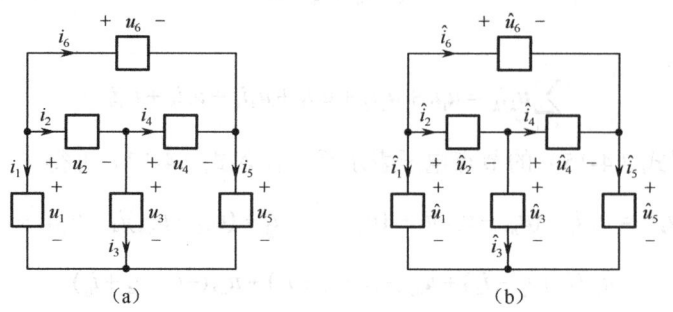

图 4.43 特勒根定理 2

特勒根定理中的 N 和 N̂ 可以是拓扑结构相同的两个不同电路，也可以是同一电路的两个不同工作时刻，或者是元件参数发生变化的前后电路。因此，特勒根定理在如电路灵敏度分析等很多方面获得了广泛应用。

例 4.21 在图 4.44 所示电路中，N_0 是线性电阻电路，改变输入电压 u_1 和负载电阻 R_L，进行两侧测量，得如下两组数据，求第二组数据中的 u_2。

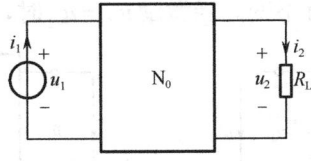

图 4.44　例题 4.21 图

	R_L/Ω	u_1/V	I_1/A	u_2/V
第一组	2	3	2	2
第二组	1	6	5	?

解：设第一组数据对应电路为 N，第二组数据对应电路为 N′，电路中共有 b 条支路。根据特勒根定理 2 有

$$-u_1 i_1' + u_2 i_2' + \sum_{k=3}^{b} u_k i_k' = 0$$

$$-u_1' i_1 + u_2' i_2 + \sum_{k=3}^{b} u_k' i_k = 0$$

由于 u_1 和 i_1 为非关联参考方向，因此在上面两式中有 $-u_1 i_1'$ 和 $-u_1' i_1$。N_0 是线性电阻电路，且各支路电阻发生变化，所以

$$\sum_{k=3}^{b} u_k i_k' = \sum_{k=3}^{b} R_k i_k i_k'$$

$$\sum_{k=3}^{b} u_k' i_k = \sum_{k=3}^{b} R_k i_k' i_k$$

故

$$-u_1 i_1' + u_2 i_2' = -u_1' i_1 + u_2' i_2$$

代入已知数据

$$-3 \times 5 + 2 \times \frac{u_2'}{1} = -6 \times 2 + u_2' \times \frac{2}{2}$$

解得

$$u_2' = 3V$$

4.7　互易定理

互易定理反映的是如下电路特性：对于一个仅含线性电阻的电路，在单一激励的情况下，当激励和响应互换位置时，不改变同一激励所产生的响应。互易定理存在三种互易性质，分别阐述如下。

互易定理 1—电压源激励与电流响应间的互易

设图 4.45 所示电路中，N_0 为无源线性电阻网络，有

$$\frac{i_2}{u_{s1}} = \frac{\hat{i}_1}{u_{s2}} \tag{4-21}$$

对于不含受控源的单一激励的线性电阻电路，互易激励（电压源）与响应（电流）的位置，其响应与激励的比值仍然保持不变。当激励 $u_{s1} = u_{s2}$ 时，$i_2 = \hat{i}_1$。

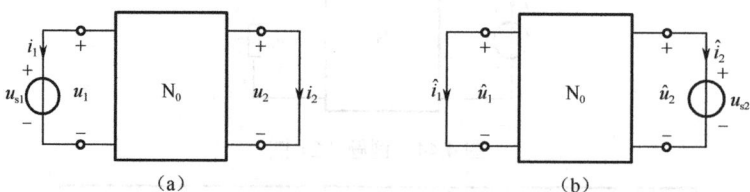

图 4.45　互易定理 1

利用特勒根定理 2 可以证明上述结论。设图 4.45 所示电路的支路数均为 b 条，支路 1 和支路 2 的电流和电压分别用 i_1，u_1，i_2，u_2 及 $\hat{i}_1$，$\hat{u}_1$，$\hat{i}_2$，$\hat{u}_2$ 表示，应用特勒根定理 2，有

$$u_1\hat{i}_1 + u_2\hat{i}_2 + \sum_{k=3}^{b} u_k\hat{i}_k = 0$$

$$\hat{u}_1 i_1 + \hat{u}_2 i_2 + \sum_{k=3}^{b} \hat{u}_k i_k = 0$$

设 N_0 内部有 $(b-2)$ 条支路，N_0 内部仅有线性电阻，且其阻值在互易前后未变化，故，$u_k = R_k i_k$，$\hat{u}_k = R_k \hat{i}_k$，$k = 3, 4, \cdots, b$。将它们分别代入上式，得

$$u_1\hat{i}_1 + u_2\hat{i}_2 + \sum_{k=3}^{b} R_k i_k \hat{i}_k = 0$$

$$\hat{u}_1 i_1 + \hat{u}_2 i_2 + \sum_{k=3}^{b} R_k \hat{i}_k i_k = 0$$

由上面两式得

$$u_1\hat{i}_1 + u_2\hat{i}_2 = \hat{u}_1 i_1 + \hat{u}_2 i_2 \tag{4-22}$$

对于图 4.45（a），有 $u_1 = u_{s1}$，$u_2 = 0$。对于图 4.45（b），有 $\hat{u}_2 = u_{s2}$，$\hat{u}_1 = 0$。代入式（4-22）得

$$u_{s1}\hat{i}_1 + 0 \times \hat{i}_2 = 0 \times i_1 + u_{s2} i_2$$

则

$$\frac{i_2}{u_{s1}} = \frac{\hat{i}_1}{u_{s2}}$$

互易定理 1 的结论得证。

互易定理 2—电流源激励与电压响应间的互易

设图 4.46 所示电路中，N_0 为无源线性电阻网络，有

$$\frac{u_2}{i_{s1}} = \frac{\hat{u}_1}{i_{s2}} \tag{4-23}$$

对于不含受控源的单一激励的线性电阻电路，互易激励（电流源）与响应（电压）的位

置，其响应与激励的比值仍然保持不变。当激励 $i_{s1} = i_{s2}$ 时，$u_2 = \hat{u}_1$。

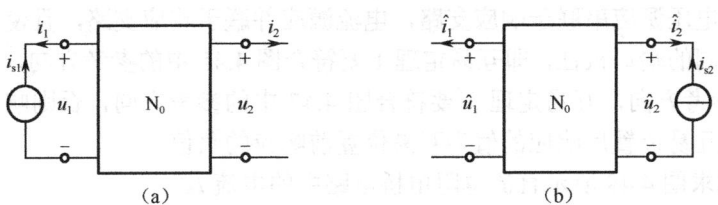

图 4.46　互易定理 2

证明过程与上述证明过程类似，式（4-22）仍然成立。将 $i_1 = -i_{s1}$，$i_2 = 0$，$\hat{i}_2 = -i_{s2}$，$\hat{i}_1 = 0$ 代入式（4-22），得

$$u_2(-i_{s2}) = \hat{u}_1(-i_{s1})$$

则

$$\frac{u_2}{i_{s1}} = \frac{\hat{u}_1}{i_{s2}}$$

互易定理 2 的结论得证。

互易定理 3——电流源和电压源等值后与其电流和电压响应的等值互易

设图 4.47 所示电路中，N_0 为无源线性电阻网络，有

$$\frac{i_1}{i_{s1}} = \frac{\hat{u}_1}{u_{s2}} \tag{4-24}$$

对于不含受控源的单一激励的线性电阻电路，互易激励与响应的位置，把原电压激励换成电流激励，把原电压响应换成电流响应，互易位置前后响应与激励的比值仍然保持不变。如果数值上 $i_{s1} = u_{s2}$，则 $\hat{u}_1 = i_2$。

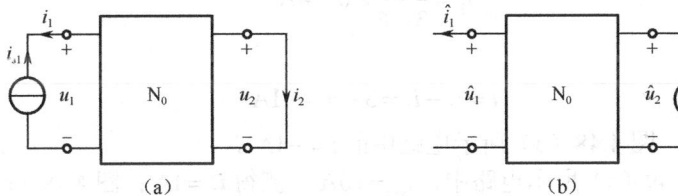

图 4.47　互易定理 3

证明过程与上述证明过程类似，式（4-22）仍然成立。将 $i_1 = -i_{s1}$，$u_2 = 0$，$\hat{u}_2 = u_{s2}$，$\hat{i}_1 = 0$ 代入式（4-22），得

$$\hat{u}_1(-i_{s1}) + u_{s2}i_2 = 0$$

则

$$\frac{i_2}{i_{s1}} = \frac{\hat{u}_1}{u_{s2}}$$

互易定理 3 的结论得证。

应用互易定理进行电路分析时需要注意如下几点。

（1）对于直流电阻电路，互易定理只适用于不含受控源的单一激励的线性电阻电路。

（2）互易定理 1 中单一激励为电压源，响应为电流；互易定理 2 中单一激励为电流源，响应为电压；互易定理 3 中一对激励和响应均为电压，另一对激励和响应均为电流，不可混淆。

（3）激励和响应互易位置后要注意激励的连接方法与激励和响应的参考方向。激励和响应互易位置后，电压源应串联于响应支路，电流源应并联于响应支路，且使互易位置前后的两个电路具有相同的端口极性，即互易定理1要符合图4.45中的参考方向，互易定理2要符合图4.46中的参考方向，互易定理3要符合图4.47中的参考方向，否则响应在互易位置前后互为负号，即互易位置后响应的值为互易位置前响应的负值。

例4.22 试求图4.48所示直流电阻电桥电路中的电流 i。

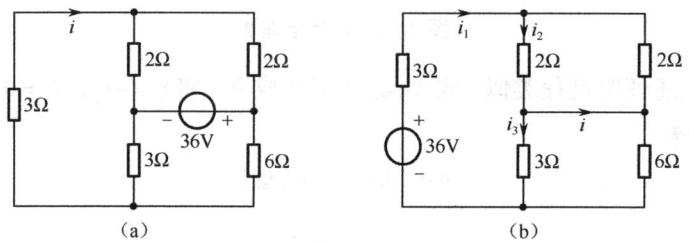

图4.48 例4.22图

解题思路：应用互易定理，可以将单一激励（电压源）与响应（电流 i）互易位置，如图4.48（b）所示，这样处理后，可将一个较复杂的电路求解变为比较简单的电路求解。

解：利用互易定理可得图4.48（b），所以

$$i_1 = \frac{36}{3 + 2//2 + 3//6} = 6\text{A}$$

根据分流公式可得

$$i_2 = \frac{2}{2+2} \times 6 = 3\text{A}$$

$$i_3 = \frac{6}{3+6} \times 6 = 4\text{A}$$

由KCL可得

$$i = i_2 - i_3 = 3 - 4 = -1\text{A}$$

根据互易定理1，图4.48（a）所示电路中的 $i = -1\text{A}$。

例4.23 如图4.49（a）所示电路中，$i_{s1} = 10\text{A}$，测得 $i_2 = 1\text{A}$；图4.49（b）所示电路中，$i_{s2} = 20\text{A}$，测得 $i_1 = 4\text{A}$；图4.49（a）、(b)电路中 N_0 为不含受控源的无源线性电阻电路，求电阻 R_1 的值。

解题思路：本题电路中只有一个独立电流源激励，并且两次测量时的电流源及电流的位置刚好互易，将图4.49（a）中的电路重新进行构造，得到图4.49（c），将图4.49（b）中的电路重新进行构造，得到图4.49（d），重新构造后的图4.49（c）和图4.49（d）中的虚线框内为无源电阻网络，因而应用互易定理2求解本题。

解：在图4.49（c）中，有

$$u_2 = 20i_2 = 20 \times 1 = 20\text{V}$$

在图4.49（d）中，有

$$u_1 = R_1 i_1 = 4R_1$$

根据互易定理2，可得

即

解得

$$R_1 = 10\Omega$$

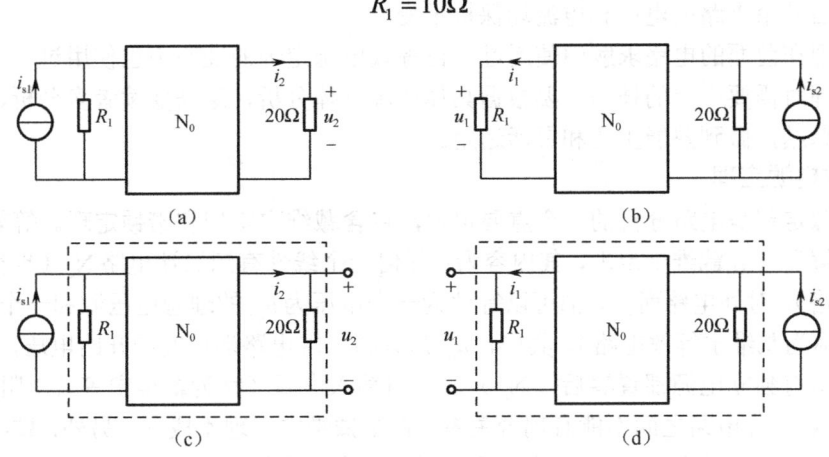

图 4.49　例 4.23 图

4.8　本章小结

本章介绍了常用的电路定理，如齐次定理、叠加定理、替代定理、等效电源定理和最大功率传输定理等。除替代定理外，其他 4 个定理只适用于线性电路。这些定理除了能揭示电路的基本性质，还经常用于求解具体问题。

1. 齐次定理

齐次定理是线性电路的基本定理，它描述了线性电路输入（独立电源）对输出（支路电压或电流）的影响方式：在线性电路中，当输入大于 1 时（电路中有 2 个及以上的独立电源起作用时），只有所有输入都增大（减小）同样的倍数，输出才增大（减小）同样的倍数，否则输出与输入之间不存在这种倍数关系。若输入等于 1，则电路的输出与输入呈正比，此时齐次定理一定成立。

2. 叠加定理

叠加定理也是线性电路的基本定理，它描述了线性电路的多个输入对输出的另一种影响方式：在线性电路中，多个输入共同作用时产生的输出等于各输入单独作用时产生的输出之和。这里的多个输入共同作用的含义不难理解，而某个输入单独作用时需要注意，不作用的电压源要短路，不作用的电流源要开路。叠加定理对非线性电路不适用，对输出为功率的电路也不适用。

事实上，齐次性和叠加性是线性电路的基本特性，只有同时满足这两种特性的电路才是线性电路。

3. 替代定理

替代定理既适用于线性电路，也适用于非线性电路；既适用于时变电路，也适用于非时变电路，它描述了某支路（或某二端电路）被替代为独立电源的类型和条件：对于电路中的任意一条支路，若已知其电压为 u_k 或电流为 i_k，且该支路与其他支路无耦合关系（不存在受控源的控制与受控关系），则不论该支路的结构如何，这条支路都可以用一个大小（不论是否已知）和极性均与 u_k 相同的独立电压源替代，或者一个大小和方向均与 i_k 相同的独立电流源替代，替代后其余支路的电压和电流均保持不变。

替代定理在前面的电路求解中使用过，在等效电源定理的证明中也使用过。一般来说，使用替代定理时需要一定的技巧，要根据具体情况具体分析，这需要读者多分析、多思考、多应用和多总结，做到熟能生巧和灵活运用。

4. 等效电源定理

等效电源定理是电路分析的一个重要定理，包含戴维宁定理和诺顿定理。等效电源定理主要要求理解和掌握戴维宁定理，其内容为：任何一个线性有源二端电路 N_s（也称为线性有源一端口电路），对外电路而言，都可以等效为一个电压为 u_{oc} 的理想电压源和一个电阻 R_{eq} 串联的模型（称为戴维宁等效电路）。其中，u_{oc} 为有源二端电路端口间的开路电压，R_{eq} 为有源二端电路中所有独立电源都置零后（N_0）的端口输入电阻（称为戴维宁等效电阻）。线性有源二端电路 N_s 与外电路之间不能有耦合关系，否则戴维宁定理不成立。另外，戴维宁等效只是对外等效，对内并不等效（因内部结构已改变），所以不能将戴维宁等效电源与被等效的实际电源混为一谈，但是在分析外电路时，它们是等效的（可以相互替代），这就是"对外等效"这句话的含义。

戴维宁定理经常用于电路中某条支路的分析，可以有效简化电路的分析和计算。

5. 最大功率传输定理

最大功率传输定理给出了连续变化的负载从一个给定的实际直流电源处获得最大功率的条件和对应的最大功率值，这个条件也称为负载与戴维宁等效电源的"匹配"条件。需要注意的是，负载不能直接与实际电源（有源二端电路）匹配（事实上也没办法匹配），而是与它的戴维宁等效电源匹配，所以求解最大功率传输问题就演变成了求有源二端电路的戴维宁等效电源模型的问题，这也是戴维宁定理的一个重要用途。

6. 特勒根定理

特勒根定理对线性电路和非线性电路都适用，此定理仅取决于电路的结构（连接方式）与电路元件的特性无关。特勒根定理中的 N 和 $\hat{N}$ 可以是拓扑结构相同的两个不同电路，也可以是同一电路的两个不同工作时刻，或者是元件参数发生变化的前后电路。

7. 互易定理

互易定理适用范围较窄，只适用于电路中仅含电阻、电感及电容元件，且通常不含受控源的线性电路。该定理有三种性质，描述了对互易电路外加单一激励时，激励与响应位置互易前后二者的数值关系，要注意互易性质中激励与响应的参考方向之间的关系，当需要改变变量的参考方向时，应同时改变两个变量的方向。对于电压源激励，互易时原电压源处短路，电压源与另一支路串联；对于电流源激励，互易时原电流源处开路，电流源与另一支路并联。

习 题

4-1 如图 4.50 所示电路，用叠加定理求电压 U。

4-2 如图 4.51 所示电路，用叠加定理求电压 U。

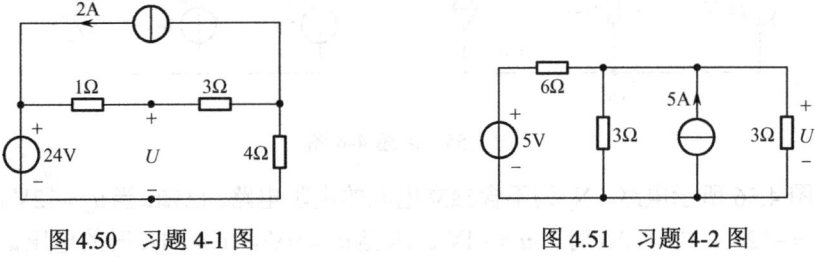

图 4.50　习题 4-1 图　　　　图 4.51　习题 4-2 图

4-3 如图 4.52 所示电路，用叠加定理求电流 I 和电压 U。

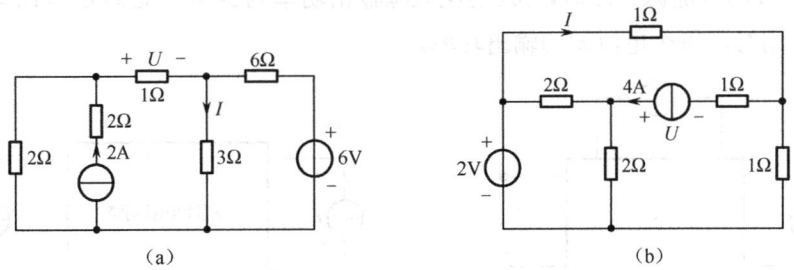

图 4.52　习题 4-3 图

4-4 如图 4.53 所示电路，用叠加定理求电压 U。

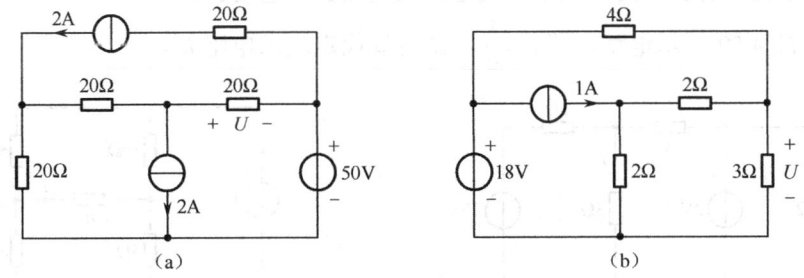

图 4.53　习题 4-4 图

4-5 如图 4.54 所示电路，用叠加定理求电流 I 和电压 U。

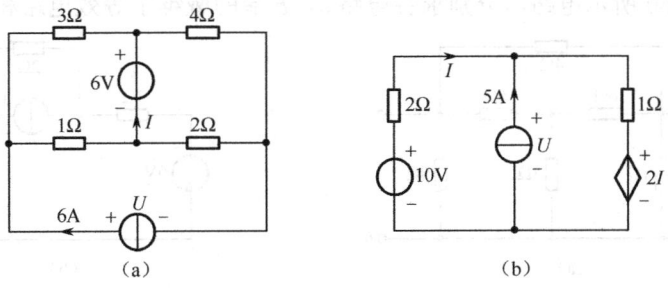

图 4.54　习题 4-5 图

4-6 如图 4.55 所示电路，用叠加定理求电压 U。

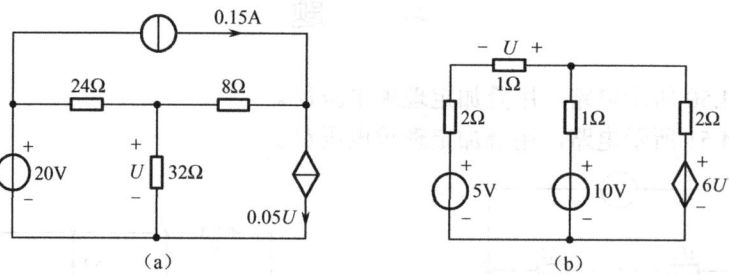

图 4.55 习题 4-6 图

4-7 如图 4.56 所示电路，N_0 为不含独立电源的电阻电路。已知：当 $u_s=12\text{V}$，$i_s=4\text{A}$ 时，$u=0$；当 $u_s=-12\text{V}$，$i_s=-2\text{A}$ 时，$u=-1\text{V}$。求当 $u_s=9\text{V}$，$i_s=-1\text{A}$ 时的电压 u。

4-8 如图 4.57 所示电路，当 3A 的电流源开路时，2A 的电流源输出功率为 28W，这时 $U_2=8\text{V}$。当 2A 的电流源开路时，3A 的电流源输出功率为 54W，这时 $U_1=12\text{V}$。求当两个电流源同时作用时，每个电流源的输出功率。

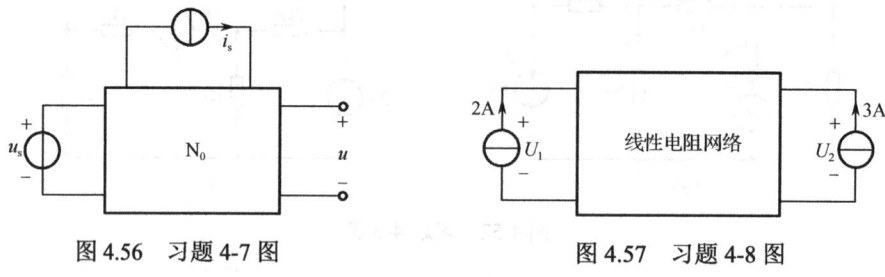

图 4.56 习题 4-7 图　　　图 4.57 习题 4-8 图

4-9 如图 4.58 所示电路，试用替代定理求电流 I 和电压 U。

4-10 如图 4.59 所示电路，若 $I=\dfrac{i}{8}$，试用替代定理求电阻 R。

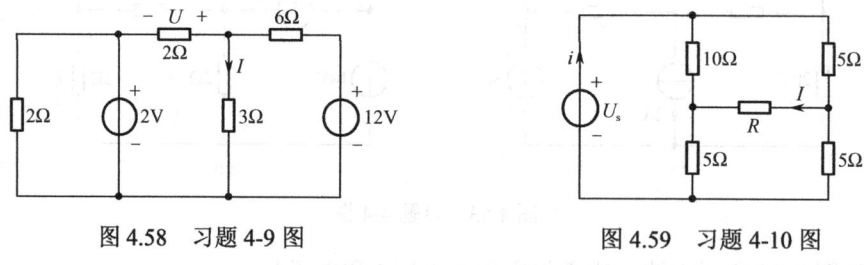

图 4.58 习题 4-9 图　　　图 4.59 习题 4-10 图

4-11 如图 4.60 所示电路，分别求各电路 a，b 端的戴维宁等效电路和诺顿等效电路。

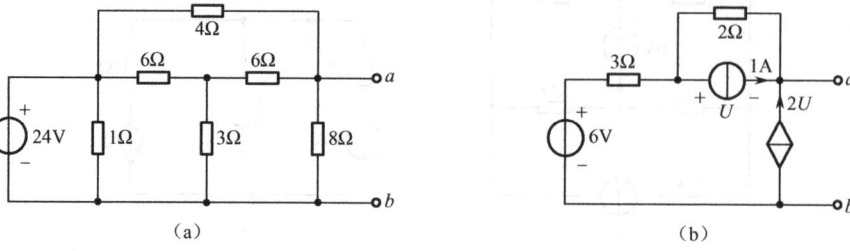

图 4.60 习题 4-11 图

4-12 图 4.61 所示为一有源二端电路及其端口特性曲线，求其戴维宁等效电源和诺顿等效电源。

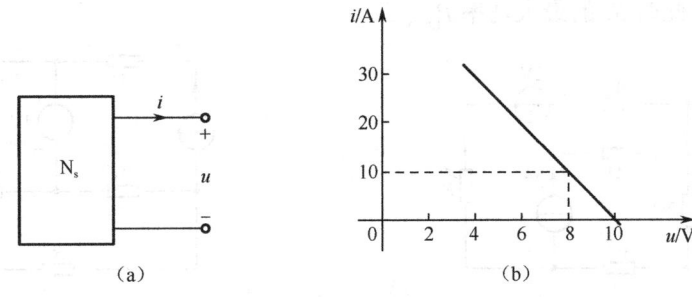

图 4.61 习题 4-12 图

4-13 如图 4.62 所示电路，N_0 为不含独立电源的电阻电路。已知其输出端开路时的输出电压 $u = 0.5u_s$。若输出端接上 5Ω 的电阻，则 $u = 0.25u_s$。求当输出端接上 10Ω 的电阻时，其输出电压 $u = ?$

4-14 如图 4.63 所示电路，求电阻 R 分别为 2Ω、6Ω 和 14Ω 时电流 I 的值。

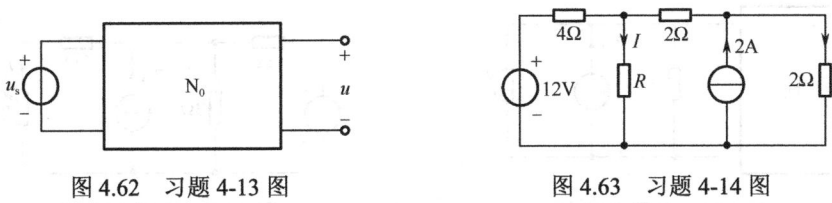

图 4.62 习题 4-13 图　　图 4.63 习题 4-14 图

4-15 如图 4.64 所示电路，当 $R = 12\Omega$ 时，流过它的电流为 I。若只改变 R 的值，使 I 的值增大为原来的 3 倍，则此时 R 的值为多少？

4-16 如图 4.65 所示电路，已知 $u = 8V$，试用戴维宁定理求电阻 R。

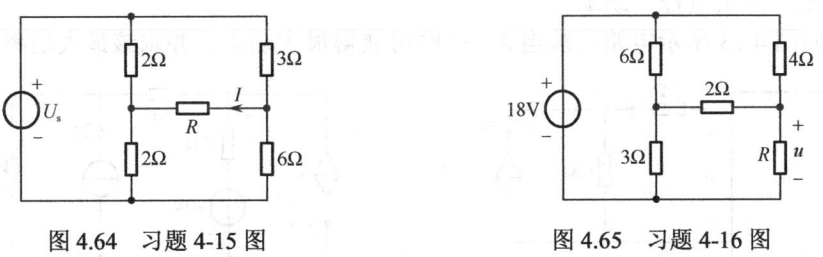

图 4.64 习题 4-15 图　　图 4.65 习题 4-16 图

4-17 如图 4.66 所示电路，求当 $R_L = ?$ 时可获得最大功率，并求该最大功率 P_{Lmax}。

4-18 如图 4.67 所示电路，求当 $R_L = ?$ 时可获得最大功率，并求该最大功率 P_{Lmax}。

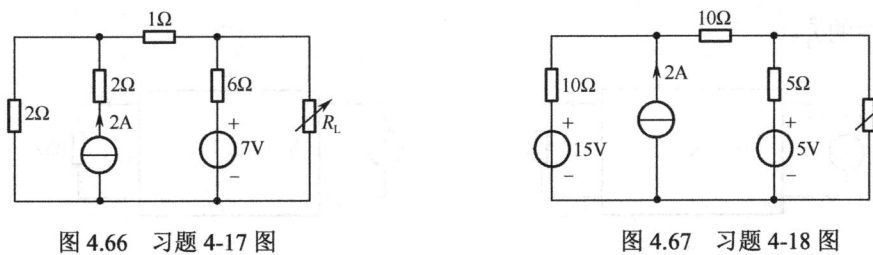

图 4.66 习题 4-17 图　　图 4.67 习题 4-18 图

4-19 如图 4.68 所示电路，求当 $R_L = ?$ 时可获得最大功率，并求该最大功率 P_{Lmax}。

4-20 如图 4.69 所示电路，已知当负载 $R_L = 3.6\Omega$ 时可获得最大功率。试确定电路中电阻 R 的值，并求出此时 R_L 的最大功率 P_{Lmax}。

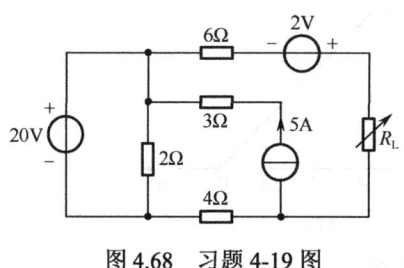
图 4.68 习题 4-19 图

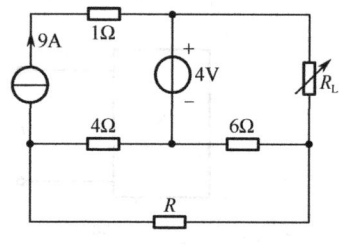
图 4.69 习题 4-20 图

4-21 如图 4.70 所示电路，N_s 为含有独立电源的电阻电路。已知当 $R_L = 2\Omega$ 时可获得最大功率，其值为 $P_{Lmax} = 2W$，试求 N_s 的戴维宁等效电路。

4-22 如图 4.71 所示电路，已知当 $R_L = 12\Omega$ 时有 $I_L = 1A$，求当 $R_L = ?$ 时可获得最大功率，并求该最大功率 P_{Lmax}。

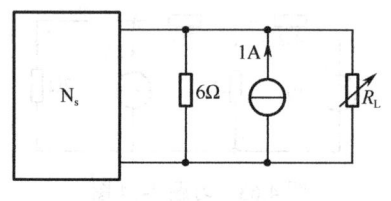
图 4.70 习题 4-21 图

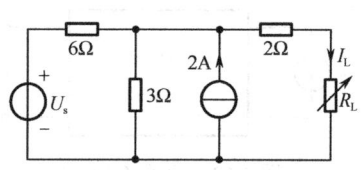
图 4.71 习题 4-22 图

4-23 如图 4.72 所示电路，N_s 为含有独立电源的电阻电路。已知当受控电流源的控制系数 $\beta = 1$ 时，电压 $u = 20V$；当 $\beta = -1$ 时，电压 $u = 12.5V$。求 β 为何值时，外电路可从 N_s 中获得最大功率，并求该最大功率。

4-24 如图 4.73 所示电路，求当 $R_L = ?$ 时可获得最大功率，并求该最大功率 P_{Lmax}。

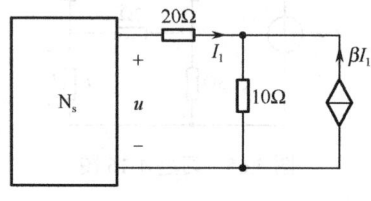
图 4.72 习题 4-23 图

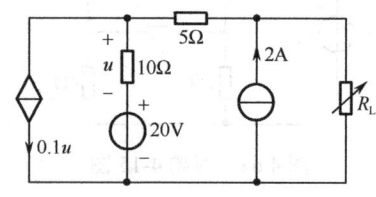
图 4.73 习题 4-24 图

4-25 如图 4.74 所示电路中 N_0 仅由电阻组成。已知图(a)中电压 $U_1 = 1V$，电流 $I_2 = 0.5A$，求图(b)中的 $\hat{I}_1$。

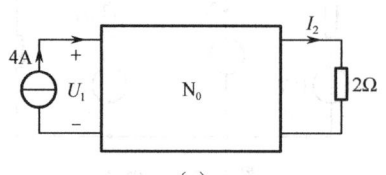
(a)

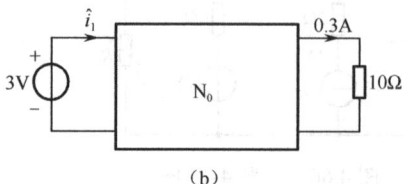
(b)

图 4.74 习题 4-25 图

4-26 如图 4.75（a）所示电路，测得 ab 间电压 $U_{ab}=12.5\text{V}$。若 ab 两点短路，如图（b）所示，测得短路电流 $I=10\text{mA}$。试求有源电阻电路 N_S 的戴维宁等效电路。

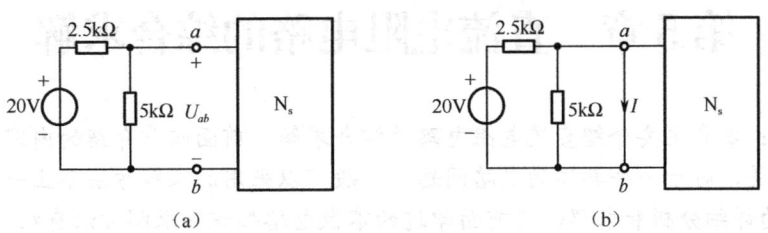

图 4.75　习题 4-26 图

4-27 如图 4.76 所示电路，N_0 为不含受控源的无源线性电阻电路，如图 4.76（a）所示电路中，$u_{s1}=10\text{V}, u_2=1\text{V}$，求图 4.76（b）所示电路中的 u_1。

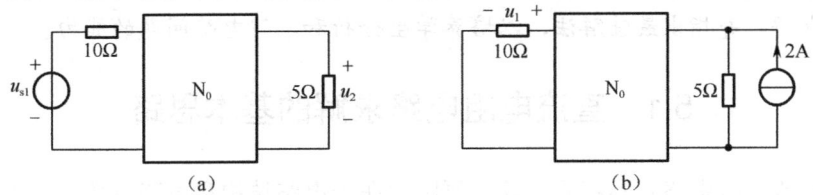

图 4.76　习题 4-27 图

4-28 如图 4.77 所示电路，N_0 为不含受控源的无源线性电阻电路，已知当 $u_{s1}=3\text{V}$，$u_{s2}=0$ 时，$i_1=5\text{A}$，$i_2=3\text{A}$。试求当 $u_{s1}=6\text{V}$，$u_{s2}=6\text{V}$ 时的电流 i_1。

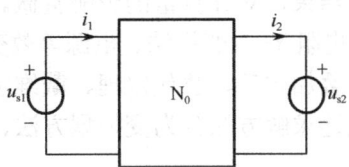

图 4.77　习题 4-28 图

第 5 章 直流电阻电路的综合求解

教学提示：本章主要介绍直流电阻电路的综合求解。前面四章介绍的内容都与直流电阻电路的求解有关，对于一个具体的电路问题，一般可以采用的求解方法不止一种。本章通过"一题多解"的详细分析和求解，将前面学过的零散电路知识和求解方法有机地结合在一起，不断开拓学生的思路和视野，以加深对各种求解方法的理解，增强对具体电路最佳求解方法的敏感性，最终使电路求解达到正确、精简和高效的理想效果。

教学要求：本章的内容主要是直流电阻电路"一题多解"的训练和分析。在教学过程中，要遵循"具体问题具体分析"的原则，在讲清具体电路特点和解题思路的基础上，对各种求解方法进行点评，并指出最佳解法，以培养学生分析和求解电路问题的能力。

5.1 直流电阻电路求解的基本思路

具体的直流电阻电路各不相同，其主要区别在于电路结构和电路参数。电路结构指构成电路的各元件类型和它们之间的连接方式。电路参数指构成电路各元件的参数值，如电压源的电压值、电流源的电流值及电阻的电阻值等。

对同一个电路问题而言，其求解方法往往不止一种，而选择电路求解方法的主要因素是电路结构，电路参数只影响计算结果，对计算量的影响甚微。电路的求解方法主要有电阻串并联化简法、分压分流公式法、电阻 Y-△变换法、电源等效变换法、支路电流法、网孔电流法、回路电流法、节点电压法、叠加定理、替代定理、戴维宁定理等。按照求解过程中对电路结构的影响来划分，可以将上述求解方法分为变换型方法、代数型方法、定理型方法和混合型方法四大类。

5.1.1 变换型方法

变换型方法是指采用改变电路结构的方式，不断对所给电路的结构进行等效变换，以逐步简化电路计算的方法，如电阻串并联化简法、分压分流公式法、电阻 Y-△变换法、电源等效变换法等。这些方法具有直观、易懂的特点，但在改变电路结构的同时往往需要重新计算各元件参数，求解步骤较多，容易出错。另外，有些电路结构较特殊，用变换型方法不能进行求解，只能采用其他方法。

例 5.1 如图 5.1（a）所示电路，求负载电阻 R_L 获得最大功率时的电阻值，并求出该最大功率 P_{Lmax}。

解题思路：此题为例 4.16。在例 4.16 的求解中，依据的思路是求出负载电阻开路后剩余一端口的戴维宁等效电源，然后用最大功率传输定理进行求解。本题将用变换型方法对负载电阻左边电路进行等效变换，最终也能得到其戴维宁等效电源，之后的求解与例 4.16 相同。

解：将图 5.1（a）所示电路中间部分的 Y 形电阻网络变换成△形电阻网络，如图 5.1（b）所示。将图 5.1（b）所示电路进行电源等效变换，其结果如图 5.1（c）所示，再继续进行电源等效变换，可得到图 5.1（d）所示的最简电路。

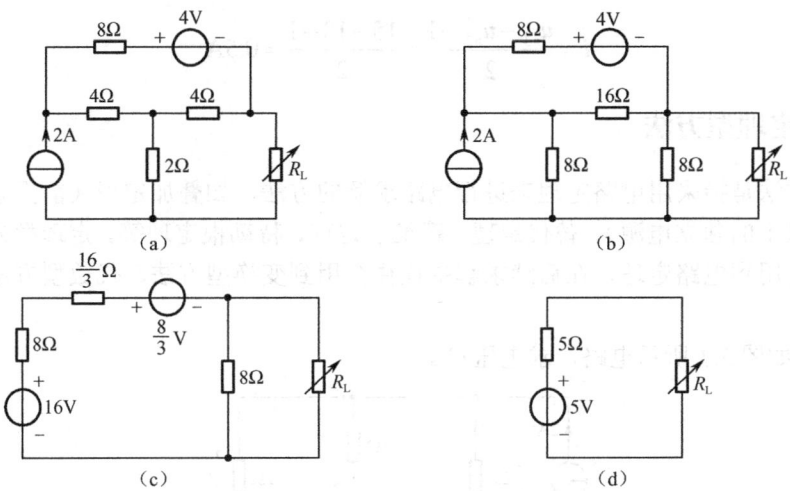

图 5.1 例 5.1 图

图 5.1（d）所示电路与例 4.16 中用戴维宁定理求解的结果相同。

由最大功率传输定理可得，当 $R_L = R_{eq} = 5\Omega$ 时，负载电阻 R_L 可获得最大功率。

其最大功率为

$$P_{Lmax} = \frac{u_{oc}^2}{4R_{eq}} = \frac{5^2}{4\times 5} = \frac{5}{4} = 1.25\text{W}$$

5.1.2 代数型方法

代数型方法是指采用直流电阻电路的系统分析法来进行电路求解的方法，如支路电流法、网孔电流法、回路电流法、节点电压法等。代数型方法一般不需要改变电路结构，只需建立和求解电路所满足的线性方程组，所以称为"代数型"方法。

例 5.2 如图 5.2 所示电路，求电流 i。

解题思路：此题为例 4.11 及例 4.14。在例 4.11 和例 4.14 的求解中，分别用到了戴维宁定理和诺顿定理。本题将用代数型方法中的节点电压法进行求解。

解：选取参考节点及标注节点电压如图 5.2 所示。

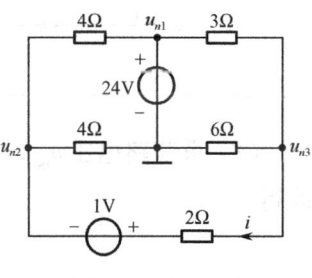

图 5.2 例 5.2 图

其节点电压方程为

$$\begin{cases} u_{n1} = 24 \\ -\frac{1}{4}u_{n1} + \left(\frac{1}{2}+\frac{1}{4}+\frac{1}{4}\right)u_{n2} - \frac{1}{2}u_{n3} = -\frac{1}{2} \\ -\frac{1}{3}u_{n1} - \frac{1}{2}u_{n2} + \left(\frac{1}{2}+\frac{1}{3}+\frac{1}{6}\right)u_{n3} = \frac{1}{2} \end{cases}$$

解得 $u_{n1} = 24\text{V}$，$u_{n2} = 13\text{V}$，$u_{n3} = 15\text{V}$。

故

$$i = \frac{u_{n3} - u_{n2} - 1}{2} = \frac{15 - 13 - 1}{2} = 0.5\text{A}$$

5.1.3 定理型方法

定理型方法是指采用电路定理来进行电路求解的方法，如叠加定理（前提条件是电路中必须有两个以上的独立电源）、替代定理、戴维宁定理、特勒根定理等。定理型方法主要指在解题思路上会用到电路定理，在后续求解中往往会用到变换型方法、代数型方法和混合型方法等。

例 5.3 如图 5.3 所示电路，求电压 U。

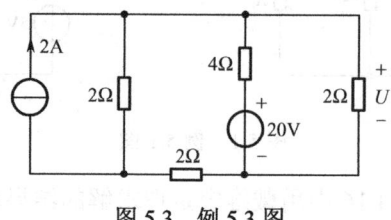

图 5.3　例 5.3 图

解题思路：此题为例 4.3。在例 4.3 的求解中，要求使用叠加定理（属定理型方法）。本题将用定理型方法中的戴维宁定理进行求解。

解：将待求电压 U 所在的 2Ω 电阻开路，然后对剩余电路进行戴维宁等效，如图 5.4 所示。

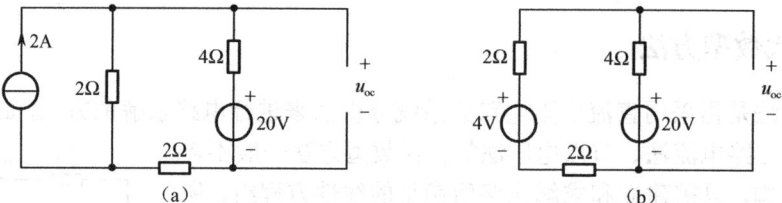

图 5.4　例 5.3 续图

（1）求开路电压 u_{oc}。图 5.4（a）为开路电压电路，其等效电路如图 5.4（b）所示。由此得

$$u_{oc} = 20 - \frac{20 - 4}{2 + 2 + 4} \times 4 = 20 - 8 = 12\text{V}$$

（2）求等效电阻 R_{eq}。将图 5.4（b）所示电路中的电压源短路，可得端口处的等效电阻为

$$R_{eq} = 4//(2+2) = 4//4 = 2\Omega$$

（3）求电压 U。将开路的 2Ω 电阻接上其戴维宁等效电源，由分压公式可得，其电压为

$$U = \frac{2}{2+2} \times 12 = 6\text{V}$$

5.1.4 混合型方法

混合型方法是指同时采用上述两种及以上方法来进行电路求解的方法。显然，混合型方法更灵活，适应性更强，因而在电路求解中经常使用。

例 5.4 如图 5.5（a）所示电路，求电压 U。

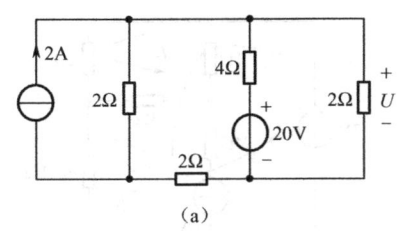
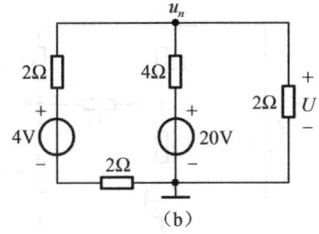

图 5.5 例 5.4 图

解题思路：此题为例 4.3 和例 5.3。在例 4.3 和例 5.3 的求解中，都使用了定理型方法（叠加定理和戴维宁定理）。本题将用由变换型方法和代数型方法构成的混合型方法进行求解。

解：如图 5.5（a）所示电路，先将电流源与电阻的并联组合变换成电压源与电阻的串联组合（使用了变换型方法），再用节点电压法进行求解（使用了代数型方法），如图 5.5（b）所示。

其节点电压方程为

$$\left(\frac{1}{2+2}+\frac{1}{4}+\frac{1}{2}\right)u_n = \frac{4}{2+2}+\frac{20}{4}=6$$

解得 $u_n = 6\text{V}$。
故

$$U = u_n = 6\text{V}$$

5.2 直流电阻电路综合求解点评

一个具体的直流电阻电路往往可用多种方法进行求解，但每种解法的计算量和复杂程度都各不相同，如何进行判断和选择呢？

一般来说，直流电阻电路的求解应遵循"具体情况具体分析"原则，根据电路的结构特点和求解要求，选择最合适的求解方法，以达到事半功倍的效果。至于求解方法，有前面介绍的变换型方法、代数型方法、定理型方法和混合型方法四大类，每一类还有多种具体方法，所以求解方法的选择并不是一件容易的事。

本节将精选一定数量的例题进行一题多解和点评，以开拓学生的思路和视野。通过多练习、多比较、多分析、多归纳和多总结的具体锻炼，培养学生分析问题和正确求解问题的能力，增强对最佳解法的敏感性，从而达到本课程的教学目的。

例 5.5 如图 5.6 所示电路，求负载电阻 R_L 上消耗的功率 P_L。

解题思路：本题的解法有很多，既可用代数型方法和定理型方法，也可用变换型方法和混合型方法。下面将分别用这些方法求解，并点评。

解：方法 1：用代数型方法求解

（1）节点电压法：选取参考节点及标注节点电压如图 5.7（a）所示。

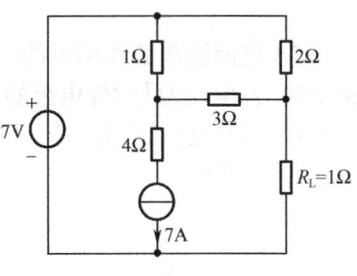

图 5.6 例 5.5 图

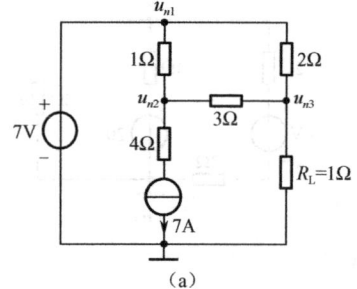
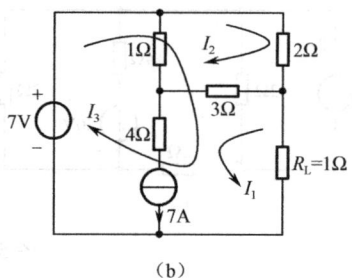

图 5.7 例 5.5 续图 1

其节点电压方程为

$$\begin{cases} u_{n1} = 7 \\ -u_{n1} + \left(1 + \dfrac{1}{3}\right)u_{n2} - \dfrac{1}{3}u_{n3} = -7 \\ -\dfrac{1}{2}u_{n1} - \dfrac{1}{3}u_{n2} + \left(1 + \dfrac{1}{2} + \dfrac{1}{3}\right)u_{n3} = 0 \end{cases}$$

解得 $u_{n2} = 0.5\text{V}$，$u_{n3} = 2\text{V}$。故负载电阻 R_L 上消耗的功率为

$$P_L = \frac{u_{n3}^2}{R_L} = \frac{2^2}{1} = 4\text{W}$$

（2）回路电流法：选取回路如图 5.7（b）所示。其回路电流方程为

$$\begin{cases} I_1 = 7 \\ 3I_1 + 6I_2 + 2I_3 = 0 \\ -I_1 + 2I_2 + 3I_3 = 7 \end{cases}$$

解得 $I_2 = -6.5\text{A}$，$I_3 = 9\text{A}$。故负载电阻 R_L 上消耗的功率为

$$P_L = R_L \times (I_3 - I_1)^2 = 1 \times (9-7)^2 = 4\text{W}$$

方法 2：用定理型方法求解

（1）叠加定理：该电路有两个独立电源，所以可用叠加定理求解，其分解电路如图 5.8 所示。

7V 电压源单独作用时的分解电路如图 5.8（a）所示。由此得

$$U^{(1)} = \frac{1}{1+(1+3)//2} \times 7 = 3\text{V}$$

7A 电流源单独作用时的分解电路如图 5.8（b）所示。用替代定理将图 5.8（b）所示电路中的 7A 电流源与 4Ω 电阻的串联组合替代为 7A 电流源，并与 1Ω 电阻进行电源等效变换，将 2Ω 电阻与 1Ω 的负载电阻进行并联化简，最后等效为图 5.8（c）所示电路（用到了混合型方法）。由此得

$$U^{(2)} = -\frac{\dfrac{2}{3} \times 7}{1 + 3 + \dfrac{2}{3}} = -1\text{V}$$

由叠加定理得

$$U = U^{(1)} + U^{(2)} = 3 - 1 = 2\text{V}$$

故负载电阻 R_L 上消耗的功率为

$$P_L = \frac{U^2}{R_L} = \frac{2^2}{1} = 4\text{W}$$

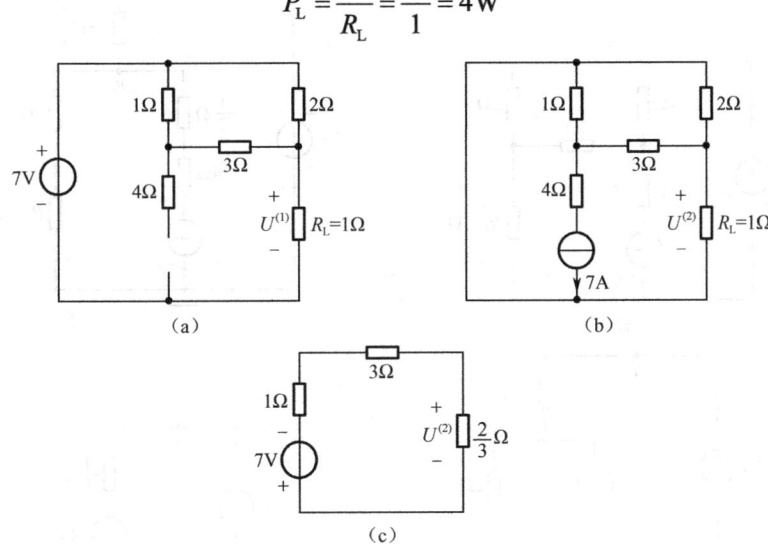

图 5.8 例 5.5 续图 2

（2）戴维宁定理：将负载电阻开路，对剩余有源二端电路进行戴维宁等效，如图 5.9 所示。

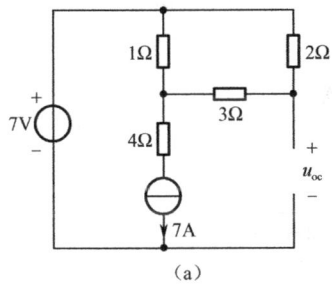 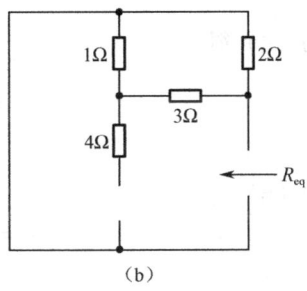

图 5.9 例 5.5 续图 3

由图 5.9（a）得

$$u_{oc} = 7 - \frac{1 \times 7 \times 2}{1 + 2 + 3} = 7 - \frac{7}{3} = \frac{14}{3}\text{V}$$

由图 5.9（b）得

$$R_{eq} = 2//(1+3) = 2//4 = \frac{4}{3}\Omega$$

将负载电阻接上戴维宁等效电源，有

$$P_L = R_L \times \left(\frac{\frac{14}{3}}{1 + \frac{4}{3}}\right)^2 = 1 \times \left(\frac{14}{3} \times \frac{3}{7}\right)^2 = 4\text{W}$$

方法 3：用变换型方法求解

如图 5.10（a）所示电路，将其上面的三个电阻进行 Y-△ 变换，其结果如图 5.10（b）所示,再用替代定理等效成如图 5.10（c）所示电路,最后用电源等效变换法化简为如图 5.10（d）所示电路。

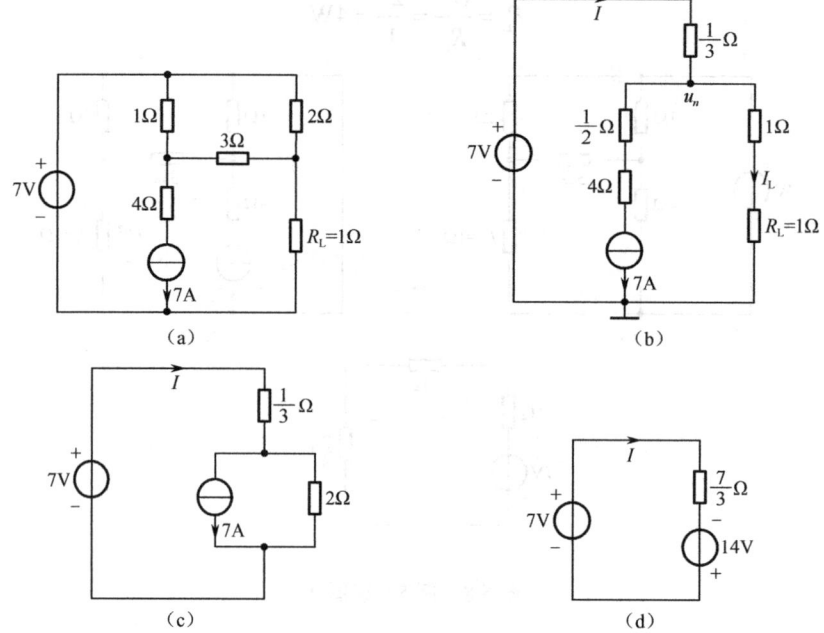

图 5.10　例 5.5 续图 4

由图 5.10（d）得

$$I = \frac{7+14}{\frac{7}{3}} = 9\text{A}$$

由图 5.10（b）得

$$I_\text{L} = I - 7 = 9 - 7 = 2\text{A}$$

故

$$P_\text{L} = R_\text{L} \times I_\text{L}^2 = 1 \times 2^2 = 4\text{W}$$

方法 4：用混合型方法求解

先将图 5.10（a）所示电路变换成图 5.10（b）所示电路,选取参考节点及标注节点电压如图 5.10（b）所示。

其节点电压方程为

$$\left(\frac{1}{\frac{1}{3}} + \frac{1}{2}\right) u_n = \frac{7}{\frac{1}{3}} - 7 = 21 - 7 = 14$$

解得 $u_n = 4\text{V}$。

所以

$$I_\text{L} = \frac{u_n}{2} = \frac{4}{2} = 2\text{A}$$

故

$$P_L = R_L \times I_L^2 = 1 \times 2^2 = 4\text{W}$$

点评：例 5.5 的求解共使用了 6 种方法。由于电路中同时存在无伴电压源和无伴电流源支路，所以代数型方法中的节点电压法和回路电流法是最直接、最简单的方法；混合型方法虽然多了一个 Y-△ 变换法，但其后的求解相当简单；定理型方法和变换型方法则稍显复杂。

例 5.6 如图 5.11（a）所示电路，已知 $u = 8\text{V}$，求电阻 R。

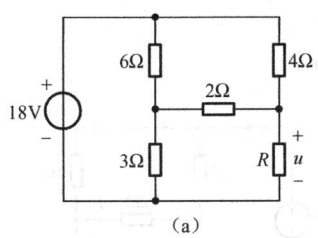 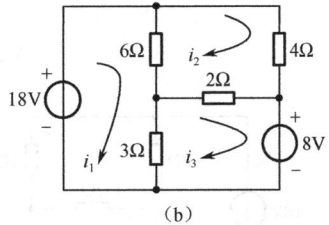

图 5.11 例 5.6 图

解题思路：此题为例 3.14。在例 3.14 的求解中使用的是节点电压法。这里将分别用代数型方法、定理型方法、变换型方法和混合型方法求解，并点评。

解：方法 1：用代数型方法求解
（1）节点电压法：见例 3.14 的求解过程。
（2）网孔电流法：先用电压源替代电阻 R，再选取网孔如图 5.11（b）所示。
其网孔电流方程为

$$\begin{cases} 9i_1 - 6i_2 - 3i_3 = 18 \\ -6i_1 + 12i_2 - 2i_3 = 0 \\ -3i_1 - 2i_2 + 5i_3 = -8 \end{cases}$$

解得 $i_1 = \dfrac{13}{3}\text{A}$，$i_2 = 2.5\text{A}$，$i_3 = 2\text{A}$。

故

$$R = \frac{u}{i_3} = \frac{8}{2} = 4\Omega$$

方法 2：用定理型方法求解
（1）叠加定理：用电压源替代电阻 R，如图 5.12（a）所示，其分解电路如图 5.12（b）及图 5.12（d）所示。
将分解电路图 5.12（b）化简为图 5.12（c），由此可得

$$i_3 = \frac{18}{4} = 4.5\text{A}$$

$$i_1 = \frac{18}{6 + \dfrac{6}{5}} = 2.5\text{A}$$

由分流公式得

$$i_2 = \frac{3}{2+3} \times i_1 = 0.6 \times 2.5 = 1.5\text{A}$$

由 KCL 得

$$i^{(1)} = i_2 + i_3 = 1.5 + 4.5 = 6\text{A}$$

将分解电路图 5.12（d）化简为图 5.12（e），由此可得

$$i^{(2)} = -\frac{8}{(2+2)//4} = -\frac{8}{2} = -4\text{A}$$

由叠加定理得

$$i = i^{(1)} + i^{(2)} = 6 - 4 = 2\text{A}$$

故

$$R = \frac{u}{i} = \frac{8}{2} = 4\Omega$$

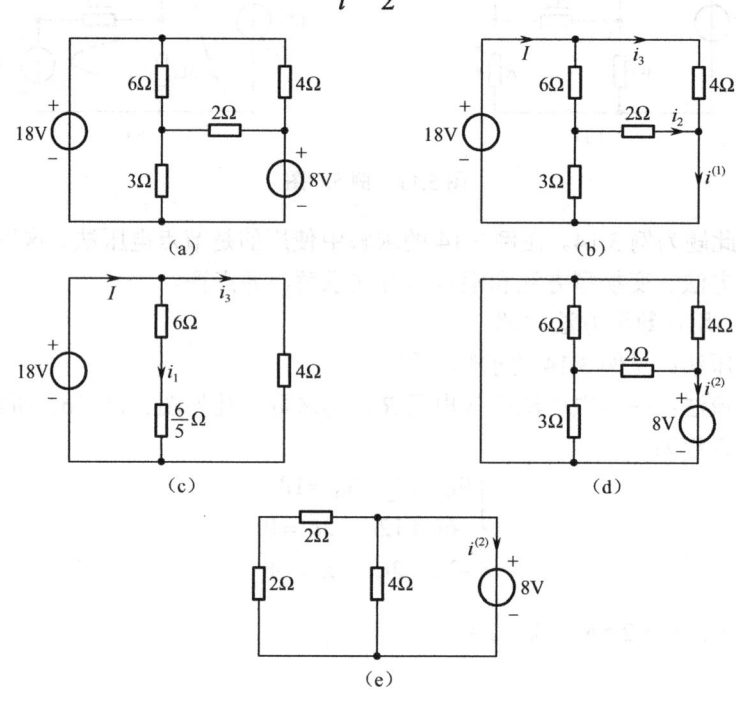

图 5.12 例 5.6 续图 1

（2）戴维宁定理：将电阻 R 开路，对剩余有源二端电路进行戴维宁等效，如图 5.13 所示。

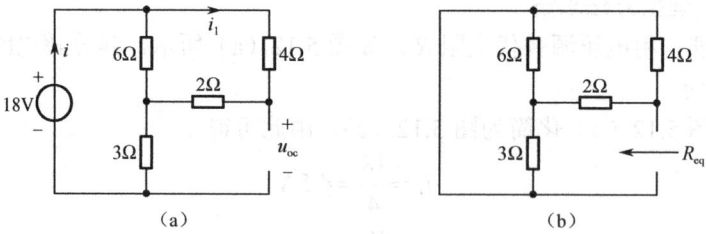

图 5.13 例 5.6 续图 2

由图 5.13（a）可得

$$i = \frac{18}{3 + 6//(4+2)} = \frac{18}{3+3} = 3\text{A}$$

由分流公式得

$$i_1 = 0.5i = 0.5 \times 3 = 1.5\text{A}$$

所以
$$u_{oc}=18-4i_1=18-4\times1.5=18-6=12\text{V}$$
由图 5.13（b）可得
$$R_{eq}=4//(2+6//3)=4//(2+2)=2\Omega$$
将电阻 R 接上戴维宁等效电源，由分压公式得
$$\frac{12R}{2+R}=8$$
解得 $R=4\Omega$。

方法 3：用变换型方法求解

将图 5.11（a）所示电路中左边 Y 形电阻网络进行 Y-△变换，其结果如图 5.14 所示。

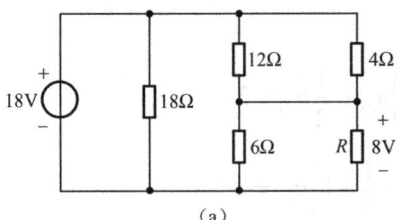
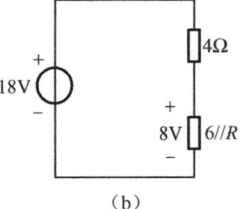

图 5.14　例 5.6 续图 3

如图 5.14（b）所示电路，由分压公式可得
$$\frac{6//R}{3+6//R}\times18=8$$
解得 $R=4\Omega$。

方法 4：用混合型方法求解

将图 5.11（a）所示电路中上边△形电阻网络进行 Y-△变换，再将电阻 R 替代为电压源，如图 5.15 所示。

选取参考节点及标注节点电压如图 5.15 所示，其节点电压方程为
$$\left(\frac{1}{2}+\frac{1}{1+3}+\frac{1}{\frac{2}{3}}\right)u_n=\frac{18}{2}+\frac{8}{\frac{2}{3}}=9+12=21$$

解得 $u_n=\frac{28}{3}\text{V}$。

由此得
$$i=\frac{u_n-8}{\frac{2}{3}}=\frac{\frac{28}{3}-8}{\frac{2}{3}}=\frac{4}{2}=2\text{A}$$

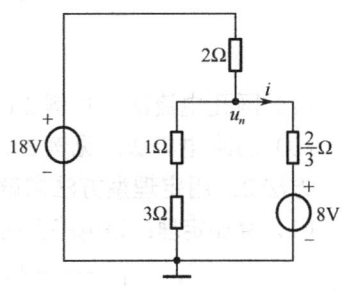

图 5.15　例 5.6 续图 4

故
$$R=\frac{u}{i}=\frac{8}{2}=4\Omega$$

点评：例 5.6 的求解共使用了 6 种方法。由于电路中存在两个共负极的无伴电压源（有一个电压源通过替代产生），所以代数型方法中的节点电压法是最直接、最简单的方法，回路

电流法需要求解三元一次方程组，比较直接，但计算量稍大；变换型方法和混合型方法虽然多了一个 Y-△ 变换，但后续的求解相当简单；定理型方法中的戴维宁定理也比较简单，叠加定理是 6 种方法中最复杂的方法。

例 5.7 如图 5.16（a）所示电路，求电压 u。

解题思路： 此题为例 3.6 和例 3.7。在例 3.6 的求解中使用的是网孔电流法，而在例 3.7 的求解中使用的是回路电流法。这里将分别用代数型方法、定理型方法、变换型方法和混合型方法求解，并点评。

解：方法 1：用代数型方法求解

（1）节点电压法：选取参考节点及标注节点电压如图 5.16（b）所示。

其节点电压方程为

$$\begin{cases} u_{n1} = 6 \\ -\dfrac{1}{2}u_{n1} + \left(\dfrac{1}{2} + \dfrac{1}{2}\right)u_{n2} - \dfrac{1}{2}u_{n3} = 3 \\ -u_{n1} - \dfrac{1}{2}u_{n2} + \left(1 + \dfrac{1}{2} + 1\right)u_{n3} = 0 \end{cases}$$

解得 $u_{n2} = 8\,\text{V}$，$u_{n3} = 4\,\text{V}$。

故

$$u = u_{n3} = 4\,\text{V}$$

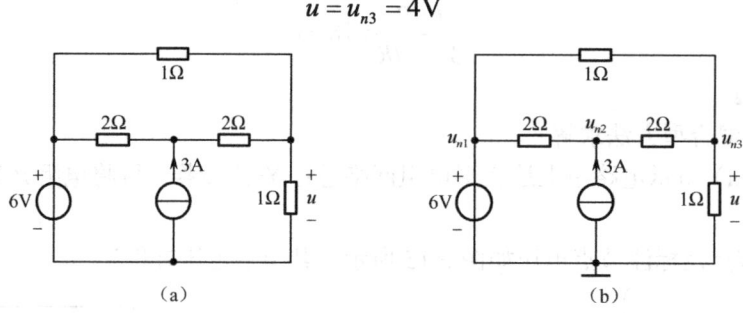

图 5.16 例 5.7 图

（2）网孔电流法：见例 3.6 的求解过程。

（3）回路电流法：见例 3.7 的求解过程。

方法 2：用定理型方法求解

（1）叠加定理：该电路有两个独立电源，可用叠加定理求解。其分解电路如图 5.17 所示。

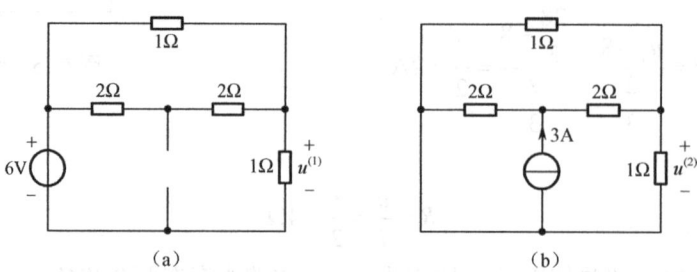

图 5.17 例 5.7 续图 1

由图 5.17（a）可得

$$u^{(1)} = \frac{1 \times 6}{1 + 1//(2+2)} = \frac{6}{1 + \frac{4}{5}} = \frac{10}{3}\text{V}$$

将图 5.17（b）中 3A 电流源与左边 2Ω 电阻的并联进行等效变换，其结果如图 5.18（a）所示，并进一步等效变换成如图 5.18（b）所示电路。

在图 5.18（b）所示电路中，由分压公式得

$$u^{(2)} = \frac{0.5 \times 6}{0.5 + 4} = \frac{2}{3}\text{V}$$

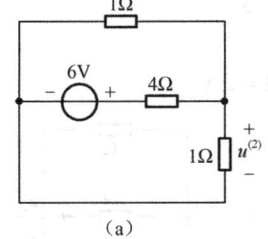 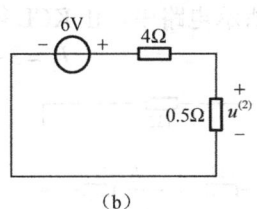

图 5.18　例 5.7 续图 2

由叠加定理得

$$u = u^{(1)} + u^{(2)} = \frac{10}{3} + \frac{2}{3} = \frac{12}{3} = 4\text{V}$$

（2）戴维宁定理：将待求电压所在的 1Ω 电阻开路，对剩余有源二端电路进行戴维宁等效，如图 5.19 所示。

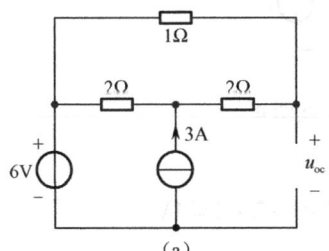 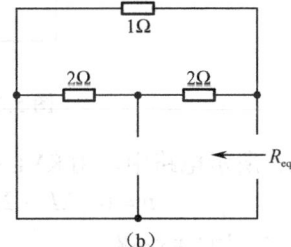

图 5.19　例 5.7 续图 3

由图 5.19（a）得

$$u_{oc} = 6 + \frac{2 \times 3 \times 1}{1 + 2 + 2} = 6 + \frac{6}{5} = \frac{36}{5}\text{V}$$

由图 5.19（b）得

$$R_{eq} = 1//(2+2) = 1//4 = \frac{4}{5}\Omega$$

将待求电压所在的 1Ω 电阻接上戴维宁等效电源，由分压公式得

$$u = \frac{1 \times \frac{36}{5}}{1 + \frac{4}{5}} = \frac{\frac{36}{5}}{\frac{9}{5}} = 4\text{V}$$

方法3：用变换型方法求解

如图5.20（a）所示，将右边的Y形电阻网络进行Y-△变换，其结果如图5.20（b）所示，进一步等效为如图5.20（c）所示电路。

由图5.20（c）可得

$$I = \frac{15-6}{5+\dfrac{10}{7}} = \frac{9\times 7}{45} = \frac{7}{5} = 1.4\text{A}$$

在图5.20（b）所示电路中，由分流公式得

$$I_1 = \frac{5}{2+5}\times I = \frac{5}{7}\times\frac{7}{5} = 1\text{A}$$

在图5.20（a）所示电路中，由KCL得

$$I_2 = 3 - I_1 = 3 - 1 = 2\text{A}$$

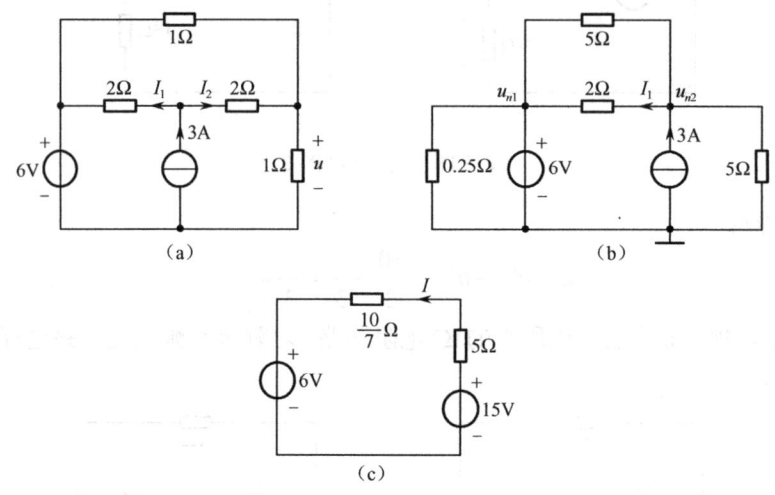

图5.20　例5.7续图4

在图5.20（a）所示电路中，由KVL得

$$u = 6 + 2I_1 - 2I_2 = 6 + 2\times 1 - 2\times 2 = 4\text{V}$$

方法4：用混合型方法求解

选取参考节点及标注节点电压如图5.20（b）所示。

其节点电压方程为

$$\begin{cases} u_{n1} = 6 \\ -\left(\dfrac{1}{2}+\dfrac{1}{5}\right)u_{n1} + \left(\dfrac{1}{2}+\dfrac{1}{5}+\dfrac{1}{5}\right)u_{n2} = 3 \end{cases}$$

解得 $u_{n2} = 8\text{V}$。

由此得

$$I_1 = \frac{u_{n2}-u_{n1}}{2} = \frac{8-6}{2} = 1\text{A}$$

在图5.20（a）所示电路中，由KCL得

$$I_2 = 3 - I_1 = 3 - 1 = 2\text{A}$$

在图5.20（a）所示电路中，由KVL得

$$u = 6 + 2I_1 - 2I_2 = 6 + 2 \times 1 - 2 \times 2 = 4\text{V}$$

点评：例 5.7 的求解共使用了 7 种方法。由于电路中同时存在无伴电压源和无伴电流源支路，所以代数型方法中的节点电压法和回路电流法最简单，但网孔电流法却很复杂（原因见例 3.7 的求解过程）；变换型方法和混合型方法虽然多了一个 Y-△ 变换，且后续的求解变量较多，但也很简单；定理型方法中的戴维宁定理也非常简单，叠加定理虽然要用到电源等效变换，但其计算很简单。

例 5.8 如图 5.21（a）所示电路，已知 $u_{ab} = 5\text{V}$，求 u_s。

解题思路：此题为例 3.8。在例 3.8 的求解中使用的是回路电流法。这里将分别用代数型方法、定理型方法、变换型方法和混合型方法求解，并点评。

解：方法 1：用代数型方法求解

（1）节点电压法：选取参考节点及标注节点电压如图 5.21（b）所示。

其节点电压方程为

$$\begin{cases} u_{n1} = 5 \\ -u_{n1} + 2u_{n2} - u_{n3} = 10 \\ -u_{n1} - u_{n2} + 3u_{n3} = -u_s \\ u_{n1} - u_{n3} = 5 \end{cases}$$

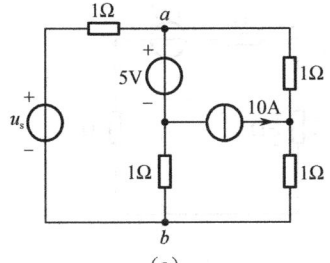
(a)

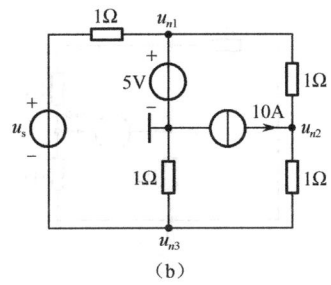
(b)

图 5.21 例 5.8 图

解得 $u_{n2} = 7.5\text{V}$，$u_{n3} = 0\text{V}$。

故

$$u_s = u_{n1} + u_{n2} - 3u_{n3} = 5 + 7.5 - 3 \times 0 = 12.5\text{V}$$

（2）回路电流法：见例 3.8 的求解过程。

方法 2：用定理型方法求解

（1）叠加定理：该电路有三个独立电源，可用叠加定理求解，其分解电路如图 5.22 所示（将两个独立电压源视为一组，独立电流源视为另一组）。

两个独立电压源单独作用时的电路如图 5.22（a）所示。将其右半部分电路进行电源等效变换，其结果如图 5.22（b）所示。

由此可得

$$u_{ab}^{(1)} = \frac{2}{3} \times \frac{u_s - \dfrac{10}{3}}{1 + \dfrac{2}{3}} + \frac{10}{3} = 2 + 0.4u_s$$

电流源单独作用时的电路如图 5.22（c）所示。将其左边的两个 1Ω 电阻进行并联化简，

电流源与右上角1Ω电阻的并联进行电源等效变换,其结果如图5.22(d)所示。由此可得

$$u_{ab}^{(2)} = -\frac{\frac{1}{2}}{1+1+\frac{1}{2}} \times 10 = -\frac{10}{5} = -2\text{V}$$

由叠加定理及已知条件得

$$u_{ab} = u_{ab}^{(1)} + u_{ab}^{(2)} = 2 + 0.4u_s - 2 = 0.4u_s = 5$$

故

$$u_s = \frac{5}{0.4} = 12.5\text{V}$$

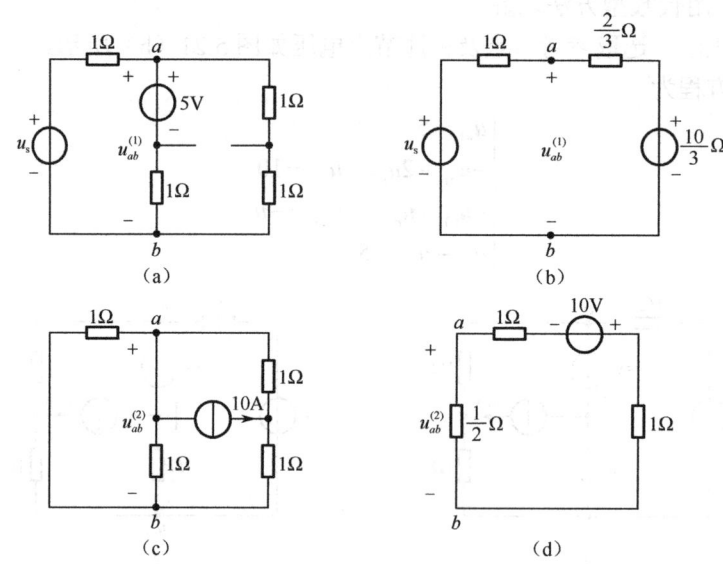

图 5.22 例 5.8 续图 1

(2)戴维宁定理:将电压源 u_s 与1Ω电阻的串联支路开路,对剩余有源二端电路进行戴维宁等效,如图5.23所示。

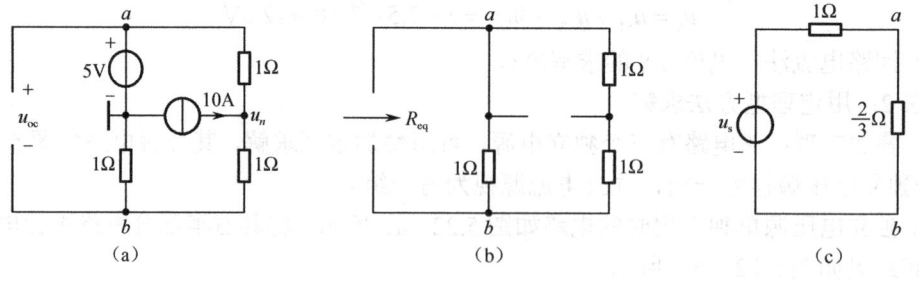

图 5.23 例 5.8 续图 2

对于图5.23(a),由节点电压法得

$$(1+0.5)u_n = 5 + 10 = 15$$

解得 $u_n = 10\text{V}$。

故

$$u_{oc} = 5 - 0.5 \times u_n = 5 - 0.5 \times 10 = 0$$

对于图 5.23（b），有

$$R_{eq} = 1//(1+1) = 1//2 = \frac{2}{3}\Omega$$

将电压源 u_s 与 1Ω 电阻的串联支路接上戴维宁等效电源，如图 5.23（c）所示。由分压公式及已知条件得

$$u_{ab} = \frac{\frac{2}{3}}{1+\frac{2}{3}} \times u_s = 0.4u_s = 5$$

故

$$u_s = \frac{5}{0.4} = 12.5\text{V}$$

方法 3：用变换型方法求解

由图 5.21（a）所示电路结构及已知条件可得，左下角 1Ω 电阻的端电压和流过的电流均为零，因而既可以将其视为短路（因其端电压为零），也可以将其视为开路（因其流过的电流为零），此时从 a 点流入 5V 电压源的电流为 10A。

（1）将左下角 1Ω 电阻视为短路。此时的等效电路如图 5.24（a）所示。其中，图 5.21（a）所示电路中 10A 电流源与右下角 1Ω 电阻变成了并联关系，并进行了等效变换。

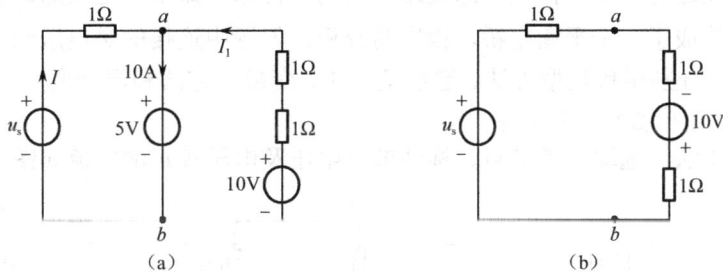

图 5.24 例 5.8 续图 3

由图 5.24（a）得

$$I_1 = \frac{10-5}{1+1} = \frac{5}{2} = 2.5\text{A}$$

所以

$$I = 10 - I_1 = 10 - 2.5 = 7.5\text{A}$$

故

$$u_s = 1 \times I + 5 = 1 \times 7.5 + 5 = 12.5\text{V}$$

（2）将左下角 1Ω 电阻视为开路。此时的等效电路如图 5.24（b）所示。其中，图 5.21（a）所示电路中 5V 电压源与 10A 电流源的串联支路被替代为 10A 电流源，且与右上角的 1Ω 电阻变成了并联关系，并进行了等效变换。

由图 5.24（b）及已知条件得

$$u_{ab} = u_s - \frac{1}{1+1+1} \times (10+u_s) = \frac{2u_s - 10}{3} = 5$$

故
$$u_s = \frac{3 \times 5 + 10}{2} = \frac{25}{2} = 12.5\text{V}$$

方法 4：用混合型方法求解

如图 5.24（a）所示，选取 b 点为参考节点。由于 5V 电压源支路的电流已知，所以将其替代为同方向的 10A 电流源（图 5.24（a）中未画出），否则其节点电压方程不存在。

其节点电压方程为
$$(1+0.5)u_{ab} = u_s - 10 + 5 = u_s - 5$$

由此可得（结合已知条件）
$$u_{ab} = \frac{u_s - 5}{1.5} = 5$$

故
$$u_s = 5 \times 1.5 + 5 = 7.5 + 5 = 12.5\text{V}$$

点评：例 5.8 的求解共使用了 7 种方法。由于电路中同时存在无伴电压源和无伴电流源支路，且题中附带了条件，所以代数型方法中的节点电压法最简单，回路电流法稍显复杂，网孔电流法肯定很复杂（虽然没用到）；变换型方法和混合型方法都很简单，但需要一定的技巧；定理型方法都较复杂。

例 5.9 如图 5.25 所示电路，要使 $u = 0$，u_s 应为多少？

解题思路：此题有两个无伴电压源支路，结构较特殊。如果将电压源 u_s 换成电阻，则电路的右半部分就构成了一个平衡电桥，很容易分析，但题中连接的是电压源，所以不能视为平衡电桥。下面将分别用代数型方法、定理型方法、变换型方法和混合型方法求解，并点评。

解：方法 1：用代数型方法求解

（1）节点电压法：选取参考节点、标注节点电压及电压源 u_s 的电流如图 5.26（a）所示。

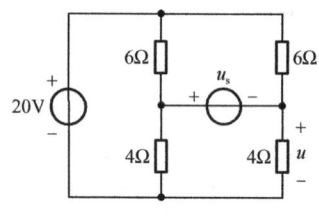

图 5.25 例 5.9 图

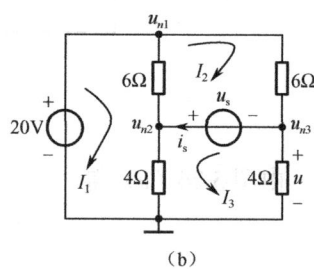

图 5.26 例 5.9 续图 1

其节点电压方程为
$$\begin{cases} u_{n1} = 20 \\ u_{n3} = u = 0 \\ -\frac{1}{6}u_{n1} + \left(\frac{1}{4} + \frac{1}{6}\right)u_{n2} = i_s \\ -\frac{1}{6}u_{n1} + \left(\frac{1}{4} + \frac{1}{6}\right)u_{n3} = -i_s \end{cases}$$

解得 $u_{n2} = 16\text{V}$，$i_s = \frac{10}{3}\text{A}$。

故
$$u_s = u_{n2} - u_{n3} = 16 - 0 = 16\text{V}$$

（2）网孔电流法：选取网孔如图 5.26（b）所示。
其网孔电流方程为（由题得 $I_3 = 0$）

$$\begin{cases} 10I_1 - 6I_2 = 20 \\ -6I_1 + 12I_2 = u_s \\ 4I_1 = u_s \end{cases}$$

解得 $I_1 = 4\text{A}$，$I_2 = \dfrac{10}{3}\text{A}$。

故
$$u_s = 4I_1 = 4 \times 4 = 16\text{V}$$

方法 2：用定理型方法求解

（1）叠加定理：该电路有两个独立电源，可用叠加定理求解，其分解电路如图 5.27（a）所示。

由图 5.27（a）得
$$u^{(1)} = \dfrac{4//4}{6//6 + 4//4} \times 20 = \dfrac{2}{3+2} \times 20 = 8\text{V}$$

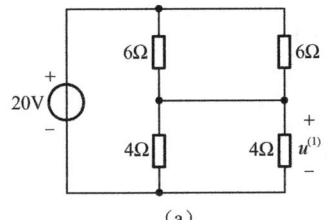
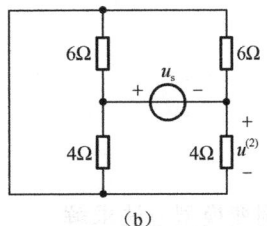

图 5.27　例 5.9 续图 2

由图 5.27（b）得
$$u^{(2)} = -\dfrac{6//4}{6//4 + 6//4} \times u_s = -0.5u_s$$

由叠加定理及已知条件可得
$$u = u^{(1)} + u^{(2)} = 8 - 0.5u_s = 0$$

故
$$u_s = \dfrac{8}{0.5} = 16\text{V}$$

（2）戴维宁定理：将电压 u 所在的 4Ω 电阻开路，对剩余有源二端电路进行戴维宁等效，如图 5.28 所示。

对于图 5.28（a）所示电路，由节点电压法得
$$\begin{cases} u_{n1} = 20 \\ -\left(\dfrac{1}{6} + \dfrac{1}{6}\right)u_{n1} + \left(\dfrac{1}{4} + \dfrac{1}{6} + \dfrac{1}{6}\right)u_{n2} = \dfrac{u_s}{6} \end{cases}$$

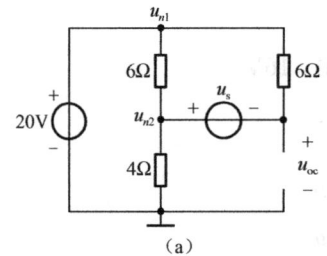
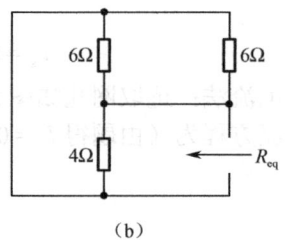

图 5.28 例 5.9 续图 3

解得

$$u_{n2} = \frac{2(u_s + 40)}{7}$$

故

$$u_{oc} = u_{n2} - u_s = \frac{2(u_s + 40)}{7} - u_s = \frac{80 - 5u_s}{7}$$

对于图 5.28（b）所示电路，有

$$R_{eq} = 4//6//6 = 4//3 = \frac{12}{7}\Omega$$

当被断开的 4Ω 电阻接上戴维宁等效电源时，要使 $u = 0$，必须有 $u_{oc} = 0$，即

$$u_{oc} = \frac{80 - 5u_s}{7} = 0$$

由此得

$$u_s = \frac{80}{5} = 16\text{V}$$

方法 3：用变换型方法求解

由题所给已知条件可得，右下角 4Ω 电阻的端电压和流过的电流均为零，因而既可以将其视为短路（因其端电压为零），也可以将其视为开路（因其流过的电流为零）。

（1）将右下角 4Ω 电阻视为短路。如图 5.29（a）所示电路，将其等效变换成图 5.29（b）所示电路。

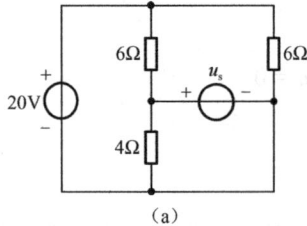
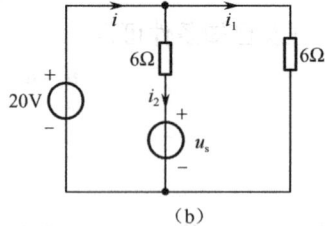

图 5.29 例 5.9 续图 4

由此可得

$$i_1 = \frac{20}{6} = \frac{10}{3}\text{A}$$

$$i_2 = \frac{20 - u_s}{6}$$

所以

$$i = i_1 + i_2 = \frac{20}{6} + \frac{20 - u_s}{6} = \frac{40 - u_s}{6}$$

电流 i 为流过图 5.29（a）所示电路中 4Ω 电阻的电流。

由题得

$$u = 4i - u_s = 4 \times \frac{40 - u_s}{6} - u_s = \frac{80 - 5u_s}{3} = 0$$

故

$$u_s = \frac{80}{5} = 16\text{V}$$

（2）将右下角 4Ω 电阻视为开路。如图 5.30（a）所示电路，将其等效变换成图 5.30（b）所示电路。

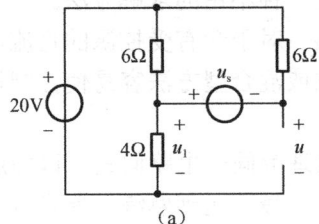 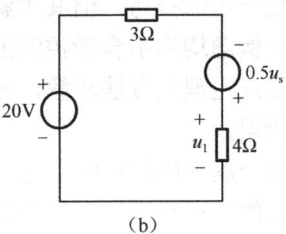

图 5.30　例 5.9 续图 5

由图 5.30（b）可得

$$u_1 = \frac{4 \times (20 + 0.5u_s)}{3 + 4} = \frac{80 + 2u_s}{7}$$

由图 5.30（a）及已知条件可得

$$u = u_1 - u_s = \frac{80 + 2u_s}{7} - u_s = \frac{80 - 5u_s}{7} = 0$$

故

$$u_s = \frac{80}{5} = 16\text{V}$$

方法 4：用混合型方法求解

如图 5.30（a）所示电路，参照图 5.28（a）的求解过程（图 5.28（a）中的 u_{oc} 为图 5.30（a）中的 u）。

点评：例 5.9 的求解共使用了 7 种方法。由于电路中同时存在两条无伴电压源支路，且题中附带了已知条件，所以代数型方法中的节点电压法最简单；虽然电路中存在三个网孔，但由已知条件可得，有一个网孔电流为零，所以网孔电流法也很简单；定理型方法和混合型方法也很简单；变换型方法的难度适中。

5.3　本章小结

本章介绍了直流电阻电路的综合求解。按照电路的求解思路区分，可以将直流电阻电路的求解方法大致分为变换型方法、代数型方法、定理型方法和混合型方法四种。当然，这种分类比较"粗"，不同方法之间可能存在交叉（属混合型方法），比如，定理型方法中就可能用到代数型方法和变换型方法,但它能基本反映电路的求解思路,便于读者开拓视野,并进行归纳和总结,进而巩固所学知识,以达到灵活掌握和熟练计算的目的。

本章就 5 个具体的直流电阻电路进行了详细的一题多解求解。从这些例题中可以看出,代数型方法中的节点电压法是一种直观、规范、高效、适应性强的求解方法,应重点掌握。回路电流法规范性稍差,方程的列写稍显复杂,主要用于具有无伴电流源支路的电路求解;定理型方法中的叠加定理具有重要的理论价值,但一般只用于某些特殊题型的求解,用来求解一般的直流电阻电路显得较为复杂。戴维宁定理也是一种非常有效的求解方法,特别适用于求解具有未知参数的"设计性"直流电阻电路问题(如最大功率传输问题);变换型方法需要不断改变电路的结构,以简化电路的计算,其变换过程不唯一,需要一定的技巧,规范性较差,头绪较多,但很有效;混合型方法结合了变换型方法和代数型方法的特点,虽然规范性稍差,也需要一定的技巧,但其求解效率很高,是一种不错的求解方法。

本章的 5 个例题均为不含受控源的直流电阻电路。对于含有受控源的直流电阻电路,最好用代数型方法或定理型方法求解,因为变换型方法或混合型方法容易使控制量所在支路消失,从而产生错误。

总之,通过一题多解的训练,可以从不同角度来理解同一电路问题,以拓展视野,加深对不同求解方法的认识和理解,提高解题技巧和效率,最终达到熟练掌握直流电阻电路求解方法的目的。

习 题

5-1 用多种方法求解习题 3-3。
5-2 用多种方法求解习题 3-4。
5-3 用多种方法求解习题 3-5。
5-4 用多种方法求解习题 3-6。
5-5 用多种方法求解习题 3-17。
5-6 用多种方法求解习题 3-18。
5-7 用多种方法求解习题 3-20。
5-8 用多种方法求解习题 3-21。
5-9 用多种方法求解习题 3-23。
5-10 用多种方法求解习题 3-25。
5-11 用多种方法求解习题 4-2。
5-12 用多种方法求解习题 4-3。
5-13 用多种方法求解习题 4-4。
5-14 用多种方法求解习题 4-5。
5-15 用多种方法求解习题 4-6。

第 6 章　动态电路的分析

教学提示：本章主要介绍一阶、二阶动态电路的特性、方程及其求解。主要内容有动态电路的教学模型、一阶动态电路的时域响应求解、二阶动态电路的时域响应求解等。

教学要求：本章的内容主要是一阶动态电路的三要素法求解。在教学过程中，要在讲清一阶电路三个要素的含义及其求解方法和三要素法公式的具体应用等内容的基础上，着重培养学生的分析能力、运算能力及运算技巧。

6.1　电路的时域特性

电路是有时间（域）特性的，这可以从构成电路的元件特性、电路方程和求解结果几方面看出。

6.1.1　静态电路与动态电路

1. 静态电路：所谓电路的"静态"，是指电路变量（支路电压或电流）是静态的，其大小不随时间的变化而变化。简单地说，如果电路中没有动态元件，则描述电路的方程为线性方程组，电路变量的大小与时间无关，均为常数，这样的电路就称为静态电路。前面介绍的直流电阻电路就是静态电路，这可以从以下三个方面看出。

（1）构成直流电阻电路的电路元件（指理想元件）如直流电源（独立或受控）、电阻等都是静态元件，这些元件的端电压和流过的电流同时建立或消失，不存在先后关系，且电压（流）的建立或消失不需要时间。

（2）求解直流电阻电路的方程为线性方程组。比如，依据支路电流法、回路电流法、网孔电流法、节点电压法等列写的方程都是线性方程组。

（3）直流电阻电路的求解结果（支路电压或电流）一定是一个常数，与时间无关。这就表明，在直流电阻电路接上直流电源的一瞬间，其各支路的电压和电流也在同一时间建立，时间上毫无滞后，所以无须关注电路变量的时间特性，只需关注其大小。

2. 动态电路：所谓电路的"动态"，是指电路变量（支路电压或电流）是动态的，其大小随时间的变化而变化。简单地说，如果电路中有动态元件（电容或电感），则描述电路的方程为线性微分方程，电路变量的大小与时间有关，这样的电路就称为动态电路，这可以从以下三个方面看出：

（1）由于电路中含有动态元件电容或电感，而电容的电压和电感的电流均不能突变（道理将在以后的内容中叙述），所以电容电压和电感电流的建立和消失均需要时间，且它们的电压和电流在时间上还存在先后关系，并不是同时建立和消失的。

（2）求解动态电路的方程为线性微分方程，其内容将在以后的内容中叙述。

（3）动态电路的求解结果（支路电压或电流）是与时间有关的变量。

总的来说，电路的静态或动态取决于其是否存在动态元件。无动态元件的电路为静态电路，有动态元件的电路则为动态电路。动态电路的特性及分析方法与静态电路有很大的区别，其内容就是本章的主题。

6.1.2 动态电路的特征

动态电路就是含有动态元件的电路。动态元件有电容和电感两种。

对于电容元件，其电路符号如图 6.1 所示。

其 VAR 为

$$i_C = C\frac{\mathrm{d}u_C}{\mathrm{d}t} \tag{6-1}$$

假设电容电压 u_C 在 $t=0$ 时发生突变，其值由"0"突变为"1"，如图 6.2 所示。

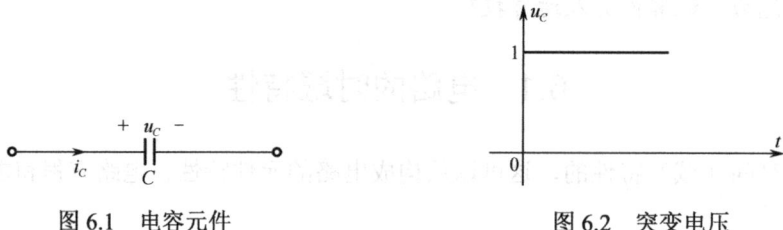

图 6.1　电容元件　　　　　　　图 6.2　突变电压

则有

$$i_C|_{t=0} = C\frac{\mathrm{d}u_C}{\mathrm{d}t}\bigg|_{t=0} = \infty \tag{6-2}$$

由式（6-1）可得，电容的功率为

$$p_C|_{t=0} = (u_C i_C)|_{t=0} = \infty \tag{6-3}$$

式（6-3）说明，如果电容电压 u_C 在 $t=0$ 时发生突变，则其需要的功率为无穷大。显然，没有任何一个电源能够提供无穷大的功率，所以电容电压不能突变。

对于电感元件，其电路符号如图 6.3 所示。

其 VAR 为

$$u_L = L\frac{\mathrm{d}i_L}{\mathrm{d}t} \tag{6-4}$$

假设电感电流 i_L 在 $t=0$ 时发生突变，其值由"0"突变为"1"，如图 6.4 所示。

则有

$$u_L|_{t=0} = L\frac{\mathrm{d}i_L}{\mathrm{d}t}\bigg|_{t=0} = \infty \tag{6-5}$$

由式（6-4）可得，电感的功率为

$$p_L|_{t=0} = (u_L i_L)|_{t=0} = \infty \tag{6-6}$$

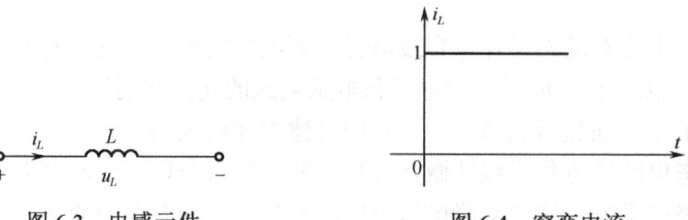

图 6.3　电感元件　　　　　　　图 6.4　突变电流

式（6-6）说明，如果电感电流 i_L 在 $t=0$ 时发生突变，则其需要的功率为无穷大。显然，没有任何一个电源能够提供无穷大的功率,所以电感电流不能突变。

因为电容电压u_C不能突变,所以其必须有一个随时间变化的过程,这就是电容电压u_C的动态过程。但是,电容电压u_C只能在电容电流i_C变化之后才开始变化,当电容电流i_C变化后,电容两端的电荷量才会变化,电容电压u_C和电容电场能量才能发生变化,所以i_C的变化超前于u_C的变化,这也可以用其 VAR 来解释。

电容的 VAR 为

$$i_C = C \frac{\mathrm{d}u_C}{\mathrm{d}t}$$

当$i_C=0$时,u_C的变化率为零,u_C保持不变,所以充电后断开的电容也有电压存在;当$i_C>0$时,u_C的变化率为正,其值不断增大,处于充电状态;当$i_C<0$时,u_C的变化率为负,其值不断减小,处于放电状态。因此,只有当i_C的值为非零(i_C存在)时,u_C才能变化,即i_C引起了u_C的变化,i_C的变化超前于u_C的变化。

事实上,电容的工作状态一般都是处在其u_C的不断变化之中,u_C增大为充电过程,u_C减小为放电过程,所以电容是一个动态元件。

同样,因为电感电流i_L不能突变,所以其必须有一个随时间变化的过程,这就是电感电流i_L的动态过程。

但是,电感电流的动态过程与电容电压的动态过程有很大的区别。电感电压的大小和方向可以突变,其决定于电感电流i_L的变化趋势和变化速率(在不考虑L的情况下)。在电感的工作过程中,根据电感的 VAR,若电感电流i_L有增大的趋势(由于负载变化等),则电感电压u_L的值为正,其方向与电感电流i_L的方向形成关联参考方向,u_L对i_L起"阻碍"作用,以延缓i_L的增大,使i_L的增大过程趋于平缓,此时外电路对电感充磁;若电感电流i_L有减小的趋势,则电感电压u_L的值为负,其方向与电感电流i_L的方向形成非关联参考方向,u_L对i_L起"帮助"作用,以延缓i_L的减小,使i_L的减小过程趋于平缓,此时电感对外电路放磁;若电感在工作过程中突然开路,由于电感电流i_L急剧减小,所以在电感两端可以感应出高电压,日光灯电路就是依据这一原理进行工作的。

综上所述,电感具有"平滑"电流的作用,电感值越大,这种平滑作用越明显,当电感值趋于无穷大时,电感电流将会变成一条直线,一直保持不变。电感的这种特性在分析电力电子和电力拖动电路时非常有用。

与电容的分析类似,电感电流i_L只能在电感电压u_L变化之后才开始变化。尽管电感电压是电感电流i_L有变化趋势后才产生的,但i_L有变化趋势并不意味着立即变化,而此时的电感电压u_L已经发生了突变。当电感电压u_L变化后,电感磁链才会变化,电感电流i_L和电感磁场能量才能发生变化,所以u_L的变化超前于i_L的变化,这也可以用其 VAR 来解释。

电感的 VAR 为

$$u_L = L \frac{\mathrm{d}i_L}{\mathrm{d}t}$$

当$u_L=0$时,i_L的变化率为零,i_L保持不变;当$u_L>0$时,i_L的变化率为正,其值不断增大,处于充磁状态;当$u_L<0$时,i_L的变化率为负,其值不断减小,处于放磁状态。因此,只有当u_L的值为非零(u_L存在)时,i_L才能变化,即u_L引起了i_L的变化,u_L的变化超前i_L的变化。

事实上，电感的工作状态一般都是处在其 i_L 的不断变化之中，i_L 增大为充磁过程，i_L 减小为放磁过程，所以电感也是一个动态元件。

6.2 动态电路的数学模型

含有动态元件的电路称为动态电路。如前所述，直流电阻电路是静态电路，描述直流电阻电路的方程为静态方程的线性方程组。对于动态电路，由于动态元件的存在，其方程为具有动态属性的线性微分方程。如果电路中只有一个动态元件，则其微分方程是一阶微分方程，对应的动态电路称为一阶动态电路。相应地，如果电路中含有 n 个动态元件，则该电路的方程将是 n 阶微分方程，对应的动态电路称为 n 阶动态电路。

本章只研究电源为直流电源的一阶动态电路（尽管也介绍二阶动态电路的数学模型建立），电源为正弦电源的动态电路将在本书后面的内容中介绍。

6.2.1 一阶动态电路的数学模型

一阶动态电路的数学模型为一阶微分方程。下面将以一个实际的一阶动态电路为例来说明其微分方程的建立过程。

例 6.1 如图 6.5 所示的电容充电电路，试建立以 u_s 为输入、u_C 为输出的微分方程。

解题思路：该电容充电电路的结构非常简单，只需用 KVL 列写出电路方程，再用电容的 VAR 代入。

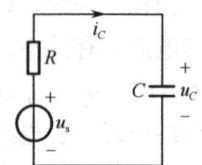

图 6.5 电容充电电路

解：如图 6.5 所示电路，由 KVL 得

$$Ri_C + u_C = u_s \tag{6-7}$$

将电容的 VAR 代入式（6-7），有

$$RC\frac{du_C}{dt} + u_C = u_s$$

整理得

$$\frac{du_C}{dt} + \frac{1}{\tau}u_C = \frac{1}{\tau}u_s \tag{6-8}$$

式（6-8）为电容充电电路的数学模型，它是一个一阶线性微分方程。式中，$\tau = RC$ 称为 RC 电路的时间常数，其具有时间的量纲。

因为

$$[\tau] = [RC] = \left[\frac{u}{i} \times \frac{q}{u}\right] = \left[\frac{q}{i}\right] = \left[\frac{C}{C/s}\right] = [s] \tag{6-9}$$

所以时间常数 $\tau = RC$ 的单位为 s（秒）。式中，倒数第二个中括号里的"C"是电荷 q 的单位库仑。

例 6.2 如图 6.6 所示的电感充磁电路，试建立以 u_s 为输入、i_L 为输出的微分方程。

解题思路：该电感充磁电路的结构非常简单，只需用 KVL 列写出电路方程，再用电感的 VAR 代入。

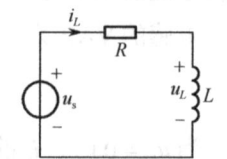

图 6.6 电感充磁电路

解：如图 6.6 所示电路，由 KVL 得

$$Ri_L + u_L = u_s \tag{6-10}$$

将电感的 VAR 代入式（6-10），有

$$L\frac{di_L}{dt} + Ri_L = u_s$$

整理得

$$\frac{di_L}{dt} + \frac{1}{\tau}i_L = \frac{1}{L}u_s \tag{6-11}$$

式（6-11）为电感充磁电路的数学模型，它是一个一阶线性微分方程。式中，$\tau = \dfrac{L}{R}$ 称为 RL 电路的时间常数，其具有时间的量纲。

因为

$$[\tau] = \left[\frac{L}{R}\right] = \left[\frac{\dfrac{V}{A/s}}{\Omega}\right] = \left[\frac{s \times V/A}{\Omega}\right] = \left[\frac{s \times \Omega}{\Omega}\right] = [s] \tag{6-12}$$

所以时间常数 $\tau = \dfrac{L}{R}$ 的单位为 s（秒）。式中，电感 L 的单位来自电感的 VAR 表达式。

6.2.2 二阶动态电路的数学模型

二阶动态电路的数学模型为二阶微分方程。下面将以一个实际的二阶动态电路为例来说明其微分方程的建立过程。

例 6.3 如图 6.7 所示电路，试建立以 i_s 为输入、u 为输出的微分方程。

解题思路：该电路的结构非常简单，为全并联型电路，只需用 KCL 列写出电路方程，再用各元件的 VAR 代入。

解：如图 6.7 所示电路，由 KCL 得

$$i_R + i_C + i_L = i_s \tag{6-13}$$

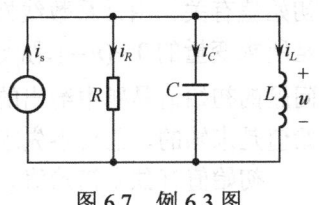

图 6.7 例 6.3 图

各元件的 VAR 为

$$i_R = \frac{u}{R}, \quad i_C = C\frac{du}{dt}, \quad u = L\frac{di_L}{dt} \tag{6-14}$$

因为式（6-13）中含有 i_L 项，而式（6-14）中含有 i_L 的导数项，所以需对式（6-13）两端求导，得

$$\frac{di_R}{dt} + \frac{di_C}{dt} + \frac{di_L}{dt} = \frac{di_s}{dt} \tag{6-15}$$

由式（6-14）得

$$\frac{di_R}{dt} = \frac{1}{R}\frac{du}{dt}, \quad \frac{di_C}{dt} = C\frac{d^2u}{dt^2}, \quad \frac{di_L}{dt} = \frac{u}{L} \tag{6-16}$$

将式（6-16）代入式（6-15）并整理得

$$\frac{d^2u}{dt^2} + \frac{1}{\tau_1}\frac{du}{dt} + \frac{1}{\tau_1\tau_2}u = \frac{1}{C}\frac{di_s}{dt} \tag{6-17}$$

式（6-17）为图 6.7 所示电路的数学模型。该电路含有两个动态元件，所以是一个二阶动态电路，其方程是一个二阶线性微分方程。式中，$\tau_1 = RC$，$\tau_2 = \dfrac{L}{R}$，$\tau_1\tau_2 = LC$。

6.3 一阶动态电路的时域响应求解

本章分析一阶动态电路的主要目的是分析其在直流电源作用下的响应求解方法。由前面的内容可知，一阶动态电路的数学模型为一阶微分方程，所以一阶动态电路的响应求解归结为一阶微分方程的求解。直接利用高等数学的知识来求解微分方程的方法称为"时域法"，利用拉普拉斯变换来求解微分方程的方法称为"s 域法"。一阶微分方程用时域法求解比较简单，对于二阶以上的微分方程，s 域法要比时域法简单得多。本节主要介绍一阶动态电路的时域响应求解。

在动态电路中，电路的输出响应不仅与作为激励源的电源有关，还与各动态元件的初始值（初始储能）有关。如果从产生响应的原因来划分，电路的响应可以分为零输入响应和零状态响应两种。

零输入响应是当电路的外加激励为零（所有独立电源均为零）时，仅由动态元件的初始值（初始储能）引起的响应。零状态响应是当电路的初始值均为零时，仅由电路的外加激励引起的响应。

依据线性电路的叠加定理，电路的全响应为其零输入响应与零状态响应之和。

6.3.1 初始值的确定与换路定理

微分方程的求解不仅与系统方程的结构、参数和输入项（右端函数）有关，还与系统的初始值有关。由常系数线性微分方程的求解可知，对于 n 阶系统，需要 n 个初始条件，它们是所求变量的 $0 \sim (n-1)$ 阶导数在 $t = 0^+$ 时刻的值，也称为初始值。高等数学中微分方程求解问题的初始值是题中给出的，属于已知条件的一部分。但是，一阶动态电路求解问题中的初始值是未知的，需要事先求出。

初始值有独立初始值和非独立初始值之分。独立初始值是指电容电压初始值 $u_C(0^+)$ 和电感电流初始值 $i_L(0^+)$，其他任何电路变量的初始值都称为非独立初始值。

对于动态电路来说，当电路结构和参数发生突变时，电路中储能元件（动态元件）的能量将会重新分配，从而产生电路的动态过程。这种引起电路结构和参数发生突变的动作称为"换路"，如开关的闭合与断开等。

由 6.1.2 的内容可知，电容电压 u_C 和电感电流 i_L 在任何时刻都不能发生突变。假设换路的时刻为 $t = 0$，则在换路前后必定有

$$\begin{cases} u_C(0^+) = u_C(0^-) \\ i_L(0^+) = i_L(0^-) \end{cases} \tag{6-18}$$

式（6-18）称为动态电路的换路定理，说明了动态电路中电容电压和电感电流在换路前后瞬间必定连续，也说明了与储能有直接关系的 $u_C(q)$ 和 $i_L(\psi_L)$ 在换路瞬间不发生跃变，电场储能 $W_C(t) = \frac{1}{2}C[u_C(t)]^2$，磁场储能 $W_L(t) = \frac{1}{2}L[i_L(t)]^2$，因能量是渐变的，其变化是时间的连续函数，因此 $u_C(t)$ 和 $i_L(t)$ 也必将是时间的连续函数，否则表征能量变化速率的功率将为无穷大，而这在实际物理电路中是无法实现的。

换路定理是求解电路独立初始值的唯一依据。对于独立初始值 $u_C(0^+)$ 和 $i_L(0^+)$ 的求解，可由换路前 $t = 0^-$ 时电路的 $u_C(0^-)$ 和 $i_L(0^-)$ 来确定，而电路中的非独立初始值则需要根据换路

后 $t=0^+$ 时的等效电路计算。

可按如下步骤计算初始值。

（1）画出 $t=0^-$ 时的电路。对于直流电路，由于原电路已达稳态，$i_C = C\dfrac{\mathrm{d}u_C}{\mathrm{d}t}\bigg|_{0^-} = 0$，$u_L = L\dfrac{\mathrm{d}i_L}{\mathrm{d}t}\bigg|_{0^-} = 0$，所以电路中的电容可用"开路"替代，电感可用"短路"替代，独立电源均取 $t=0^-$ 时的值，此时电路中的 $u_C(0^-)$ 等于电容开路电压，$i_L(0^-)$ 等于电感短路电流。

（2）根据换路定理，可得 $u_C(0^+) = u_C(0^-)$，$i_L(0^+) = i_L(0^-)$。

（3）在要求非独立初始值的情况下，再画出 $t=0^+$ 时的等效电路，在此电路中，电容元件可以用电压值为 $u_C(0^+)$ 的电压源替代（在 $u_C(0^+)=0$ 时，电容可用"短路"替代）；电感元件可以用电流值为 $i_L(0^+)$ 的电流源替代（在 $i_L(0^+)=0$ 时，电感可用"开路"替代），独立电源均取 $t=0^+$ 时的值，这样就可以得到一个等效的直流电阻电路。

（4）利用直流电阻电路的分析方法，即可求得 $t=0^+$ 时电路中的非独立初始值。

例 6.4 在如图 6.8 所示电路中，$t<0$ 时开关 S 断开，且电路已达稳态，$t=0$ 时开关 S 闭合。（1）求 $u_C(0^+)$、$i_L(0^+)$；（2）求 $u_L(0^+)$、$i_1(0^+)$。

解题思路：首先将换路前电路中的电容开路，电感短路，可计算出 $u_C(0^-)$ 和 $i_L(0^-)$，根据换路定理，可得独立初始值 $u_C(0^+)$ 和 $i_L(0^+)$；再将 0^+ 时刻电路中的电容用电压源替代，电感用电流源替代，得到 0^+ 时刻的等效电路，用来计算非独立初始值 $u_L(0^+)$ 和 $i_1(0^+)$。

（1）利用换路定理求 $u_C(0^+)$ 和 $i_L(0^+)$。0^- 时刻的等效电路如图 6.9 所示。

由换路定理可得

$$u_C(0^+) = u_C(0^-) = \dfrac{2}{2+3} \times 1 = 0.4\text{V}$$

$$i_L(0^+) = i_L(0^-) = \dfrac{1}{2+3} = 0.2\text{A}$$

（2）0^+ 时刻的等效电路如图 6.10 所示。

$$i_1(0^+) = \dfrac{1-0.4}{2} = 0.3\text{A}$$

$$u_L(0^+) = -2 \times 0.2 + 1 = 0.6\text{V}$$

可见，电容电流与电感电压在换路瞬间是可能跃变的。

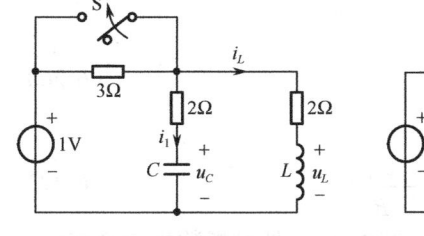
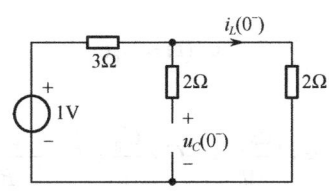
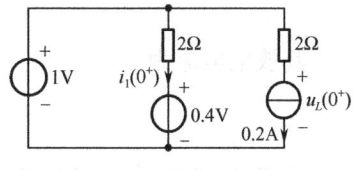

图 6.8　例 6.4 图　　　图 6.9　例 6.4 0^- 时刻的等效电路　　　图 6.10　例 6.4 0^+ 时刻的等效电路

6.3.2　一阶动态电路的零输入响应

一阶动态电路仅有一个动态元件（电容或电感），如果该动态元件在电路换路前已储存能量（电能或磁能），那么在换路后，即使电路中无外加激励电源，电路中的动态元件也能通过电路进行放电（磁），在电路中产生响应，即所谓的零输入响应。

（1）一阶 RC 电路的零输入响应

如图 6.11 所示电路。该电路中开关 S 在 $t=0$ 时进行切换，换路前电压源为电容充电，为其提供初始储能，且充电电路已处于稳态。换路后的电路为电容放电电路。

换路前电容相当于开路。设 $u_C(0^-)=U_0$，由换路定理可得，$u_C(0^+)=u_C(0^-)=U_0$。

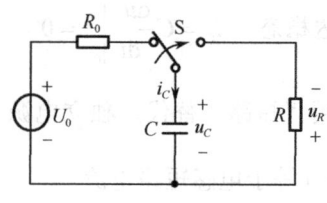

图 6.11 电容放电电路

换路后，由 KVL 得

$$u_C + u_R = 0 \tag{6-19}$$

而

$$u_R = Ri_C, \quad i_C = C\frac{du_C}{dt} \tag{6-20}$$

将式（6-20）代入式（6-19）得

$$RC\frac{du_C}{dt} + u_C = 0 \tag{6-21}$$

整理得

$$\frac{du_C}{dt} + \frac{1}{\tau}u_C = 0 \tag{6-22}$$

式中，$\tau = RC$ 为一阶 RC 电路的时间常数。

式（6-22）为一阶 RC 电路的微分方程，该方程是一个齐次微分方程。

其特征方程为

$$\lambda + \frac{1}{\tau} = 0 \tag{6-23}$$

其特征根为

$$\lambda = -\frac{1}{\tau} \tag{6-24}$$

所以，其齐次解为

$$u_C(t) = A\mathrm{e}^{-\frac{t}{\tau}} \tag{6-25}$$

将初始条件 $u_C(0^+)=U_0$ 代入式（6-25），得 $A=U_0$。

故

$$u_C(t) = U_0\mathrm{e}^{-\frac{t}{\tau}} \tag{6-26}$$

其放电电流为

$$i_C(t) = C\frac{du_C}{dt} = -C\times\frac{U_0}{\tau}\mathrm{e}^{-\frac{t}{\tau}} = -\frac{U_0}{R}\mathrm{e}^{-\frac{t}{\tau}} \tag{6-27}$$

由式（6-26）和式（6-27）可知，在电容放电过程中，其电压 u_C 是按指数规律衰减的，放电电流 i_C 与电压 u_C 的衰减规律相同，只是大小和单位不同。另外，换路后电容电流的方向发生了改变，电容释放其储存的电场能量，并转换成电能，最终消耗在电阻 R 上。

图 6.12 所示曲线为电容放电的一个例图。其中，$U_0=10\text{V}$，$R=10\Omega$，$C_1=0.5\text{F}$，$C_2=0.4\text{F}$，

$C_3=0.3\mathrm{F}$，对应的时间常数分别为 $\tau_1=5\mathrm{s}$，$\tau_2=4\mathrm{s}$，$\tau_3=3\mathrm{s}$。

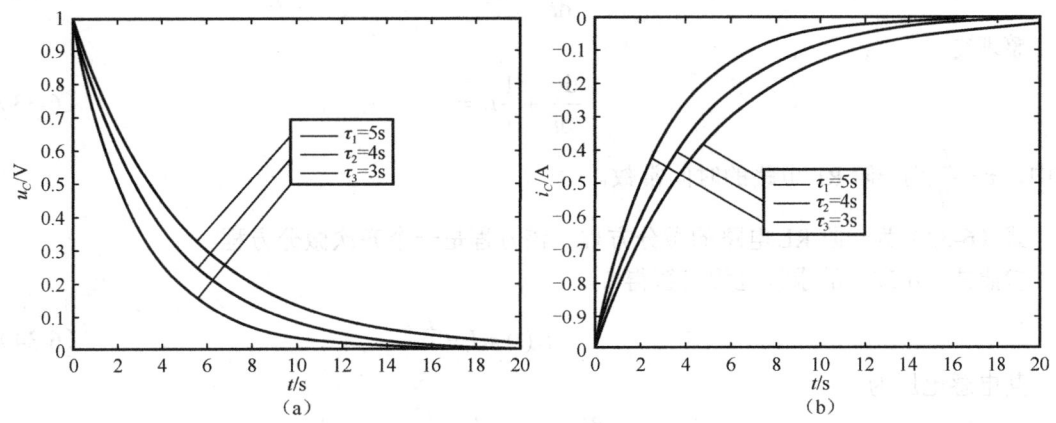

图 6.12 电容放电曲线

由图 6.12（a）可以看出，对于相同的 RC 电路，时间常数越大，电容放电的速度越慢；时间常数越小，电容放电的速度越快。所以，时间常数是衡量动态元件储存或释放能量速度的指标。

由式（6-26）得

$$\frac{u_C(\tau)}{U_0}=\mathrm{e}^{-1}=36.79\%，\quad \frac{u_C(2\tau)}{U_0}=\mathrm{e}^{-2}=13.53\% \tag{6-28}$$

$$\frac{u_C(3\tau)}{U_0}=\mathrm{e}^{-3}=4.98\%，\quad \frac{u_C(4\tau)}{U_0}=\mathrm{e}^{-4}=1.83\% \tag{6-29}$$

由式（6-28）和式（6-29）可以看出，一阶 RC 电路的放电电压在其时间常数 τ 的整数倍时刻处的衰减幅度是相同的，但由于不同 RC 电路的时间常数 τ 各不相同，所以其经历的时间不同。

从理论上讲，电容放电要经历无穷大的时间才能结束（电容电压或电流衰减到 0）。但在实际工程中，一般认为在 $t>(3\sim4)\tau$ 后，一阶 RC 电路的放电过程可视为结束，因为此时的电容电压已衰减至其初始值的 5% 或 2% 以内。

（2）一阶 RL 电路的零输入响应

如图 6.13 所示电路。该电路中开关 S 在 $t=0$ 时进行切换，换路前电压源为电感进行充磁，为其提供初始储能，且充磁电路已处于稳态。换路后的电路为电感放磁电路。

换路前电感相当于短路。设 $i_L(0^-)=\dfrac{U_0}{R_0}=I_0$，由换路定理得，

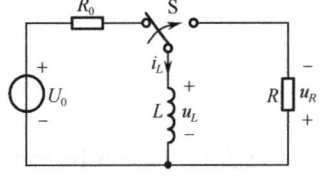

图 6.13 电感放磁电路

$i_L(0^+)=i_L(0^-)=I_0$。

换路后，由 KVL 得

$$u_L+u_R=0 \tag{6-30}$$

而

$$u_R=Ri_L，\quad u_L=L\frac{\mathrm{d}i_L}{\mathrm{d}t} \tag{6-31}$$

将式（6-31）代入式（6-30）得

$$L\frac{di_L}{dt}+Ri_L=0 \tag{6-32}$$

整理得

$$\frac{di_L}{dt}+\frac{1}{\tau}i_L=0 \tag{6-33}$$

式中，$\tau=\dfrac{L}{R}$ 为一阶 RL 电路的时间常数。

式（6-33）为一阶 RL 电路的微分方程，该方程是一个齐次微分方程。

参照式（6-22）的求解过程可解得

$$i_L(t)=I_0 e^{-\frac{t}{\tau}} \tag{6-34}$$

其电感电压为

$$u_L(t)=L\frac{di_L}{dt}=-L\times\frac{I_0}{\tau}e^{-\frac{t}{\tau}}=-U_0 e^{-\frac{t}{\tau}} \tag{6-35}$$

由式（6-35）可以看出，换路后电感电压的极性发生了改变，电感释放其储存的磁场能量，并转换成电能，最终消耗在电阻 R 上。

电感的放磁曲线和规律（指电感电流）与电容的放电曲线和规律（指电容电压）相同，都按指数规律衰减，并最终趋于 0。

设 $y_x(t)$ 为一阶动态电路的零输入响应（u_C 和 i_L），$y(0^+)$ 为其换路后的初始值，则有

$$y_x(t)=y(0^+)e^{-\frac{t}{\tau}} \tag{6-36}$$

例 6.5 在如图 6.14 所示电路中，$t<0$ 时开关 S 断开，且电路已处于稳态。$t=0$ 时开关 S 闭合，求 $t>0$ 时的 u_C、i_C 及 i。

解题思路：换路后的电路无独立电源，所求响应均属于零输入响应，可先用换路定理按式（6-36）求出 u_C，再依次求出 i_C 及 i；也可以分别计算出 $u_C(0^+)$、$i_C(0^+)$ 和 $i(0^+)$，再利用零输入响应的表达式求出 u_C、i_C 及 i。

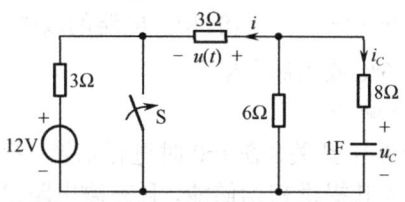

图 6.14 例 6.5 图

方法 1：如图 6.14 所示电路。换路前电容开路，由换路定理得

$$u_C(0^+)=u_C(0^-)=\frac{6}{3+3+6}\times 12=6\text{V}$$

换路后，电压源所在支路被短路，由于没有独立电源作用，电容的初始储能最终必然全部释放，所以

$$u_C(\infty)=0\text{V}$$

对于有多个电阻的一阶动态电路，应将电容去掉，求出剩余端口的戴维宁等效电阻（独立电源置零），并将其作为计算时间常数的电阻。

在图 6.14 中，电容断开后的端口等效电阻为

$$R_{eq}=8+6//3=10\Omega$$

电路的时间常数为
$$\tau=R_{eq}C=10\times1=10\text{s}$$

由式（6-36）得
$$u_C(t)=u_C(0^+)\text{e}^{-\frac{t}{\tau}}=6\text{e}^{-0.1t}\text{V}$$

由电容的 VAR 得
$$i_C(t)=C\frac{\text{d}u_C}{\text{d}t}=1\times6\times(-0.1)\text{e}^{-0.1t}=-0.6\text{e}^{-0.1t}\text{A}$$

由于
$$u(t)=8i_C(t)+u_C(t)=-4.8\text{e}^{-0.1t}+6\text{e}^{-0.1t}=1.2\text{e}^{-0.1t}\text{V}$$

故
$$i(t)=\frac{u(t)}{3}=0.4\text{e}^{-0.1t}\text{A}$$

方法 2：如图 6.14 所示电路。换路前电容开路，由换路定理得
$$u_C(0^+)=u_C(0^-)=\frac{6}{3+3+6}\times12=6\text{V}$$

0^+ 时刻的等效电路如图 6.15 所示。

则
$$i_C(0^+)=-\frac{6}{3//6+8}=-0.6\text{A}$$

$$i(0^+)=\left(-\frac{6}{3+6}\right)\times i_C(0^+)=\left(-\frac{2}{3}\right)\times(-0.6)=0.4\text{A}$$

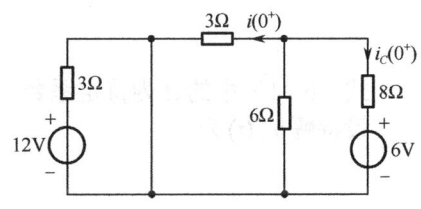

图 6.15 例 6.5 0^+ 时刻的等效电路

换路后，电压源所在支路被短路，由于没有独立电源作用，电容的初始储能最终必然全部释放，所以
$$u_C(\infty)=0\text{V},\ i_C(\infty)=0\text{A},\ i(\infty)=0\text{A}$$

在图 6.14 中，电容断开后的端口等效电阻为
$$R_{eq}=8+6//3=10\Omega$$

电路的时间常数为
$$\tau=R_{eq}C=10\times1=10\text{s}$$

由式（6-36）得
$$u_C(t)=u_C(0^+)\text{e}^{-\frac{t}{\tau}}=6\text{e}^{-0.1t}\text{V}$$

$$i_C(t)=i_C(0^+)\text{e}^{-\frac{t}{\tau}}=-0.6\text{e}^{-0.1t}\text{A}$$

$$i(t)=i(0^+)\text{e}^{-\frac{t}{\tau}}=0.4\text{e}^{-0.1t}\text{A}$$

6.3.3 一阶动态电路的零状态响应

当一阶动态电路的初始状态为零（动态元件无初始储能）时，仅由外加激励电源产生的响应，称为零状态响应。

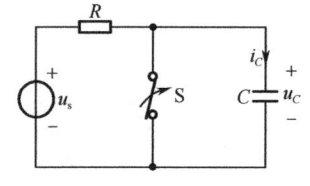

图 6.16 一阶 RC 电路

（1）一阶 RC 电路的零状态响应

如图 6.16 所示电路。该电路中开关 S 在 $t=0$ 时进行切换，换路前电容被短接，电容电压为 0。换路后电压源对电容充电，产生的响应为零状态响应。

由图 6.16 得，$u_C(0^+) = u_C(0^-) = 0$。当 $t=0$ 时，开关 S 断开，根据 KVL 得

$$R i_C + u_C = u_s \tag{6-37}$$

且

$$i_C = C \frac{\mathrm{d}u_C}{\mathrm{d}t} \tag{6-38}$$

将式（6-38）代入式（6-37）并整理得

$$\frac{\mathrm{d}u_C}{\mathrm{d}t} + \frac{1}{\tau} u_C = \frac{1}{\tau} u_s \tag{6-39}$$

式（6-39）为一阶非齐次常系数线性微分方程。其通解为齐次解与特解之和，即

$$u_C(t) = u_{\mathrm{ch}}(t) + u_{\mathrm{cp}}(t) \tag{6-40}$$

式中，$u_{\mathrm{ch}}(t)$ 为式（6-39）的齐次解，$u_{\mathrm{cp}}(t)$ 为特解。

设齐次解 $u_{\mathrm{ch}}(t)$ 为

$$u_{\mathrm{ch}}(t) = A \mathrm{e}^{-\frac{t}{\tau}} \tag{6-41}$$

式（6-41）中的 A 为待定系数。

设特解 $u_{\mathrm{cp}}(t)$ 为

$$u_{\mathrm{cp}}(t) = B \tag{6-42}$$

将式（6-42）代入式（6-39）可得

$$B = u_s \tag{6-43}$$

此时的通解为

$$u_C(t) = u_{\mathrm{ch}}(t) + u_{\mathrm{cp}}(t) = A \mathrm{e}^{-\frac{t}{\tau}} + u_s \tag{6-44}$$

将初始条件 $u_C(0^+) = 0$ 代入式（6-44）可得

$$A = -u_s \tag{6-45}$$

将式（6-45）代入式（6-44）可得，微分方程的通解为

$$u_C(t) = -u_s \mathrm{e}^{-\frac{t}{\tau}} + u_s = u_s \left(1 - \mathrm{e}^{-\frac{t}{\tau}}\right) \tag{6-46}$$

式（6-46）为电容充电电压的零状态响应表达式。

由此可得，电容充电电流的零状态响应表达式为

$$i_C(t) = C \frac{\mathrm{d}u_C}{\mathrm{d}t} = C u_s \times \frac{1}{\tau} \mathrm{e}^{-\frac{t}{\tau}} = \frac{u_s}{R} \mathrm{e}^{-\frac{t}{\tau}} \tag{6-47}$$

图 6.17 所示为电容充电曲线的一个例图。其中，$u_s = 10\mathrm{V}$，$R = 10\Omega$，$C_1 = 0.5\mathrm{F}$，$C_2 = 0.4\mathrm{F}$，$C_3 = 0.3\mathrm{F}$，对应的时间常数分别为 $\tau_1 = 5\mathrm{s}$，$\tau_2 = 4\mathrm{s}$，$\tau_3 = 3\mathrm{s}$。

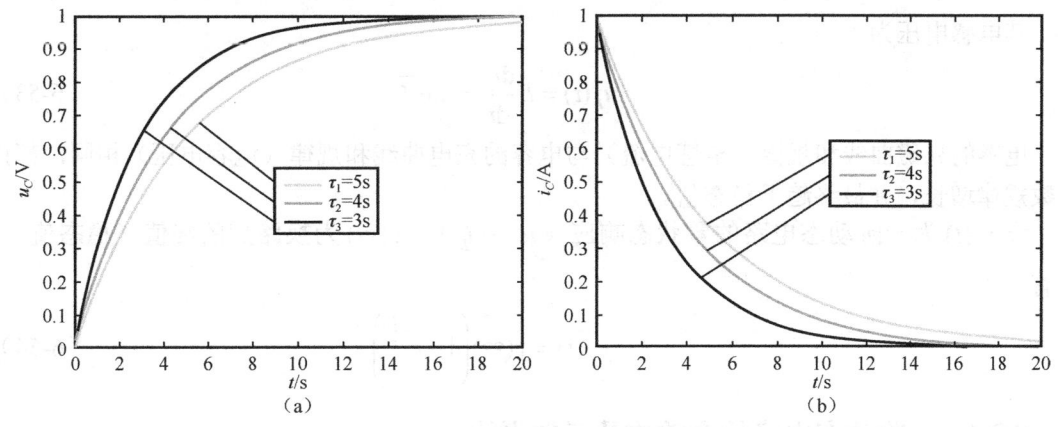

图 6.17 电容充电曲线

由图 6.17（a）可以看出，对于相同的 RC 电路，时间常数越大，电容充电的速度越慢；时间常数越小，电容充电的速度越快。因此，时间常数是衡量动态元件储存或释放能量速度的指标。

由式（6-46）得

$$\frac{u_C(\tau)}{u_s}=1-\mathrm{e}^{-1}=63.21\%,\quad \frac{u_C(2\tau)}{u_s}=1-\mathrm{e}^{-2}=86.47\% \tag{6-48}$$

$$\frac{u_C(3\tau)}{u_s}=1-\mathrm{e}^{-3}=95.02\%,\quad \frac{u_C(4\tau)}{u_s}=1-\mathrm{e}^{-4}=98.17\% \tag{6-49}$$

由式（6-48）和式（6-49）可以看出，一阶 RC 电路的充电电压在其时间常数 τ 的整数倍时刻处的增长幅度是相同的，但由于不同 RC 电路的时间常数 τ 各不相同，所以经历的时间不同。从理论上讲，电容充电要经历无穷大的时间才能结束（此时电容电压等于电压源电压，电容电流衰减到 0）。但在实际工程中，一般认为在 $t>(3\sim4)\tau$ 后，一阶 RC 电路的充电过程可视为结束，此时的电容电压已增大至充电电源电压的 95% 或 98% 以上。

（2）一阶 RL 电路的零状态响应

如图 6.18 所示电路。该电路中开关 S 在 $t=0$ 时进行切换，换路前电路已处于稳态，电感电流为 0。换路后电压源对电感充磁，产生的响应为零状态响应。

由换路定理得，$i_L(0^+)=i_L(0^-)=0$。换路后，由 KVL 得

$$Ri_L+L\frac{\mathrm{d}i_L}{\mathrm{d}t}=u_s \tag{6-50}$$

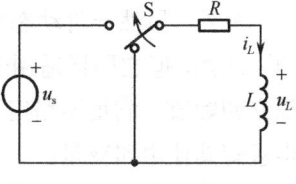

图 6.18 一阶 RL 电路

整理得

$$\frac{\mathrm{d}i_L}{\mathrm{d}t}+\frac{1}{\tau}i_L=\frac{1}{L}u_s \tag{6-51}$$

式中，$\tau=\dfrac{L}{R}$ 为一阶 RL 电路的时间常数。

参照式（6-39）的求解过程可解得

$$i_L(t)=\frac{u_s}{R}\left(1-\mathrm{e}^{-\frac{t}{\tau}}\right) \tag{6-52}$$

其电感电压为

$$u_L(t) = L\frac{di_L}{dt} = u_s e^{-\frac{t}{\tau}} \tag{6-53}$$

电感的充磁曲线和规律（电感电流）与电容的充电曲线和规律（电容电压）相同，都按指数规律增长，并最终趋于稳态值。

设 $y_f(t)$ 为一阶动态电路的零状态响应（u_C 和 i_L），$y(\infty)$ 为换路后的终值（稳态值），则有

$$y_f(t) = y(\infty)\left(1 - e^{-\frac{t}{\tau}}\right) \tag{6-54}$$

6.3.4 一阶动态电路的全响应及三要素法

当一个非零初始状态的动态电路受到激励源作用时，所产生的电路响应称为全响应。由全响应的定义可得，零输入响应与零状态响应只是全响应的两种特殊情形。根据线性电路的叠加定理，一阶动态电路的全响应等于零输入响应与零状态响应之和。

设 $y(t)$ 为一阶动态电路的全响应（u_C 和 i_L），由式（6-36）及式（6-54）得

$$\begin{aligned}y(t) &= y_x(t) + y_f(t) = y(0^+)e^{-\frac{t}{\tau}} + y(\infty)\left(1 - e^{-\frac{t}{\tau}}\right) \\ &= y(\infty) + [y(0^+) - y(\infty)]e^{-\frac{t}{\tau}}\end{aligned} \tag{6-55}$$

式（6-55）为求解一阶动态电路的三要素法公式。式中，换路后的初始值 $y(0^+)$、终值 $y(\infty)$ 和时间常数 τ 称为一阶动态电路的三个要素，只要求出这三个要素，由式（6-55）就可以求出一阶动态电路的 u_C 或 i_L，由此可以进一步求出其他响应。

一阶动态电路的三要素法公式是求解一阶动态电路响应的简便方法，它将一阶动态电路响应的求解问题转变为对应的三个要素的求取问题，从而避免了直接求解动态电路的微分方程，简化了计算。

另外，虽然一阶动态电路的三要素法公式源自一阶动态电路的电容电压 u_C 或电感电流 i_L 的表达式，但它同样适用于其他电路变量的求解。不过，由于 u_C 和 i_L 换路后的初始值 $y(0^+)$ 是独立初始值，满足换路定理，求取比较方便，所以应先用三要素法公式求出 u_C 或 i_L，再进一步求解其他电路变量。

一阶动态电路三个要素的求取方法如下。

（1）初始值 $y(0^+)$

先求 $u_C(0^-)$ 或 $i_L(0^-)$，再利用换路定理求出 $u_C(0^+)$ 或 $i_L(0^+)$。假设电路换路前已处于稳态，则在利用换路前的电路求 $u_C(0^-)$ 时，电路中的电容要开路，而在利用换路前的电路求 $i_L(0^-)$ 时，电路中的电感要短路。

（2）终值 $y(\infty)$

将换路后电路中的动态元件断开，对剩余一端口进行戴维宁等效，求出其开路电压 u_{oc} 和等效电阻 R_{eq}。再将动态元件接上所求出的戴维宁等效电源，令其中的电容开路或电感短路，即可求出终值 $y(\infty)$。

当然，也可以直接将电路中的电容开路或电感短路，按求解直流电阻电路的方法求取终

值 $y(\infty)$。

（3）时间常数 τ

根据动态元件的类型，按式（6-56）计算可得

$$\tau = R_{eq}C \text{ 或 } \tau = \frac{L}{R_{eq}} \tag{6-56}$$

注意，一阶动态电路的三要素法公式的应用条件为：电源为直流电源；电路为一阶动态电路。另外，三要素法公式的特殊情形为零输入响应和零状态响应，此时 $y(\infty)=0$ 或 $y(0^+)=0$。

例 6.6 如图 6.19 所示电路，$t=0$ 时开关 S 由位置 1 切换到位置 2，开关切换前电路已处于稳态。求 $t>0$ 时的电容电流 i_C。

解题思路：利用换路前的电路求出 $u_C(0^-)$，再用换路定理求出 $u_C(0^+)$，进一步用戴维宁定理求出 $u_C(\infty)$ 和时间常数 τ，然后代入三要素法公式求出 $u_C(t)$，最后求出 i_C。

解：标注电容电压 u_C 如图 6.19 所示（原题中未标注）。

由换路定理得

$$u_C(0^+) = u_C(0^-) = 25\text{V}$$

换路后，将电容断开，对剩余电路进行戴维宁等效。

其开路电压（极性上正下负）为

$$u_{oc} = \frac{12 \times 3}{12+6} = 2\text{V}$$

等效电阻为

$$R_{eq} = 12 // 6 = 4\Omega$$

将电容接上戴维宁等效电源，其电路如图 6.20 所示。

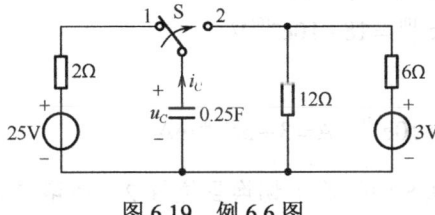

图 6.19 例 6.6 图

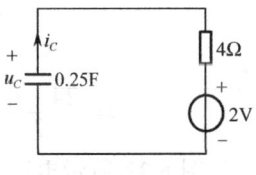

图 6.20 例 6.6 续图

由此可得

$$u_C(\infty) = 2\text{V}$$
$$\tau = R_{eq}C = 4 \times 0.25 = 1\text{s}$$

由一阶动态电路的三要素法公式得

$$u_C(t) = u_C(\infty) + [u_C(0^+) - u_C(\infty)]\mathrm{e}^{-\frac{t}{\tau}}$$
$$= 2 + (25-2)\mathrm{e}^{-t} = 2 + 23\mathrm{e}^{-t}\text{V}$$

故

$$i_C(t) = -C\frac{\mathrm{d}u_C(t)}{\mathrm{d}t} = -0.25 \times (-23)\mathrm{e}^{-t} = 5.75\mathrm{e}^{-t}\text{A}$$

例 6.7 如图 6.21 所示电路，$t<0$ 时开关 S 闭合，且电路已处于稳态。$t=0$ 时开关 S 断开，求 $t>0$ 时的 i。

解题思路：同例 6.6。

解：标注电容电压 u_C 如图 6.21 所示（原题中未标注）。由换路定理得

$$u_C(0^+) = u_C(0^-) = \frac{1 \times 24}{2+1} = 8\text{V}$$

换路后，将电容断开，对剩余电路进行戴维宁等效。其开路电压（极性上正下负）为

$$u_{oc} = 24 - \frac{24-12}{2+1+1} \times 2 = 24 - 6 = 18\text{V}$$

等效电阻为

$$R_{eq} = 2//(1+1) = 1\text{k}\Omega$$

将电容接上戴维宁等效电源，其电路如图 6.22 所示。
由此可得

$$u_C(\infty) = 18\text{V}$$

$$\tau = R_{eq}C = 1 \times 10^3 \times 100 \times 10^{-6} = 0.1\text{s}$$

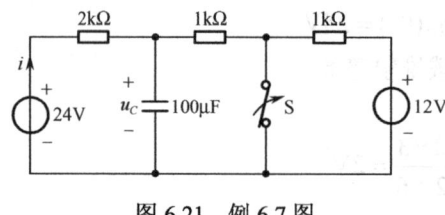
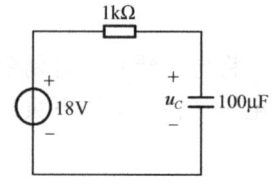

图 6.21　例 6.7 图　　　　图 6.22　例 6.7 续图

由一阶动态电路的三要素法公式得

$$u_C = u_C(\infty) + [u_C(0^+) - u_C(\infty)]e^{-\frac{t}{\tau}}$$
$$= 18 + (8-18)e^{-10t} = 18 - 10e^{-10t}\text{V}$$

所以

$$i = \frac{24 - u_C}{2} = \frac{1}{2}(24 - 18 + 10e^{-10t})\text{A} = 3 + 5e^{-10t}\text{mA}$$

例 6.8　如图 6.23 所示电路，$t=0$ 时开关 S 由位置 1 切换到位置 2，换路前电路已处于稳态。求 $t>0$ 时的电压 $u(t)$。

解题思路：利用换路前的电路求出 $i_L(0^-)$，再用换路定理求出 $i_L(0^+)$，进一步用戴维宁定理求出 $i_L(\infty)$ 和时间常数 τ，然后代入三要素法公式求出 $i_L(t)$，最后求出 $u(t)$。

解：标注电感电流 i_L 如图 6.23 所示（原题中未标注）。
由换路定理得

$$i_L(0^+) = i_L(0^-) = \frac{20}{10} = 2\text{A}$$

换路后，将电感断开，对剩余电路进行戴维宁等效。
其开路电压（极性上正下负）为

$$u_{oc} = 10\text{V}$$

等效电阻为

$$R_{eq} = 2 + 8 + 10 = 20\Omega$$

将电感接上戴维宁等效电源，其电路如图 6.24 所示。

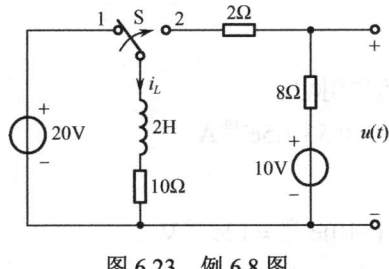

图 6.23 例 6.8 图

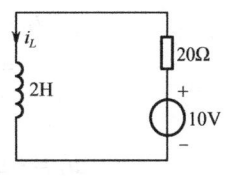

图 6.24 例 6.8 续图

由此可得

$$i_L(\infty) = \frac{10}{20} = 0.5\text{A}$$

$$\tau = \frac{L}{R_{eq}} = \frac{2}{20} = 0.1\text{s}$$

由一阶动态电路的三要素法公式得

$$i_L = i_L(\infty) + [i_L(0^+) - i_L(\infty)]e^{-\frac{t}{\tau}}$$
$$= 0.5 + (2-0.5)e^{-10t} = 0.5 + 1.5e^{-10t}\text{A}$$

故

$$u(t) = 10 - 8i_L(t) = 10 - 8\times(0.5 + 1.5e^{-10t}) = 6 - 12e^{-10t}\text{V}$$

例 6.9 如图 6.25 所示电路，$t<0$ 时开关 S 断开，且电路已处于稳态。$t=0$ 时开关 S 闭合，求 $t>0$ 时的 u_L。

解题思路：利用换路前的电路求出 $i_L(0^-)$，再用换路定理求出 $i_L(0^+)$，进一步用戴维宁定理求出 $i_L(\infty)$ 和时间常数 τ，然后代入三要素法公式求出 i_L，最后求出 u_L。

解：标注电感电流 i_L 如图 6.25 所示（原题中未标注）。由换路定理得

$$i_L(0^+) = i_L(0^-) = \frac{16}{2+6} = 2\text{A}$$

换路后，将电感断开，对剩余电路进行戴维宁等效。其开路电压（极性右正左负）为

$$u_{oc} = 6\times 2 - 16 = -4\text{V}$$

等效电阻为

$$R_{eq} = 2 + 6 = 8\Omega$$

将电感接上戴维宁等效电源，其电路如图 6.26 所示。由此可得

$$i_L(\infty) = \frac{4}{8} = 0.5\text{A}$$

$$\tau = \frac{L}{R_{eq}} = \frac{0.8}{8} = 0.1\text{s}$$

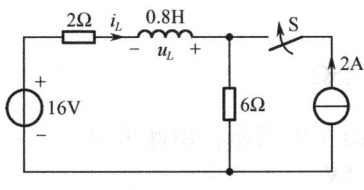

图 6.25 例 6.9 图

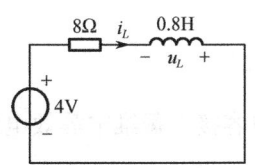

图 6.26 例 6.9 续图

由一阶动态电路的三要素法公式得

$$i_L = i_L(\infty) + [i_L(0^+) - i_L(\infty)]e^{-\frac{t}{\tau}}$$
$$= 0.5 + (2 - 0.5)e^{-10t} = 0.5 + 1.5e^{-10t} \text{A}$$

故

$$u_L = -L\frac{di_L}{dt} = -0.8 \times 1.5 \times (-10)e^{-10t} = 12e^{-10t} \text{V}$$

例 6.10 如图 6.27 所示电路，$t<0$ 时开关 S 断开，换路前电路已处于稳态。$t=0$ 时开关 S 闭合，求 $t>0$ 时的电流 i_1。

解题思路：该电路含有受控源，其戴维宁等效电路中的等效电阻要用到"u/i"法或"u_{oc}/i_{sc}"法求取，其他步骤同上。

解：标注电容电压 u_C 和电流 i_C 如图 6.27 所示（原题中未标注）。由换路定理得

$$u_C(0^+) = u_C(0^-) = 0\text{V}$$

换路后，将电容断开，对剩余电路进行戴维宁等效。

（1）求开路电压 u_{oc}

如图 6.28 所示，由 KVL 得

$$(1+1)i_1 + 2i_1 = 2$$

解得

$$i_1 = 0.5\text{A}$$

故

$$u_{oc} = i_1 + 2i_1 = 3i_1 = 3 \times 0.5 = 1.5\text{V}$$

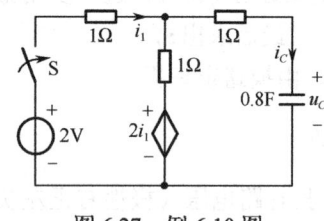

图 6.27　例 6.10 图

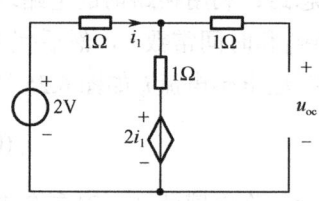

图 6.28　例 6.10 续图 1

（2）求等效电阻 R_{eq}

用"u/i"法。如图 6.29 所示，由 KVL 得

$$-1 \times i_1 = 1 \times (i + i_1) + 2i_1$$

整理得

$$i_1 = -0.25i$$

所以

$$u = 1 \times i - 1 \times i_1 = i + 0.25i = 1.25i$$

故

$$R_{eq} = \frac{u}{i} = 1.25\Omega$$

（3）将电容接上戴维宁等效电源，其电路如图 6.30 所示。由此可得

$$u_C(\infty) = 1.5\text{V}$$
$$\tau = R_{eq}C = 1.25 \times 0.8 = 1\text{s}$$

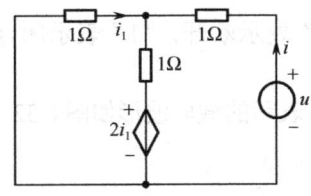

图 6.29 例 6.10 续图 2

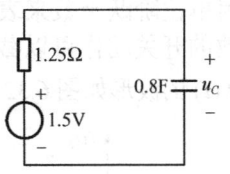

图 6.30 例 6.10 续图 3

由一阶动态电路的三要素法公式得

$$u_C = u_C(\infty) + [u_C(0^+) - u_C(\infty)]e^{-\frac{t}{\tau}}$$
$$= 1.5 + (0-1.5)e^{-t} = 1.5(1-e^{-t})\text{V}$$

从而

$$i_C = C \times \frac{du_C}{dt} = 0.8 \times 1.5e^{-t} = 1.2e^{-t}\text{A}$$

故

$$i_1 = \frac{2 - 1 \times i_C - u_C}{1} = 2 - 1.2e^{-t} - 1.5(1-e^{-t})$$
$$= 0.5 + 0.3e^{-t}\text{A}$$

6.3.5 一阶动态电路的单位阶跃响应

对于换路后的一阶动态电路在直流电源激励下的响应求解问题，可以用前面介绍的三要素法公式进行。但是，如果电路的换路动作次数较多，则需多次应用三要素法公式，且每次换路后的初始值和终值均需要重新计算，显得很繁琐，且求解结果的表达式是分段函数，它们之间缺乏有机联系，不便于理解。因此，需要研究出一种简便的，针对多次换路的一阶动态电路响应求解方法，这就是本节要介绍的阶跃响应。

（1）单位阶跃函数（或信号）

单位阶跃函数是一种奇异函数，它在 $t=0$ 处存在断点，该点处的导数为无穷大。单位阶跃函数用 $u(t)$ 表示，其数学定义为

$$u(t) = \begin{cases} 1 & t > 0 \\ 0 & t < 0 \end{cases} \tag{6-57}$$

其波形如图 6.31（a）所示。

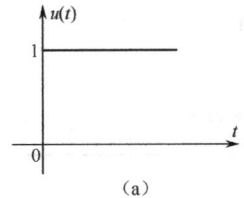
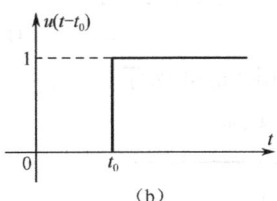

(a)   (b)

图 6.31 单位阶跃函数波形

图 6.31（b）为延时的单位阶跃函数波形，相对于图 6.31（a），它的波形延时了 t_0 个时间单位，其函数值的跃变发生在 $t = t_0$ 处，其数学表达式为

$$u(t-t_0) = \begin{cases} 1 & t > t_0 \\ 0 & t < t_0 \end{cases} \tag{6-58}$$

可以用单位阶跃函数来表示开关动作信号，如用"0"表示断开，"1"表示闭合。利用单位阶跃函数的开关动作可以截取 $f(t)$ 的任意一段波形。

已知 $f(t)$ 的波形如图 6.32（a）所示，则用 $f(t)u(t-t_0)$ 表示的截取波形如图 6.32（b）所示。

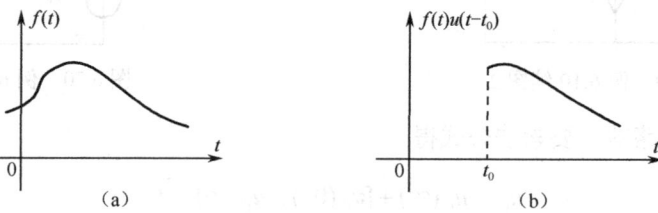

图 6.32 截取波形

图 6.32 所示的截取波形原理如下

$$f(t)u(t-t_0)=\begin{cases}f(t) & t>t_0\\ 0 & t<t_0\end{cases} \quad (6\text{-}59)$$

另外，单位阶跃函数还可以用来表示矩形波，如图 6.33 所示。

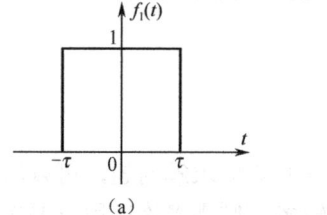 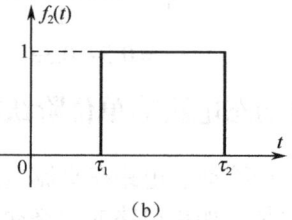

图 6.33 矩形波

对于图 6.33（a）所示矩形波，可用单位阶跃函数表示为

$$f_1(t)=u(t+\tau)-u(t-\tau)$$

对于图 6.33（b）所示矩形波，可用单位阶跃函数表示为

$$f_2(t)=u(t-\tau_1)-u(t-\tau_2)$$

在实际工程中还经常用到阶跃信号，它是指用某常数乘以单位阶跃信号所得到的信号，其表达式为

$$f(t)=Ku(t) \quad (6\text{-}60)$$

具有延时的阶跃信号表达式为

$$f(t)=Ku(t-t_0) \quad (6\text{-}61)$$

其对应的波形如图 6.34 所示。

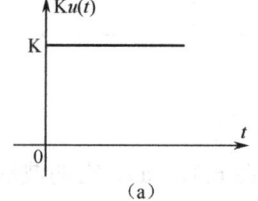 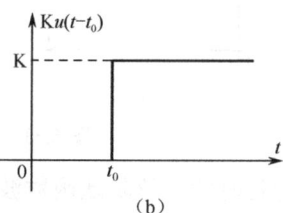

图 6.34 阶跃信号波形

(2) 一阶动态电路的单位阶跃响应

一阶动态电路的单位阶跃响应是指一阶动态电路在单位阶跃信号激励下所产生的零状态响应，用 $g(t)$ 表示。对应地，一阶动态电路在阶跃信号激励下所产生的零状态响应称为阶跃响应。

当电路在 $t=0$ 时刻接通 1V 或 1A 直流电源（称为单位直流电源）时，也就相当于单位阶跃信号作用在电路上，所以，求一阶动态电路的单位阶跃响应等同于求单位直流电源在 $t=0$ 时刻接入电路时的零状态响应，可以用三要素法公式进行求解。

由于构成一阶动态电路的元件如直流电源、电阻、电感和电容均为线性元件，所以一阶动态电路是线性电路。

我们知道，线性电路满足叠加定理，即同时满足齐次性和叠加性。

设 $f(t)$ 为电路激励，$y(t)$ 为电路在 $f(t)$ 激励下的零状态响应，且

$$f_1(t) \to y_1(t), \quad f_2(t) \to y_2(t)$$

则有

$$a_1 f_1(t) + a_2 f_2(t) \to a_1 y_1(t) + a_2 y_2(t) \tag{6-62}$$

式（6-62）说明，任意两个激励的线性组合，其零状态响应都等于各自零状态响应的相同线性组合。

另外，一阶动态电路属于时不变电路（元件参数不随时间变化而变化的电路）。

设

$$f(t) \to y(t)$$

则有

$$f(t-t_0) \to y(t-t_0) \tag{6-63}$$

式（6-63）说明，如果激励 $f(t)$ 延迟了 t_0 时间接入，则其零状态响应也延迟相同的时间出现，并保持波形不变，这就是时不变电路的延时不变性。

利用一阶动态电路的线性特性及延时不变性，可以求解其在复杂激励（分段直流电源）作用下的零状态响应。

例 6.11 如图 6.35（a）所示电路，其激励 i_s 的波形如图 6.35（b）所示，求其零状态响应 i_L。

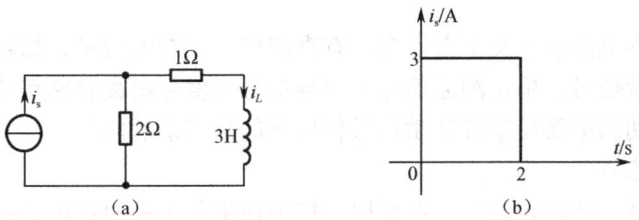

图 6.35 例 6.11 图

解题思路：该电路为一阶动态电路，其激励为一个在有限时间内出现的直流电源。可先求出电路在单位阶跃信号激励下的单位阶跃响应，再将激励表示成单位阶跃信号及其延迟信号的线性组合，最后用线性电路的线性特性和延时不变性进行求解。

解：（1）求电路的单位阶跃响应

因为电路为零状态，所以

$$i_L(0^+) = i_L(0^-) = 0\text{A}$$

$$i_L(\infty) = \frac{2}{2+1} \times 1 = \frac{2}{3}\text{A}, \quad \tau = \frac{L}{R} = \frac{3}{2+1} = 1\text{s}$$

由三要素法公式可得，电路的单位阶跃响应为

$$g(t) = g(\infty) + [g(0^+) - g(\infty)]\mathrm{e}^{-\frac{t}{\tau}} = \frac{2}{3}(1-\mathrm{e}^{-t})u(t)$$

（2）将激励 i_s 表示成单位阶跃信号的线性组合

$$i_s(t) = 3u(t) - 3u(t-2)$$

（3）求电路的零状态响应 i_L

根据一阶动态电路的线性特性和延时不变性，可求得零状态响应 i_L 为

$$\begin{aligned}i_L(t) &= 3g(t) - 3g(t-2) \\ &= 2(1-\mathrm{e}^{-t})u(t) - 2(1-\mathrm{e}^{-(t-2)})u(t-2) \\ &= \begin{cases} 0 & t < 0 \\ 2(1-\mathrm{e}^{-t}) & 0 \leq t < 0 \\ 1.73\mathrm{e}^{-(t-2)} & t \geq 2 \end{cases}\end{aligned}$$

其波形如图 6.36 所示。

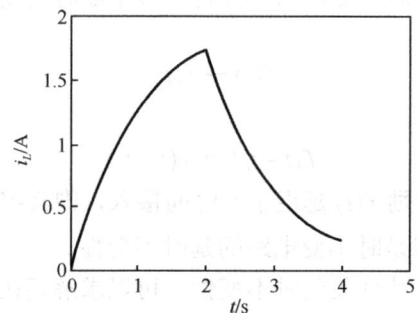

图 6.36 例 6.11 的零状态响应波形

6.3.6 一阶动态电路的单位冲激响应

动态电路的激励电源信号类型有很多，有直流信号、交流信号、指数信号等常见的典型信号，也有单位阶跃信号、单位冲激信号等奇异信号（信号函数有断点或函数值为无穷大）。本节主要介绍一阶动态电路在单位冲激信号作用下的响应求解问题。

（1）单位冲激信号

单位冲激信号是一种奇异信号，主要用于描述在实际工程中作用时间极短但信号函数值极大的一类信号，如雷击信号、尖脉冲干扰信号等，是一种理想化的信号。

单位冲激信号的数学符号为 $\delta(t)$，定义为

$$\begin{cases} \int_{-\infty}^{+\infty} \delta(t)\mathrm{d}t = 1 \\ \delta(t) = 0, t \neq 0 \end{cases}$$

上面的定义说明，$\delta(t)$ 只在 $t=0$ 时刻存在函数值，且该函数值为无穷大，在 $t=0$ 时刻外的函数值均为 0，且 $\delta(t)$ 在 $(-\infty, +\infty)$ 范围内的积分为 1，也就是冲激强度为 1。

$\delta(t)$ 的波形如图 6.37（b）所示。

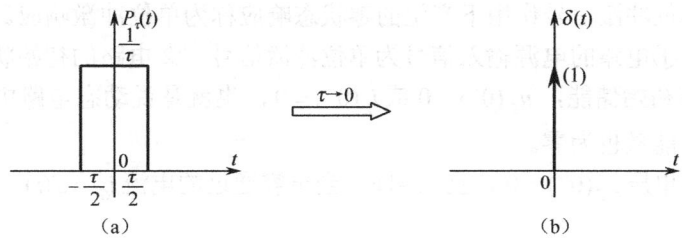

图 6.37　单位冲激信号波形

$\delta(t)$ 的波形可以由图 6.37（a）所示矩形波的极限演化而来。当 $P_\tau(t)$ 的脉宽 $\tau \to 0$ 时，其高度 $\frac{1}{\tau} \to \infty$，但面积始终为 1，这就是 $\delta(t)$ 的冲激强度，即

$$\lim_{\tau \to 0} P_\tau(t) = \delta(t)$$

与有延时的阶跃信号一样，也有延时的单位冲激信号 $K\delta(t-t_0)$，其波形如图 6.38 所示。

单位冲激信号具有以下主要性质。

① 筛选性质。

假设函数 $f(t)$ 在 $t = t_0$ 处连续，则有

$$f(t)\delta(t-t_0) = f(t_0)\delta(t-t_0) \quad (6\text{-}64)$$

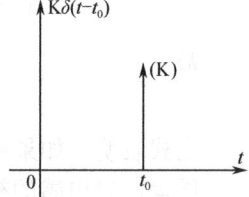

图 6.38　有延时的单位冲激信号波形

式（6-64）表明，$f(t)$ 与 $\delta(t-t_0)$ 相乘，可以筛选出信号 $f(t)$ 在 $t = t_0$ 时刻的函数值 $f(t_0)$。由于 $\delta(t-t_0)$ 在 $t \neq t_0$ 处的函数值均为 0，故 $f(t)$ 与 $\delta(t-t_0)$ 相乘时只有在 $t = t_0$ 时刻的函数值 $f(t_0)$ 才对 $\delta(t-t_0)$ 有影响。

特别地，当 $t_0 = 0$ 时，有

$$f(t)\delta(t) = f(0)\delta(t) \quad (6\text{-}65)$$

② 抽样特性。

若 $f(t)$ 在 $t = t_0$ 处连续，则有

$$\int_{-\infty}^{+\infty} f(t)\delta(t-t_0)\mathrm{d}t = f(t_0) \quad (6\text{-}66)$$

特别地，当 $t_0 = 0$ 时，有

$$\int_{-\infty}^{+\infty} f(t)\delta(t)\mathrm{d}t = f(0) \quad (6\text{-}67)$$

由此可见，用单位冲激信号乘以某个函数并进行积分，可以把该函数在冲激时刻的函数值提取出来。

③ 单位冲激信号 $\delta(t)$ 与单位阶跃信号 $u(t)$ 的关系。

单位冲激信号 $\delta(t)$ 与单位阶跃信号 $u(t)$ 存在密切关系，具体如下

$$\int_{-\infty}^{t} \delta(t)\mathrm{d}t = u(t) \quad (6\text{-}68)$$

或

$$\frac{\mathrm{d}u(t)}{\mathrm{d}t} = \delta(t) \quad (6\text{-}69)$$

以上两式可以从 $\delta(t)$ 和 $u(t)$ 的定义中获得证明，此处从略。

（2）单位冲激响应

动态电路在单位冲激信号作用下产生的零状态响应称为单位冲激响应。在这个定义中，要注意两个要点：①电路的电源输入信号为单位冲激信号；②电路的初始状态为零，即电路中的动态元件没有初始储能，$u_C(0^-)=0$ 或 $i_L(0^-)=0$，也就是说动态电路中电容的电场能量为零，电感的磁场能量也为零。

设电容的初始电压 $u_C(0^-)=0$，且 $C=1\text{F}$。当电容通过的电流 $i_C=\delta(t)$（单位为 A）时，因为

$$i_C = C\frac{du_C}{dt}$$

所以

$$du_C = \frac{1}{C}i_C dt$$

对上式两边积分得

$$\int_{0^-}^{0^+} du_C = u_C(0^+) - u_C(0^-) = \frac{1}{C}\int_{0^-}^{0^+} i_C dt = \frac{1}{C}\int_{0^-}^{0^+} \delta(t)dt = \frac{1}{C} = 1\text{V}$$

故

$$u_C(0^+) = 1 + u_C(0^-) = 1 + 0 = 1\text{V}$$

上式表明，如果单位冲激电流加到 $C=1\text{F}$ 的电容上，则该电容的电压从 0V 跃变到 1V。同理，设电感的初始电流 $i_L(0^-)=0$，且 $L=1\text{H}$。当电感两端施加的电压 $u_L=\delta(t)$（单位为 V）时，有

$$i_L(0^+) = \frac{1}{L}\int_0^{0^+} u_L dt + i_L(0^-) = \frac{1}{L}\int_0^{0^+} \delta(t)dt + 0 = 1\text{A}$$

上式表明，如果单位冲激电压加到 $L=1\text{H}$ 的电感两端，则该电感的电流从 0A 跃变到 1A。

需要注意的是，要使电容电压或电感电流发生跃变，需要的电源功率必须为无穷大，实际工程中的电源是无法满足这一要求的。但单位冲激信号 $\delta(t)$ 是一个奇异信号，其在冲激出现的 $t=0$ 时刻的函数值为无穷大，理论上是满足电容电压或电感电流跃变要求的，所以可以使 u_C 或 i_L 发生跃变。

当单位冲激电源信号施加在处于零状态的一阶 RC 或一阶 RL 电路中时，可以使 $u_C(0^+)$ 或 $i_L(0^+)$ 的值发生突变。当 $t \geq 0^+$ 时，单位冲激电源信号为零，但其给动态电路建立的初始状态 $u_C(0^+)$ 或 $i_L(0^+)$ 将产生零输入响应。因此，一阶动态电路的单位冲激响应求解，关键在于计算在单位冲激信号作用下的 $u_C(0^+)$ 或 $i_L(0^+)$ 的值。

例 6.12 如图 6.39（a）所示电路，求其单位冲激响应 u_C。

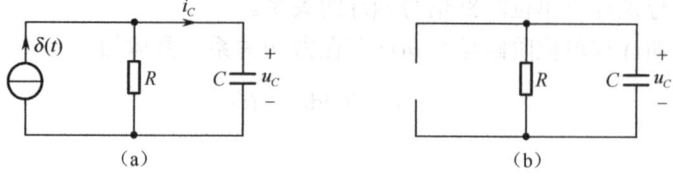

图 6.39 一阶 RC 电路的单位冲激响应

解题思路：该电路为一阶 RC 电路在单位冲激电流源作用下产生的零状态响应。应先求出电容电压初始值 $u_C(0^+)$，再按以前总结的零状态响应公式直接写出其零状态响应表达式。

解:(1)求电容电压初始值 $u_C(0^+)$

如图 6.39(a)所示电路,由 KCL 及元件的 VAR 可得

$$C\frac{du_C}{dt} + \frac{u_C}{R} = \delta(t), \quad t \geq 0^-$$

式中,$u_C(0^-) = 0$。

在上式中,u_C 不可能为单位冲激信号 $\delta(t)$。否则 u_C 的一阶导数 $\frac{du_C}{dt}$ 将为 $\delta(t)$ 的一阶导数 $\delta'(t)$(单位冲激偶信号),微分方程两边显然不可能相等。

将上述一阶微分方程两边在区间 $[0^-, 0^+]$ 上积分,可得

$$\int_{0^-}^{0^+} C\frac{du_C}{dt}dt + \int_{0^-}^{0^+} \frac{u_C}{R}dt = \int_{0^-}^{0^+} \delta(t)dt$$

由于 u_C 不是单位冲激信号 $\delta(t)$,函数值是有限的,所以上式左边第二项积分的值等于零,从而有

$$C[u_C(0^+) - u_C(0^-)] = 1$$

而 $u_C(0^-) = 0$,所以

$$u_C(0^+) = \frac{1}{C}$$

(2)求单位冲激响应 u_C

当 $t \geq 0^+$ 时,由单位冲激信号 $\delta(t)$ 的定义可得 $\delta(t) = 0$,此时单位冲激电流源相当于开路,如图 6.39(b)所示。其单位冲激响应为由初始值 $u_C(0^+)$ 在 $t \geq 0^+$ 后产生的零输入响应,所以

$$u_C = u_C(0^+)e^{-\frac{t}{\tau}} = \frac{1}{C}e^{-\frac{t}{\tau}}$$

式中,$\tau = RC$ 为一阶 RC 电路的时间常数。

例 6.13 如图 6.40(a)所示电路,求其单位冲激响应 i_L。

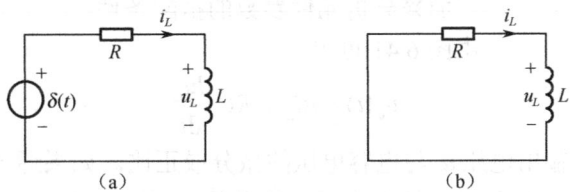

图 6.40 一阶 RL 电路的单位冲激响应

解题思路:该电路为一阶 RL 电路在单位冲激电压源作用下产生的零状态响应。应先求出电感电流初始值 $i_L(0^+)$,再按以前总结的零状态响应公式直接写出零状态响应表达式。

解:(1)求出电感电流初始值 $i_L(0^+)$

如图 6.40(a)所示电路,由 KCL 及元件的 VAR 可得

$$L\frac{di_L}{dt} + Ri_L = \delta(t), \quad t \geq 0^-$$

式中,$i_L(0^-) = 0$。

在上式中,i_L 不可能为单位冲激信号 $\delta(t)$。否则 i_L 的一阶导数 $\frac{di_L}{dt}$ 将为 $\delta'(t)$ 的一阶导数

$\delta'(t)$（单位冲激偶信号），微分方程两边显然不可能相等。

将上述一阶微分方程两边在区间 $[0^-,0^+]$ 上积分，可得

$$\int_{0^-}^{0^+} L \frac{di_L}{dt} dt + \int_{0^-}^{0^+} Ri_L dt = \int_{0^-}^{0^+} \delta(t) dt$$

由于 i_L 不是单位冲激信号 $\delta(t)$，函数值是有限的，所以上式左边第二项积分的值等于零，从而有

$$L[i_L(0^+) - i_L(0^-)] = 1$$

而 $i_L(0^-) = 0$，所以 $i_L(0^+) = \frac{1}{L}$。

（2）求单位冲激响应 i_L

当 $t \geq 0^+$ 时，由单位冲激信号 $\delta(t)$ 的定义可得 $\delta(t) = 0$，此时单位冲激电压源相当于短路，如图 6.40（b）所示。其单位冲激响应为由初始值 $i_L(0^+)$ 在 $t \geq 0^+$ 后产生的零输入响应，所以

$$i_L = i_L(0^+) e^{-\frac{t}{\tau}} = \frac{1}{L} e^{-\frac{t}{\tau}}$$

式中，$\tau = \frac{L}{R}$ 为一阶 RL 电路的时间常数。

6.3.7 微分电路与积分电路

微分电路和积分电路在脉冲电路及自动控制电路中应用很广泛。这两种电路的结构相同，都是 RC 串联电路，只是元件参数的搭配和信号输出点不同。

1. 微分电路

微分电路的功能是实现输出电压与输入电压之间的近似微分关系。其电路结构为一阶 RC 串联电路，输出电压从电阻上获取，如图 6.41 所示。

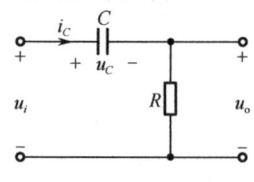

图 6.41 微分电路

下面来分析元件参数的搭配条件。

由图 6.41 可得

$$u_o(t) = Ri_C = RC \frac{du_C}{dt} \quad (6\text{-}70)$$

式（6-70）说明，输出电压 u_o 与电容电压的微分成正比。如果通过合理选择电路参数，使 $u_i \approx u_C$，则输出电压 u_o 近似地与输入电压 u_i 的微分成正比，从而实现微分电路的功能。

由 KVL 得，$u_i = u_C + u_o$，要使 $u_i \approx u_C$，则应有

$$u_C \gg u_o = Ri_C$$

即

$$\frac{1}{C} \int i_C dt \gg Ri_C \quad (6\text{-}71)$$

要使式（6-71）成立，C 和 R 都必须很小，即电路的时间常数 $\tau = RC$ 很小。

此时有

$$u_o(t) \approx RC \frac{du_i}{dt} = \tau \frac{du_i}{dt} \quad (6\text{-}72)$$

这样，图 6.41 所示电路就实现了对输入信号的微分功能。电路的时间常数 $\tau = RC$ 越小，

微分效果越好。

综上所述，构成微分电路的条件为：(1) 电路结构为一阶 RC 串联电路；(2) 输出电压从电阻上获取；(3) 电路的时间常数 $\tau = RC$ 很小（越小越好）。

图 6.42 所示波形为微分电路的输出波形。其中，电路的输入电压 u_i 为矩形脉冲信号，幅值 $U_s = 10\text{V}$，脉宽 $t_0 = 2\text{s}$，电路的电阻 $R = 100\Omega$，电容 $C = 800\mu\text{F}$，所以时间常数 $\tau = RC = 0.08\text{s}$，$\tau \ll t_0$，满足微分电路的条件。

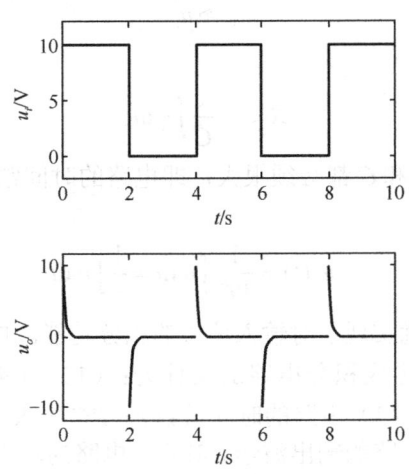

图 6.42 微分电路的输出波形

从电阻上获得的输出波形为正负相间的尖脉冲信号，原因如下。

(1) 从电容的充放电过程进行分析。当输入的矩形脉冲信号 u_i 为上升沿时，$u_i = U_s = 10\text{V}$，电容充电。因为 $\tau \ll t_0$，所以充电过程极短，电容电压 u_C 很快由 0 上升到 $U_s = 10\text{V}$（之前的放电早已结束，属于零状态响应），而输出电压则按 $u_o = Ri_C = U_s \text{e}^{-\frac{t}{\tau}}$ 的规律急剧衰减到 0，形成一个正的尖脉冲信号；当输入的矩形脉冲信号 u_i 为下降沿时，$u_i = 0$，电路的输入端相当于短路，电容放电。因为 $\tau \ll t_0$，所以放电过程极短，电容电压 u_C 很快由 $U_s = 10\text{V}$ 下降到 0（之前的充电早已结束，属于零输入响应，初始值为 $u_C(0^+) = u_C(0^-) = 10\text{V}$），而输出电压则按 $u_o = -Ri_C = -U_s \text{e}^{-\frac{t}{\tau}}$ 的规律反方向急剧衰减到 0，形成一个负的尖脉冲信号。

(2) 由式 (6-72) 可得，当电路满足构成微分电路的 3 个条件时，微分电路的输出电压 u_o 近似地与输入电压 u_i 的微分成正比。当输入的矩形脉冲信号 u_i 为上升沿时，其导数的理论值为一个正的冲激（无穷大，因为有断点，对应的实际值为一个正的尖脉冲信号）；当输入的矩形脉冲信号 u_i 为下降沿时，其导数的理论值为一个负的冲激（对应的实际值为一个负的尖脉冲信号）；相邻的上升沿与下降沿之间的函数值为常数，其导数为 0。所以，就形成了如图 6.42 所示的微分电路的输出波形。

2. 积分电路

积分电路的功能是实现输出电压与输入电压之间的近似积分关系。其电路结构为一阶 RC 串联电路，输出电压从电容上获取，如图 6.43 所示。

下面来分析元件参数的搭配条件。

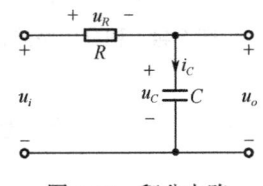

图 6.43 积分电路

由图 6.43 可知

$$u_o(t) = u_C(t) = \frac{1}{C}\int i_C dt = \frac{1}{RC}\int u_R dt \tag{6-73}$$

式（6-73）说明，输出电压 u_o 与电阻电压的积分成正比。如果通过合理选择电路参数，使 $u_i \approx u_R$，则输出电压 u_o 近似地与输入电压 u_i 的积分成正比，从而实现积分电路的功能。

由 KVL 得，$u_i = u_R + u_o$，要使 $u_i \approx u_R$，则应有

$$u_R \gg u_o$$

即

$$Ri_C \gg \frac{1}{C}\int i_C dt \tag{6-74}$$

要使式（6-74）成立，R 和 C 都必须很大，即电路的时间常数 $\tau = RC$ 很大。
此时有

$$u_o(t) \approx \frac{1}{RC}\int u_i dt = \frac{1}{\tau}\int u_i dt \tag{6-75}$$

这样，图 6.43 所示电路就实现了对输入信号的积分功能。电路的时间常数 $\tau = RC$ 越大，积分效果越好。综上所述，构成积分电路的条件为：（1）电路结构为一阶 RC 串联电路；（2）输出电压从电容上获取；（3）电路的时间常数 $\tau = RC$ 很大（越大越好）。

图 6.44 所示波形为积分电路的输出波形。其中，电路的输入电压 u_i 为矩形脉冲信号，幅值 $U_s = 10V$，脉宽 $t_0 = 2s$，电路的电阻 $R = 10k\Omega$，电容 $C = 800\mu F$，所以时间常数 $\tau = RC = 8s$，$\tau \gg t_0$，满足积分电路的条件。

从电容上获得的输出波形为近似三角波信号，原因如下。

（1）从电容的充放电过程进行分析。当输入的矩形脉冲信号 u_i 为上升沿时，$u_i = U_s = 10V$，电容被充电。因为 $\tau \gg t_0$，所以电容的充电过程很长，电容电压 u_C 上升较慢。当充电时间达到 2s 时，输入信号消失，电容电压 u_C 还远未上升到 10V，此时却开始放电，且放电过程也很慢。当放电时间达到 2s 时，电容电压还远未下降到 0V，此时却开始充电，如此循环往复。由于电路的时间常数很大（相对矩形脉冲信号的脉宽而言），所以充放电曲线类似于直线，从而形成一条连续稳定的三角波信号。

（2）从数学含义上进行分析。由式（6-75）可得，当电路满足构成积分电路的 3 个条件时，积分电路的输出电压 u_o 近似地与输入电压 u_i 的积分成正比。当输入的矩形脉冲信号 u_i 出现时（为常数），其积分为时间 t 的线性函数，输出呈线性增长；当输入消失时，图 6.43 的信号输入端相当于短路，此时电容通过电阻放电，导致电容电压逐渐下降，放电曲线也近似为直线，从而形成如图 6.44 所示的三角波曲线。

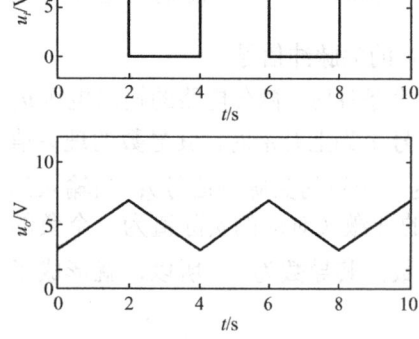

图 6.44 积分电路的输出波形

6.4 二阶动态电路的时域响应求解

所谓二阶动态电路，从电路元件来看，一般是指含有两个动态元件（排除两个同类动态

元件直接串联或并联的情形，因为它们可以等效为一个同类型的动态元件，从而变成一阶动态电路）的电路。从所建立的微分方程来看，该微分方程是一个二阶微分方程。从前面一阶动态电路的求解过程可知，一阶动态电路的求解需要一个初始条件。同理，二阶动态电路的求解需要两个初始条件，它们均由动态元件的初始储能（初始值）决定。

下面讨论二阶微分方程的时域求解，并分析其动态响应特性。

6.4.1 二阶动态电路的零输入响应

图 6.45 为 RLC 串联放电电路。其中，电容已充有电压 $u_C(0^-) = U_0$，电感初始电流 $i_L(0^-) = I_0$。

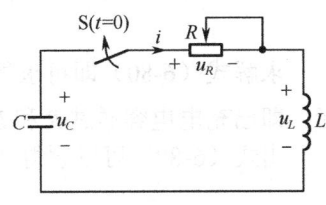

图 6.45 RLC 串联放电电路

$t = 0$ 时开关 S 闭合，此时电路没有电源作用，电路的响应由电容 C 的放电引起，这就是二阶 RLC 串联电路的零输入响应过程。电路的零输入响应完全由电路自身特性决定，与电路输入（电源）无关，所以也称为固有响应。

由 KVL 可得

$$u_C - u_R - u_L = 0$$

式中

$$i = -C\frac{du_C}{dt}, \quad u_R = Ri = -RC\frac{du_C}{dt}, \quad u_L = L\frac{di}{dt} = -LC\frac{d^2u_C}{dt^2}$$

将上式代入 KVL 方程，可得

$$LC\frac{d^2u_C}{dt^2} + RC\frac{du_C}{dt} + u_C = 0 \tag{6-76}$$

式（6-76）为 RLC 串联放电电路的微分方程，是一个二阶线性常系数齐次微分方程。下面对其进行时域求解。

其对应的特征方程为

$$LC\lambda^2 + RC\lambda + 1 = 0$$

其特征根为

$$\lambda = -\frac{R}{2L} \pm \sqrt{\left(\frac{R}{2L}\right)^2 - \frac{1}{LC}}$$

式中

$$\lambda_1 = -\frac{R}{2L} + \sqrt{\left(\frac{R}{2L}\right)^2 - \frac{1}{LC}}, \quad \lambda_2 = -\frac{R}{2L} - \sqrt{\left(\frac{R}{2L}\right)^2 - \frac{1}{LC}} \tag{6-77}$$

从而有

$$u_C = A_1 e^{\lambda_1 t} + A_2 e^{\lambda_2 t}, \quad t \geq 0^+ \tag{6-78}$$

由换路定理可得

$$u_C(0^+) = u_C(0^-) = U_0, \quad i(0^+) = i(0^-) = I_0$$

由于

$$i = -C\frac{du_C}{dt}$$

所以

$$\left.\frac{du_C}{dt}\right|_{t=0^+} = -\frac{1}{C} \times i(0^+) = -\frac{I_0}{C}$$

对式（6-78）两端求导可得

$$\frac{du_C}{dt} = \lambda_1 A_1 e^{\lambda_1 t} + \lambda_2 A_2 e^{\lambda_2 t}, \quad t \geq 0^+ \tag{6-79}$$

将初始条件分别代入式（6-78）和式（6-79）得

$$\begin{cases} A_1 + A_2 = U_0 \\ \lambda_1 A_1 + \lambda_2 A_2 = -\dfrac{I_0}{C} \end{cases} \tag{6-80}$$

求解式（6-80）即可求得未知常数 A_1 和 A_2。为简单起见，下面讨论 $U_0 \neq 0$ 但 $I_0 = 0$ 的情形，即已充电电容通过 R 和 L 放电的情况。

由式（6-80）可以解得（$I_0 = 0$）

$$\begin{cases} A_1 = \dfrac{\lambda_2 U_0}{\lambda_2 - \lambda_1} \\ A_2 = -\dfrac{\lambda_1 U_0}{\lambda_2 - \lambda_1} \end{cases} \tag{6-81}$$

将式（6-81）的结果代入式（6-78）即可得到二阶 RLC 串联放电电路的零输入响应表达式。

由式（6-77）可得，特征根的取值有三种不同情况：①两个互异的负实根；②一对负实部的共轭复根；③一对相等的负实根。

下面就特征根的三种不同情况进行讨论。

1. 过阻尼放电（非振荡放电）

如果特征根 λ_1 和 λ_2 为两个互异的负实根，则有

$$R > 2\sqrt{\frac{L}{C}} \tag{6-82}$$

此时，电容电压为

$$u_C = \frac{U_0}{\lambda_2 - \lambda_1}(\lambda_2 e^{\lambda_1 t} - \lambda_1 e^{\lambda_2 t}) = \frac{U_0}{2\sqrt{\left(\dfrac{R}{2L}\right)^2 - \dfrac{1}{LC}}}(\lambda_1 e^{\lambda_2 t} - \lambda_2 e^{\lambda_1 t}) \tag{6-83}$$

电容电流为

$$\begin{aligned} i &= -C\frac{du_C}{dt} = -C \times \frac{U_0}{\lambda_2 - \lambda_1}(\lambda_1 \lambda_2 e^{\lambda_1 t} - \lambda_1 \lambda_2 e^{\lambda_2 t}) \\ &= -\frac{\lambda_1 \lambda_2 C U_0}{\lambda_2 - \lambda_1}(e^{\lambda_1 t} - e^{\lambda_2 t}) = -\frac{U_0}{L(\lambda_2 - \lambda_1)}(e^{\lambda_1 t} - e^{\lambda_2 t}) \\ &= \frac{U_0}{2L\sqrt{\left(\dfrac{R}{2L}\right)^2 - \dfrac{1}{LC}}}(e^{\lambda_1 t} - e^{\lambda_2 t}) \end{aligned} \tag{6-84}$$

电感电压为

$$u_L = L\frac{di}{dt} = -\frac{U_0}{\lambda_2 - \lambda_1}(\lambda_1 e^{\lambda_1 t} - \lambda_2 e^{\lambda_2 t})$$

$$= \frac{U_0}{2\sqrt{\left(\frac{R}{2L}\right)^2 - \frac{1}{LC}}}(\lambda_1 e^{\lambda_1 t} - \lambda_2 e^{\lambda_2 t}) \tag{6-85}$$

其中

$$\lambda_2 - \lambda_1 = \left(-\frac{R}{2L} - \sqrt{\left(\frac{R}{2L}\right)^2 - \frac{1}{LC}}\right) - \left(-\frac{R}{2L} + \sqrt{\left(\frac{R}{2L}\right)^2 - \frac{1}{LC}}\right) \tag{6-86}$$

$$= -2\sqrt{\left(\frac{R}{2L}\right)^2 - \frac{1}{LC}}$$

$$\lambda_1 \lambda_2 = \left(-\frac{R}{2L} + \sqrt{\left(\frac{R}{2L}\right)^2 - \frac{1}{LC}}\right)\left(-\frac{R}{2L} - \sqrt{\left(\frac{R}{2L}\right)^2 - \frac{1}{LC}}\right) \tag{6-87}$$

$$= \left(\frac{R}{2L}\right)^2 - \left(\left(\frac{R}{2L}\right)^2 - \frac{1}{LC}\right) = \frac{1}{LC}$$

由式（6-77）可得，$\lambda_1 < 0$，$\lambda_2 < 0$，且 $|\lambda_2| > |\lambda_1|$，所以 $(\lambda_2 e^{\lambda_2 t} - \lambda_1 e^{\lambda_1 t}) > 0$，即 $u_C > 0$，且 u_C 是单调下降的（因为 $u'_C < 0$，证明从略）。

另外，由式（6-83）可得

$$u_C(0^+) = \frac{U_0}{\lambda_2 - \lambda_1}(\lambda_2 - \lambda_1) = U_0, \quad u_C(\infty) = 0\text{V} \tag{6-88}$$

同理，由式（6-84）可得，因为 $(e^{\lambda_1 t} - e^{\lambda_2 t}) > 0$，所以 $i > 0$。由于 $i(0^+) = i(\infty) = 0$，所以电路在放电过程中，电流 i 必然会经历由零逐渐增大再最终趋于零的变化过程，也就是说，电流 i 一定存在一个极大值点。

令 $\dfrac{di}{dt} = 0$，有

$$\lambda_1 e^{\lambda_1 t} - \lambda_2 e^{\lambda_2 t} = 0 \tag{6-89}$$

解得 i 的极大值点为

$$t_m = \frac{\ln\left(\dfrac{\lambda_2}{\lambda_1}\right)}{\lambda_1 - \lambda_2} \tag{6-90}$$

由式（6-88）可得，$u_L(0^+) = U_0$，$u_L(\infty) = 0$。结合式（6-85）可得，$u_L(t_m) = 0$，所以 u_L 在区间 $[t_m, +\infty)$ 之间一定存在极小值点。

令 $\dfrac{du_L}{dt} = 0$，有

$$\lambda_1^2 e^{\lambda_1 t} - \lambda_2^2 e^{\lambda_2 t} = 0 \tag{6-91}$$

解得 u_L 的极小值点为

$$t'_m = \frac{2\ln\left(\dfrac{\lambda_2}{\lambda_1}\right)}{\lambda_1 - \lambda_2} = 2t_m \tag{6-92}$$

u_C、i 和 u_L 的典型过阻尼非振荡放电波形曲线如图 6.46 所示。其中，$R=100\Omega$，$L=45$H，$C=0.02$F，$R=100\Omega > 2\sqrt{\dfrac{L}{C}}=94.87\Omega$，$t_m = 0.93$s。

由图 6.46 可以看出，u_C 和 i_L 始终为正（在横轴上方），说明电容在过阻尼放电过程中一直在释放电场能量，没有反向的吸能过程，所以称为非振荡放电，又称为过阻尼放电。而电感的工作情况则不同。在 i 增加的阶段，即 $t\in[0,t_m]$，u_L 的值为正，此时电感吸收功率，并将电容的部分电场能量转换成磁场能量储存起来；在 $t=t_m$ 时，i 的值由增长开始变为下降，i 的值达到最大值，u_L 过零，此时 u_L 的极性开始反号（其值由正变负），电感发出功率，开始将其储存的磁场能量以电场能量的方式释放出来，以延缓 i 的减小。在 $t=2t_m$ 时，u_L 的值达到最小，之后缓慢趋于零。

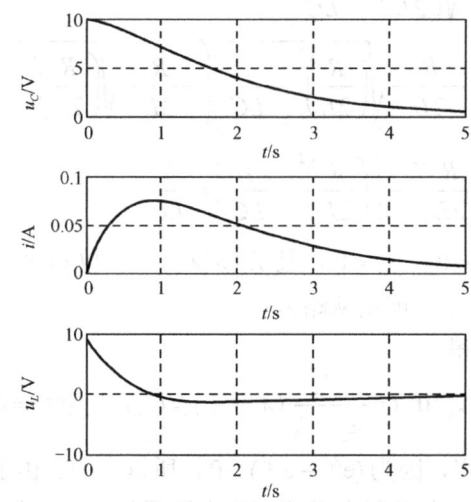

图 6.46 u_C、i 和 u_L 的典型过阻尼非振荡放电波形曲线

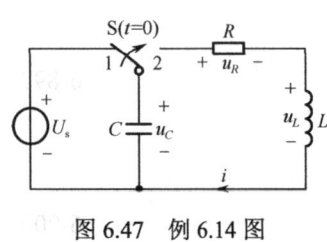

图 6.47 例 6.14 图

例 6.14 如图 6.47 所示电路，已知 $U_s=10$V，$C=1\mu$F，$R=4$kΩ，$L=1$H。开关 S 原来位于位置1，且换路前电路已处于稳态。当 $t=0$ 时，开关 S 由位置1切换到位置2。求：(1) u_C、i、u_R 及 u_L；(2) i_{max}。

解题思路：该电路为一个二阶 RLC 串联放电电路的零输入响应。根据其参数条件判断为过阻尼的非振荡放电过程，直接代入相关公式即可求得结果。

解：(1) 因为 $R=4$kΩ，而 $2\sqrt{\dfrac{L}{C}}=2\sqrt{\dfrac{1}{10^{-6}}}=2k\Omega$，所以 $R>2\sqrt{\dfrac{L}{C}}$，故该二阶 RLC 串联放电电路的放电过程是过阻尼（非振荡）放电。由换路前的电路可得，$u_C(0^+)=U_0=U_s$。

由式（6-77）可得，其特征根为

$$\lambda_1 = -\frac{R}{2L}+\sqrt{\left(\frac{R}{2L}\right)^2-\frac{1}{LC}}=-268, \quad \lambda_2 = -\frac{R}{2L}-\sqrt{\left(\frac{R}{2L}\right)^2-\frac{1}{LC}}=-3732$$

由式（6-83）、式（6-84）及式（6-85）可得

$$u_C = 10.77\mathrm{e}^{-268t}-0.774\mathrm{e}^{-3732t}\mathrm{V}$$

$$i = 2.89(e^{-268t} - e^{-3732t}) \text{mA}$$
$$u_R = Ri = 11.56(e^{-268t} - e^{-3732t}) \text{V}$$
$$u_L = 10.77e^{-3732t} - 0.774e^{-268t} \text{ V}$$

（2）先求电流 i 的极大值点 t_m

由式（6-90）可得

$$t_m = \frac{\ln\left(\frac{\lambda_2}{\lambda_1}\right)}{\lambda_1 - \lambda_2} = 7.60 \times 10^{-4} \text{s} = 760\mu\text{s}$$

再求电流 i 的极大值为

$$i_{max} = 2.89(e^{-268 \times 7.60 \times 10^{-4}} - e^{-3732 \times 7.60 \times 10^{-4}}) = 2.19 \text{mA}$$

2．欠阻尼放电（衰减振荡放电）

如果

$$R < 2\sqrt{\frac{L}{C}} \tag{6-93}$$

则特征根 λ_1 和 λ_2 为一对负实部的共轭复根。

令

$$\delta = \frac{R}{2L}, \quad \omega^2 = \frac{1}{LC} - \left(\frac{R}{2L}\right)^2 \tag{6-94}$$

则

$$\sqrt{\left(\frac{R}{2L}\right)^2 - \frac{1}{LC}} = \sqrt{-\omega^2} = j\omega \tag{6-95}$$

从而

$$\lambda_1 = -\delta + j\omega, \quad \lambda_2 = -\delta - j\omega \tag{6-96}$$

令

$$\omega_0 = \sqrt{\delta^2 + \omega^2}, \quad \beta = \arctan\left(\frac{\omega}{\delta}\right) \tag{6-97}$$

式中，δ、ω、ω_0 及 β 之间的几何关系如图 6.48 所示。

由此可得

$$\begin{cases} \delta = \omega_0 \cos\beta \\ \omega = \omega_0 \sin\beta \end{cases} \tag{6-98}$$

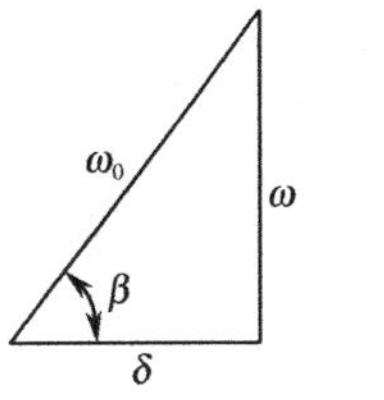

由欧拉公式

$$\begin{cases} e^{j\beta} = \cos\beta + j\sin\beta \\ e^{-j\beta} = \cos\beta - j\sin\beta \end{cases} \tag{6-99}$$

图 6.48 δ、ω、ω_0 及 β 之间的几何关系

或

$$\begin{cases} \cos\beta = \dfrac{e^{j\beta} + e^{-j\beta}}{2} \\ \sin\beta = \dfrac{e^{j\beta} - e^{-j\beta}}{j2} \end{cases} \tag{6-100}$$

由式（6-96）～（6-99）可得

$$\lambda_1 = -\omega_0 e^{-j\beta}, \quad \lambda_2 = -\omega_0 e^{j\beta} \tag{6-101}$$

由式（6-83）、式（6-96）和式（6-101）可得，电容电压 u_C 为

$$\begin{aligned} u_C &= \frac{U_0}{\lambda_2 - \lambda_1}(\lambda_2 e^{\lambda_1 t} - \lambda_1 e^{\lambda_2 t}) \\ &= \frac{U_0}{-j2\omega}[-\omega_0 e^{j\beta} \times e^{(-\delta+j\omega)t} + \omega_0 e^{-j\beta} \times e^{(-\delta-j\omega)t}] \\ &= \frac{U_0 \omega_0}{\omega} e^{-\delta t}\left[\frac{e^{j(\omega t+\beta)} - e^{-j(\omega t+\beta)}}{j2}\right] = \frac{U_0 \omega_0}{\omega} e^{-\delta t} \sin(\omega t + \beta) \end{aligned} \tag{6-102}$$

由式（6-84）和式（6-96）可得，电流 i 为

$$\begin{aligned} i &= \frac{U_0}{L(\lambda_2 - \lambda_1)}(e^{\lambda_1 t} - e^{\lambda_2 t}) = \frac{U_0}{L(-j2\omega)}[e^{(-\delta+j\omega)t} - e^{(-\delta-j\omega)t}] \\ &= \frac{U_0}{\omega L} e^{-\delta t} \times \frac{e^{j\omega t} - e^{-j\omega t}}{j2} = \frac{U_0}{\omega L} e^{-\delta t} \sin \omega t \end{aligned} \tag{6-103}$$

由式（6-85）、式（6-96）和式（6-101）可得，电感电压 u_L 为

$$\begin{aligned} u_L &= -\frac{U_0}{(\lambda_2 - \lambda_1)}(\lambda_1 e^{\lambda_1 t} - \lambda_2 e^{\lambda_2 t}) = -\frac{U_0}{-j2\omega}[-\omega_0 e^{-j\beta} e^{(-\delta+j\omega)t} + \omega_0 e^{j\beta} e^{(-\delta-j\omega)t}] \\ &= \frac{U_0 \omega_0}{\omega} e^{-\delta t} \times \frac{e^{j(\omega t-\beta)} - e^{-j(\omega t-\beta)}}{j2} = \frac{U_0 \omega_0}{\omega} e^{-\delta t} \sin(\omega t - \beta) \end{aligned} \tag{6-104}$$

u_C、i 和 u_L 的典型欠阻尼衰减振荡放电波形曲线如图 6.49 所示。其中，$R=100\Omega$，$L=45H$，$C=0.002F$，$R=100\Omega < 2\sqrt{\dfrac{L}{C}} = 300\Omega$，$\omega=3.1427\text{rad/s}$，$\omega_0=3.3333\text{rad/s}$，$\delta=1.1111\text{s}^{-1}$，$\beta=1.2310\text{rad}$。

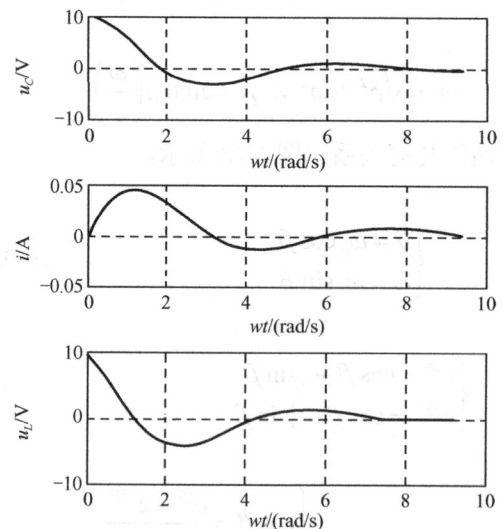

图 6.49 u_C、i 及 u_L 的典型欠阻尼衰减振荡放电波形曲线

由图 6.49 可以看出，二阶 RLC 串联放电电路工作在欠阻尼状态时，由于电阻不断消耗

电能，所以电路变量是按正弦规律振荡衰减变化的，并最终趋于零，各变量波形的包络线为衰减的指数函数波形，且

（1）$\omega t = k\pi (k=0,1,2,3,\cdots)$ 为电流 i 的零点，也是电容电压 u_C 的极值点；

（2）$\omega t = k\pi - \beta (k=0,1,2,3,\cdots)$ 为电容电压 u_C 的零点；

（3）$\omega t = k\pi + \beta (k=0,1,2,3,\cdots)$ 为电感电压 u_L 的零点，也是电流 i 的极值点。

各元件能量的释放和吸收情况如表 6.1 所示。

表 6.1 各元件能量的释放和吸收情况

	$0<\omega t<\beta$	$\beta<\omega t<\pi-\beta$	$\pi-\beta<\omega t<\pi$
电感	吸收	释放	释放
电容	释放	释放	吸收
电阻	吸收	吸收	吸收

在理想情况下，若 $R=0$，则 $\delta=0$，$\omega=\omega_0=\dfrac{1}{\sqrt{LC}}$，$\beta=\dfrac{\pi}{2}$，此时有

$$u_C = U_0 \sin\left(\omega_0 t + \frac{\pi}{2}\right) \tag{6-105}$$

$$i = \frac{U_0}{\sqrt{\dfrac{L}{C}}} \sin\omega_0 t \tag{6-106}$$

$$u_L = u_C = -U_0 \sin\left(\omega_0 t - \frac{\pi}{2}\right) = U_0 \sin\left(\omega_0 t + \frac{\pi}{2}\right) \tag{6-107}$$

例 6.15 在受控热核研究中，需要强大的脉冲磁场，它是靠强大的脉冲电流产生的。这种强大的脉冲电流可以由二阶 RLC 串联放电电路产生。若已知 $U_0=15\text{kV}$，$C=1700\mu\text{F}$，$R=6\times10^{-4}\Omega$，$L=6\times10^{-9}\text{H}$，试问：

（1）电流 i 的表达式；

（2）电流 i 的最大值点，并求出其最大值 $i_{\max}$。

解题思路：用已知电路参数 R、L 和 C 计算出 δ、ω 和 β，然后代入式（6-103）算出相关结果。

解：（1）因为 $R=6\times10^{-4}\Omega$，而 $2\sqrt{\dfrac{L}{C}}=2\sqrt{\dfrac{6\times10^{-9}}{1.7\times10^{-3}}}=3.757\times10^{-3}\Omega$，所以 $R<2\sqrt{\dfrac{L}{C}}$，故该二阶 RLC 串联放电电路的放电过程是欠阻尼振荡放电。

所以

$$\delta = \frac{R}{2L} = \frac{6\times10^{-4}}{2\times6\times10^{-9}} = 5\times10^4 \text{s}^{-1}$$

$$\omega = \sqrt{\frac{1}{LC}-\left(\frac{R}{2L}\right)^2} = \sqrt{\frac{1}{6\times10^{-9}\times1.7\times10^{-3}}-(5\times10^4)^2}$$

$$= 3.09\times10^5 \text{rad/s}$$

$$\beta = \arctan\left(\frac{\omega}{\delta}\right) = \arctan\left(\frac{3.09\times10^5}{5\times10^4}\right) = \arctan(6.18) = 1.41\text{rad}$$

故
$$i = \frac{U_0}{\omega L} e^{-\delta t} \sin \omega t = 8.09 \times 10^6 e^{-5 \times 10^4 t} \sin(3.09 \times 10^5 t) \text{A}$$

（2）当 $\omega t = \beta$ 时，电流 i 达到最大值。

其最大值点为
$$t = \frac{\beta}{\omega} = \frac{1.41}{3.09} \times 10^5 = 4.56 \times 10^{-6} \text{s}$$

其最大值 $i_{\max}$ 为
$$i_{\max} = 8.09 \times 10^6 e^{-5 \times 10^4 \times 4.56 \times 10^{-6}} \sin(3.09 \times 10^5 \times 4.56 \times 10^{-6}) = 6.36 \times 10^6 \text{A}$$

3. 临界阻尼放电（非振荡放电）

如果
$$R = 2\sqrt{\frac{L}{C}} \tag{6-108}$$

则特征根 λ_1 和 λ_2 为一对相等的负实根，即
$$\lambda_1 = \lambda_2 = -\frac{R}{2L} = -\delta \tag{6-109}$$

此时，式（6-78）的通解结构为
$$u_C = (A_1 + A_2 t) e^{-\delta t} \tag{6-110}$$

从而
$$\frac{du_C}{dt} = A_2 e^{-\delta t} - \delta(A_1 + A_2 t) e^{-\delta t}$$

代入已知条件
$$u_C(0^+) = U_0, \quad \left.\frac{du_C}{dt}\right|_{t=0^+} = 0$$

可得
$$\begin{cases} A_1 = U_0 \\ A_2 - \delta A_1 = 0 \end{cases}$$

解得 $A_1 = U_0$，$A_2 = \delta U_0$。

所以
$$u_C = U_0 (1 + \delta t) e^{-\delta t} \tag{6-111}$$

$$i = -C \frac{du_C}{dt} = -CU_0 [\delta e^{-\delta t} - \delta(1 + \delta t) e^{-\delta t}]$$
$$= CU_0 \delta^2 t e^{-\delta t} = CU_0 \times \frac{R^2}{4L^2} t e^{-\delta t} = CU_0 \times \frac{1}{4L^2} \times \frac{4L}{C} t e^{-\delta t} \tag{6-112}$$
$$= \frac{U_0}{L} t e^{-\delta t}$$

$$u_L = L \frac{di}{dt} = L \times \frac{U_0}{L} (e^{-\delta t} - \delta t e^{-\delta t}) \tag{6-113}$$
$$= U_0 e^{-\delta t} (1 - \delta t)$$

显然，上述 u_C、i 及 u_L 的波形是非振荡衰减的，其波形跟过阻尼放电过程的波形类似。

由临界阻尼的条件可得，临界阻尼是过阻尼与欠阻尼两种状态的临界点，其对应的电阻称为临界电阻。

6.4.2 二阶动态电路的零状态响应

二阶动态电路的初始储能为零（电容未储存电场能量，电感未储存磁场能量），仅由外加电源产生的电路响应，称为零状态响应。由于零状态响应是电源迫使电路产生的响应，所以又称为强迫响应。

图 6.50 所示电路为二阶 RLC 并联电路，其中，$u_C(0^-)=0$，$i_L(0^-)=0$。开关 S 原来是闭合的，$t=0$ 时开关 S 断开。

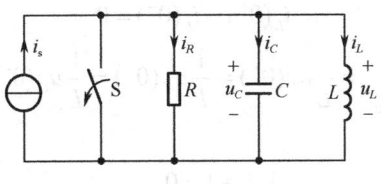

图 6.50　二阶 RLC 并联电路

由 KCL 得

$$i_R + i_C + i_L = i_s \tag{6-114}$$

式中

$$u_L = L\frac{\mathrm{d}i_L}{\mathrm{d}t}, \quad i_R = \frac{u_L}{R} = \frac{L}{R}\frac{\mathrm{d}i_L}{\mathrm{d}t}, \quad i_C = C\frac{\mathrm{d}u_L}{\mathrm{d}t} = LC\frac{\mathrm{d}^2 i_L}{\mathrm{d}t^2} \tag{6-115}$$

将式（6-115）代入式（6-114）并整理得

$$LC\frac{\mathrm{d}^2 i_L}{\mathrm{d}t^2} + \frac{L}{R}\frac{\mathrm{d}i_L}{\mathrm{d}t} + i_L = i_s \tag{6-116}$$

式（6-116）为图 6.50 所示电路的数学模型，是一个二阶常系数线性非齐次微分方程，求解该方程（初始状态为零）即可获得其零状态响应。

例 6.16　如图 6.50 所示电路。已知 $u_C(0^-)=0\text{V}$，$i_L(0^-)=0\text{A}$，$R=500\Omega$，$C=1\mu\text{F}$，$L=1\text{H}$，$i_s=1\text{A}$。开关 S 原来是闭合的，$t=0$ 时开关 S 断开，试求换路后的变量 i_L、u_C 和 i_C。

解题思路：将已知电路参数代入式（6-116），即可求出 i_L，再用式（6-115）进一步求出 u_C 和 i_C。

解：将已知电路参数代入式（6-116）可得微分方程为

$$\frac{\mathrm{d}^2 i_L}{\mathrm{d}t^2} + 2\times 10^3 \frac{\mathrm{d}i_L}{\mathrm{d}t} + 10^6 i_L = 10^6, \quad t>0$$

其特征方程为

$$\lambda^2 + 2\times 10^3 \lambda + 10^6 = 0$$

解得特征根为

$$\lambda_1 = \lambda_2 = -10^3$$

设齐次解为

$$i_{Lh} = (A_1 + A_2 t)\mathrm{e}^{-10^3 t}$$

设特解为

将特解代入微分方程可得

$$i_{LP} = B$$

$$i_{LP} = B = 1\text{A}$$

通解为

$$i_L = i_{Lh} + i_{LP} = (A_1 + A_2 t)\text{e}^{-10^3 t} + 1$$

其导数为

$$\frac{\text{d}i_L}{\text{d}t} = A_2 \text{e}^{-10^3 t} - 10^3 (A_1 + A_2 t)\text{e}^{-10^3 t}$$

由换路定理得其初始值为

$$i_L(0^+) = i_L(0^-) = 0$$

$$\left.\frac{\text{d}i_L}{\text{d}t}\right|_{t=0^+} = \frac{1}{L}u_L(0^+) = \frac{1}{L}u_C(0^+) = \frac{1}{L}u_C(0^-) = 0$$

代入初始条件得

$$\begin{cases} A_1 + 1 = 0 \\ A_2 - 10^3 A_1 = 0 \end{cases}$$

解得 $A_1 = -1$，$A_2 = -10^3$。

故所求电路的零状态响应为

$$i_L = [1 - (1 + 10^3 t)\text{e}^{-10^3 t}]\text{A}$$

$$u_C = u_L = L\frac{\text{d}i_L}{\text{d}t} = 10^6 t \text{e}^{-10^3 t}\text{V}$$

$$i_C = C\frac{\text{d}u_C}{\text{d}t} = (1 - 10^3 t)\text{e}^{-10^3 t}\text{A}$$

6.4.3 二阶动态电路的全响应

如果二阶动态电路同时具备初始储能又有外加电源作用，则电路的响应称为全响应。显然，零输入响应和零状态响应是全响应的特殊情形。根据叠加定理，线性电路的全响应等于其零输入响应和零状态响应之和。根据微分方程理论，非齐次线性常系数微分方程等于其齐次解和特解之和（经典法）。下面将通过具体的例子加以说明。

例 6.17 如图 6.51 所示电路。已知 $u_C(0^-) = 0$，$i_L(0^-) = 2\text{A}$，$R = 50\Omega$，$L = 0.5\text{H}$，$C = 100\mu\text{F}$。$t = 0$ 时开关 S 闭合，求开关闭合后的电感电流 i_L。

解题思路：该电路既具有初始状态 $i_L(0^-) = 2\text{A}$，开关闭合后又接入了 50V 电压源，所以其电路响应为全响应。可先建立电路的微分方程，再对该非齐次线性常系数微分方程进行求解。

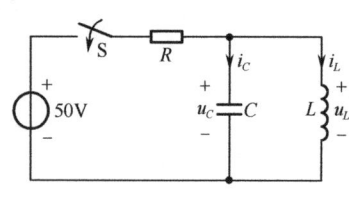

图 6.51 例 6.17 图

解：由 KCL 可得

$$\frac{50 - L\dfrac{\text{d}i_L}{\text{d}t}}{R} = i_L + LC\frac{\text{d}^2 i_L}{\text{d}t^2}$$

整理得

$$RLC\frac{d^2 i_L}{dt^2} + L\frac{di_L}{dt} + Ri_L = 50$$

代入已知条件得

$$\frac{d^2 i_L}{dt^2} + 200\frac{di_L}{dt} + 20000 i_L = 20000$$

(1) 求齐次解

其特征方程为

$$\lambda^2 + 200\lambda + 20000 = 0$$

解得特征根为

$$\lambda_1 = -100 + j100, \quad \lambda_2 = -100 - j100$$

设齐次解为

$$i_{Lh} = A e^{-100t} \sin(100t + \beta)$$

设特解为

$$i_{LP} = B$$

将特解代入微分方程可得

$$i_{LP} = B = \frac{50}{50} = 1 \text{A}$$

其通解为

$$i_L = i_{Lh} + i_{LP} = A e^{-100t} \sin(100t + \beta) + 1$$

其导数为

$$\frac{di_L}{dt} = -100 A e^{-100t} \sin(100t + \beta) + 100 A e^{-100t} \cos(100t + \beta)$$

由换路定理得其初始值为

$$i_L(0^+) = i_L(0^-) = 2$$

$$\left.\frac{di_L}{dt}\right|_{t=0^+} = \frac{1}{L}u_L(0^+) = \frac{1}{L}u_C(0^+) = \frac{1}{L}u_C(0^-) = 0$$

代入初始条件得

$$\begin{cases} A\sin\beta + 1 = 2 \\ -100 A\sin\beta + 100 A\cos\beta = 0 \end{cases}$$

解得 $A = \sqrt{2}$, $\beta = 45°$。

故电感电流 i_L 的全响应为

$$i_L = [1 + \sqrt{2} e^{-100t} \sin(100t + 45°)] \text{A}$$

6.5 动态电路响应的复频域（s 域）求解

前面介绍了一阶和二阶动态电路的时域分析与求解。从前面时域求解的过程可以看出，求解的主要步骤为：①建立电路的微分方程；②求解该微分方程。这种求解方法的缺点是系统性较差，计算量较大，且是纯粹的数学方法，不便于用电路的概念进行分析和理解。

动态电路的拉普拉斯（Laplace）变换法求解，具有系统性强、概念清晰、计算量相对较小的特点，是一种纯粹的电路分析方法，便于用直流电阻电路的概念和求解方法进行求解。

6.5.1 Laplace 变换的定义

Laplace 变换有双边拉普拉斯变换和单边拉普拉斯变换之分，它们的区别在于积分区间的不同。双边拉普拉斯变换的积分区间为 $(-\infty,+\infty)$，单边拉普拉斯变换的积分区间为 $(0^-,+\infty)$。考虑到实际工程中的信号均为因果信号，即 $f(t)=0$，$t<0$，此时双边拉普拉斯变换已退化成单边拉普拉斯变换，所以本节只介绍单边拉普拉斯变换。

Laplace 变换的定义为

$$F(s)=\mathrm{L}[f(t)]=\int_{0^-}^{+\infty}f(t)\mathrm{e}^{-st}\mathrm{d}t=\int_0^{+\infty}f(t)\mathrm{e}^{-st}\mathrm{d}t \tag{6-117}$$

$$f(t)=\mathrm{L}^{-1}[F(s)]=\frac{1}{2\pi\mathrm{j}}\int_{\sigma-\mathrm{j}\omega}^{\sigma+\mathrm{j}\omega}F(s)\mathrm{e}^{st}\mathrm{d}s \tag{6-118}$$

式（6-117）称为 Laplace 正变换，简称 Laplace 变换，式（6-118）称为 Laplace 逆变换，σ 为一恰当的实数（根据需要可正可负，以保证积分收敛）。Laplace 正变换记为 $F(s)=\mathrm{L}[f(t)]$，Laplace 逆变换记为 $f(t)=L^{-1}[F(s)]$，"L[·]" 称为 Laplace 算子。$f(t)$ 称为原函数，$F(S)$ 称为象函数。

另外，式（6-117）中的积分下限为 0^-，主要是考虑到 $f(t)$ 中可能包含单位冲激信号，也为了包含电路系统的零输入响应。在不引起混淆的情况下，0^- 通常写成 0，只在必要时写为 0^-。

6.5.2 常见信号的 Laplace 变换

实际工程中的常见信号有单边指数信号、单位阶跃信号、正（余）弦信号、t 的正整数次幂信号及单位冲激信号等，它们的 Laplace 变换结果对电路系统的 s 域分析及求取 Laplace 逆变换有着重要的作用。

1. 单边指数信号 $\mathrm{e}^{\lambda t}u(t)$

$$\begin{aligned}\mathrm{L}[\mathrm{e}^{\lambda t}u(t)]&=\int_0^\infty \mathrm{e}^{\lambda t}\mathrm{e}^{-st}\mathrm{d}t=\int_0^\infty \mathrm{e}^{-(s-\lambda)t}\mathrm{d}t\\ &=-\frac{1}{s-\lambda}\mathrm{e}^{-(s-\lambda)}\bigg|_0^\infty=\frac{1}{s-\lambda}\end{aligned} \tag{6-119}$$

式中，λ 为常数（实数、复数均可）。

同理可得

$$\mathrm{L}[\mathrm{e}^{-\lambda t}u(t)]=\frac{1}{s+\lambda} \tag{6-120}$$

$$\mathrm{L}[\mathrm{e}^{\pm\mathrm{j}\omega_0 t}u(t)]=\frac{1}{s\pm\mathrm{j}\omega_0} \tag{6-121}$$

2. 单位阶跃信号 $u(t)$

在式（6-119）中令 $\lambda=0$，可得

$$\mathrm{L}[u(t)]=\frac{1}{s} \tag{6-122}$$

3. 正（余）弦信号 $\sin\omega_0 tu(t)$、$\cos\omega_0 tu(t)$

由欧拉公式及式（6-119）可得

$$L[\sin\omega_0 tu(t)] = L\left[\frac{e^{j\omega_0 t} - e^{-j\omega_0 t}}{j2}\right]$$

$$= \frac{1}{j2}\left[\frac{1}{s - j\omega_0} - \frac{1}{s + j\omega_0}\right] = \frac{\omega_0}{s^2 + \omega_0^2} \quad (6\text{-}123)$$

同理可得

$$L[\cos\omega_0 tu(t)] = L\left[\frac{e^{j\omega_0 t} + e^{-j\omega_0 t}}{2}\right]$$

$$= \frac{1}{2}\left[\frac{1}{s - j\omega_0} + \frac{1}{s + j\omega_0}\right] = \frac{s}{s^2 + \omega_0^2} \quad (6\text{-}124)$$

4. t 的正整数次幂信号 $t^n u(t)$

$$L[t^n u(t)] = \int_0^\infty t^n e^{-st} dt = -\frac{1}{s}\int_0^\infty t^n de^{-st}$$

$$= -\frac{1}{s}t^n e^{-st}\bigg|_0^\infty + \frac{n}{s}\int_0^\infty t^{n-1} e^{-st} dt = \frac{n}{s}\int_0^\infty t^{n-1} e^{-st} dt$$

即

$$L[t^n u(t)] = \frac{n}{s} L[t^{n-1} u(t)] \quad (6\text{-}125)$$

由式（6-125）的迭代关系可得

$$L[t^n u(t)] = \frac{n}{s} \times \frac{n-1}{s} \times \frac{n-2}{s} \times \cdots \times \frac{2}{s} \times \frac{1}{s} L[u(t)]$$

$$= \frac{n!}{s^{n+1}} \quad (6\text{-}126)$$

特别地，有

$$L[tu(t)] = \frac{1}{s^2}, \quad L[t^2 u(t)] = \frac{2}{s^3}$$

5. 单位冲激信号 $\delta(t)$ 及其 n 阶导数

由单位冲激信号 $\delta(t)$ 的抽样特性可得

$$L[\delta(t)] = \int_{0^-}^\infty \delta(t) e^{-st} dt = e^{-st}\bigg|_{t=0} = 1 \quad (6\text{-}127)$$

$$L[\delta'(t)] = \int_{0^-}^\infty \delta'(t) e^{-st} dt = \int_{0^-}^\infty e^{-st} d\delta(t)$$

$$= \delta(t) e^{-st}\bigg|_{0^-}^\infty + s\int_{0^-}^\infty e^{-st} \delta(t) dt = s \quad (6\text{-}128)$$

因为

$$L[\delta^{(n)}(t)] = \int_{0^-}^\infty \delta^{(n)}(t) e^{-st} dt = \int_{0^-}^\infty e^{-st} d\delta^{(n-1)}(t)$$

$$= e^{-st} \delta^{(n-1)}(t)\bigg|_{0^-}^\infty + S\int_{0^-}^\infty \delta^{(n-1)}(t) e^{-st} dt = sL[\delta^{(n-1)}(t)]$$

所以

$$L[\delta^{(n)}(t)] = sL[\delta^{(n-1)}(t)] = s^n L[\delta(t)] = s^n \quad (6\text{-}129)$$

6.5.3 Laplace 变换的主要性质

Laplace 变换的性质主要是研究信号在时域（s 域）做某些运算时，其对应的 s 域（时域）信号会引起什么样的变化。了解 Laplace 变换的性质可以深刻理解 Laplace 变换的内涵和实质，也可以简化某些信号的 Laplace 变换的求取。下面只介绍本章用到的 Laplace 变换性质（证明略）。

1. 线性性质

若

$$L[f_1(t)] = F_1(s)，\quad L[f_2(t)] = F_2(s)$$

则

$$L[k_1 f_1(t) + k_2 f_2(t)] = k_1 F_1(s) + k_2 F_2(s) \tag{6-130}$$

式中，k_1、k_2 为实常数。

2. 位移性质

若

$$L[f(t)] = F(s)$$

则

$$L[e^{\pm \lambda t} f(t)] = F(s \mp \lambda) \tag{6-131}$$

式中，λ 为实常数。

例如

$$L[e^{\pm \alpha t} \sin \omega_0 t u(t)] = \frac{\omega_0}{(s \mp \alpha)^2 + \omega_0^2} \tag{6-132}$$

$$L[e^{\pm \alpha t} \cos \omega_0 t u(t)] = \frac{s \mp \alpha}{(s \mp \alpha)^2 + \omega_0^2} \tag{6-133}$$

3. 卷积性质

若

$$L[f_1(t)] = F_1(s)，\quad L[f_2(t)] = F_2(s)$$

则

$$L[f_1(t) * f_2(t)] = F_1(s) F_2(s) \tag{6-134}$$

4. 微分性质

若

$$L[f(t)] = F(s)$$

则

$$L\left[\frac{df(t)}{dt}\right] = sF(s) - f(0^-) \tag{6-135}$$

$$L\left[\frac{d^2 f(t)}{dt^2}\right] = s^2 F(s) - sf(0^-) - f'(0^-) \tag{6-136}$$

$$L\left[\frac{d^n f(t)}{dt^n}\right] = s^n F(s) - s^{n-1} f(0^-) - s^{n-2} f'(0^-) - \cdots - f^{(n-1)}(0^-) \tag{6-137}$$

5. 积分性质

若
$$L[f(t)] = F(s)$$

则
$$L\left[\int_{0^-}^{t} f(t)dt\right] = \frac{F(s)}{s} \tag{6-138}$$

$$L\left[\int_{-\infty}^{t} f(t)dt\right] = \frac{F(s)}{s} + \frac{f^{-1}(0^-)}{s} \tag{6-139}$$

式中
$$f^{-1}(0^-) = \int_{-\infty}^{0^-} f(t)dt$$

6.5.4 Laplace 逆（反）变换

Laplace 变换的特点是将时域信号变换到复频域（s 域），可以将时域中的求导、积分及卷积运算变换为在 s 域中的乘（除）等代数运算，从而大大简化计算复杂性。但 s 域中的运算结果有时不便于理解，这时就需要将 s 域中的函数变换回时域，即进行 Laplace 逆变换。一个时域函数与其 s 域中的象函数是一一对应的，是一种单值映射关系。

对于一个 s 域中的象函数 $F(s)$，其时域中对应的原函数 $f(t)$ 的计算公式为式（6-118）的 Laplace 逆变换公式。

$$f(t) = L^{-1}[F(s)] = \frac{1}{2\pi j}\int_{\sigma-j\omega}^{\sigma+j\omega} F(s)e^{st}ds$$

显然，直接用 Laplace 逆变换公式求取原函数 $f(t)$ 是相当困难的，只能用间接法求取。间接法主要有部分分式法和留数法两种，但他们本质上是一样的，所以本节只介绍部分分式法。

部分分式法只适用于 $F(s)$ 为有理真分式的情形。若 $F(s)$ 为有理假分式，则需要事先用长除法将其分解为有理整式（有理多项式）和有理真分式之和。

例如
$$F(s) = \frac{3s^3 - 2s^2 - 7s + 1}{s^2 + s - 1} = 3s - 5 + \frac{s-4}{s^2 + s - 1}$$

式中，$L^{-1}[3s-5] = 3\delta'(t) - 5\delta(t)$。所以，求解 Laplace 逆变换可归结为求解有理真分式的逆变换问题。在下面的内容中都假设 $F(s)$ 为有理真分式。

将有理真分式 $F(s)$ 表示为

$$F(s) = \frac{N(s)}{D(s)} = \frac{b_m s^m + b_{m-1} s^{m-1} + \cdots + b_1 s + b_0}{a_n s^n + a_{n-1} s^{n-1} + \cdots + a_1 s + a_0}$$

$$= K\frac{(s-z_1)(s-z_2)\cdots(s-z_m)}{(s-p_1)(s-p_2)\cdots(s-p_n)} = K\frac{\prod_{j=1}^{m}(s-z_j)}{\prod_{i=1}^{n}(s-p_i)} \tag{6-140}$$

式中，$n > m$（有理真分式）。$p_i(i=1 \sim n)$ 是分母多项式 $D(s) = 0$ 的根，称为 $F(s)$ 的极点，$p_j(j=1 \sim m)$ 是分子多项式 $N(s) = 0$ 的根，称为 $F(s)$ 的零点，$K = \dfrac{b_m}{a_n}$ 为 $F(s)$ 的增益。式(6-140)

也称为 $F(s)$ 的零极增益形式。

按照 $F(s)$ 的极点类型，其部分分式展开方法有以下三种情形：

1. $F(s)$ 的极点均为互异的单极点（无重根）

根据代数理论，$F(s)$ 可以分解为

$$F(s) = \frac{N(s)}{D(s)} = K\frac{(s-z_1)(s-z_2)\cdots(s-z_m)}{(s-p_1)(s-p_2)\cdots(s-p_n)} \\ = \sum_{i=1}^{n}\frac{k_i}{s-p_i} = \frac{k_1}{s-p_1} + \frac{k_2}{s-p_2} + \cdots + \frac{k_n}{s-p_n} \tag{6-141}$$

式中，$k_i(i=1\sim n)$ 为待定系数，其计算公式为

$$k_i = (s-p_i)F(s)|_{s=p_i} \tag{6-142}$$

当然，也可以用待定系数法来计算 k_i，只是计算量一般来说比较大。

例 6.18 已知

$$F(s) = \frac{2}{s(s+1)(s+2)}$$

求 $F(s)$ 的拉普拉斯逆变换 $f(t) = \mathrm{L}^{-1}[F(s)]$。

解题思路：该象函数的分母多项式已是因式分解形式，其极点均为单实极点，只需按照式（6-141）和式（6-142）进行部分分式分解，再利用单边指数信号的拉普拉斯变换结果得到其逆变换结果。

解：设

$$F(s) = \frac{2}{s(s+1)(s+2)} = \frac{k_1}{s} + \frac{k_2}{s+1} + \frac{k_3}{s+2}$$

由式（6-142）可得

$$k_1 = sF(s)|_{s=0} = \frac{2}{(s+1)(s+2)}\bigg|_{s=0} = 1$$

$$k_2 = (s+1)F(s)|_{s=-1} = \frac{2}{s(s+2)}\bigg|_{s=-1} = -2$$

$$k_3 = (s+2)F(s)|_{s=-2} = \frac{2}{s(s+1)}\bigg|_{s=-2} = 1$$

所以

$$F(s) = \frac{2}{s(s+1)(s+2)} = \frac{1}{s} - \frac{2}{s+1} + \frac{1}{s+2}$$

故

$$f(t) = \mathrm{L}^{-1}[F(s)] = (1 - 2\mathrm{e}^{-t} + \mathrm{e}^{-2t})u(t)$$

2. $F(s)$ 包含一对共轭复极点

此时 $F(s)$ 可表示为

$$F(s) = \frac{N(s)}{D(s)} = \frac{N(s)}{(s^2+bs+c)D_1(s)}$$

式中，$\Delta = b^2 - 4c < 0$，$D_1(s)$ 为 $D(s)$ 中的单极点因子的乘积（阶次为 $n-2$）。

根据代数理论，$F(s)$ 可以分解为

$$F(s)=\frac{N(s)}{D(s)}=\frac{N(s)}{(s^2+bs+c)D_1(s)}=\frac{As+B}{s^2+bs+c}+\frac{N_1(s)}{D_1(s)} \qquad (6\text{-}143)$$

在上述展开式中，由代数理论可得，第一项的分子是 s 的一次多项式，它不能为常数，否则分解不成立。具体分解时，先要对第二项用前述单极点情形的分解方法求出其分解结果，再用待定系数法求出系数 A、B，最后用"配方法"求出第一项的拉普拉斯逆变换（第二项的逆变换很容易求取）。

例 6.19 已知

$$F(s)=\frac{s+2}{(s+1)(s^2+s+1)}$$

求 $F(s)$ 的拉普拉斯逆变换 $f(t)=\mathrm{L}^{-1}[F(s)]$。

解题思路：显然 $F(s)$ 含有一对共轭复极点，需按照式（6-141）进行部分分式分解，再利用配方法即可得到其逆变换结果。

解：设

$$F(s)=\frac{s+2}{(s+1)(s^2+s+1)}=\frac{A}{s+1}+\frac{Bs+C}{s^2+s+1}$$

其中

$$A=(s+1)F(s)\Big|_{s=-1}=\frac{s+2}{s^2+s+1}\Big|_{s=-1}=1$$

于是

$$F(s)=\frac{s+2}{(s+1)(s^2+s+1)}=\frac{1}{s+1}+\frac{Bs+C}{s^2+s+1}$$

通分后可得

$$s^2+s+1+(s+1)(Bs+C)=s+2$$

令 $s=0$，得 $C=1$；令 $s=1$，得 $B=-1$。

从而有

$$F(s)=\frac{1}{s+1}+\frac{-s+1}{s^2+s+1}$$

$$=\frac{1}{s+1}-\frac{s+\frac{1}{2}}{\left(s+\frac{1}{2}\right)^2+\left(\frac{\sqrt{3}}{2}\right)^2}+\sqrt{3}\times\frac{\frac{\sqrt{3}}{2}}{\left(s+\frac{1}{2}\right)^2+\left(\frac{\sqrt{3}}{2}\right)^2}$$

故

$$f(t)=\mathrm{L}^{-1}[F(s)]=\left(\mathrm{e}^{-t}-\mathrm{e}^{-\frac{t}{2}}\cos\frac{\sqrt{3}}{2}t+\sqrt{3}\mathrm{e}^{-\frac{t}{2}}\sin\frac{\sqrt{3}}{2}t\right)u(t)$$

3. $F(s)$ 包含一个 r 阶多重实极点

设

$$F(s)=\frac{N(s)}{D(s)}=\frac{N(s)}{(s-p_1)^r D_1(s)} \qquad (6\text{-}144)$$

式中，$D_1(s)$ 为 $D(s)$ 的单极点因子的乘积（阶次为 $n-r$）。根据代数理论，可以将 $F(s)$ 展

开为

$$F(s) = \frac{k_{11}}{(s-p_1)^r} + \frac{k_{12}}{(s-p_1)^{r-1}} + \cdots + \frac{k_{1r}}{s-p_1} + \frac{N_1(s)}{D_1(s)} \quad (6\text{-}145)$$

设

$$\begin{aligned}F_1(s) &= (s-p_1)^r F(s) \\ &= k_{11} + k_{12}(s-p_1) + \cdots + k_{1r}(s-p_1)^{r-1} + \frac{N_1(s)}{D_1(s)} \times (s-p_1)^r\end{aligned} \quad (6\text{-}146)$$

则

$$\begin{cases} k_{11} = F_1(s)\big|_{s=p_1} \\ k_{12} = \dfrac{\mathrm{d}F_1(s)}{\mathrm{d}s}\bigg|_{s=p_1} \\ k_{13} = \dfrac{1}{2!}\dfrac{\mathrm{d}^2 F_1(s)}{\mathrm{d}s^2}\bigg|_{s=p_1} \\ \cdots\cdots \\ k_{1i} = \dfrac{1}{(i-1)!}\dfrac{\mathrm{d}^{i-1} F_1(s)}{\mathrm{d}s^{i-1}}\bigg|_{s=p_1} \end{cases} \quad (6\text{-}147)$$

例 6.20 已知

$$F(s) = \frac{s-1}{s(s+1)^3}$$

求 $F(s)$ 的 Laplace 逆变换 $f(t) = \mathrm{L}^{-1}[F(s)]$。

解题思路：显然 $F(s)$ 含有一个三重实极点，需按照式（6-145）～式（6-147）进行部分分式分解，再利用 t 的正整数次幂信号的 Laplace 变换结果即可得到 $F(s)$ 的逆变换。

解：设

$$F(s) = \frac{k_{11}}{(s+1)^3} + \frac{k_{12}}{(s+1)^2} + \frac{k_{13}}{s+1} + \frac{k_2}{s}$$

其中

$$k_2 = sF(s)\big|_{s=0} = \frac{s-1}{(s+1)^3}\bigg|_{s=0} = -1$$

$$F_1(s) = (s+1)^3 F(s) = \frac{s-1}{s}$$

$$k_{11} = F_1(s)\big|_{s=-1} = \frac{s-1}{s}\bigg|_{s=-1} = 2$$

$$k_{12} = \frac{\mathrm{d}F_1(s)}{\mathrm{d}s}\bigg|_{s=-1} = \frac{1}{s^2}\bigg|_{s=-1} = 1$$

$$k_{13} = \frac{1}{2}\times\frac{\mathrm{d}^2 F_1(s)}{\mathrm{d}s^2}\bigg|_{s=-1} = -\frac{1}{2}\times\frac{2}{s^3}\bigg|_{s=-1} = 1$$

所以

$$F(s) = \frac{2}{(s+1)^3} + \frac{1}{(s+1)^2} + \frac{1}{s+1} - \frac{1}{s}$$

故

$$f(t) = L^{-1}[F(s)] = (t^2 e^{-t} + te^{-t} + e^{-t} - 1)u(t)$$

6.5.5 动态电路的复频域求解

电路分析和求解的基本依据是基尔霍夫定律（KCL、KVL）和各元件的 VAR。电路的时域求解前面已介绍过了。如果要在复频域中进行动态电路的分析和求解，则首先要把 KCL、KVL 和各元件的 VAR 变换到复频域，然后才能在复频域中进行求解，最后又变换回时域才能得到最终结果。

1. 复频域中的 KCL 和 KVL 方程

时域中的 KCL 和 KVL 方程为

$$\sum i(t) = 0 \,, \quad \sum u(t) = 0 \tag{6-148}$$

将上述两个时域方程两边进行 Laplace 变换可得

$$\sum I(s) = 0 \,, \quad \sum U(s) = 0 \tag{6-149}$$

式（6-149）为复频域中的 KCL 和 KVL 方程。由式（6-148）和式（6-149）可以看出，时域和复频域中的 KCL 和 KVL 方程形式是完全一样的。

2. 各电路元件的复频域 VAR 方程

时域中 R、L 和 C 的 VAR 分别为

$$u_R(t) = Ri_R(t) \tag{6-150}$$

$$u_L(t) = L\frac{di_L(t)}{dt} \tag{6-151}$$

$$i_C(t) = C\frac{du_C(t)}{dt} \tag{6-152}$$

将式（6-150）~式（6-152）时域 VAR 方程两边分别取拉普拉斯变换得（用到微分性质）

$$U_R(s) = RI_R(s) \tag{6-153}$$

$$U_L(s) = sLI_L(s) - Li_L(0^-) \tag{6-154}$$

$$I_C(s) = sCU_C(s) - Cu_C(0^-) \text{ 或 } U_C(s) = \frac{1}{sC}I_C(s) + \frac{u_C(0^-)}{s} \tag{6-155}$$

由式（6-153）~式（6-155）可得，s 域中电阻的 VAR 与时域的形式完全一样；s 域中的电感阻抗（类似于电阻）为 sL，但其 VAR 中附加了一个由电感初始电流 $i_L(0^-)$ 引起的电压源；而 s 域中的电容阻抗为 $\frac{1}{sC}$，但其 VAR 中附加了一个由电容初始电压 $u_C(0^-)$ 引起的电压源。

s 域中具有初始储能的电感和电容的电路模型如图 6.52 所示。

图 6.52 电感和电容的电路模型

在进行动态电路的 s 域分析时，要先将时域电路中的 R、L 和 C 替换成 s 域中的对应元

件（如果动态元件有初始值，则要包含相应的附加电压源），再将电源进行拉普拉斯变换，这样就得到了 s 域的动态电路。由式（6-149）可得，由于 s 域的动态电路同样满足 KCL 和 KVL 方程，所以 s 域的动态电路分析求解方法与直流电阻电路的求解方法完全一样。

例 6.21　如图 6.53（a）所示电路。$t=0$ 时开关 S 闭合，且开关闭合前电路已处于稳态，求换路后的电感电流 $i_L(t)$。

解题思路：先求出电感和电容的初始值，然后画出其 s 域的电路图，标出各元件的参数（包括电源的拉氏变换），再用直流电阻电路的求解方法求出 s 域的解，最后进行 Laplace 逆变换。

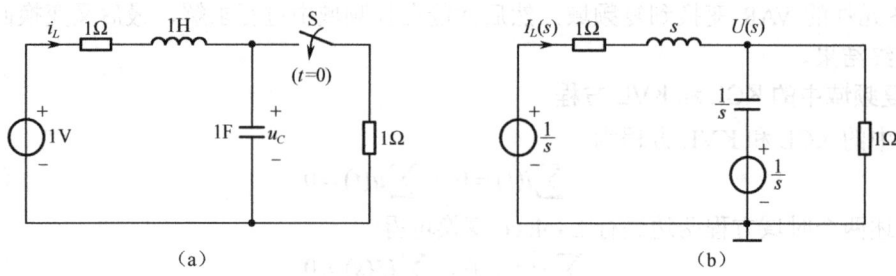

图 6.53　例 6.21 图

解：如图 6.53（a）所示电路，换路前电路已处于稳态，电感短路，电容开路，由此可得 $i_L(0^-)=0$，$u_C(0^-)=1\text{V}$，所以其 s 域的电路图如图 6.53（b）所示。

对于图 6.53（b）所示电路，应用节点电压法，可得

$$\left(\frac{1}{s+1}+s+1\right)U(s)=\frac{1}{s(s+1)}+1$$

解得

$$U(s)=\frac{s^2+s+1}{s(s^2+2s+2)}$$

从而

$$I_L(s)=\frac{\frac{1}{s}-U(s)}{s+1}=\frac{1}{s(s^2+2s+2)}=\frac{1}{2}\times\frac{1}{s}+\frac{-\frac{1}{2}s-1}{s^2+2s+2}$$

$$=\frac{1}{2}\times\frac{1}{s}-\frac{1}{2}\times\frac{s+1}{(s+1)^2+1^2}-\frac{1}{2}\times\frac{1}{(s+1)^2+1^2}$$

故

$$i_L(t)=\mathrm{L}^{-1}[I_L(s)]=\frac{1}{2}(1-\mathrm{e}^{-t}\cos t-\mathrm{e}^{-t}\sin t)u(t)\,\text{A}$$

$$=\frac{1}{2}\left[1-\sqrt{2}\mathrm{e}^{-t}\cos\left(t-\frac{\pi}{4}\right)\right]u(t)\,\text{A}$$

例 6.22　如图 6.54 所示电路。$t<0$ 时开关 S 位于位置 1，且电路已处于稳态。$t=0$ 时开关由位置 1 切换到位置 2。试求电压源 u_1、u_2 分别为如下信号时的电容电压 $u_C(t)$。

（1）$u_1=1\text{V}$，$u_2=2\text{V}$；

（2）$u_1=1\text{V}$，$u_2=\mathrm{e}^{-2t}u(t)\text{V}$

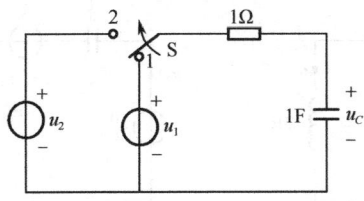

图 6.54 例 6.22 图

解题思路：先求出电容的初始值，然后画出其换路后 s 域的电路图，标出各元件的参数（包括电源的拉普拉斯变换），再用直流电阻电路的求解方法求出 s 域的解，最后进行拉普拉斯逆变换。

解：（1）如图 6.54 所示电路，求得 $u_C(0^-)=1\text{V}$，换路后 s 域的电路图如图 6.55（a）所示。

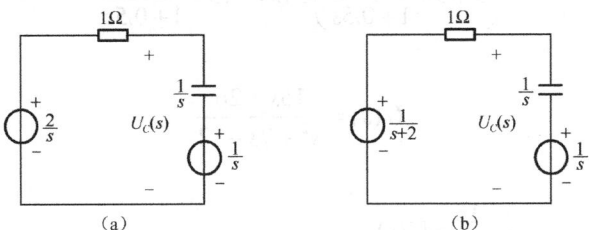

图 6.55 例 6.22 续图

在图 6.55（a）中，由分压公式可得

$$U_C(s)=\frac{\frac{1}{s}\times\left(\frac{2}{s}-\frac{1}{s}\right)}{1+\frac{1}{s}}+\frac{1}{s}=\frac{1}{s(s+1)}+\frac{1}{s}=\frac{s+2}{s(s+1)}$$

$$=\frac{2}{s}-\frac{1}{s+1}$$

故

$$u_C(t)=L^{-1}[U_C(s)]=(2-e^{-t})u(t)\text{V}$$

（2）如图 6.54 所示电路，可以求得 $u_C(0^-)=1\text{V}$，其换路后 s 域的电路图如图 6.55（b）所示。

在图 6.55（b）中，由分压公式可得

$$U_C(s)=\frac{\frac{1}{s}\times\left(\frac{1}{s+2}-\frac{1}{s}\right)}{1+\frac{1}{s}}+\frac{1}{s}=\frac{1}{s}-\frac{2}{s(s+1)(s+2)}$$

$$=\frac{s+3}{(s+1)(s+2)}=\frac{2}{s+1}-\frac{1}{s+2}$$

故

$$u_C(t)=L^{-1}[U_C(s)]=(2e^{-t}-e^{-2t})u(t)\text{V}$$

例 6.23 如图 6.56 所示电路。已知 $u_C(0^-)=5\text{V}$，$i_L(0^-)=4\text{A}$，求电流 $i(t)$。

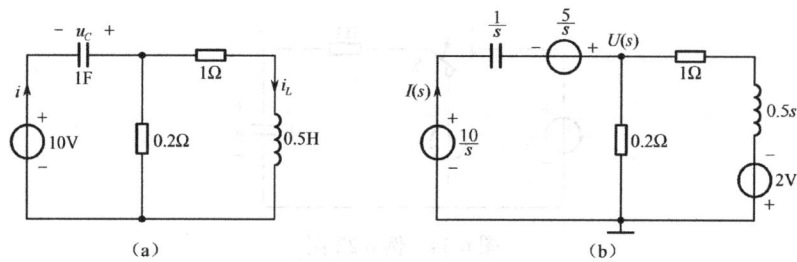

图 6.56 例 6.23 图

解题思路：先根据动态元件的初始值画出其 s 域的电路图，再用节点电压法求出节点电压 $U(s)$，进而求出 $I(s)$，最后进行 Laplace 逆变换求出电流 $i(t)$。

解：如图 6.56（b）所示电路，由节点电压法可得

$$\left(s+5+\frac{1}{1+0.5s}\right)U(s)=15-\frac{2}{1+0.5s}$$

解得

$$U(s)=\frac{15s+26}{s^2+7s+12}$$

由 KVL 得

$$I(s)=\frac{\frac{15}{s}-U(s)}{\frac{1}{s}}=\frac{79s+180}{(s+3)(s+4)}=\frac{-57}{s+3}+\frac{136}{s+4}$$

故

$$i(t)=\mathrm{L}^{-1}[I(s)]=(-57\mathrm{e}^{-3t}+136\mathrm{e}^{-4t})u(t)\mathrm{A}$$

例 6.24 如图 6.57（a）所示电路，已知输入信号 $f(t)=5\cos 2t\,u(t)\mathrm{V}$，求输出信号 $y(t)$。

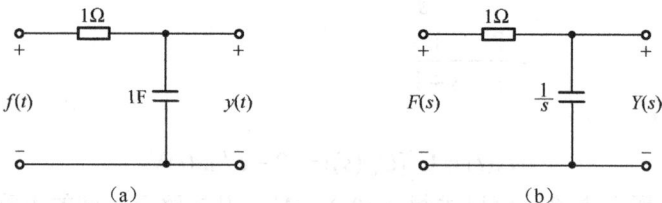

图 6.57 例 6.24 图

解题思路：显然，这是一个零状态响应问题。在其 s 域的电路中，应用分压公式可得 $Y(s)$，再进行其拉普拉斯逆变换。

解：如图 6.57（b）所示电路，由分压公式可得

$$Y(s)=\frac{\frac{1}{s}}{1+\frac{1}{s}}F(s)=\frac{\frac{1}{s}}{1+\frac{1}{s}}\times\frac{5s}{s^2+4}=\frac{5s}{(s+1)(s^2+4)}$$

$$=-\frac{1}{s+1}+\frac{s+4}{s^2+2^2}$$

故

$$y(t) = L^{-1}[Y(s)] = (-e^{-t} + \cos 2t + 2\sin 2t)u(t)$$
$$= [-e^{-t} + \sqrt{5}\cos(2t - 63.4°)]u(t)$$

6.6 本章小结

本章介绍了动态电路的基本概念和求解方法，主要有电路的时域特性、动态电路的数学模型、一阶动态电路的时域响应求解（包括初始值、换路定理、零输入响应、零状态响应、全响应、三要素法求解、单位阶跃响应及单位冲激响应）等。其中的重点是三要素法，因为它能回避微分方程的求解，直接用所求出的三个要素代入三要素法公式即可。

1. 静态电路

静态电路是电路变量是直流变量、电路元件中无动态元件（电感或电容）、电路方程为静态方程（即线性方程组）等电路的简称。直流电阻电路是静态电路，它是电路分析的核心内容，是分析其他类型电路（如一阶动态电路、正弦稳态电路）的基础。

2. 动态电路

动态电路是电路变量是动态变量、电路元件中有动态元件（电感或电容）、电路方程为动态方程（即微分方程）等电路的简称。动态电路有一阶和高阶之分。对于一阶动态电路，最简单的求解方法就是三要素法。对于高阶电路，使用时域法（求解微分方程）求解比较复杂，一般用拉普拉斯变换法求解（动态电路的 s 域求解）。

3. 换路定理

换路是指电路结构或参数突然发生变化，如开关的闭合与断开。此时电路中储能元件（即动态元件）的能量将会重新进行分配，从而产生电路的动态过程。

电感的能量只与电感电流有关，电容的能量只与电容电压有关。当电路换路时，由于能量不能突变（否则功率为无穷大，无法实现），所以电感电流和电容电压也不能突变，在换路前后一瞬间必须保持连续，这就是换路定理。

在利用换路定理求电路的初始值时，有"独立初始值"和"非独立初始值"之分。独立初始值是指直接用换路定理求出的电容电压初始值和电感电流初始值，非独立初始值是指除独立初始值外的其他变量的初始值，其求解方法是用独立初始值来构造"初始等效电路"（在换路后一瞬间，将电容替代为电压源，电压源的电压值和极性与电容电压初始值相同，或者将电感替代为电流源，电流源的电流值和流向与电感电流初始值相同，由此就构成了直流电阻电路），并在此基础上求出非独立初始值。

本章内容并未涉及非独立初始值，因为非独立初始值的求解是一个直流电阻电路的求解问题，一般并不简单。本章内容所遵循的求解思路是：不论求解任何变量，总是先求出电容电压（动态元件为电容时）或电感电流（动态元件为电感时），再利用电容或电感的 VAR 和 KCL 及 KVL 等进一步求解所要求的电路变量。由于利用 VAR 和 KCL 及 KVL 的后续求解比较简单，所以该求解方法是比较直观和简单的求解方法。

4. 零输入响应

对动态电路来说，产生输出响应（电路中的某个电压或电流）的原因有两个：一是电路输入（独立电源）的作用；二是动态元件储存的初始能量。零输入响应是指电路中没有独立电源给动态电路提供电能（输入为零），单独由动态元件储存的初始能量所产生的输出响应。

显然，零输入响应只与电路的初始状态有关，与独立电源无关。

5．零状态响应

零状态响应是指电路中动态元件储存的初始能量为零时，单独由电路输入（独立电源）所产生的输出响应。显然，零状态响应只与电路中的独立电源有关，与动态元件储存的初始能量无关。

6．全响应

对于线性动态电路，其独立电源和初始状态往往是同时存在的。如果将动态元件的初始储能看成一组电源，而将电路的所有电路输入（独立电源）看成另一组电源，则它们各自单独作用时所产生的输出响应就是零输入响应和零状态响应。当动态电路中同时存在电路输入和初始储能时，其输出响应称为全响应。根据叠加定理，全响应等于零输入响应和零状态响应之和。很明显，零输入响应和零状态响应都是全响应的特殊情况。

7．三要素法

根据叠加定理，全响应等于零输入响应和零状态响应之和。但求解零输入响应和零状态响应需要求解对应的微分方程，很不方便。通过分析一阶动态电路全响应的解的结构可以发现，其解的结构是固定的，只是其中的三个要素（初始值、终值和时间常数）待定，需要针对具体问题进行求解，这就是一阶动态电路的三要素法公式。只要求出上述的三个要素，然后代入三要素法公式即可求出待求变量（电容电压或电感电流），进而求出其他变量。

相对于建立并求解电路微分方程的方法，三要素法的优点是很明显的。首先，它是一种结构化的求解方法，三个要素的计算简洁方便，用直流电阻电路的分析计算方法即可完成；另外，它回避了方程建模和求解的全过程，计算量小。

8．单位阶跃响应

如果一阶动态电路的换路次数较多，相当于用"阶梯波"（分段直流信号）作用在一阶动态电路上，此时仍可以用前面介绍的三要素法进行求解。但阶梯波的换路动作次数较多，需要多次应用三要素法公式，且每次换路后的初始值和终值均需要重新计算，计算过程比较繁琐，且求解结果的表达式是分段函数，它们之间缺乏有机联系，不便于理解。

如果用具有延时的阶跃信号之差来表示阶梯波，利用 LTI 系统的线性特性和延时不变特性，则可以很方便地求出系统在阶梯波作用下的输出响应。

9．单位冲激响应

一阶动态电路在单位冲激信号作用下产生的零状态响应称为一阶动态电路的单位冲激响应。单位冲激响应的本质是通过单位冲激信号给动态电路提供初始能量，之后电路的求解性质就变成了零状态响应的求解。

10．微分电路与积分电路

在结构方面，微分电路和积分电路都是由一阶 RC 串联电路构成的，不同之处在于微分电路是从电阻上获取输出电压，而积分电路是从电容上获取输出电压；在参数方面，微分电路要求时间常数 $\tau = RC$ 很小，而积分电路要求时间常数 $\tau = RC$ 很大；在特性方面，微分电路能将周期方波信号转变成正负相间的周期尖脉冲信号，而积分电路能将周期方波信号转变成近似周期三角波信号。

11．二阶动态电路的时域响应求解

一般来说，含有两个动态元件的电路称为二阶动态电路。此时，描述其输入输出变量之间关系的方程为二阶常系数线性微分方程。

一阶动态电路的变量是单调变化的，而二阶动态电路的变量变化比较复杂。根据电路参数的不同搭配，电路状态有过阻尼、欠阻尼和临界阻尼三种形式。此时，动态元件电容和电感之间存在能量的交换，三种不同工作状态下的电路变量的变化特征各不相同，其动态过程相对一阶动态电路要复杂一些。

12. 动态电路响应的复频域（s 域）求解

动态电路的求解有时域法和复频域（s 域）法两大类。时域法是一种"间接法"或"解析法"，也是一种基于求解微分方程的方法，跟直流电阻电路的分析和求解方法联系不大，方法的直观性较差，不便于从电路分析的角度进行理解，且对于二阶动态电路来说计算量也较大。

复频域（s 域）法是一种很直观的动态电路求解方法，其分析和求解的原理与方法跟直流电阻电路完全一样，只是多了一个拉普拉斯逆变换的步骤。复频域（s 域）法还能适应不同电源激励类型（如指数型电源），且不用区分零输入响应和零状态响应的求解，是一种直观、通用的动态电路分析求解方法。

习　题

6-1　如图 6.58 所示电路。其中，电压表的内阻 $R=10\text{k}\Omega$，量程为 100V。若开关 S 在 $t=0$ 时断开，问断开后电压表是否被损坏？

6-2　如图 6.59 所示电路，$t<0$ 时电路已处于稳态。当 $t=0$ 时开关 S 从位置 1 切换到位置 2，求 $t>0$ 时的电流 i。

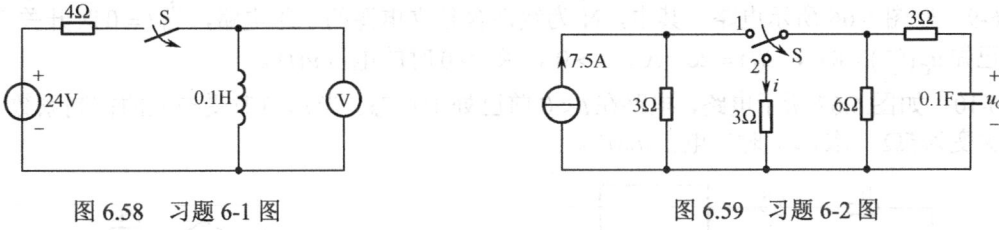

图 6.58　习题 6-1 图　　　　　　　图 6.59　习题 6-2 图

6-3　如图 6.60 所示电路，$t<0$ 时电路已处于稳态。当 $t=0$ 时开关 S 闭合，求 $t>0$ 时的 $u_C(t)$ 和 $u(t)$。

6-4　如图 6.61 所示电路，$t<0$ 时电路已处于稳态。当 $t=0$ 时开关 S 闭合，闭合 10s 后开关 S 又断开，求 $t>0$ 时的 $u_C(t)$。

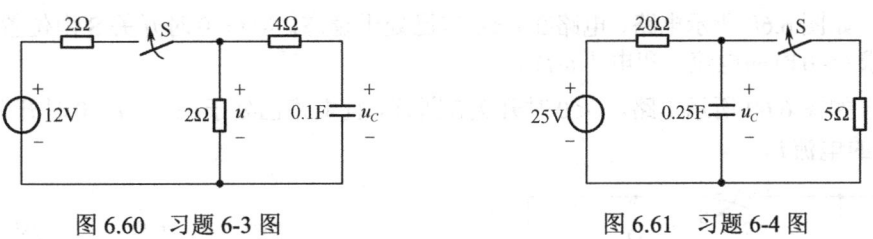

图 6.60　习题 6-3 图　　　　　　　图 6.61　习题 6-4 图

6-5　如图 6.62 所示电路，电感的初始储能为零，当 $t=0$ 时开关 S 闭合，求 $t>0$ 时的 $i_L(t)$。

6-6　如图 6.63 所示电路，$t<0$ 时电路已处于稳态。当 $t=0$ 时开关 S 闭合，求 $t>0$ 时的 $u_C(t)$ 和 $i(t)$。

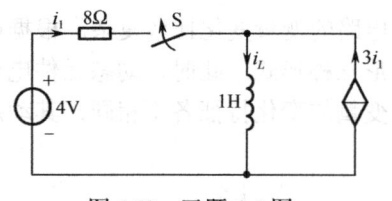
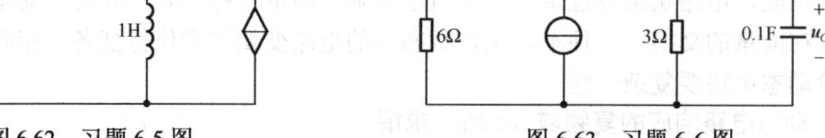

图 6.62 习题 6-5 图 　　　　　图 6.63 习题 6-6 图

6-7 如图 6.64 所示电路，$t<0$ 时电路已处于稳态。当 $t=0$ 时开关 S 断开，求 $t>0$ 时的 $i_L(t)$。

6-8 如图 6.65 所示电路，电容电压初始值 $u(0^+)$ 一定，激励源均在 $t=0$ 时接入电路。已知当 $U_s=2\text{V}$，$I_s=0\text{A}$ 时，其全响应为 $u_C(t)=(1+\text{e}^{-2t})\text{V}$，$t>0$；当 $U_s=0\text{V}$，$I_s=2\text{A}$ 时，其全响应为 $u_C(t)=(4-2\text{e}^{-2t})\text{V}$，$t>0$。

（1）求 R_1、R_2 和 C 的值；

（2）求当 $U_s=2\text{V}$，$I_s=2\text{A}$ 时的全响应 $u_C(t)$。

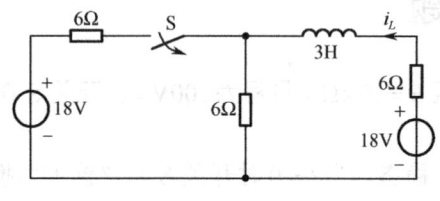
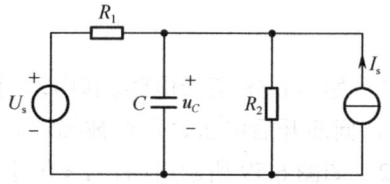

图 6.64 习题 6-7 图 　　　　　图 6.65 习题 6-8 图

6-9 如图 6.66 所示电路。其中，N 为线性含独立电源的电阻电路，当 $t=0$ 时开关 S 闭合。已知 $u_C(0^+)=8\text{V}$，$i(t)=2\text{e}^{-2t}\text{A}$，$t>0$。求 $t>0$ 时的电压 $u(t)$。

6-10 如图 6.67 所示电路，电路在 $t<0$ 前已处于稳态。当 $t=0$ 时受控源的控制系数 r 由 10Ω 突变为 5Ω，求 $t>0$ 时的电压 $u_C(t)$。

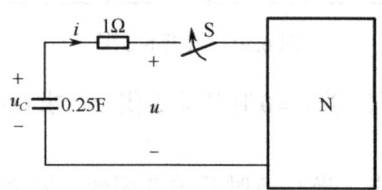
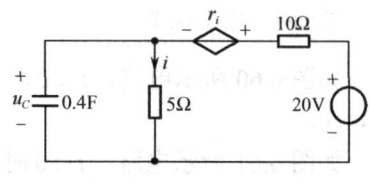

图 6.66 习题 6-9 图 　　　　　图 6.67 习题 6-10 图

6-11 如图 6.68 所示电路，电路在 $t<0$ 前已处于稳态。当 $t=0$ 时开关 S 由位置 1 切换到位置 2，求 $t>0$ 时的电流 i_L 和电压 $u(t)$。

6-12 如图 6.69 所示电路，$t<0$ 时开关 S 断开，且电路已处于稳态。$t=0$ 时开关 S 闭合，求 $t>0$ 时的电流 i。

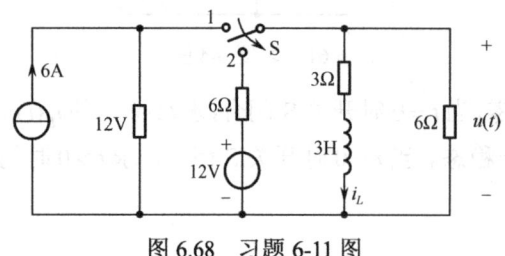
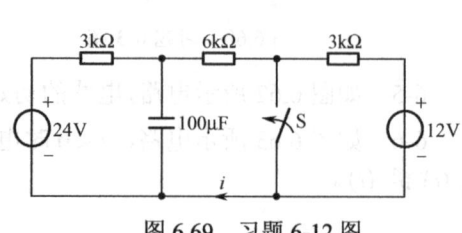

图 6.68 习题 6-11 图 　　　　　图 6.69 习题 6-12 图

6-13 如图 6.70 所示电路，$t=0$ 时开关 S 由位置 1 切换到位置 2，开关切换前电路已处于稳态，求 $t>0$ 时的电压 u。

6-14 如图 6.71 所示电路，$t<0$ 时开关 S 位于位置 1，且电路已处于稳态。$t=0$ 时开关 S 由位置 1 切换到位置 2，求 $t>0$ 时的电流 i。

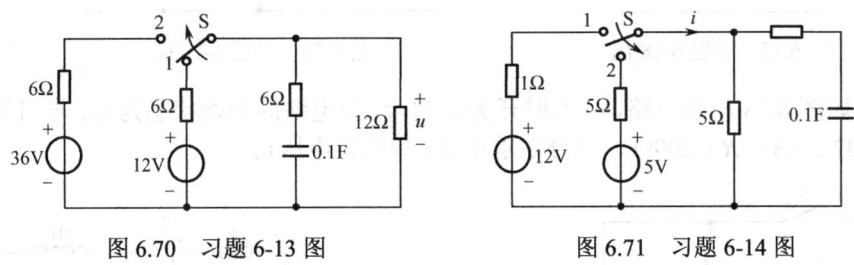

图 6.70 习题 6-13 图　　　　图 6.71 习题 6-14 图

6-15 如图 6.72 所示电路，$t<0$ 时开关 S 断开，且电路已处于稳态。$t=0$ 时开关 S 闭合，求 $t>0$ 时的电压 u_C。

6-16 如图 6.73 所示电路，$t=0$ 时开关 S 由位置 1 切换到位置 2，且换路前电路已处于稳态。求 $t>0$ 时的电流 i。

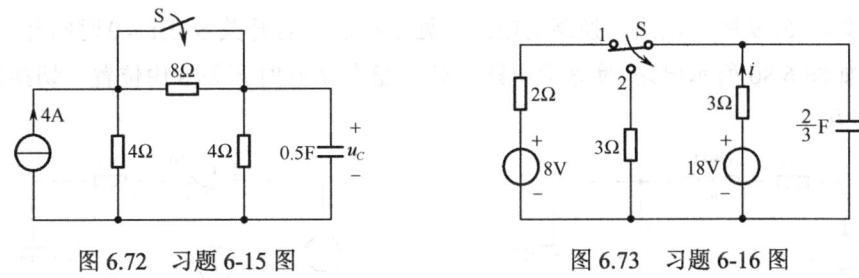

图 6.72 习题 6-15 图　　　　图 6.73 习题 6-16 图

6-17 如图 6.74（a）所示电路，电路输出为 $i_L(t)$。
（1）求其单位阶跃响应 $g(t)$；
（2）若输入信号 u_s 的波形如图 6.74（b）所示，求 $i_L(t)$ 的零状态响应。

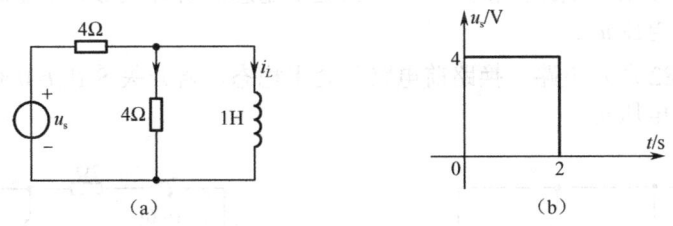

图 6.74 习题 6-17 图

6-18 如图 6.75 所示电路，已知 $u_C(0^-)=6\text{V}$，$R=2.5\Omega$，$L=0.25\text{H}$，$C=0.25\text{F}$，试求：（1）开关闭合后的 $u_C(t)$、$i(t)$；（2）要使电路在临界阻尼状态下放电，若 L 和 C 不变，则电阻 R 应为何值？

6-19 如图 6.76 所示电路，开关断开前电路已处于稳态。$t=0$ 时开关 S 断开，求 u_C 及 i_L。

6-20 如图 6.77 所示电路，开关断开前电路已处于稳态。$t=0$ 时开关 S 断开，求 $t>0$ 时的 u_C。

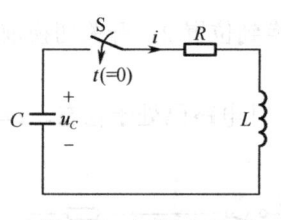
图 6.75 习题 6-18 图

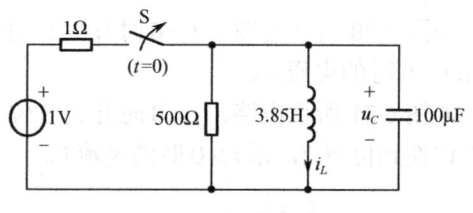
图 6.76 习题 6-19 图

6-21 如图 6.78 所示电路，$t=0$ 时开关 S 闭合。设电路的初始状态为零，若（1）$R=3\text{k}\Omega$；（2）$R=2\text{k}\Omega$；（3）$R=200\Omega$，试分别求电流 i 和电容电压 u_C。

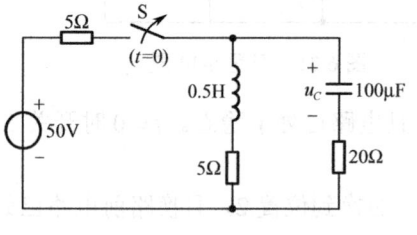
图 6.77 习题 6-20 图

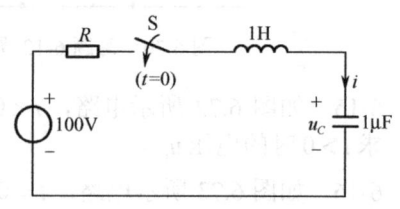
图 6.78 习题 6-21 图

6-22 如图 6.79 所示电路，换路前电路已处于稳态。若开关 S 在 $t=0$ 时断开，试求 u_L。

6-23 如图 6.80 所示电路，换路前电路已处于稳态。$t=0$ 时开关 S 由位置 1 切换到位置 2，求 $t>0$ 时的 i_L。

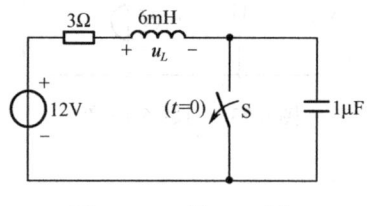
图 6.79 习题 6-22 图

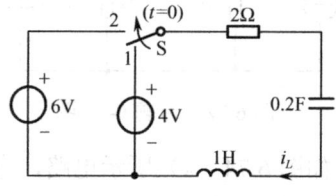
图 6.80 习题 6-23 图

6-24 如图 6.81 所示电路，换路前电路已处于稳态。若开关 S 在 $t=0$ 时断开，试用拉普拉斯变换法求电容电压 u_C。

6-25 如图 6.82 所示电路，换路前电路已处于稳态。若开关 S 在 $t=0$ 时闭合，试用拉普拉斯变换法求电容电压 u_C。

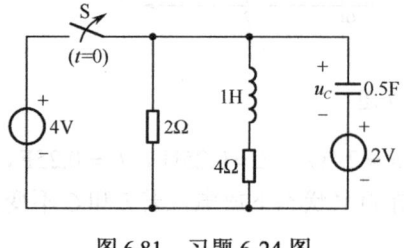
图 6.81 习题 6-24 图

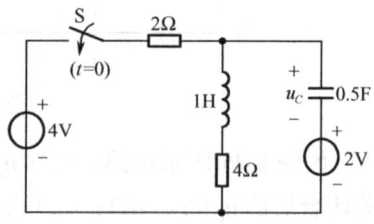
图 6.82 习题 6-25 图

6-26 如图 6.83 所示电路，换路前电路已处于稳态。若开关 S 在 $t=0$ 时闭合，试用拉普拉斯变换法求电容电压 u_C 及电容电流 i_C。

6-27 如图 6.84 所示电路，换路前电路已处于稳态。若开关 S 在 $t=0$ 时闭合，试用拉普拉斯变换法求换路后流过开关 S 的电流 i。

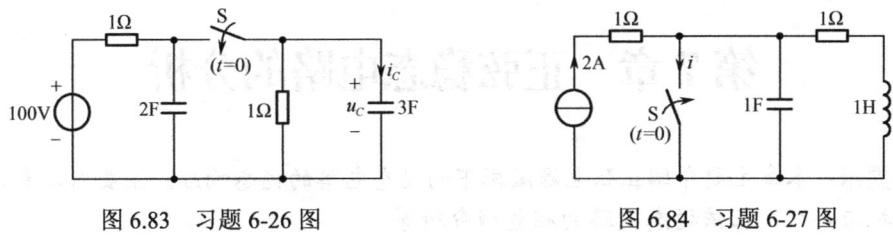

图 6.83　习题 6-26 图　　　　　图 6.84　习题 6-27 图

6-28　如图 6.85 所示电路，换路前电路已处于稳态。若开关 S 在 $t=0$ 时断开，试用拉普拉斯变换法求电容电压 u_C。

6-29　如图 6.86 所示电路，已知 $u_C(0^-)=1\text{V}$，$i_L(0^-)=1\text{A}$，试用拉普拉斯变换法求电感电流 i_L。

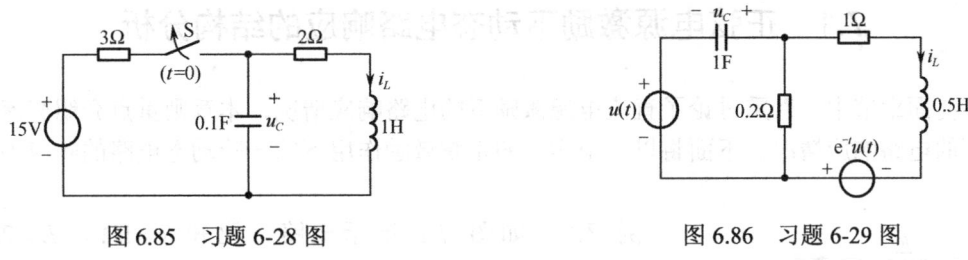

图 6.85　习题 6-28 图　　　　　图 6.86　习题 6-29 图

第7章 正弦稳态电路的分析

教学提示：本章主要介绍正弦电源激励下的动态电路的稳态响应。主要内容有正弦量与相量、阻抗与导纳、正弦稳态电路的相量域分析等。

教学要求：本章的内容主要是正弦稳态电路在相量域中的分析，在教学过程中，要讲清直流电阻电路分析方法及定理在正弦稳态电路分析中的应用，应用相量图分析电路的原理和方法，以及正弦稳态电路的功率与能量的关系等，在这些内容的基础上，培养学生分析交流电路的能力及运算能力。

7.1 正弦电源激励下动态电路响应的结构分析

在前面章节中，着重讨论了直流电源激励下的电路响应情况，本章则重点介绍交流电源激励下的电路响应情况。下面将以一个实际的正弦激励作用下的一阶动态电路的响应为例来说明。

例 7.1 如图 7.1 所示电路，已知 $R=1\Omega$，$L=2H$，$u_s(t)=U_m\cos\omega t=10\cos 2t\text{V}$，$i_L(0^+)=3\text{A}$，求 $i_L(t)$。

解题思路：该电路结构比较简单，只需列写出电路方程，再求解微分方程。

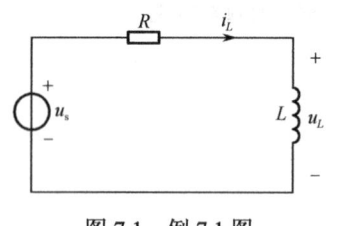

图 7.1 例 7.1 图

解：如图 7.1 所示，由 KVL 可得

$$Ri_L + u_L = u_s(t) \tag{7-1}$$

将电感的 VAR 代入式（7-1）得

$$Ri_L + L\frac{di_L}{dt} = u_s(t) \tag{7-2}$$

整理得

$$i_L + 2\frac{di_L}{dt} = 10\cos 2t \tag{7-3}$$

式（7-3）为图 7.1 所示电路的数学模型。通过解方程的齐次解和特解，可得

$$i_L(t) = 2.41e^{-0.5t} + 2.43\cos(2t - 76°) \tag{7-4}$$

$i_L(t)$ 的齐次解又称为暂态响应或固有响应，其值会随时间的增大快速衰减消失。$i_L(t)$ 的特解又称为稳态响应或强迫响应，由于它是一个余弦函数，所以它是一个幅度在区间 $[-2.43, 2.43]$ 上按照余弦规律振荡变化的解（其频率与电源频率相同），并且会一直存在。

本章的目的就是求解动态电路在正弦电源激励下的稳态响应（称为稳态分析）。由例 7.1 的求解过程可得，稳态响应的求解首先需要建立一个微分方程，然后再求解该微分方程，整个求解过程比较繁琐，且基本上是一个数学问题，而不是一个电路求解问题，不便于理解和分析。

本章在复数的表示和运算的基础上，借助欧拉公式这个数学工具，将动态电路的稳态求解问题转化为一个与直流电阻电路的求解相同的电路问题（只是数的范围由实数域扩大为复数域），从而可以用分析直流电阻电路的方法来分析正弦稳态电路，使正弦稳态电路的求解与直流电阻电路的求解在求解思路和求解方法上统一。

7.2 复数及其运算

相量法是线性电路正弦稳态分析的一种简便有效的方法。复数及其运算是应用相量法的数学基础，本节主要对复数的有关知识进行简要叙述。

7.2.1 复数的表示形式

（1）代数式（直角坐标形式）

$$F = a + jb \tag{7-5}$$

模和相角分别为

$$\begin{cases} |F| = \sqrt{a^2 + b^2} \\ \theta = \arctan\left(\dfrac{b}{a}\right) \end{cases}$$

式中，$j = \sqrt{-1}$ 为虚数单位，a 为复数 F 的实部，b 为复数的虚部。

（2）三角函数形式

$$F = |F|(\cos\theta + j\sin\theta) \tag{7-6}$$

其中，该式与代数式的对应关系为

$$a = |F|\cos\theta, \ b = |F|\sin\theta$$

（3）指数形式

$$F = |F|e^{j\theta} \tag{7-7}$$

利用欧拉公式展开得

$$F = |F|(\cos\theta + j\sin\theta)$$

该式与三角函数形式一致，式中，$e^{j\theta}$ 为虚指数函数。

（4）极坐标形式

$$F = |F|\angle\theta \tag{7-8}$$

式中，$\angle\theta = e^{j\theta}$，这种形式最为简捷，在正弦稳态电路分析中常常被使用。

本书中常用到如下一些复数的概念，Re[F]表示取复数 F 的实部，即

$$\mathrm{Re}[F] = a = |F|\cos\theta$$

Im[F]表示取复数 F 的虚部，即

$$\mathrm{Im}[F] = b = |F|\sin\theta$$

F^* 表示取复数 F 的共轭复数，即

$$F^* = a - jb = |F|(\cos\theta - j\sin\theta) = |F|e^{-j\theta} = |F|\angle-\theta$$

7.2.2 复数的运算

（1）复数的加减运算。该运算只能用代数式进行运算。

设

$$\begin{cases} F_1 = a_1 + jb_1 \\ F_2 = a_2 + jb_2 \end{cases}$$

则
$$F_1 \pm F_2 = (a_1 \pm a_2) + j(b_1 \pm b_2) \tag{7-9}$$

几何表示如图 7.2 所示。

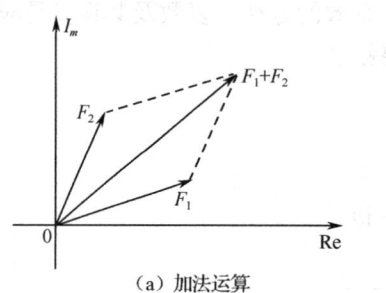
（a）加法运算

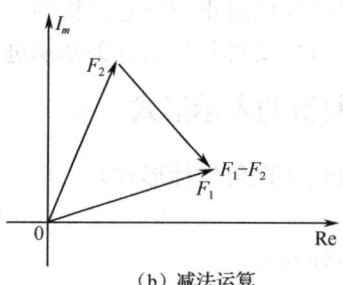
（b）减法运算

图 7.2 复数加减运算的几何表示

（2）复数的乘除运算。可以采用代数式，也可以采用极坐标形式进行运算。为方便计算，常采用极坐标形式。

设
$$\begin{cases} F_1 = |F_1| \angle \theta \\ F_2 = |F_2| \angle \theta \end{cases}$$

则
$$F_1 \cdot F_2 = |F_1||F_2| \angle \theta_1 + \theta_2 \tag{7-10}$$

$$\frac{F_1}{F_2} = \frac{|F_1|}{|F_2|} \angle \theta_1 - \theta_2 \tag{7-11}$$

（3）复数的相等。可以采用代数式，也可以采用极坐标形式。

① 代数式

设
$$\begin{cases} F_1 = a_1 + jb_1 \\ F_2 = a_2 + jb_2 \end{cases}$$

若 $F_1 = F_2$，则
$$\begin{cases} a_1 = a_2 \\ b_1 = b_2 \end{cases}$$

② 极坐标形式

设
$$\begin{cases} F_1 = |F_1| \angle \theta_1 \\ F_2 = |F_2| \angle \theta_2 \end{cases}$$

若 $F_1 = F_2$，则
$$\begin{cases} |F_1| = |F_2| \\ \theta_1 = \theta_2 \end{cases}$$

（4）旋转因子

设 $F=|F|\angle\theta$，则

$$Fe^{j\varphi}=|F|e^{j\theta}\cdot e^{j\varphi}=|F|e^{j(\theta+\varphi)}=|F|\angle\theta+\varphi \tag{7-12}$$

分析：$e^{j\varphi}$ 与 F 相乘的结果是使 F 逆时针旋转角度 φ，但模保持不变，所以称 $e^{j\varphi}$ 为旋转因子。

因为

$$e^{j\frac{\pi}{2}}=j, \quad e^{-j\frac{\pi}{2}}=-j, \quad e^{\pm j\pi}=-1$$

所以，j、$-j$、-1 均可看作特殊的旋转因子。

例 7.2 设 $F_1=13.2+j14.1$，$F_2=2.3-j4$，求 F_1+F_2、F_1F_2 和 $\dfrac{F_1}{F_2}$。

解题思路：复数运算时，加减运算常使用复数的代数式，而乘除运算则多使用复数的指数形式或极坐标形式。

解：

$$F_1+F_2=(13.2+2.3)+j(14.1-4)=15.5+j10.1$$

因为

$$F_1=13.2+j14.1=19.31\angle 46.89°$$
$$F_2=2.3-j4=4.61\angle -60.1°$$

故

$$F_1F_2=19.31\angle 46.89°\times 4.61\angle -60.1°=89.02\angle -13.21°$$
$$=86.66-j20.34$$
$$\frac{F_1}{F_2}=\frac{19.31\angle 46.89°}{4.61\angle -60.1°}=4.19\angle 107°=-1.225+j4$$

7.3 正弦量与相量

在分析线性电路的正弦稳态响应时，常常会遇到正弦信号的代数问题及微分、积分运算，利用三角函数进行正弦信号的运算相当麻烦。用相量来表示正弦量可以有效地化简正弦电路的计算，避免用三角函数进行运算。

7.3.1 正弦量的定义及特征

正弦电流的瞬时值可表示为

$$i(t)=I_m\cos(\omega t+\varphi_i)$$

式中，I_m、ω 和 φ_i 称为正弦量的三要素。I_m 为正弦量的振幅；ω 为正弦量的频率，表示其随时间变化的快慢；φ_i 为正弦量的初相位，表示其初始值的大小，如图 7.3 所示。一般规定 $|\varphi_i|\leq\pi$。φ_i 可以为正或为负，为正时，最大值发生在计时时刻之前；为负时，最大值发生在计时时刻之后。

正弦量乘以常数，正弦量的微分和积分，同频

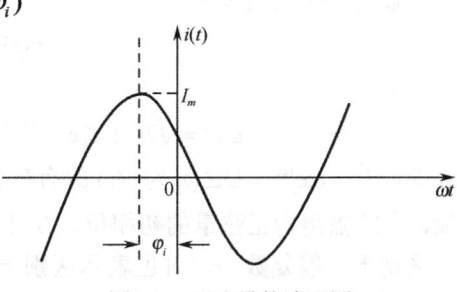

图 7.3 正弦量的波形图

率正弦量的代数和仍为同频率的正弦量。

7.3.2 正弦量的有效值

在工程上，常将周期量在一个周期内产生的平均效应换算为在效应上与之相等的直流量，来衡量和比较周期量的效应，这一直流量就称为周期量的有效值，用相应的大写字母表示。

当周期电流信号流过电阻时，在一个周期内，该电阻消耗的能量为

$$W_1 = \int_0^T p(t)\mathrm{d}t = \int_0^T Ri^2(t)\mathrm{d}t \tag{7-13}$$

当直流电流流过电阻时，在一个周期内，该电阻消耗的能量为

$$W_2 = \int_0^T RI^2 \mathrm{d}t = RI^2 T \tag{7-14}$$

如果在上述两种情况下，电阻 R 消耗的能量相同，即

$$RI^2 T = \int_0^T Ri^2(t)\mathrm{d}t$$

则

$$I = \sqrt{\frac{1}{T}\int_0^T i^2(t)\mathrm{d}t} \tag{7-15}$$

将电流 I 定义为周期信号 $i(t)$ 的有效值。

当周期电流为正弦电流时，$i(t) = I_m \cos(\omega t + \varphi_i)$，将其代入式（7-15）可得

$$I = \sqrt{\frac{1}{T}\int_0^T [I_m \cos(\omega t + \varphi_i)]^2 \mathrm{d}t} = \frac{I_m}{\sqrt{2}}$$

即

$$I_m = \sqrt{2} I \tag{7-16}$$

正弦电流也可表示为

$$i(t) = \sqrt{2} I \cos(\omega t + \varphi_i)$$

同理可得，正弦电压 $u(t)$ 的有效值为

$$U = \frac{U_m}{\sqrt{2}}$$

有效值在工程中应用十分广泛，大部分交流电表测得的都是有效值。交流电机和电器铭牌上所标注的额定电压或电流都是有效值。通常所说的民用交流电的电压 220V，指的就是电压的有效值。

7.3.3 正弦量的相量表示

设有一个正弦电压

$$u(t) = \sqrt{2} U \cos(\omega t + \varphi_u)$$

则

$$u(t) = \sqrt{2} U \operatorname{Re}[\mathrm{e}^{\mathrm{j}(\omega t + \varphi_u)}] = \operatorname{Re}[\sqrt{2} U \mathrm{e}^{\mathrm{j}\varphi_u} \cdot \mathrm{e}^{\mathrm{j}\omega t}] = \operatorname{Re}[\sqrt{2} \dot{U} \mathrm{e}^{\mathrm{j}\omega t}] \tag{7-17}$$

式中，$\dot{U} = U\mathrm{e}^{\mathrm{j}\varphi_u} = U\angle\varphi_u$ 为 $u(t)$ 的有效值相量，今后若无特殊说明，所述相量均指有效值相量，它的幅角为正弦量的初相位。$\dot{U}$ 中的"•"（点）表示这一复数与正弦量关联的特殊身份，以区别于一般复数，同时也表示区别于正弦量的有效值。式（7-17）表示了一种变换，即实数范围内的一个正弦量与复数范围内的复指数之间具有一一对应关系，即 $u \leftrightarrow \dot{U}$。任何一个

正弦时间函数都有唯一与其对应的复数函数。这为用复数表示正弦量找到了一种途径，相量是复数，把相量画在复平面上所形成的图称为相量图，如图 7.4 所示。

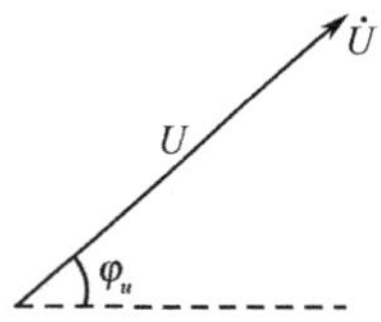

同样地，正弦电流也可以写为

$$i(t) = \sqrt{2}I\cos(\omega t + \varphi_i) = \mathrm{Re}[\sqrt{2}Ie^{j\varphi_i} \cdot e^{j\omega t}] = \mathrm{Re}[\sqrt{2}\dot{I}e^{j\omega t}]$$

式中，$\dot{I} = Ie^{j\varphi_i} = I\angle\varphi_i$。

图 7.4 相量图

7.3.4 正弦量的相量性质

在电路分析中，常常要用到同频率正弦量的加、减、乘、除、微分、积分运算，其结果仍然是同频率的正弦量，显然，直接进行正弦量的运算比较复杂，根据正弦量与相量的一一对应关系，用其对应的相量进行复数运算比较方便。但前提条件是要对正弦量的相量性质比较熟悉。

（1）同频率正弦量的代数和

设

$$i_k = \sqrt{2}I_k\cos(\omega t + \varphi_k)$$

则

$$\sum_k i_k = \sum_k \mathrm{Re}\left[\sqrt{2}\dot{I}_k e^{j\omega t}\right] = \mathrm{Re}\left[\sqrt{2}\left(\sum_k \dot{I}_k\right)e^{j\omega t}\right]$$

所以

$$\sum_k i_k \leftrightarrow \sum_k \dot{I}_k$$

上式说明，对任意时刻，同频率正弦量的代数运算都可以转换为对应的相量运算。

例 7.3 已知两个同频率的正弦电压分别为 $u_1(t) = 220\sqrt{2}\cos\omega t\,\mathrm{V}$，$u_2(t) = 220\sqrt{2}\cos(\omega t - 120°)\,\mathrm{V}$，试求 $u_1 + u_2$ 和 $u_1 - u_2$，并画出对应的相量图。

解题思路：直接利用三角函数可以求解，但过程比较繁琐，用相量法求解更简便。

解：由题意得

$$\dot{U}_1 = 220\angle 0°, \quad \dot{U}_2 = 220\angle -120°$$

则

$$\begin{aligned}
\dot{U}_1 + \dot{U}_2 &= 220\angle 0° + 220\angle -120° \\
&= 220 + 220\cos(-120°) + j220\sin(-120°) \\
&= 220 + 220\left(-\frac{1}{2} - \frac{\sqrt{3}}{2}j\right) \\
&= 220 - 110 - j110\sqrt{3} \\
&= 220\left(\frac{1}{2} - \frac{\sqrt{3}}{2}j\right) \\
&= 220\angle -60°\,\mathrm{V}
\end{aligned}$$

同理可得

$$\dot{U}_1 - \dot{U}_2 = 330 + j110\sqrt{3} = 220\sqrt{3}\angle 30°\,\mathrm{V}$$

故

$$u_1 + u_2 = 220\sqrt{2}\cos(\omega t - 60°)\,\mathrm{V}$$

$$u_1 - u_2 = 220\sqrt{6}\cos(\omega t + 30°)$$
$$\approx 381\sqrt{2}\cos(\omega t + 30°)\text{ V}$$

相量图如图 7.5 所示。

（2）正弦量的微分与积分

设
$$i(t) = \sqrt{2}I\cos(\omega t + \varphi_i)$$

则有
$$\frac{\mathrm{d}i(t)}{\mathrm{d}t} = \frac{\mathrm{d}}{\mathrm{d}t}[\mathrm{Re}(\sqrt{2}\dot{I}e^{\mathrm{j}\omega t})] = \mathrm{Re}[\sqrt{2}(\mathrm{j}\omega\dot{I})e^{\mathrm{j}\omega t}]$$

即
$$\frac{\mathrm{d}i(t)}{\mathrm{d}t} \leftrightarrow \mathrm{j}\omega\dot{I}$$

同理可得
$$\int i(t)\mathrm{d}t = \int \mathrm{Re}(\sqrt{2}\dot{I}e^{\mathrm{j}\omega t})\mathrm{d}t = \mathrm{Re}\left[\sqrt{2}\left(\frac{\dot{I}}{\mathrm{j}\omega}\right)e^{\mathrm{j}\omega t}\right]$$

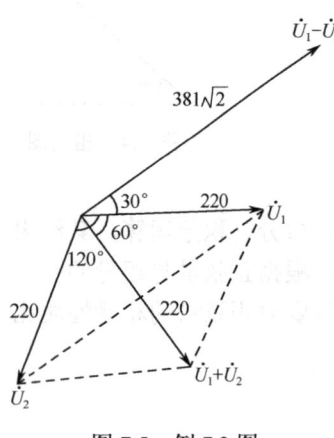

图 7.5 例 7.3 图

即
$$\int i(t)\mathrm{d}t \leftrightarrow \frac{\dot{I}}{\mathrm{j}\omega}$$

例 7.4 已知 $i(t) = 5\sqrt{2}\cos(314t + 30°)\text{A}$，求 $\dfrac{\mathrm{d}i(t)}{\mathrm{d}t}$ 及 $\int i(t)\mathrm{d}t$。

解题思路：求 $i(t)$ 的微积分既可用时域法求解，也可用相量法求解，但相对于时域法，相量法较简单。

解：（1）时域法
$$\frac{\mathrm{d}i(t)}{\mathrm{d}t} = \frac{\mathrm{d}(5\sqrt{2}\cos(314t + 30°))}{\mathrm{d}t}$$
$$= -5\sqrt{2} \times 314\sin(314t + 30°)$$
$$= 5\sqrt{2} \times 314\cos(314t + 120°)$$
$$= 1570\sqrt{2}\cos(314t + 120°)\text{A}$$
$$\int i(t)\mathrm{d}t = \int 5\sqrt{2}\cos(314t + 30°)\mathrm{d}t$$
$$= \frac{5\sqrt{2}}{314}\sin(314t + 30°)$$
$$= 0.016\sqrt{2}\cos(314t - 60°)\text{A}$$

（2）相量法

由题意可得
$$\dot{I} = 5\angle 30°\text{A}$$

故
$$\frac{\mathrm{d}i(t)}{\mathrm{d}t} \leftrightarrow \mathrm{j}\omega\dot{I} = 5\omega\angle 30° + 90° = 5\omega\angle 120° = 5 \times 314\angle 120° = 1570\angle 120°\text{A}$$

$$\frac{\mathrm{d}i(t)}{\mathrm{d}t} = 1570\sqrt{2}\cos(314t+120°)\text{A}$$

同理可得

$$\int i(t)\mathrm{d}t \leftrightarrow \frac{\dot{I}}{\mathrm{j}\omega} = \frac{5\angle 30°}{314\angle 90°} = \frac{5}{314}\angle -60° = 0.016\angle -60°\text{A}$$

即

$$\int i(t)\mathrm{d}t = 0.016\sqrt{2}\cos(314t-60°)\text{A}$$

7.4 电路定律的相量形式

将时域电路变换为对应的相量模型，由相量模型列写出的 KCL、KVL、VAR 方程在形式上与直流电阻电路的完全相同。因此，可以运用直流电阻电路（静态电路）的分析方法来处理正弦稳态电路问题。

7.4.1 KCL 与 KVL 的相量形式

在线性电路中，同一正弦稳态电路中的各支路电流和各支路电压的频率与电源频率相同，故可以采用相量的形式来表示基尔霍夫定律。

基尔霍夫电流定律（KCL）的时域形式为

$$\sum i(t) = 0, \quad \forall t \tag{7-18}$$

根据同频率正弦量代数运算规律可得，KCL 的相量形式为

$$\sum \dot{I} = 0 \tag{7-19}$$

同理，基尔霍夫电压定律（KVL）的时域形式为

$$\sum u(t) = 0, \quad \forall t \tag{7-20}$$

KVL 的相量形式为

$$\sum \dot{U} = 0 \tag{7-21}$$

由以上分析可得，流入某一节点的所有正弦电流用相量形式表示时仍满足 KCL。任一回路的所有正弦电压用相量形式表示时仍满足 KVL。

7.4.2 电路元件 VAR 的相量形式

（1）电阻元件

在图 7.6 所示的参考方向下，电阻元件伏安特性的时域形式为

$$u_R(t) = Ri_R(t) \tag{7-22}$$

在正弦电流 $i_R(t) = \sqrt{2}I_R\cos(\omega t + \varphi_i)$ 的作用下，电阻两端的电压为

$$u_R(t) = R\sqrt{2}I_R(\cos\omega t + \varphi_i) \tag{7-23}$$

正弦电流用相量形式表示，则

$$\dot{I}_R = I_R\angle\varphi_i \tag{7-24}$$

所以电阻元件 VAR 的相量形式为

$$\dot{U}_R = RI_R\angle\varphi_i = R\dot{I}_R \tag{7-25}$$

则
$$U_R = RI_R, \quad \varphi_u = \varphi_i$$

上式表明，电阻两端电压的有效值等于电流有效值与电阻的乘积，且电压与电流同相，如图 7.6（c）所示，电阻元件的相量模型如图 7.6（b）所示。

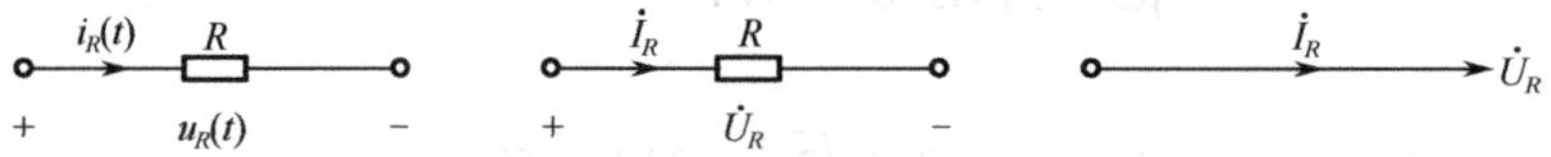

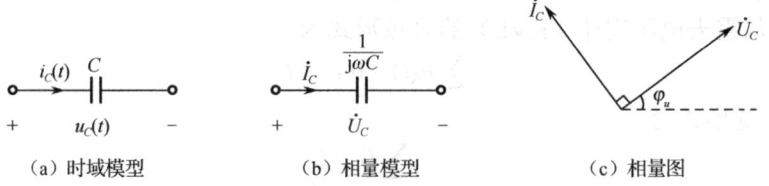

(a) 时域模型　　　　　(b) 相量模型　　　　　(c) 相量图

图 7.6　正弦稳态电路中的电阻元件

（2）电容元件

如图 7.7（a）所示，在关联参考方向下，电容元件伏安特性的时域形式为

$$i_C(t) = C\frac{du_C(t)}{dt} \tag{7-26}$$

设作用于电容两端的正弦电压为

$$u_C(t) = \sqrt{2}U_C \cos(\omega t + \varphi_u)$$

其相量形式为

$$\dot{U}_C = U_C \angle \varphi_u$$

由式（7-26）可得

$$\dot{I}_C = j\omega C \dot{U}_C$$

即电容元件的相量形式为 $\dot{U}_C = \dfrac{1}{j\omega C}\dot{I}_C$，其对应的相量模型如图 7.7（b）所示。

(a) 时域模型　　　　　(b) 相量模型　　　　　(c) 相量图

图 7.7　正弦稳态电路中的电容元件

则
$$U_C = \frac{1}{\omega C}I_C \tag{7-27}$$

$$\varphi_u = \varphi_i - \frac{\pi}{2} \tag{7-28}$$

定义：$Z_C = \dfrac{1}{j\omega C} = -j\dfrac{1}{\omega C} = -jX_C$，式中，$Z_C$ 为电容的阻抗，$X_C = \dfrac{1}{\omega C}$ 为容抗。

分析：由式（7-27）可得，电容两端电压的有效值等于 X_C 与电流有效值的乘积，且电容的容抗 X_C 与频率 ω 有关，ω 越高，X_C 越小，信号越容易通过；反之，ω 越低，X_C 越大，信号越不容易通过，在直流电阻电路中，容抗趋于无穷大，相当于开路，所以电容具有"隔直通交"的作用。

由式（7-28）可得，流过电容的电流相量超前其两端的电压相量 90°，相量图如图 7.7（c）所示。

（3）电感元件

在关联参考方向下，电感元件的时域模型如图 7.8（a）所示，其伏安特性的时域模型为

$$u_L(t) = L\frac{\mathrm{d}i_L(t)}{\mathrm{d}t} \tag{7-29}$$

设流过电感的电流为 $i_L(t) = \sqrt{2}I_L\cos(\omega t + \varphi_i)$，其相量形式为 $\dot{I}_L = I_L\angle\varphi_i$

由正弦量的微分性质可得，$\dfrac{\mathrm{d}i_L(t)}{\mathrm{d}t}$ 对应的相量形式为 $\mathrm{j}\omega\dot{I}_L$。

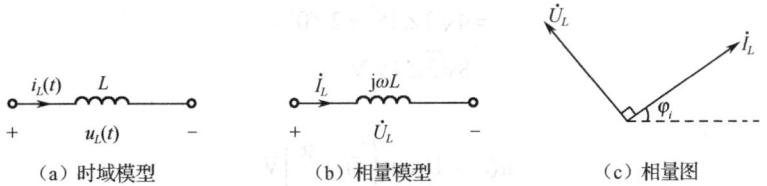

图 7.8 正弦稳态电路中的电感元件

由式（7-29）可得

$$\dot{U}_L = L \cdot \mathrm{j}\omega \dot{I}_L = \mathrm{j}\omega L \dot{I}_L = Z_L \dot{I}_L = \mathrm{j}X_L \dot{I}_L \tag{7-30}$$

其对应的相量模型如图 7.8（b）所示。

式中，$X_L = \omega L$ 为感抗，具有电阻的量纲；$Z_L = \mathrm{j}\omega L = \mathrm{j}X_L$ 为电感的阻抗。

由式（7-30）可得

$$U_L\angle\varphi_u = \mathrm{j}X_L I_L\angle\varphi_i = X_L I_L\angle\frac{\pi}{2}+\varphi_i$$

即

$$U_L = X_L I_L \tag{7-31}$$

$$\varphi_u = \frac{\pi}{2} + \varphi_i \tag{7-32}$$

分析：由式（7-31）可得，电感电压的有效值等于 X_L 与电流有效值的乘积，且电感的感抗 X_L 与频率有关，频率越高感抗越大；反之，频率越低，感抗越小，而在直流电阻电路中，感抗为 0，相当于短路，表明电感元件具有"隔交通直"的作用。由式（7-32）可得，电感元件的电压相量超前电流相量 90°，相量图如图 7.8（c）所示。

例 7.5 如图 7.9（a）所示，已知 $i(t) = 2\sqrt{2}\cos 5t\,\mathrm{A}$，求电压 $u(t)$。

解题思路：把时域模型变换为相量模型，在相量模型中求解，再变为时域形式。

解：其对应相量模型如图 7.9（b）所示。

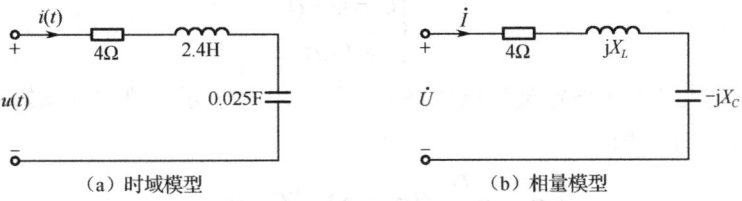

图 7.9 例 7.5 图

$$X_L = \omega L = 5 \times 2.4 = 12\,\Omega$$

$$X_C = \frac{1}{\omega C} = \frac{1}{5 \times 0.025} = 8\Omega$$

$$\dot{I} = 2\angle 0°\text{A}$$

由相量形式的 KVL 可得

$$\begin{aligned}\dot{U} &= (4+\text{j}X_L - \text{j}X_C)\dot{I} \\ &= (4+\text{j}12-\text{j}8)\times 2\angle 0° \\ &= (4+\text{j}4)\times 2\angle 0° \\ &= 4\sqrt{2}\angle 45°\times 2\angle 0° \\ &= 8\sqrt{2}\angle 45°\text{V}\end{aligned}$$

故

$$u(t) = 16\cos\left(5t+\frac{\pi}{4}\right)\text{V}$$

7.5　阻抗与导纳

阻抗和导纳的概念、运算和等效变换是线性电路正弦稳态分析中的重要内容。

7.5.1　阻抗及其连接

设有一个不含独立源的一端口（二端网络）N_0，如图 7.10（a）所示。在正弦交流稳态条件下，其端口电压和电流是同频率正弦量。

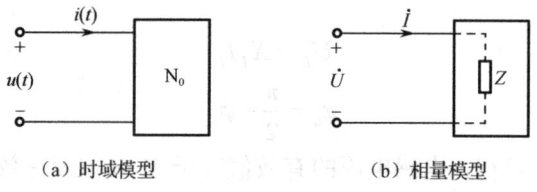

（a）时域模型　　　　　　（b）相量模型

图 7.10　无源线性二端网络的阻抗

设在关联参考方向下

$$\begin{cases}u(t)=\sqrt{2}U\cos(\omega t+\varphi_u) \\ i(t)=\sqrt{2}I\cos(\omega t+\varphi_i)\end{cases} \tag{7-33}$$

则电压和电流对应的相量分别为

$$\begin{cases}\dot{U}=U\angle\varphi_u \\ \dot{I}=I\angle\varphi_i\end{cases} \tag{7-34}$$

我们把相量 $\dot{U}$ 与 $\dot{I}$ 的比值定义为该电路的阻抗，用 Z 表示，单位为欧姆（Ω），其相量模型如图 7.10（b）所示，即

$$\begin{aligned}Z &= \frac{\dot{U}}{\dot{I}} = \frac{U}{I}\angle(\varphi_u-\varphi_i) = |Z|\angle\varphi_Z \\ &= |Z|\cos\varphi_Z + \text{j}|Z|\sin\varphi_Z = R+\text{j}X\end{aligned} \tag{7-35}$$

式中，$|Z|=\dfrac{U}{I}$ 为阻抗模，$\varphi_Z=\varphi_u-\varphi_i$ 为阻抗角，$R=|Z|\cos\varphi_Z$ 为（交流）电阻，$X=|Z|\sin\varphi_Z$ 为电抗。对于 $Z=\mathrm{j}X_L$，X_L 为感抗；对于 $Z=-\mathrm{j}X_C$，X_C 为容抗。当 $X>0$ 时，电路为感性，电压超前电流；当 $X<0$ 时，电路为容性，电压落后电流；当 $X=0$ 时，电路为电阻性，电压与电流同相。以上关系可以用阻抗三角形表示，如图 7.11 所示。

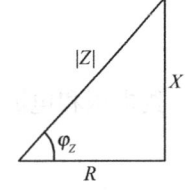

图 7.11　阻抗三角形

单一元件（R、L、C）的阻抗为

$$Z_R=\dfrac{\dot U}{\dot I}=R \tag{7-36}$$

$$Z_L=\dfrac{\dot U}{\dot I}=\mathrm{j}\omega L=\mathrm{j}X_L \tag{7-37}$$

$$Z_C=\dfrac{\dot U}{\dot I}=\dfrac{1}{\mathrm{j}\omega C}=-\mathrm{j}X_C \tag{7-38}$$

无论是电阻、电感还是电容，均可用阻抗表示，它们的伏安关系具有统一的形式，即

$$\dot U=Z\dot I \tag{7-39}$$

式（7-39）称为欧姆定律的相量形式，式中，$\dot U$ 和 $\dot I$ 取关联参考方向。

引入阻抗的概念后，多个阻抗的串并联计算方法和电阻电路的串并联计算方法相同，如分压分流公式、Y-△变换法等，唯一的区别在于多个阻抗的串并联计算用阻抗代替了电阻，阻抗合并时，需要对复数进行熟练的代数运算。

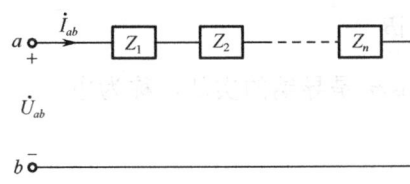

图 7.12　串联阻抗

将各阻抗相加，可以将串联阻抗等效为一个阻抗，电路如图 7.12 所示，a、b 间的阻抗 Z_1，Z_2，…，Z_n 相互串联，阻抗串联时，它们具有相同的电流相量 $\dot I$，由相量域 KCL 可得

$$\dot U_{ab}=(Z_1+Z_2+\cdots+Z_n)\dot I_{ab}$$

即 a、b 间的等效阻抗为

$$Z_{ab}=\dfrac{\dot U_{ab}}{\dot I_{ab}}=Z_1+Z_2+\cdots+Z_n \tag{7-40}$$

同理，将阻抗 Z_1，Z_2，…，Z_n 相互并联，a、b 间的等效阻抗为

$$Z_{ab}=\dfrac{1}{\dfrac{1}{Z_1}+\dfrac{1}{Z_2}+\cdots+\dfrac{1}{Z_n}} \tag{7-41}$$

特殊地，若两个阻抗并联，则

$$Z_{ab}=\dfrac{Z_1 Z_2}{Z_1+Z_2}$$

7.5.2　导纳及其连接

设有一个不含独立源的一端口网络 N_0，如图 7.13（a）所示。在正弦交流稳态条件下，其端口电压和电流是同频率正弦量，设在关联参考方向下

$$\begin{cases} u(t) = \sqrt{2}U\cos(\omega t + \varphi_u) \\ i(t) = \sqrt{2}I\cos(\omega t + \varphi_i) \end{cases}$$

则电压和电流对应的相量分别为

$$\begin{cases} \dot{U} = U\angle\varphi_u \\ \dot{I} = I\angle\varphi_i \end{cases}$$

把相量 $\dot{I}$ 与 $\dot{U}$ 的比值定义为该电路的导纳，用 Y 表示，单位为西门子（S），即

$$Y = \frac{\dot{I}}{\dot{U}} \tag{7-42}$$

其相量模型如图 7.13（b）所示，显然，导纳与阻抗互为倒数。导纳是复数，但不是相量。

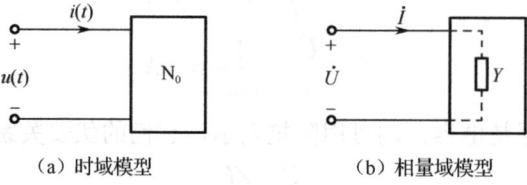

(a) 时域模型　　　　　　　(b) 相量域模型

图 7.13　线性无源一端口网络的导纳

导纳也可以表示为直角坐标或极坐标形式，即

$$Y = \frac{\dot{I}}{\dot{U}} = \frac{I}{U}\angle(\varphi_i - \varphi_u) = |Y|\angle\varphi_Y \tag{7-43}$$
$$= |Y|\cos\varphi_Y + j|Y|\sin\varphi_Y = G + jB$$

式中，$|Y| = \frac{I}{U}$ 为导纳模；$\varphi_Y = \varphi_i - \varphi_u$ 为导纳角；$G = |Y|\cos\varphi_Y$ 是导纳的实部，称为电导；$B = |Y|\sin\varphi_Y$ 是导纳的虚部，称为电纳。

对于电感

$$Y_L = \frac{1}{Z_L} = \frac{1}{jX_L} = -j\frac{1}{X_L} = -jB_L \tag{7-44}$$

对于电容

$$Y_C = \frac{1}{Z_C} = j\omega C = j\frac{1}{X_C} = jB_C \tag{7-45}$$

引入导纳的概念后，无论是电阻、电感还是电容，均可用导纳表示，它们的伏安关系具有同一形式，即

$$\dot{I} = Y\dot{U} \tag{7-46}$$

多个导纳并联的计算与电导并联的计算类似。图 7.14（a）表示 n 个导纳的并联，其有效导纳（见图 7.14（b））为

$$Y_{eq} = \sum_{k=1}^{n} Y_k \tag{7-47}$$

各导纳的电流可表示为

$$\dot{I}_m = \frac{Y_m}{Y_{eq}}\dot{I} \tag{7-48}$$

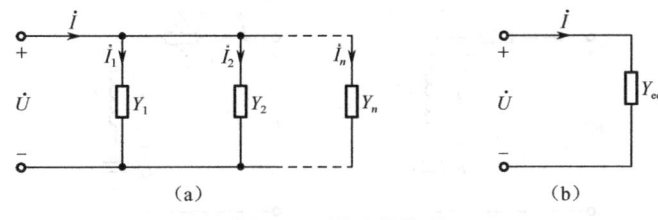

图 7.14 导纳的并联

7.5.3 阻抗与导纳的关系

对于由 R、L、C 组成的无源电路，既可以用阻抗表示，也可以用导纳表示。一般来说，串联电路用阻抗分析比较方便，并联电路用导纳分析比较方便。

对于图 7.15（a）所示的无源电路，可用 7.15（b）、（c）所示的电路来等效。其中，7.15（b）所示的等效阻抗为 $Z = R + \mathrm{j}X$，7.15（c）所示的等效导纳为 $Y = G + \mathrm{j}B$。

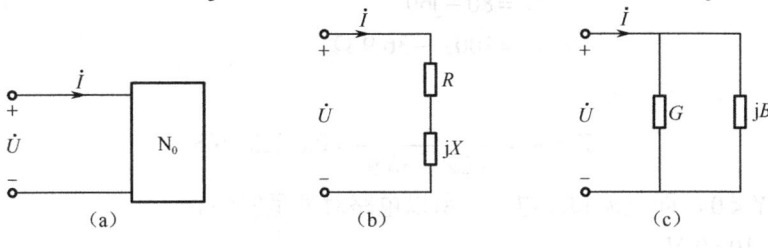

图 7.15 阻抗的导纳

因为 $Z = \dfrac{1}{Y}$，所以阻抗和导纳可以等效互换，同一电路的等效阻抗和导纳的关系为

$$Y = \frac{1}{Z} = \frac{1}{R + \mathrm{j}X} = \frac{R - \mathrm{j}X}{R^2 + X^2} = \frac{R}{R^2 + X^2} - \mathrm{j}\frac{X}{R^2 + X^2} = G + \mathrm{j}B \tag{7-49}$$

即

$$\begin{cases} G = \dfrac{R}{R^2 + X^2} \\ B = -\dfrac{X}{R^2 + X^2} \end{cases} \tag{7-50}$$

由此可见，任意给定一个电路，既可以用电阻与电抗的串联来表示，也可以用电导与电纳的并联来表示。

例 7.6 如图 7.16 所示串联交流电路，已知端电压 $u(t) = 10\sqrt{2}\cos 100t\,\mathrm{V}$，$R = 80\Omega$，$L = 0.4\mathrm{H}$，$C = 100\mathrm{\mu F}$。

求：（1）等效阻抗 Z 与导纳 Y，并判断电路对外呈感性还是容性。
（2）电路中的电流 $i(t)$ 和各元件上的电压瞬时值表达式。

解题思路：此电路为 R、L、C 串联电路，时域模型转为相量域模型，根据阻抗、导纳的定义进行计算，并根据阻抗虚部的正负判断电路对外是感性还是容性。

解：（1）电感的感抗和电容的容抗分别为

$$X_L = \omega L = 100 \times 0.4 = 40\Omega$$

$$X_C = \frac{1}{\omega C} = \frac{1}{100 \times 100 \times 10^{-6}} = 100\Omega$$

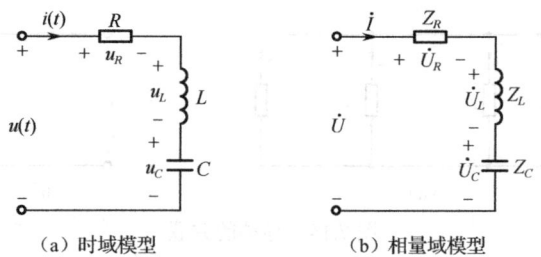

(a) 时域模型　　　　　　　(b) 相量域模型

图 7.16　例 7.6 图

根据 7.16（b）所示电路的相量域模型，等效阻抗为

$$Z = R + jX = Z_R + Z_L + Z_C$$
$$= R + jX_L - jX_C$$
$$= 80 + j40 - j100$$
$$= 80 - j60$$
$$= 100\angle -36.9°\ \Omega$$

导纳为

$$Y = \frac{1}{Z} = \frac{1}{100\angle -36.9°} = 0.01\angle 36.9°\ S$$

由于电抗 $X < 0$，即电流超前电压，所以电路对外呈容性。

（2）设 $\dot{U} = 10\angle 0°\ V$

根据元件伏安关系的相量形式，得

$$\dot{I} = \frac{\dot{U}}{Z} = \frac{10\angle 0°}{100\angle -36.9°} = 0.1\angle 36.9°\ A$$

电阻上的电压

$$\dot{U}_R = R\dot{I} = 80 \times 0.1\angle 36.9° = 8\angle 36.9°\ V$$

电感上的电压

$$\dot{U}_L = Z_L\dot{I} = j40 \times 0.1\angle 36.9° = 4\angle 126.9°\ V$$

电容上的电压

$$\dot{U}_C = Z_C\dot{I} = -j100 \times 0.1\angle 36.9° = 10\angle -53.1°\ V$$

它们的瞬时值表达式分别为

$$i(t) = 0.1\sqrt{2}\cos(100t + 36.9°)\ A$$
$$u_R(t) = 8\sqrt{2}\cos(100t + 36.9°)\ V$$
$$u_L(t) = 4\sqrt{2}\cos(100t + 126.9°)\ V$$
$$u_C(t) = 10\sqrt{2}\cos(100t - 53.1°)\ V$$

7.6　正弦稳态电路的相量域分析

引入阻抗和导纳的概念后，就可用相量来分析正弦稳态电路，这种方法称为相量法。

7.6.1 正弦稳态电路的分析方法

电阻电路与正弦稳态电路的分析比较：
对于电阻电路

$$\begin{cases} \text{KCL}: \sum i = 0 \\ \text{KVL}: \sum u = 0 \end{cases}$$

元件约束关系为

$$u = Ri \text{ 或 } i = Gu$$

对于正弦稳态电路

$$\begin{cases} \text{KCL}: \sum \dot{I} = 0 \\ \text{KVL}: \sum \dot{U} = 0 \end{cases}$$

元件约束关系为

$$\dot{U} = Z\dot{I} \text{ 或 } \dot{I} = Y\dot{U}$$

所以，基于基尔霍夫定律（KCL、KVL）的相量形式与直流电阻电路中的形式相似，因此可以将直流电阻电路中的电路定理及分析方法运用于正弦稳态电路中的相量法中。其方法是先将电路的时域模型转化为相量域模型，再仿照线性电阻电路的分析方法进行分析求解。相量法主要包括相量代数法和相量图解法。

相量代数法的分析步骤如下。
（1）将电路中所有的电压和电流都用其相量形式表示；
（2）将电路中所有的元件都用其阻抗形式表示；
（3）列写电路相量方程并求解（KCL、KVL、叠加定理、替代定理、戴维宁定理、回路电流法、节点电压法等均适用）；
（4）将求解的相量形式转换为时域形式。

例 7.7 如图 7.17（a）所示，已知 $R_1 = 10\Omega$，$L = 20\text{mH}$，$C = 10\mu\text{F}$，$R_2 = 50\Omega$，$U = 100\text{V}$，$\omega = 10^3 \text{rad/s}$，求电路的等效阻抗和各元件的电压和电流。

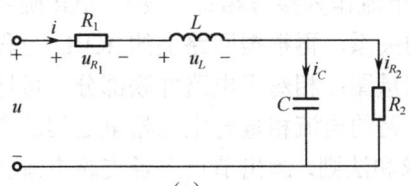
(a)

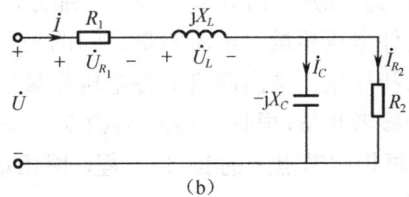
(b)

图 7.17 例 7.7 图

解题思路：先将电路时域模型转化为相量域模型，再利用相量形式的 KCL、KVL 计算。
解：相量域模型如图 7.17（b）所示。
电路的阻抗

$$X_L = \omega L = 10^3 \times 20 \times 10^{-3} = 20\Omega$$

$$X_C = \frac{1}{\omega C} = \frac{1}{10^3 \times 10 \times 10^{-6}} = 100\Omega$$

$$Z = R_1 + jX_L + R_2 //(-jX_C) = 10 + j20 + 50//(-j100)$$
$$= 10 + j20 + 40 - j20 = 50\Omega$$

设 $\dot{U} = 100\angle 0°\text{V}$，则有

$$\dot{I} = \frac{\dot{U}}{Z} = \frac{100\angle 0°}{50} = 2\angle 0°\text{A}$$

$$\dot{U}_{R_1} = R_1\dot{I} = 10 \times 2\angle 0° = 20\angle 0°\text{V}$$

$$\dot{U}_L = j\omega L\dot{I} = 20\angle 90° \times 2\angle 0° = 40\angle 90°\text{V}$$

$$\dot{U}_{R_2} = \dot{U}_C = \dot{U} - \dot{U}_{R_1} - \dot{U}_C = 100\angle 0° - 20\angle 0° - 40\angle 90°$$

$$= 80 - j40 = 89.4\angle -26.6°\text{V}$$

由此可得

$$\dot{I}_C = \frac{\dot{U}_C}{-jX_C} = \frac{89.4\angle -26.6°}{-j100} = \frac{89.4\angle -26.6°}{100\angle -90°} = 0.894\angle 63.4°\text{A}$$

$$\dot{I}_{R_2} = \frac{\dot{U}_{R_2}}{R_2} = \frac{89.4\angle -26.6°}{50} = 1.79\angle -26.6°\text{A}$$

7.6.2 正弦稳态电路的相量图

对于正弦稳态电路的分析和计算，还可使用相量图解法，该方法往往需要在复平面上画出一种能反映电路中电压、电流相量关系的图形，这种图形称为电路的相量图。与反映电路中电压、电流相量关系的电路方程相比，相量图可以直观地显示出各相量之间的关系，特别是各相量间的相位关系，并可以用于辅助电路的计算，是分析和计算正弦稳态电路的重要手段。通常在未求出各相量的具体表达式之前，不可能准确地画出电路的相量图，但是可以依据元件伏安关系的相量形式及电路的 KCL 和 KVL 方程，按比例反映各相量的模（有效值），同时相对地确定各相量在图上的位置（方位）。在画相量图时，可以选择电路中某一相量作为参考相量（参考相量的初相位可任意假定，因为初相位的不同选择只会使各相量的初相位改变同一数值，而不会影响各相量之间的相位关系），其他有关相量就可以根据初相位来确定。

通常的做法是：相对于电路串联部分，可选择电流作为参考相量，根据 VAR 确定串联部分有关元件电压相量与电流相量之间的夹角和模的关系，再根据回路上的 KVL 方程，用相量平移求和法则，画出回路上各电压相量组成的相量图；相对于电路并联部分，可选择并联电压作为参考相量，根据支路的 VAR 确定各并联支路的电流相量与电压相量之间的夹角和模的关系，再根据节点上的 KCL 方程，用相量平移求和法则，画出节点上各支路电流相量组成的相量图。

例 7.8 如图 7.18 所示，已知 $I_1 = 10\text{ A}$，$U_{AB} = 100\text{ V}$，求电流表 A，电压表 V 的读数。

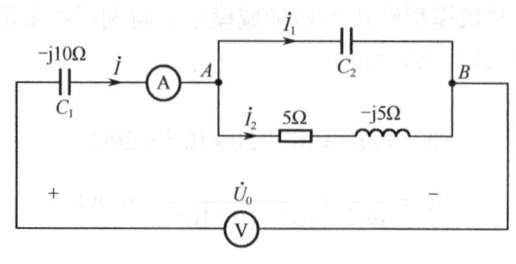

图 7.18 例 7.8 图

解题思路：求电流表、电压表的读数，即求电流、电压的有效值，可以用相量代数法进行复数运算，也可以利用相量图解法求结果。

解：（1）利用相量代数法

设 $\dot{U}_{AB}$ 为参考相量，即 $\dot{U}_{AB}=100\angle 0°\text{V}$。

因为电容元件电流超前电压 90°，所以

$$\dot{I}_1=10\angle 90°=\text{j}10\text{A}$$

可得

$$\dot{I}_2=\frac{100}{5+\text{j}5}=10-\text{j}10=10\sqrt{2}\angle -45°\text{A}$$

$$\dot{I}=\dot{I}_1+\dot{I}_2=\text{j}10+(10-\text{j}10)=10\angle 0°\text{A}$$

即电流表 A 的读数为 10A。

又因为

$$\dot{U}_{C_1}=\dot{I}\cdot(-\text{j}10)=-\text{j}100\text{V}$$

所以

$$\dot{U}_0=\dot{U}_{C_1}+\dot{U}_{AB}=-100\text{j}+100=100\sqrt{2}\angle -45°=141.4\angle -45°\text{V}$$

即电压表 V 的读数为 141.4V。

（2）利用相量图解法进行运算

选取 $\dot{U}_{AB}$ 为参考相量，即

$$\dot{U}_{AB}=100\angle 0°\text{V}$$

然后由欧姆定律画出 $\dot{I}_1$、$\dot{I}_2$，根据平行四边形法则画出 $\dot{I}$，由 VAR 画出 $\dot{U}_0$，如图 7.19 所示。

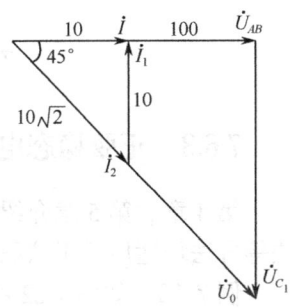

图 7.19 例 7.8 的相量图

由各相量之间的几何关系可得，电流表 A 的读数为 10A，电压表 V 的读数为 141.4V。

例 7.9 如图 7.20 所示，已知 $U=220\text{V}$，$f=50\text{Hz}$，电流表 A_1 的读数为 4A，A_2 的读数为 2A，A_3 的读数为 3A，Z_3 为感性负载，试求 R_2 和 Z_3。

解题思路：当元件的具体形式未给出时，一般采用相量图解法分析。根据电路的结构形式，因为 R_2 和 Z_3 并联，所以选取电压作为参考相量，根据 $\dot{U}=R_2\dot{I}_2$，则 $\dot{I}_2$ 与 $\dot{U}$ 同向；又因为 Z_3 为感性负载，所以电压超前电流 φ，然后根据 KCL 方程，由支路电流的相位关系画出相量图，再根据几何关系算出具体的有效值。

解：各支路的电流如图 7.20 所示，以电压 $\dot{U}$ 为参考相量，设 $\dot{U}=220\angle 0°\text{V}$，画出各支路电压、电流的相量图，如图 7.21 所示。

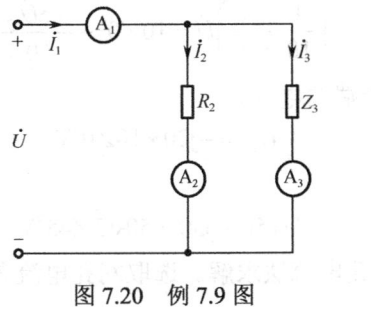

图 7.20 例 7.9 图

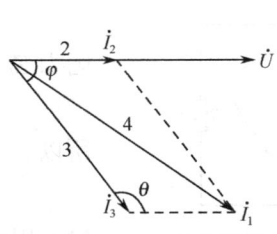

图 7.21 例 7.9 的相量图

因为 R_2 为电阻,即 R_2 的电压与电流同相,所以

$$\dot{I}_2 = \frac{U}{R_2}\angle 0° = 2\angle 0° \text{A}$$

即

$$R_2 = \frac{U}{I_2} = \frac{220}{2} = 110\Omega$$

又因为 Z_3 为感性负载,所以电压超前电流 φ,$\dot{I}_1$ 为 $\dot{I}_2$ 与 $\dot{I}_3$ 之和。
根据余弦定理

$$\cos\theta = \frac{3^2 + 2^2 - 4^2}{2\times 3 \times 2} = -\frac{1}{4}$$

故

$$\theta = 104.5°$$
$$\varphi = 180° - \theta = 75.5°$$

即

$$\dot{I}_3 = 3\angle -75.5° \text{A}$$

$$Z_3 = \frac{\dot{U}}{\dot{I}_3} = \frac{220\angle 0°}{3\angle -75.5°} = 73.3\angle 75.5° = 18.4 + \text{j}71\Omega$$

7.6.3 正弦稳态电路的计算

第 4 章、第 5 章介绍的电源等效变换、戴维宁定理、诺顿定理、节点电压法和网孔电流法等方法均适用于正弦稳态电路的计算,只是要将电路转化到相量域模型中进行计算。

例 7.10 如图 7.22 所示电路,$\dot{I}_s = 10\angle 0° \text{A}$,$Z_C = -\text{j}20\Omega$,$R = 10\Omega$,求电压相量 $\dot{U}$。

解题思路:分别用节点电压法、网孔电流法和戴维宁定理求解。

解:(1) 用节点电压法求解。选取参考节点如图 7.23 所示,建立节点方程如下

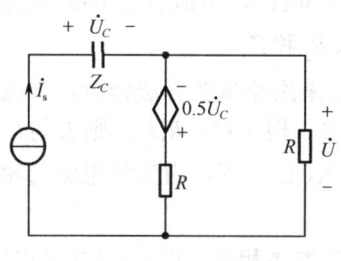

图 7.22 例 7.10 图

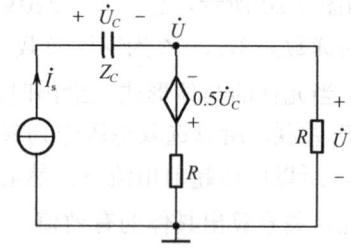

图 7.23 节点电压法求解例 7.10

$$\left(\frac{1}{10} + \frac{1}{10}\right)\dot{U} = 10\angle 0° - \frac{0.5\dot{U}_C}{10}$$

因为 Z_C 两端的电压为

$$\dot{U}_C = -\text{j}20 \times 10\angle 0° \text{V}$$

所以

$$\dot{U} = 50 + \text{j}50 = 50\sqrt{2}\angle 45° \text{V}$$

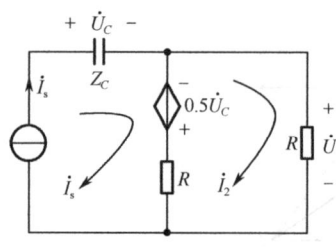

图 7.24 网孔电流法求解例 7.10

(2) 用网孔电流法求解。选取网孔电流参考方向如图 7.24

所示，建立网孔电流方程为

$$(10+10)\dot{I}_2 - 10\dot{I}_s = -0.5\dot{U}_C$$

式中

$$\dot{I}_s = 10\angle 0°$$
$$\dot{U}_C = -j20 \times 10\angle 0°$$

解得

$$\dot{I}_2 = 5 + j5 = 5\sqrt{2}\angle 45°\text{A}$$

故

$$\dot{U} = R\dot{I}_2 = 10 \times 5\sqrt{2}\angle 45° = 50\sqrt{2}\angle 45°\text{V}$$

（3）用戴维宁定理求解。如图 7.25（a）所示电路，其开路电压为

$$\dot{U}_{oc} = -0.5\dot{U}_C + R\dot{I}_s = -0.5Z_C\dot{I}_s + R\dot{I}_s$$
$$= -0.5 \times (-j20) \times 10\angle 0° + 10 \times 10\angle 0°$$
$$= 100 + j100\text{V}$$

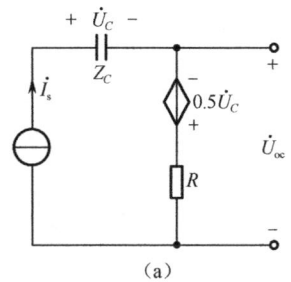 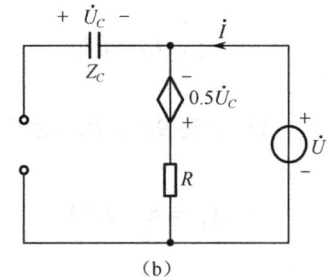 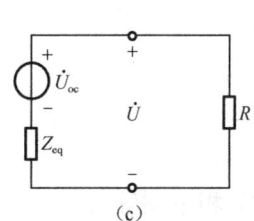

(a)　　　　　　　　(b)　　　　　　　　(c)

图 7.25　戴维宁定理求解例 7.10

把独立电流源置零，如图 7.25（b）所示，因为 $\dot{U}_C = 0$，所以受控电压源短路，从而 $Z_{eq} = R = 10\Omega$。

原电路的戴维宁等效电路如图 7.25（c）所示。

由此可得，电压相量 $\dot{U}$ 为

$$\dot{U} = \frac{R}{Z_{eq}+R} = \frac{10}{10+10}\dot{U}_{oc} = 50 + 50j = 50\sqrt{2}\angle 45°\text{V}$$

例 7.11　如图 7.26 所示，已知 $I_R = I_C = 5\text{A}$，$U = 70.7\text{V}$，且 $\dot{U}$ 与 $\dot{I}_L$ 同相，求 R、X_L 和 X_C。

解题思路：分清各符号代表的意义，在计算过程中可以设置参考初相位 $\dot{U}$ 和 $\dot{I}_L$ 同相，可看作电阻电路。可以采用相量代数法求解，也可采用相量图解法求解。

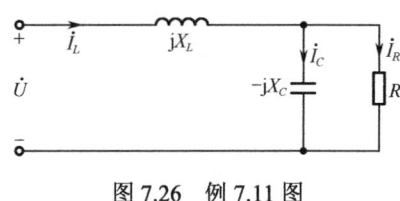

图 7.26　例 7.11 图

解：（1）相量代数法

设 $\dot{I}_R = 5\angle 0°\text{A}$，则

$$\dot{I}_C = 5\angle 90°\text{A}$$

由此可得

$$\dot{I}_L = \dot{I}_R + \dot{I}_C = 5\angle 0° + 5\angle 90°$$
$$= 5 + j5 = 5\sqrt{2}\angle 45°\text{A}$$

$$\dot{U} = 70.7\angle 45° = 50 + \text{j}50\text{V}$$

因为
$$\dot{U} = \text{j}X_L\dot{I}_L + R\dot{I}_R$$

即
$$50 + \text{j}50 = (5 + \text{j}5)\times \text{j}X_L + 5R = 5(R - X_L) + \text{j}5X_L$$

从而
$$\begin{cases} 50 = 5(R - X_L) \\ 50 = 5X_L \end{cases}$$

解得
$$\begin{cases} X_L = 10\Omega \\ R = 20\Omega \end{cases}$$

又因为 I_R 与 I_C 相等，且电容 C 与电阻 R 并联，所以
$$\dot{U}_C = \dot{U}_R$$

即
$$-\text{j}X_C\dot{I}_C = R\dot{I}_R$$

即
$$-\text{j}X_C \times 5\angle 90° = R \times 5\angle 0°$$

则
$$X_C = R = 20\Omega$$

（2）相量图解法

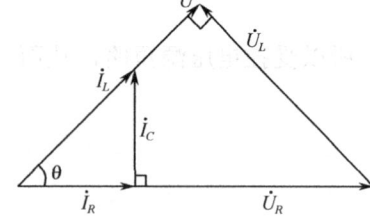

图 7.27 例 7.11 的相量图

设电阻 R 两端电压 $\dot{U}_R$ 为参考相量，画相量图如图 7.27 所示。

已知 $I_R = I_C = 5\text{A}$，由相量图可得
$$I_L = \sqrt{I_R^2 + I_C^2} = 5\sqrt{2}\text{A}$$
$$\theta = 45°$$

因为
$$U = 70.7\text{V}$$
$$U_L = U = 70.7\text{V}$$

所以
$$U_R = \sqrt{U^2 + U_L^2} = 100\text{V}$$
$$X_L = \frac{U_L}{I_L} = \frac{70.7}{5\sqrt{2}} = 10\Omega$$
$$X_C = \frac{U_C}{I_C} = \frac{100}{5} = 20\Omega$$
$$R = \frac{U_R}{I_R} = \frac{100}{5} = 20\Omega$$

例7.12 如图 7.28 所示电路,已知 $R = 2\Omega$，$C = 100\mu\text{F}$，$L = 5\text{mH}$，$u_{s1} = 120\sqrt{2}\cos 1000t\text{V}$，$u_{s2} = 100\sqrt{2}\cos(1000t - 30°)\text{V}$，求各支路电流。

解题思路：可利用网孔电流法或节点电压法求解。

解：（1）用网孔电流法求解。画相量域模型，设网孔电流的参考方向如图 7.29 所示，列出网孔电流方程为

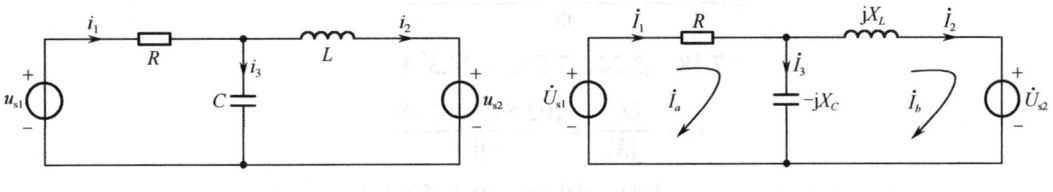

图 7.28　例 7.12 图　　　　　　图 7.29　网孔电流法求解例 7.12

$$\begin{cases}(R-jX_C)\dot{I}_a-(-jX_C)\dot{I}_b=\dot{U}_{s1}\\-(-jX_C)\dot{I}_a+(jX_L-jX_C)\dot{I}_b=-\dot{U}_{s2}\end{cases}$$

式中，$X_L=\omega L=1000\times5\times10^{-3}=5\Omega$，$X_C=\dfrac{1}{\omega C}=\dfrac{1}{1000\times100\times10^{-6}}=10\Omega$。代入各参数并整理得

$$\begin{cases}(1-j5)\dot{I}_a+j5\dot{I}_b=60\\j2\dot{I}_a-j\dot{I}_b=-20\angle-30°\end{cases}$$

解得

$$\begin{cases}\dot{I}_a=11.1\angle39.3°=8.59+j7.04\text{A}\\\dot{I}_b=7.88\angle-24.3°=7.18-j3.24\text{A}\end{cases}$$

所以

$$\dot{I}_1=\dot{I}_a=11.1\angle39.3°=8.59+j7.04\text{A}$$
$$\dot{I}_2=\dot{I}_b=7.88\angle-24.3°=7.18-j3.24\text{A}$$
$$\dot{I}_3=\dot{I}_a-\dot{I}_b=8.59+j7.04-(7.18-j3.24)$$
$$=1.41+j10.28=10.4\angle82.2°\text{A}$$

（2）用节点电压法求解。选定参考节点如图 7.30 所示，列写节点方程为

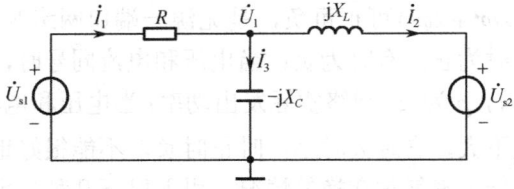

图 7.30　节点电压法求解例 7.12

$$\left(\dfrac{1}{R}+\dfrac{1}{-jX_C}+\dfrac{1}{jX_L}\right)\dot{U}_1=\dfrac{\dot{U}_{s1}}{R}+\dfrac{\dot{U}_{s2}}{jX_L}$$

代入参数可解得

$$\dot{U}_1=102.82-j14.08\text{V}$$

所以

$$\dot{I}_1=\dfrac{\dot{U}_{s1}-\dot{U}_1}{R}=\dfrac{120-(102.82-j14.08)}{2}$$
$$=8.59+j7.04=11.1\angle39.3°\text{A}$$

$$\dot{I}_2 = \frac{\dot{U}_1 - \dot{U}_{s2}}{jX_L} = \frac{102.82 - j14.08 - 100\angle -30°}{j5}$$

$$= \frac{102.82 - j14.08 - (86.6 - j50)}{j5}$$

$$= 7.18 - j3.24 = 7.88\angle -24.3° \text{ A}$$

$$\dot{I}_3 = \frac{\dot{U}_1}{-jX_C} = \frac{102.82 - j14.08}{-j10}$$

$$= 1.41 + j10.28 = 10.4\angle 82.2° \text{ A}$$

7.6.4 正弦稳态电路的功率

几乎所有的电能都是以正弦电压和电流的形式供给的，因此在学完正弦稳态电路的分析后，来讨论正弦稳态电路的功率是非常合适的。人们感兴趣的主要是两端口间发送或接收的平均功率、无功功率、复功率和视在功率等。在家中、学校及商业中心中使用的设备都是由正弦电源驱动的。因此，这里研究的方法适用于日常生活中所接触的大多数电气设备的分析。

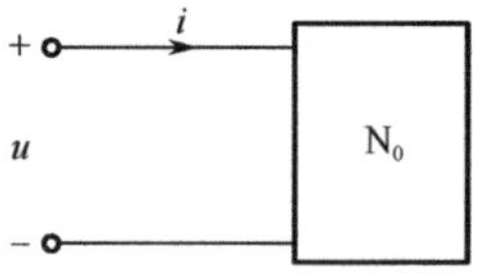

设有一无源一端口网络 N_0，如图 7.31 所示，设电压、电流分别为

$$u = \sqrt{2}U\cos(\omega t + \varphi_u)$$
$$i = \sqrt{2}I\cos(\omega t + \varphi_i) = \sqrt{2}I\cos(\omega t + \varphi_u - \varphi)$$

图 7.31 一端口网络

式中，$\varphi = \varphi_u - \varphi_i$，一般 $|\varphi| \leq 90°$。

则 N_0 的功率为

$$\begin{aligned}
p &= ui = 2UI\cos(\omega t + \varphi_u) \times \cos(\omega t + \varphi_u - \varphi) \\
&= UI[\cos\varphi + \cos(2\omega t + 2\varphi_u - \varphi)] \\
&= UI\cos\varphi + UI[\cos(2\omega t + 2\varphi_u)\cos\varphi + \sin(2\omega t + 2\varphi_u)\sin\varphi] \\
&= UI\cos\varphi[1 + \cos(2\omega t + 2\varphi_u)] + UI\sin\varphi\sin(2\omega t + 2\varphi_u)
\end{aligned} \quad (7\text{-}51)$$

上述瞬时功率包括两部分，第一部分 $UI\cos\varphi[1+\cos(2\omega t+2\varphi_u)]$ 恒为正，为网络的实际损耗；第二部分 $UI\sin\varphi\sin(2\omega t+2\varphi_u)$ 可正可负，是无源一端口网络 N_0 和外电路能量交换的表现。可见，瞬时功率 p 有时为正，有时为负：当电压和电流同号时，p 为正，网络实际吸收功率；当电压和电流异号时，p 为负，网络实际发出功率；当电压和电流有一个为零时，$p=0$。

瞬时功率的实用意义不大，它时大时小，时正时负，不能很好地反映电路功率的情况。为了表示正弦稳态电路中能量消耗与交换的情况，引入以下几种功率。

（1）平均功率（有功功率）P。平均功率也称有功功率，指瞬时功率在一个周期内的平均值，用大写字母 P 表示，其单位为 W（瓦），即

$$\begin{aligned}
P &= \frac{1}{T}\int_0^T p(t)dt = \frac{1}{T}\int_0^T UI[\cos\varphi + \cos(2\omega t + 2\varphi_u - \varphi)]dt \\
&= \frac{1}{T}\int_0^T UI\cos\varphi dt + \frac{1}{T}\int_0^T UI\cos(2\omega t + 2\varphi_u - \varphi)dt \\
&= \frac{1}{T} \times T \times UI\cos\varphi \\
&= UI\cos\varphi
\end{aligned} \quad (7\text{-}52)$$

式中，$\cos\varphi$ 为功率因数，用 λ 表示，即 $\lambda = \cos\varphi$，λ 只与负载有关，与外电路无关。对照瞬时功率的表达式可得，电路所消耗的平均功率就是瞬时功率中的恒定分量，即 N_0 中所有电阻消耗的功率，家电上标注的功率就是平均功率。

（2）无功功率 Q

$$Q = UI\sin\varphi \qquad (7\text{-}53)$$

无功功率反映了电路中储能元件与外电路或电源之间的能量交换情况。无功功率只是一个计算量，并不表示做功的情况，单位为 Var（乏）。"无功"表示能量在往复交换过程中没有被消耗掉。

若一端口网络 N 为纯电阻，则 $\varphi = 0$，$P = UI$，$Q = 0$，说明电阻吸收有功功率，无功功率为零。

若一端口网络 N 为纯电感，则 $\varphi = \dfrac{\pi}{2}$，$P = 0$，$Q = UI = \dfrac{U^2}{X_L} > 0$。

若一端口网络 N 为纯电容，则 $\varphi = -\dfrac{\pi}{2}$，$P = 0$，$Q = -UI = -\dfrac{U^2}{X_C} < 0$。

电感、电容的平均功率为 0，它们不消耗能量，但与外电路有能量交换，电感的无功功率为正，电容的无功功率为负。

（3）视在功率 S。发电机、变压器等电气设备，其功率因数 $\cos\varphi$ 取决于负载的情况，因此通常用视在功率 S 表示其容量

$$S = UI = \sqrt{P^2 + Q^2} \qquad (7\text{-}54)$$

视在功率反映了电气设备的最大负载能力，单位为 VA（伏安）。

（4）复功率 $\bar{S}$

$$\begin{aligned}\bar{S} &= \dot{U}^* \dot{I} = U\angle\varphi_u \times I\angle{-\varphi_i} = UI\angle\varphi_u - \varphi_i \\ &= UI\angle\varphi = S\angle\varphi = UI\cos\varphi + jUI\sin\varphi = P + jQ\end{aligned} \qquad (7\text{-}55)$$

由此可得

$$S = |\bar{S}| = UI$$
$$P^2 + Q^2 = S^2$$

$\bar{S}$ 把 P 和 Q、S 联系在一起进行统一表达，另外，$\bar{S} = \dot{U}^* \dot{I} = Z\dot{I}^* \dot{I} = ZI^2$。对于正弦稳态电路，可以证明 $\sum \bar{S} = 0$，$\sum P = 0$，$\sum Q = 0$，即 P、Q、$\bar{S}$ 是守恒的，S 在一般情况下不守恒。

例 7.13　如图 7.32 所示，已知 $u_s(t) = 10\sqrt{2}\cos 2t\,\text{V}$，求电流 $i(t)$、有功功率 P、无功功率 Q、复功率 $\bar{S}$、视在功率 S 和功率因数 λ。

解题思路：时域模型转换为相量域模型，然后根据 KVL 求解 $i(t)$，根据定义求解 P、Q、$\bar{S}$、S 及 λ。

解：电路的相量域模型如图 7.33 所示。

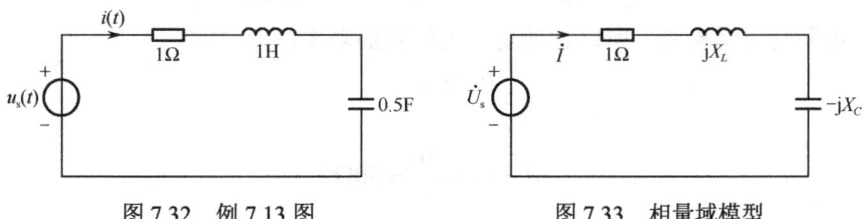

图 7.32　例 7.13 图　　　　图 7.33　相量域模型

依题意可知
$$X_L = \omega L = 2 \times 1 = 2\Omega$$
$$X_C = \frac{1}{\omega C} = \frac{1}{2 \times 0.5} = 1\Omega$$

由题得，$\dot{U}_s = 10\angle 0°\text{V}$，所以
$$Z = 1 + jX_L - jX_C = 1 + j1 = \sqrt{2}\angle 45°\Omega$$

即
$$\varphi = 45°$$
$$\lambda = \cos\varphi = \frac{\sqrt{2}}{2} = 0.707$$
$$\dot{I} = \frac{\dot{U}_s}{Z} = \frac{10\angle 0°}{\sqrt{2}\angle 45°} = 5\sqrt{2}\angle -45°\text{A}$$

由此可得
$$i(t) = 10\cos(2t - 45°)\text{A}$$
$$P = U_s I\cos\varphi = 10 \times 5\sqrt{2}\cos 45° = 50\text{W}$$
$$Q = U_s I\sin\varphi = 50\text{Var}$$
$$S = U_s I = 50\sqrt{2}\text{VA}$$
$$\bar{S} = P + jQ = 50 + j50 = 50\sqrt{2}\angle 45°$$

例 7.14 三表法测线圈参数：如图 7.34 所示，已知 $f = 50\text{Hz}$，电压表读数为 50V，电流表读数为 1A，功率表读数为 30W，求 R、L。

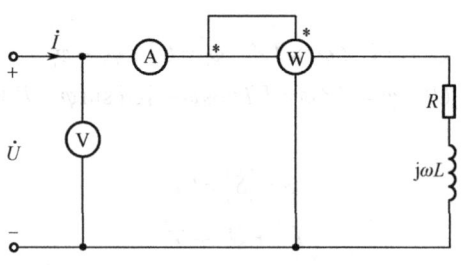

图 7.34 例 7.14 图

解题思路：根据电压表、电流表及功率表的读数，以及与 S、Q 的关系确定参数。

解：依题意可知
$$U = 50\text{V}, \quad I = 1\text{A}, \quad P = 30\text{W}$$

所以
$$S = UI = 50 \times 1 = 50\text{VA}$$
$$Q = \sqrt{S^2 - P^2} = \sqrt{50^2 - 30^2} = 40\text{Var}$$

电路由电阻与电感构成，所以有功功率为消耗的功率，即
$$P = I^2 R$$

所以
$$R = \frac{P}{I^2} = \frac{30}{1} = 30\Omega$$

无功功率为电感的功率，即
$$Q = X_L I^2 = \omega L I^2 = \omega L$$
故
$$L = \frac{Q}{\omega} = \frac{40}{2\pi \times 50} = 0.127\text{H}$$

7.6.5 最大功率传输条件

图 7.35（a）所示电路为功率传输电路，这里要分析一下负载在什么样的条件下可获得最大功率，先将有源网络 N 用戴维宁电路等效，如图 7.35（b）所示，其中，$\dot{U}_{oc}$ 和 Z_o 分别代表电源的电压相量和电源内阻抗，Z_L 为负载阻抗。

电源内阻抗为
$$Z_o = R_o + jX_o$$

负载阻抗为
$$Z_L = R_L + jX_L$$

求：Z_L 为何值时可得到最大功率？最大功率是多少？一般来说，Z_L 是可变的。Z_L 的变化情况有两种，即 R_L、X_L 均可独立变化，或者 Z_L 的阻抗角不变而模可变。

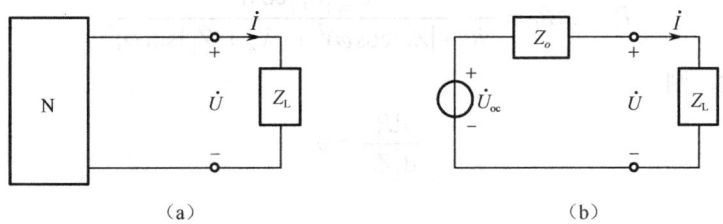

图 7.35 功率传输

情况一：R_L、X_L 均可独立变化，所以
$$\dot{I} = \frac{\dot{U}_{oc}}{Z_o + Z_L} = \frac{\dot{U}_{oc}}{(R_o + R_L) + j(X_o + X_L)}$$

故
$$I = \frac{U_{oc}}{\sqrt{(R_o + R_L)^2 + (X_o + X_L)^2}}$$

则负载吸收功率为
$$P_L = I^2 R_L = \frac{U_{oc}^2 \times R_L}{(R_o + R_L)^2 + (X_o + X_L)^2}$$

要使 R_L、X_L 均可独立变化，负载获得最大功率，必须满足
$$\begin{cases} \dfrac{dP_L}{dX_L} = 0 \\ \dfrac{dP_L}{dR_L} = 0 \end{cases}$$

可以求解

$$\begin{cases} X_L = -X_o \\ R_L = R_o \end{cases}$$

即
$$Z_L = R_L + jX_L = R_o - jX_o = Z_o^*$$

可见，当 R_L、X_L 均可独立变化时，负载获得最大功率的条件是负载阻抗与电源内阻抗是共轭复数，这种状态称为共轭匹配，此时的最大功率为

$$P_{Lmax} = \frac{U_{oc}^2}{4R_o} \tag{7-56}$$

情况二：Z_L 的阻抗角不变而模可变

设
$$Z_L = |Z_L|\angle\varphi = |Z_L|(\cos\varphi + j\sin\varphi)$$

则
$$\dot{I} = \frac{\dot{U}_{oc}}{(R_o + |Z_L|\cos\varphi)^2 + (X_o + |Z_L|\sin\varphi)^2}$$

所以
$$P_L = I^2 R_L = \frac{U_{oc}^2 |Z_L|\cos\varphi}{(R_o + |Z_L|\cos\varphi)^2 + (X_o + |Z_L|\sin\varphi)^2}$$

欲使 P_L 最大，则
$$\frac{dP_L}{d|Z_L|} = 0$$

解得
$$|Z_L| = \sqrt{R_o^2 + X_o^2}$$

可见，在 R_L、X_L 不能独立变化，Z_L 的阻抗角不变而模可变的情况下，负载获得最大功率的条件是负载阻抗的模等于电源内阻抗的模，即 $|Z_L|=|Z_o|$，这种状态称为模匹配。此时，负载得到的最大功率比共轭匹配得到的要小。

注意：当电源内阻为纯电阻时，不管负载阻抗形式如何，也按照模匹配考虑；负载为纯电阻时，还按照模匹配考虑。在电力系统中，不允许在共轭匹配的状态下工作，一方面效率太低，另一方面由于电源的内阻抗很小，因此在匹配时电流会很大，会损坏电源和负载。在通信系统和某些电子电路中才考虑共轭匹配。

例 7.15 如图 7.36（a）所示电路，已知，$\dot{U}_s = 10\angle 0°\text{V}$，$Z_C = -j3\Omega$，$R = 4\Omega$。求：（1）若 Z_L 可任意变化，则 Z_L 为何值时可获得最大功率，并求最大功率。（2）若 Z_L 是电阻，则 Z_L 为何值时可获得最大功率，并求最大功率。

解题思路： 首先求 a、b 两端的戴维宁等效电路，再根据最大功率条件求解 Z_L 及最大功率。

解： a、b 左端的戴维宁等效电路如图 7.36（b）所示

求得开路电压和等效阻抗分别为

$$\dot{U}_{oc} = \frac{\dot{U}_s}{R + Z_C} \times R = \frac{10\angle 0°}{4 - j3} \times 4 = 8\angle 36.9°\text{V}$$

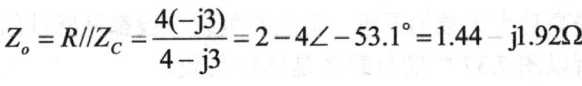

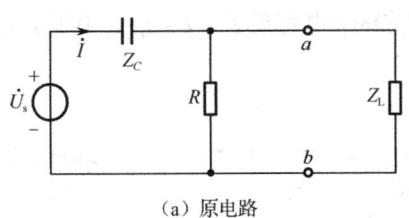
(a) 原电路

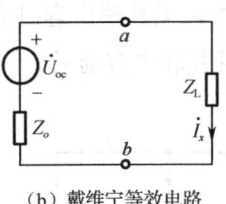
(b) 戴维宁等效电路

图 7.36 例 7.15 图

（1）若 Z_L 可任意变化，则 Z_L 获得最大功率的条件为
$$Z_L = Z_o^* = 2.4\angle 53.1° = 1.44 + j1.92\Omega$$

所以
$$P_{Lmax} = \frac{U_{oc}^2}{4R_o} = \frac{8}{4\times 1.44} = 11.1W$$

（2）若 Z_L 为电阻，则 Z_L 获得最大功率的条件为
$$Z_L = |Z_o| = 2.4\Omega$$

所以
$$\dot{I}_x = \frac{\dot{U}_{oc}}{Z_o + Z_L} = \frac{8\angle 36.9°}{1.44 - j1.92 + 2.4} = \frac{8\angle 36.9°}{(1.44+2.4) - j1.92}A$$

故
$$P_{Lmax} = I_x^2 Z_L = \left(\frac{8}{\sqrt{(1.44+2.4)^2 + (1.92)^2}}\right)^2 \times 2.4 = 1.863^2 \times 2.4 = 8.33W$$

7.6.6 提高功率因数的方法

给电力系统提供电能的设备是发电机组。发电机组的容量是按要求的额定电压和额定电流进行设计的，在发电机组的长期稳定运行过程中，其输出的电压和电流都不能超过其额定值，否则会降低其使用寿命，甚至损坏发电机组。

对于发电机组来说，因为 $\cos\varphi = \dfrac{P}{S}$，而发电机组的容量（视在功率）是固定的，所以功率因数 $\cos\varphi$ 越小，发电机组的输出功率 P 就越低，其容量优势就得不到充分利用，造成电力资源浪费；对于负载而言，如果功率因数 $\cos\varphi$ 越小，则线路电流 $I = \dfrac{P}{U\cos\varphi}$ 就越大，从而造成线路损耗增大，且会在线路上引起较大的电压降，使后方的负载电压过低，严重时会影响用电设备的正常运行。所以，用电企业必须提高功率因数，否则会受到供电部门的罚款。

提高功率因数的方法主要有两种。

（1）对于大功率的牵引电机，尽量使用同步电机，少用异步电机。因为同步电机的功率因数高，异步电机（属感应式电机）的功率因数低（特别是当其空载和轻载运行时，其功率因数更低），减少异步电机的使用能有效提高功率因数。

（2）并联电容法，在负载端并联补偿电容（电力电容器）来提高负载端的功率因数。下面将讨论并联电容法提高功率因数的原理。企业的负载一般都是感性的，如变压器、电动机、电抗器、调压器等，所以图 7.37 中的负载 Z 是感性负载。

在图 7.38 中，无补偿电容时 $\dot{I} = \dot{I}'$，并联补偿电容后 $\dot{I}' = \dot{I} + \dot{I}_C$。由于 Z 是感性负载，所以 $\dot{U}$ 超前 $\dot{I}$，且并联电容前后 $\dot{I}$ 保持不变。

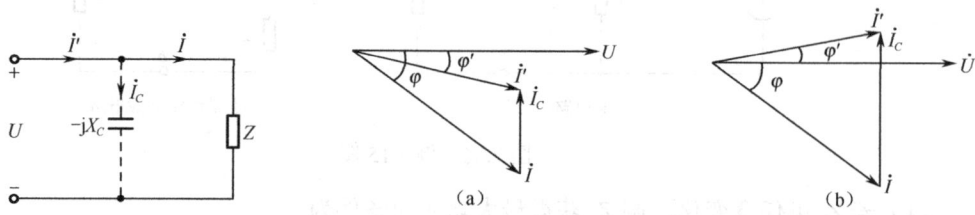

图 7.37　并联电容法提高功率因数的电路图　　图 7.38　并联电容法提高功率因数的相量图

图 7.38（a）为欠补偿情形。补偿后的电压相量 $\dot{U}$ 仍超前电流相量 $\dot{I}'$，整个负载为感性负载（考虑电容后）。由于 $\varphi' < \varphi$，所以 $\cos\varphi' > \cos\varphi$，从而提高功率因数。

图 7.38（b）为过补偿情形。由于电容过大，所以补偿后的电压相量 $\dot{U}$ 滞后电流相量 $\dot{I}'$，整个负载为容性负载。只要保证 $\varphi' < \varphi$，$\cos\varphi' > \cos\varphi$，也可以提高电路的功率因数。但过补偿不能太过，否则不仅不会起到提高功率因数的作用，甚至还会降低功率因数。

7.6.7　正弦稳态电路的谐振

谐振是正弦稳态电路在特定条件下产生的一种特殊的物理现象，作为电路计算没有新内容，主要是分析谐振电路的特点。由于谐振电路具有很好的选频特性，所以其在无线电工程、电子测量技术等许多电路中应用非常广泛。

在含有 R、L、C 的正弦稳态电路中，当 ω、L、C 满足一定条件时，端口出现的电压与电流同相的现象，我们称为谐振，工作在谐振状态或谐振状态附近的电路称为谐振电路。

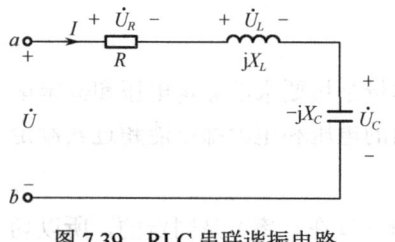

图 7.39　RLC 串联谐振电路

1. RLC 串联谐振电路。如图 7.39 所示，由 R、L、C 组成的简单串联电路，在角频率为 ω 的正弦电源作用下，该电路的复阻抗为

$$Z = R + jX_L - jX_C = R + j\left(\omega L - \frac{1}{\omega C}\right) = R + jX = |Z|\angle\varphi$$

当

$$\omega L - \frac{1}{\omega C} = 0$$

时，阻抗角 $\varphi = 0$，电压和电流同相，电路发生谐振现象。发生在串联电路中的谐振称为串联谐振（Series resonance）。

由此可得，电路发生谐振时的角频率 ω_0 及谐振频率 f_0 分别为

$$\omega_0 = \frac{1}{\sqrt{LC}}$$

$$f_0 = \frac{1}{2\pi\sqrt{LC}} \tag{7-57}$$

由式（7-57）可得，串联电路的谐振角频率和谐振频率与激励电源、电阻无关，仅由 L 和 C 决定，反映了 RLC 串联电路的固有性质，因此也可称其为电路的固有谐振角频率和固

有谐振频率。在实际电路中，通常采用两种方法使电路发生谐振。一种是在 L 和 C 一定时，改变电源频率 f（变频）以达到谐振。另一种是在电源频率 f 一定时，改变 L 或 C 以达到谐振，这种操作称为调谐。例如，通常的收音机选台，选择不同频率的信号，就是采用改变 C 使电路达到谐振的方法。但在电力系统中，由于电源电压本身比较高，因此一旦发生谐振，会因为过高的电压使电气设备的绝缘被击穿，从而损坏设备，所以应尽量避免电路谐振或工作在谐振频率附近。

谐振是交流电路的一种特殊工作状态，串联谐振主要有以下几个方面的特点。

（1）电路发生谐振时，阻抗角 $\varphi=0$，功率因数 $\cos\varphi=1$，电压与电流同相，电路呈电阻性。

（2）电路发生谐振时，电抗部分等于零，阻抗 $|Z|=\sqrt{R^2+X^2}=R$，达到最小值，此时感抗等于容抗，但是均不为零，即

$$X_L = X_C = \omega_0 L = \frac{1}{\omega_0 C} = \frac{1}{\sqrt{LC}} \times L = \sqrt{\frac{L}{C}} = \rho$$

ρ 仅由 L 和 C 确定，与角频率 ω 无关，称为串联电路的特性阻抗（characteristic impedance），单位是 Ω，它是描述谐振电路特性的重要参数。在无线电技术中，通常还根据谐振电路的特性阻抗和回路电阻 R 比值的大小来讨论谐振电路的性能，此比值用 Q 表示，即

$$Q = \frac{\rho}{R} = \frac{\omega_0 L}{R} = \frac{1}{\omega_0 RC} = \frac{1}{R}\sqrt{\frac{L}{C}}$$

Q 为谐振电路的品质因数或谐振系数，常称为 Q 值，它是一个无量纲的参数，也是描述谐振电路特性的一个重要参数。一般来说，Q 值越大，电路的选择性能越好。

（3）电路发生谐振时，电路呈现电阻性，它的模为极小值，此时 $\dot{U}_R = \dot{U}$ 达到最大值；谐振电流 $\dot{I}_0 = \dfrac{\dot{U}}{R}$，电流有效值达到最大值。

（4）电路发生谐振时，各元件的电压相量分别为

$$\dot{U}_{R0} = R\dot{I}_0 = R\frac{\dot{U}}{R} = \dot{U}$$

$$\dot{U}_{L0} = j\omega_0 L\dot{I}_0 = j\omega_0 L\frac{\dot{U}}{R} = jQ\dot{U}$$

$$\dot{U}_{C0} = \frac{1}{j\omega_0 C}\dot{I}_0 = \frac{1}{j\omega_0 C}\frac{\dot{U}}{R} = -jQ\dot{U}$$

电感与电容上的电压相量之和

$$\dot{U}_{L0} + \dot{U}_{C0} = jQ\dot{U} - jQ\dot{U} = 0$$

二者大小相等，相位相反，可以相互抵消。此时，可以把串联谐振电路中 L 和 C 串联部分"短路"，电流不变，因此串联谐振也称为电压谐振。此时电感电压和电容电压的有效值是外加电压有效值的 Q 倍，如果 $Q \gg 1$，则电路在接近串联谐振时，电感和电容上便会出现超过外加电压有效值 Q 倍的高电压，这种部分电压大于总电压的现象在线性电阻串联电路中是绝对不会出现的。

（5）电路发生谐振时，电路吸收的有功功率为

$$P = UI\cos\varphi = UI = I^2 R = P_R$$

电路的无功功率为

$$Q = UI\sin\varphi = I^2X_L - I^2X_C = 0$$

谐振时电路中的电流为

$$i_0 = \frac{u}{R} = \frac{\sqrt{2}U\cos\omega_0 t}{R} = \sqrt{2}I_0\cos\omega_0 t$$

电感的瞬时储能为

$$W_{L0} = \frac{1}{2}Li_0^2 = \frac{1}{2}L \times 2I_0^2\cos^2\omega_0 t = \frac{1}{2}LI_0^2(1+\cos2\omega_0 t)$$

谐振时电容上的电压为

$$u_{C0} = \frac{1}{\omega_0 C}\sqrt{2}I_0\cos(\omega_0 t - 90°) = \frac{\sqrt{2}I_0}{\omega_0 C}\sin\omega_0 t$$

电容的瞬时储能为

$$W_{C0} = \frac{1}{2}Cu_{C0}^2 = \frac{1}{2}C \times \frac{2I_0^2}{(\omega_0 C)^2}\sin^2\omega_0 t = \frac{1}{2}LI_0^2(1-\cos2\omega_0 t)$$

电感和电容的瞬时储能之和为

$$W_0 = W_{L0} + W_{C0} = LI_0^2 = CU_{C0}^2 = CQ^2U^2 = \frac{1}{2}CQ^2U_m^2$$

由上式可得，电路发生串联谐振时，电感和电容所储存的磁场和电场能量之和不随时间变化而变化，且与品质因数 Q 的平方成正比。

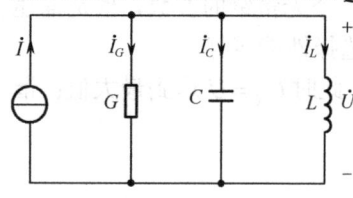

图 7.40　GCL 并联谐振电路

2. GCL 并联谐振电路。串联谐振电路仅适用于信号源内阻较小的情况，如果信号源内阻较大，电路的选择性较差（因此时的 Q 值较小），则为了获得较好的选择性，常采用并联谐振电路。如图 7.40 所示，GCL 并联谐振电路，它是 RLC 串联谐振电路的对偶电路。

并联谐振电路的总导纳为

$$Y = G + jB = G + j\left(\omega C - \frac{1}{\omega L}\right) = |Y|\angle\varphi_Y$$

当

$$\omega C - \frac{1}{\omega L} = 0$$

时，导纳角 $\varphi_Y = 0$，电压和电流同相，电路发生并联谐振。此时电路的谐振角频率 ω_0 及谐振频率 f_0 分别为

$$\omega_0 = \frac{1}{\sqrt{LC}}$$

$$f_0 = \frac{1}{2\pi\sqrt{LC}}$$

并联谐振主要有以下几个方面的特点。

（1）导纳角 $\varphi_Y = 0$，功率因数 $\cos\varphi = 1$，电路呈电阻性。

（2）导纳 $|Y_0| = \sqrt{G^2 + B^2} = G = \frac{1}{R}$，达到最小值，谐振阻抗 $Z_0 = \frac{1}{Y_0} = R$ 达到最大值。

(3) 电路发生谐振时, 端口电压 $\dot{U}_0 = \dfrac{\dot{I}}{Y_0} = \dfrac{\dot{I}}{G}$, 此时导纳模为最小值, 在端口上输入电流有效值一定时, 电压有效值 U 达到最大值。若并联谐振电路使用电压源激励, 则谐振时电流最小。

(4) 电路发生谐振时, 各元件的电流相量分别为

$$\dot{I}_{G0} = G\dot{U}_0 = G\dfrac{\dot{I}}{G} = \dot{I}$$

$$\dot{I}_{C0} = j\omega_0 C \dot{U}_0 = j\omega_0 C \dfrac{\dot{I}}{G} = jQ\dot{I}$$

$$\dot{I}_{L0} = \dfrac{1}{j\omega_0 L}\dot{U}_0 = -j\dfrac{1}{\omega_0 L}\dfrac{\dot{I}}{G} = -jQ\dot{I}$$

电感与电容上的电流相量之和

$$\dot{I}_{L0} + \dot{I}_{C0} = -jQ\dot{I} + jQ\dot{I} = 0$$

可见, 二者大小相等, 相位相反, 可以相互抵消。此时, 并联谐振电路中 L 和 C 并联部分相当于开路, 因此并联谐振也称为电流谐振。并联谐振电路的品质因数为

$$Q = \dfrac{\omega_0 C}{G} = \dfrac{1}{\omega_0 GL} = R\sqrt{\dfrac{C}{L}}$$

(5) 电路发生谐振时, 总的无功功率为零, 与电源之间无能量交换。电源只供给电导所消耗的能量, 电感和电容之间等量地交换能量。

例 7.16 如图 7.41（a）所示, 已知, $\dot{U}_s = 200\angle 0°\text{V}$, $R_1 = X_{L_1} = X_{C_1} = 40\Omega$, $X_{L_2} = X_{C_2} = 20\Omega$, $X_{L_3} = 100\Omega$, 求电压表和电流表的读数。

解题思路: 首先判断电路是否发生串并联谐振, 然后依据串联谐振时, L、C 部分相当于短路; 并联谐振时, L、C 部分相当于开路来简化电路并求解。

解: 因为 $X_{L_2} = X_{C_2}$, 即 L_2 和 C_2 并联部分发生并联谐振, 所以 AB 之间的电路相当于开路; 又因为 $X_{L_1} = X_{C_1}$, 即 L_1 和 C_1 串联部分发生串联谐振, 所以 CD 之间的电路相当于短路, 等效电路如图 7.41（b）所示, 则

$$\dot{U} = -\dot{U}_s = -200\angle 0°\text{V}$$

即电压表读数为 200V。

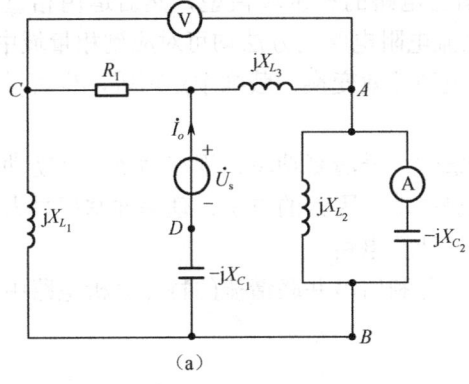 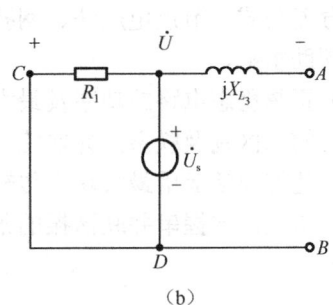

图 7.41　例 7.16 图

$$\dot{U}_{AB} = \dot{U}_s - \dot{I}_o(-jX_{C_1}) = \dot{U}_s - \frac{\dot{U}_s}{R_1}(-jX_{C_1}) = 200 + j\frac{200}{40} \times 40$$

$$= 200 + j200 = 200\sqrt{2}\angle 45°\text{V}$$

所以流过 C_2 的电流的有效值为

$$I_{C_2} = \frac{U_{AB}}{X_{C_2}} = \frac{200\sqrt{2}}{20} = 14.1\text{A}$$

即电流表读数为 14.1A。

7.7 本章小结

本章主要介绍了复数的表示及其基本运算，并依据这些基本的数学知识引出了电容、电感、电阻的相量形式，从而得到了电路的相量域模型，求解正弦稳态电路的电压和电流的最好方法就是在相量域中求解。给定一个电路，求其稳态响应，可以先把时域模型转化为相量域模型，进而对其电压、电流、功率等进行分析求解。本章的主要内容总结如下：

（1）比较电容、电感、电阻的相量形式及功率等。

	电阻	电感	电容
时域形式	$u = iR$	$u = L\dfrac{di}{dt}$	$i = C\dfrac{du}{dt}$
相量形式	$\dot{U} = \dot{I}R$	$\dot{U} = j\omega L\dot{I}$	$\dot{I} = j\omega C\dot{U}$
电压电流相位关系	$\xrightarrow{\dot{I}\quad\dot{U}}$	$\dot{U}\perp\dot{I}$	$\dot{I}\perp\dot{U}$
有效值	$U = RI$	$U = X_L I$	$U = X_C I$
有功功率	$P = I^2 R = \dfrac{U^2}{R}$	0	0
无功功率	0	$Q = I_L U_L$	$Q = -I_C U_C$
能量	$W = I^2 Rt$	$W = \dfrac{1}{2}LI_L^2$	$W = \dfrac{1}{2}CU_C^2$

（2）用相量法求解正弦稳态电路。首先画出电路的相量域模型，然后运用相量形式的 KCL、KVL 及欧姆定律列出方程。所有求解直流电阻电路的方法均可对应到相量域中使用，如分压分流公式、节点电压法、网孔电流法、电源等效变换、戴维宁定理等，也可以利用相量图来帮助求解。

（3）正弦稳态电路的功率及最大功率传输条件。分清复功率、视在功率、有功功率、无功功率之间的区别及联系，并熟练计算。掌握提高功率因素的方法，理解并掌握最大功率传输条件。能够灵活运用最大功率传输条件去分析计算电路。

（4）谐振。掌握串并联谐振的条件和特点，并利用串并联谐振的特点分析电路中是否存在谐振。

习　题

7-1　电压或电流的瞬时功率表达式为

（1）$u(t)=-30\cos(\pi t+60°)\text{V}$　　　　（2）$u(t)=10\sin(100t-30°)\text{V}$

（3）$i(t)=12\sqrt{2}\cos(3t+90°)\text{V}$　　　（4）$i(t)=2\sin(\pi t-40°)\text{V}$

试分别画出其波形，求其频率、振幅、初相位，并写出正弦量对应的相量形式。

7-2　正弦电流的振幅为 $I_m=8\text{mA}$，角频率 $\omega=10^3\text{rad/s}$，初相位 $\varphi=45°$。写出其瞬时表达式，并求电流的有效值。

7-3　已知电流相量 $\dot{I}_1=6+\text{j}8\text{A}$，$\dot{I}_2=-6+\text{j}8\text{A}$，$\dot{I}_3=-6-\text{j}8\text{A}$，$\dot{I}_4=6-\text{j}8\text{A}$，试写出其极坐标形式和对应的瞬时值表达式（设角频率为 ω）。

7-4　试判断下列表达式的对错，并对错误表达式进行更正。

（1）$u=\omega Li$　　　　（2）$i=5\cos\omega t=5\angle 0°$　　　　（3）$\dot{I}=\text{j}\omega c\dot{U}_m$

（4）$X_L=\dfrac{\dot{U}_L}{\dot{I}_L}$　　　　（5）$\dfrac{\dot{U}_C}{\dot{I}_C}=\text{j}\omega C$　　　　（6）$\dot{U}_L=\text{j}\omega L\dot{I}_L$

7-5　如图 7.42 所示电路，已知 $U=50\text{V}$，$I=2\text{A}$，$C=50\mu\text{F}$，正弦电源的角频率 $\omega=10^3\text{rad/s}$。求电阻 R 及电路的功率因数 λ。

7-6　如图 7.43 所示电路，已知 $i_s=10\sqrt{2}\cos 10^5 t\text{A}$，$R=8\Omega$，$C=0.625\mu\text{F}$，$L=80\mu\text{H}$，求电路消耗的功率 P 和电感电压 u_L。

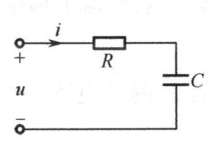
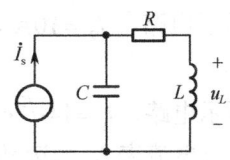

图 7.42　习题 7-5 图　　　　图 7.43　习题 7-6 图

7-7　如图 7.44 所示电路，已知 $\dot{I}_L=1\angle 0°\text{A}$，求 $\dot{U}_s$。

7-8　如图 7.45 所示电路，已知 $U=100\text{V}$，$I=100\text{mA}$，电路吸收的功率为 $P=6\text{W}$，$X_{L_1}=1.25\text{k}\Omega$，$X_C=0.75\text{k}\Omega$。电路呈感性，求 R 和 X_L。

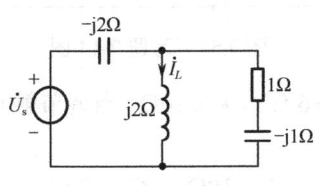
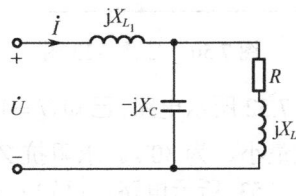

图 7.44　习题 7-7 图　　　　图 7.45　习题 7-8 图

7-9　如图 7.46 所示电路，已知 $R=10\Omega$，$F=50\text{Hz}$，各电流的有效值分别为 $I=4\text{A}$，$I_1=3.5\text{A}$，$I_2=1\text{A}$，求电阻 R_L 和电感 L。

7-10　如图 7.47 所示电路，已知 $U=50\text{V}$，$I_R=I_C=5\text{A}$，端口的电流和电压同相，分别用相量代数法和相量图解法求 I，R，X_L 和 X_C。

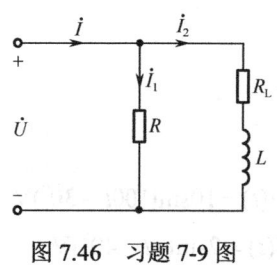
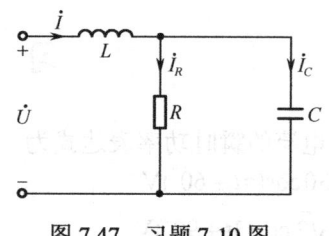

图 7.46 习题 7-9 图　　　　　图 7.47 习题 7-10 图

7-11　如图 7.48 所示电路，电压表读数分别为 $V_1=15V$，$V_2=80V$，$V_3=100V$，（电压表读数是正弦电压的有效值）。求 $\dot{U}_s$ 的有效值 U_s。

7-12　如图 7.49 所示电路，电路由电压源 $u_s=100\cos 10^3 t\,V$，R 和 $L=0.025H$ 串联组成，电感两端电压有效值为 25V，求 R 及电流的表达式。

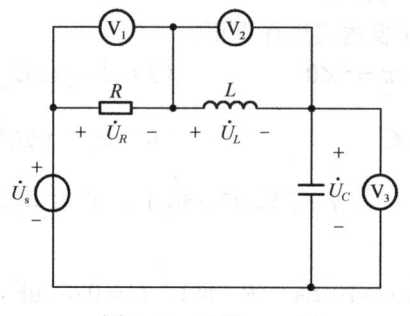
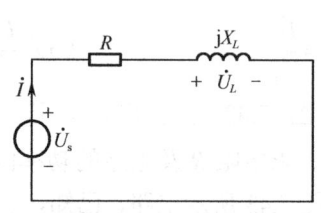

图 7.48 习题 7-11 图　　　　　图 7.49 习题 7-12 图

7-13　如图 7.50 所示电路，$I_2=10A$，$U_s=5\sqrt{2}V$，求电流 $\dot{I}$ 和电压 $\dot{U}_s$，并画出电路的相量图。

7-14　如图 7.51 所示电路，$i_s=14\sqrt{2}\cos(\omega t+\varphi)\,mA$，调节电容，使电压 $\dot{U}=U\angle\phi$，电流表 A_1 的读数为 50mA，求电流表 A_2 的读数。

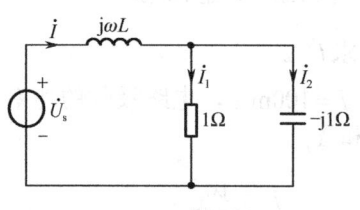
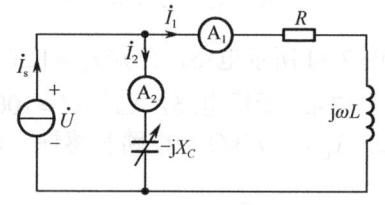

图 7.50 习题 7-13 图　　　　　图 7.51 习题 7-14 图

7-15　如图 7.52 所示电路，已知 $U=100V$，$R_2=6.5\Omega$，$R=20\Omega$，当调节触点 c 使 $R_{ac}=4\Omega$ 时，电压表读数最小，为 30V。求阻抗 Z。

7-16　如图 7.53 所示电路，已知 $I_s=10A$，$R_1=R_2=10\Omega$，$C=10\mu F$，$\omega=5000\,rad/s$，$\mu=0.5$。试分别用网孔电流法和节点电压法求电源的输出功率。

7-17　如图 7.54 所示电路，已知 $\dot{U}=10\angle 0°V$，（1）画出电路的相量图；（2）求电路的有功功率、无功功率、视在功率和功率因数。

7-18　如图 7.55 所示电路，已知 $\dot{I}_s=2\angle 0°A$，负载 Z_L 为何值时取得最大功率？最大功率 P_{Lmax} 是多少？

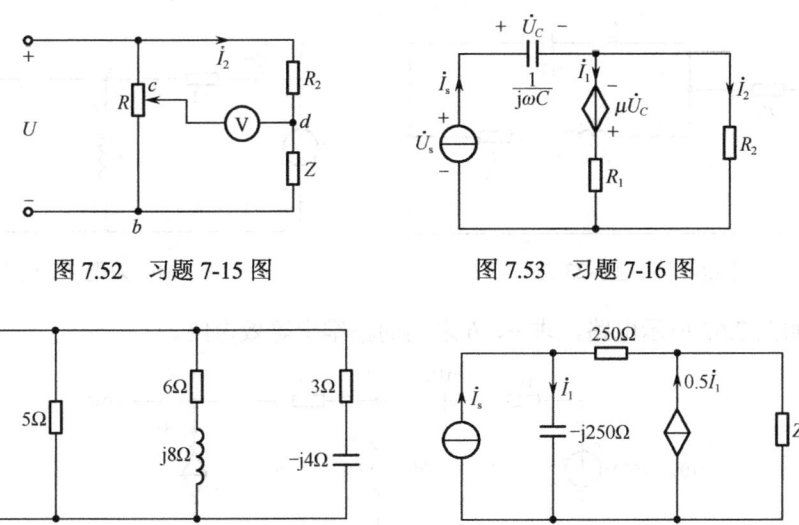

图 7.52 习题 7-15 图   图 7.53 习题 7-16 图

图 7.54 习题 7-17 图   图 7.55 习题 7-18 图

7-19 如图 7.56 所示电路，已知 $\dot{U}_s = 6\angle 0°\text{V}$，负载 Z_L 为何值时取得最大功率？最大功率 $P_{L\max}$ 是多少？

7-20 如图 7.57 所示电路，已知 $U_{AB}=50\text{V}$，$U_{AC}=78\text{V}$，求 U_{BC}。

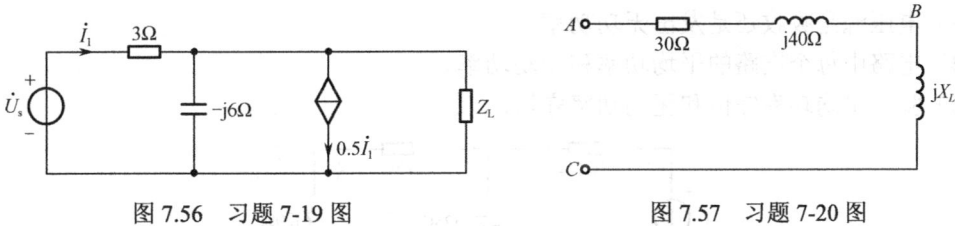

图 7.56 习题 7-19 图   图 7.57 习题 7-20 图

7-21 如图 7.58 所示电路，已知 $U=50\text{V}$，$I_1=I_2=5\text{A}$，总电流和总电压同相，（1）求 I_1、R_1、X_L 和 X_C；（2）画出电路的相量图。

7-22 如图 7.59 所示电路，为三表测线圈参数的电路，已知：$f=50\text{Hz}$ 且测得 $U=50\text{V}$，$I=2\text{A}$，$P=60\text{W}$，求 R 和 L。

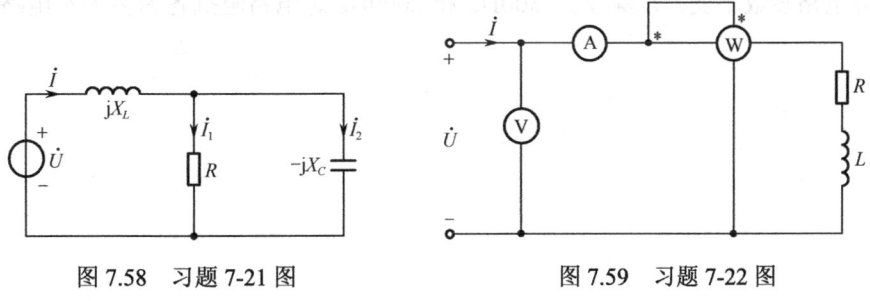

图 7.58 习题 7-21 图   图 7.59 习题 7-22 图

7-23 如图 7.60 所示电路，已知 $U=200\text{V}$，$I_2=10\text{A}$，$I_3=10\sqrt{2}\text{A}$，$R_1=5\Omega$，$R_2=X_L$，求 I_1、R_2、X_L 和 X_C。

7-24 如图 7.61 所示电路，已知 $L=1\text{H}$，$C=1\text{F}$，角频率为多少时，电流 $i(t)$ 为零，并求 $i_L(t)$ 和 $i_C(t)$。

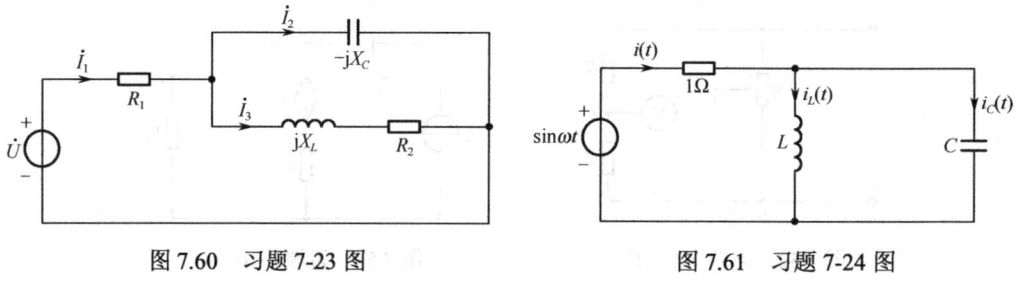

图 7.60 习题 7-23 图   图 7.61 习题 7-24 图

7-25 如图 7.62 所示电路,求 a、b 之间的戴维宁等效电路。

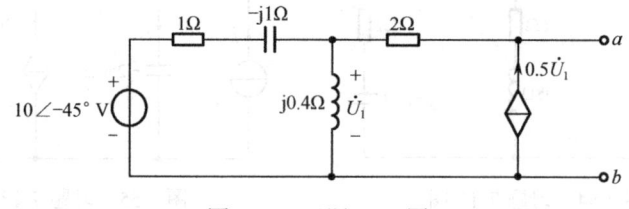

图 7.62 习题 7-25 图

7-26 如图 7.63 所示电路,已知电压源电压 $\dot{U}=240\angle 0°\mathrm{V}$,试求:
(1)电压源两端的平均功率和无功功率?
(2)电压源是吸收还是发出平均功率?
(3)电压源是吸收还是发出无功功率?
(4)电路中每个支路的平均功率和无功功率。
(5)验证平均功率守恒和无功功率守恒。

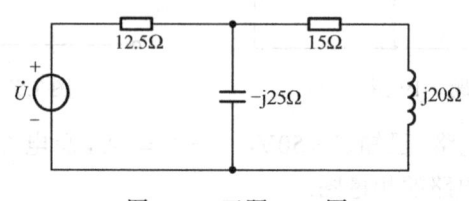

图 7.63 习题 7-26 图

7-27 RLC 串联电路,已知 $R=5\Omega$,$L=2.5\mathrm{mH}$,求谐振频率 $f_0=1000\mathrm{Hz}$ 时,电容 C 应多大?保持电路参数不变,求频率为 500Hz 和 2000Hz 时电路阻抗各为多大?电路是容性还是感性?

第8章 含有耦合电感的电路（互感耦合电路）

教学提示：耦合电感和变压器是电子电路中广泛应用的多端元件，它们由一条以上的支路构成，且一条支路上的电压、电流与其他支路上的电压、电流有直接关系。

教学要求：本章首先介绍耦合电感及其伏安特性，随后讨论含耦合电感元件电路的分析方法，包括耦合电感的受控源模型等效、去耦等效等。最后介绍理想变压器的特性及其应用。

8.1 耦合电感（互感）

如果有两个相互耦合的线圈，如图8.1所示，设线圈1有N_1匝，线圈2有N_2匝。

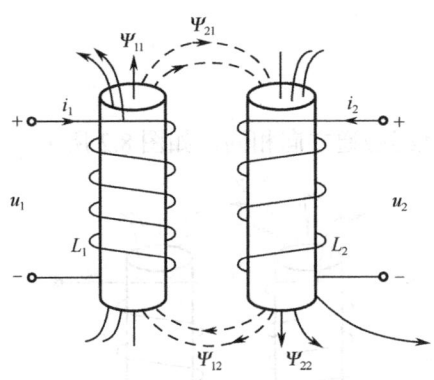

图 8.1 耦合线圈

当线圈1通以电流i_1时，在线圈1中产生自感磁通Φ_{11}（磁通参考方向与电流参考方向应符合"右手螺旋定则"）。在线圈密绕的情况下，Φ_{11}与线圈1的各匝都交链，此时有

$$\Psi_{11} = N_1\Phi_{11} = L_1 i_1$$

式中，Ψ_{11}为自感磁通链（自感磁链），L_1为线圈1的自感。

另外，线圈1产生的磁通Φ_{11}的一部分Φ_{21}（显然$\Phi_{21} \leq \Phi_{11}$）穿过线圈2与线圈2交链，此时有

$$\Psi_{21} = N_2\Phi_{21} = M_{21} i_1$$

式中，Ψ_{21}为互感磁链，M_{21}是线圈1对线圈2的互感系数。

若线圈内无铁磁物质，则在线性条件下，Φ_{11}和Φ_{21}均与电流i_1呈正比。这时L_1和M_{21}均与电流无关，仅取决于线圈匝数、尺寸及形状，M_{21}还与两个线圈的相对位置有关，两个线圈轴线重合并靠拢时，其值最大，两个线圈远离并互相垂直时，其值最小。

同样地，当线圈2通以电流i_2时，有

$$\Psi_{22} = N_2\Phi_{22} = L_2 i_2$$
$$\Psi_{12} = N_1\Phi_{12} = M_{12} i_2$$

可以证明，在线性条件下，有

$$M_{12} = M_{21} = M$$

因此,以后不再区别 M_{12} 和 M_{21}, M 和 L 的单位相同。仅定量描述两个线圈的耦合紧密程度,定义

$$k = \sqrt{\frac{\Psi_{21}\Psi_{12}}{\Psi_{11}\Psi_{22}}}$$

为 L_1 和 L_2 的耦合系数,从而有

$$k = \sqrt{\frac{Mi_1 \times Mi_2}{L_1 i_1 \times L_2 i_2}} = \frac{M}{\sqrt{L_1 L_2}}$$

耦合系数 k 的大小和线圈的结构、相互位置及周围的磁介质有关。由于 $\Phi_{21} \leqslant \Phi_{11}$,$\Phi_{12} \leqslant \Phi_{22}$,所以 $0 \leqslant k \leqslant 1$,$M^2 \leqslant L_1 L_2$;当 $k=0$ 时,$M=0$,两个线圈互不影响;当 $k=1$ 时,$M^2 = L_1 L_2$,称为全耦合,此时互感达到最大值。

8.2 耦合电感的 VAR

8.2.1 磁通相助

磁通相助即自感磁通与互感磁通方向相同,如图 8.2 所示。

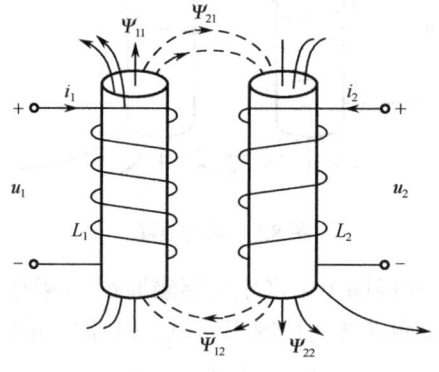

图 8.2 磁通相助

此时有

$$\Psi_1 = \Psi_{11} + \Psi_{12} = L_1 i_1 + M i_2$$
$$\Psi_2 = \Psi_{22} + \Psi_{21} = L_2 i_2 + M i_1$$

设 u_1 和 i_1,u_2 和 i_2 为关联参考方向(对线圈而言),则

$$u_1 = \frac{d\Psi_1}{dt} = L_1 \frac{di_1}{dt} + M \frac{di_2}{dt}$$
$$u_2 = \frac{d\Psi_2}{dt} = L_2 \frac{di_2}{dt} + M \frac{di_1}{dt}$$

8.2.2 磁通相消

磁通相消即自感磁通与互感磁通方向相反,如图 8.3 所示。

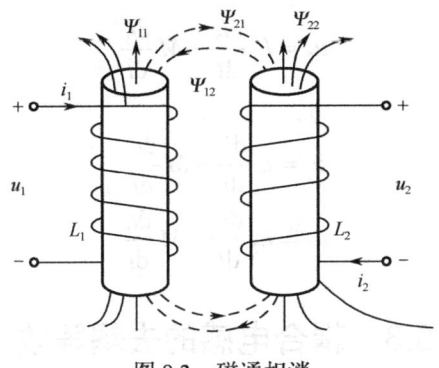

图 8.3 磁通相消

此时有

$$\Psi_1 = \Psi_{11} - \Psi_{12} = L_1 i_1 - M i_2$$
$$\Psi_2 = \Psi_{22} - \Psi_{21} = L_2 i_2 - M i_1$$

设 u_1 和 i_1，u_2 和 i_2 为关联参考方向（对线圈而言），则

$$u_1 = \frac{d\Psi_1}{dt} = L_1 \frac{di_1}{dt} - M \frac{di_2}{dt}$$
$$u_2 = \frac{d\Psi_2}{dt} = L_2 \frac{di_2}{dt} - M \frac{di_1}{dt}$$

8.2.3 同名端

由以上讨论可得，当两个耦合电感线圈通以电流时，线圈的总磁链是自感磁链和互感磁链的代数和。设每个线圈的端口电压与电流的方向都为关联参考方向，则其端口电压等于自感电压与互感电压的代数和。当磁通相助时，互感电压前取"＋"；当磁通相消时，互感电压前取"－"。

如果各线圈的绕向已知，那么按 i_1 和 i_2 的参考方向，根据右手螺旋定则即可判断自感磁通与互感磁通是相助还是相消。然而，实际线圈的绕向通常不能从外部认出，也不便画在电路图上，为此，人们规定了一个标志，称为同名端（还有异名端）。根据同名端和电流参考方向，就可判定磁通是相助还是相消。

同名端是这样规定的：当电流从两个线圈各自的某个端口流入（出）时，若两个线圈产生的磁通相助，则称这两个端口为互感线圈的同名端，记为"●"，如图 8.4（a）所示。若两个线圈产生的磁通相消，则称这两个端口为互感线圈的异名端，如图 8.4（b）所示。

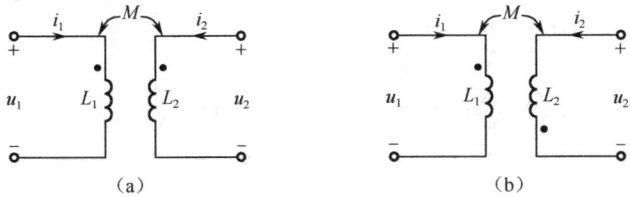

图 8.4 以同名端表示的耦合电感的电路符号

对于图 8.4（a）有

$$u_1 = L_1 \frac{di_1}{dt} + M \frac{di_2}{dt}$$

$$u_2 = L_2 \frac{\mathrm{d}i_2}{\mathrm{d}t} + M \frac{\mathrm{d}i_1}{\mathrm{d}t}$$

对于图 8.4（b）有

$$u_1 = L_1 \frac{\mathrm{d}i_1}{\mathrm{d}t} - M \frac{\mathrm{d}i_2}{\mathrm{d}t}$$

$$u_2 = L_2 \frac{\mathrm{d}i_2}{\mathrm{d}t} - M \frac{\mathrm{d}i_1}{\mathrm{d}t}$$

8.3 耦合电感的去耦等效

8.3.1 耦合电感的等效受控源模型

互感电压的情形可以用 CCVS 来表示。图 8.4（a）所示的耦合电路中，其伏安特性为

$$u_1 = L_1 \frac{\mathrm{d}i_1}{\mathrm{d}t} + M \frac{\mathrm{d}i_2}{\mathrm{d}t}$$

$$u_2 = L_2 \frac{\mathrm{d}i_2}{\mathrm{d}t} + M \frac{\mathrm{d}i_1}{\mathrm{d}t}$$

用相量表示为

$$\dot{U}_1 = \mathrm{j}\omega L_1 \dot{I}_1 + \mathrm{j}\omega M \dot{I}_2$$

$$\dot{U}_2 = \mathrm{j}\omega L_2 \dot{I}_2 + \mathrm{j}\omega M \dot{I}_1$$

用 CCVS 表示互感电压的等效电路的相量电路如图 8.5（a）所示。

同理，对于图 8.4（b）所示的耦合电感，其伏安特性为

$$u_1 = L_1 \frac{\mathrm{d}i_1}{\mathrm{d}t} - M \frac{\mathrm{d}i_2}{\mathrm{d}t}$$

$$u_2 = L_2 \frac{\mathrm{d}i_2}{\mathrm{d}t} - M \frac{\mathrm{d}i_1}{\mathrm{d}t}$$

用相量表示为

$$\dot{U}_1 = \mathrm{j}\omega L_1 \dot{I}_1 - \mathrm{j}\omega M \dot{I}_2$$

$$\dot{U}_2 = \mathrm{j}\omega L_2 \dot{I}_2 - \mathrm{j}\omega M \dot{I}_1$$

用 CCVS 表示互感电压的等效电路的相量电路如图 8.5（b）所示。

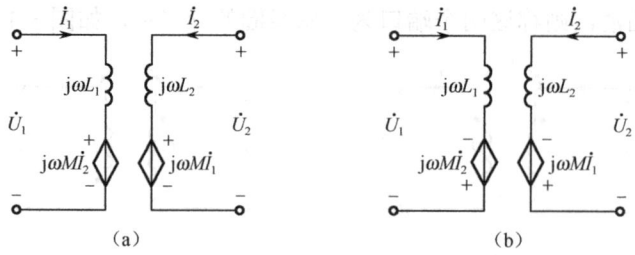

图 8.5 耦合电感的等效受控源模型

8.3.2 耦合电感的串联

相互耦合的两个电感串联时，有"顺接"和"反接"两种方式，若将两个互感线圈的某

一对异名端相连，即首尾相连，则称为顺接串联，如图 8.6（a）所示；若将两个线圈的某一对同名端相连，则称为反接串联，如图 8.6（b）所示。

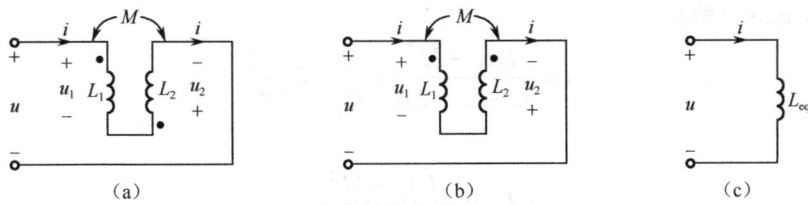

图 8.6 耦合电感串联去耦等效电路

对于图 8.6（a）的顺接串联电路，有

$$u = u_1 + u_2 = \left(L_1 \frac{di}{dt} + M \frac{di}{dt}\right) + \left(L_2 \frac{di}{dt} + M \frac{di}{dt}\right)$$

$$= (L_1 + L_2 + 2M)\frac{di}{dt} = L_{eq}\frac{di}{dt}$$

故

$$L_{eq} = L_1 + L_2 + 2M$$

对于图 8.4（b）的反接串联电路，有

$$u = u_1 + u_2 = \left(L_1 \frac{di}{dt} - M \frac{di}{dt}\right) + \left(L_2 \frac{di}{dt} - M \frac{di}{dt}\right)$$

$$= (L_1 + L_2 - 2M)\frac{di}{dt} = L_{eq}\frac{di}{dt}$$

故

$$L_{eq} = L_1 + L_2 - 2M$$

因此图 8.6（a）、（b）所示电路可用一个等效电感 L_{eq} 替代，如图 8.6（c）所示。

8.3.3 耦合电感的并联

相互耦合的两个电感并联，若互感线圈的两对同名端对应相连，则称为同名端并联，如图 8.7（a）所示；若互感线圈的两对异名端对应相连，则称为异名端并联，如图 8.7（b）所示。

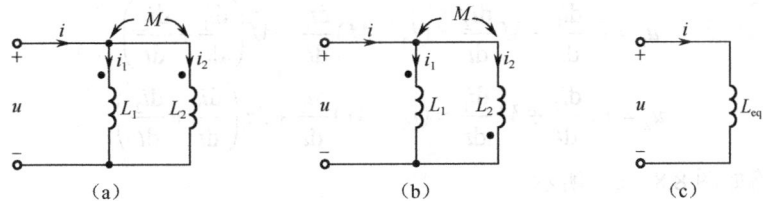

图 8.7 耦合电感并联去耦等效电路

对于图 8.7（a）的同名端并联电路，有

$$u = L_1 \frac{di_1}{dt} + M \frac{di_2}{dt}$$

$$u = L_1 \frac{di_2}{dt} + M \frac{di_1}{dt}$$

又由 KCL 得

$$i = i_1 + i_2$$

由以上 3 式联立解得

$$u = \frac{L_1 L_2 - M^2}{L_1 + L_2 - 2M} \times \frac{di}{dt} = L_{eq}\frac{di}{dt}$$

故

$$L_{eq} = \frac{L_1 L_2 - M^2}{L_1 + L_2 - 2M}$$

对于图 8.7（b）的异名端并联电路，有

$$L_{eq} = \frac{L_1 L_2 - M^2}{L_1 + L_2 + 2M}$$

因此图 8.7（a）、（b）所示电路可用一个等效电感 L_{eq} 替代，如图 8.7（c）所示。

8.3.4 T型去耦等效电路

当两个耦合电感有一端相连时，如图 8.8（a）、（b）所示，可以用无耦合的电感电路来等效。

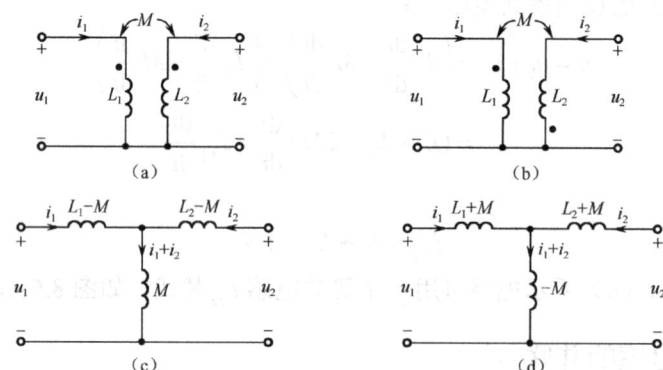

图 8.8 T型去耦等效电路

对于图 8.8（a）所示电路（同名端相连的情形），有

$$u_1 = L_1 \frac{di_1}{dt} + M \frac{di_2}{dt} = (L_1 - M)\frac{di_1}{dt} + M\left(\frac{di_1}{dt} + \frac{di_2}{dt}\right)$$

$$u_2 = L_2 \frac{di_2}{dt} + M \frac{di_1}{dt} = (L_2 - M)\frac{di_2}{dt} + M\left(\frac{di_1}{dt} + \frac{di_2}{dt}\right)$$

其等效电路如图 8.8（c）所示。

同样，对于图 8.8（b）所示电路（异名端相连的情形），可得其等效电路如图 8.8（d）所示。

在等效电路中，消除了各电感间的耦合，因而在分析计算中不必专门考虑耦合作用，这为分析互感电路带来了方便。

8.4 互感电路的正弦稳态计算

含有耦合电感电路（互感电路）的正弦稳态计算可采用相量法。如果通过耦合线圈的电

流 i_1 和 i_2 是同频率的正弦电流，其相量分别为 $\dot{I}_1$ 和 $\dot{I}_2$，端口电压相量分别为 $\dot{U}_1$ 和 $\dot{U}_2$（分别与 $\dot{I}_1$ 和 $\dot{I}_2$ 为关联参考方向），如图 8.9 所示。

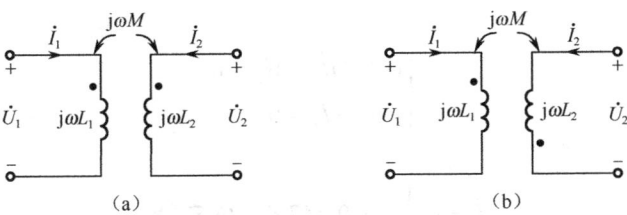

图 8.9 耦合电感的相量域模型

则其端口伏安特性为

$$\begin{cases} \dot{U}_1 = j\omega L_1 \dot{I}_1 \pm j\omega M \dot{I}_2 \\ \dot{U}_2 = j\omega L_2 \dot{I}_2 \pm j\omega M \dot{I}_1 \end{cases}$$

式中，ωM 为互感抗。若 $\dot{I}_1$ 和 $\dot{I}_2$ 均从同名端流入，则互感电压前取"+"，否则取"−"。

如果耦合电感前有一端相连，则可采用 T 型去耦等效电路进行分析。

例 8.1 如图 8.10 所示电路，已知 $R_1 = R_2 = 10\Omega$，$L_1 = 50.5\mu H$，$L_2 = 50\mu H$，$M = 0.5\mu H$，$C_1 = C_2 = 50pF$，$U_s = 10V$，$\omega = 2\times 10^7 \text{rad/s}$，求 $\dot{I}_1$ 和 $\dot{I}_2$。

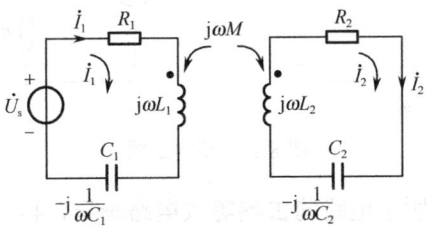

图 8.10 例 8.1 图

解题思路：按照图 8.10 所示的网孔电流及其绕行方向，列出其网孔电流方程并求解。

解：选取网孔电流 $\dot{I}_1$ 和 $\dot{I}_2$ 如图 8.10 所示，列出网孔电流方程为

$$\begin{cases} R_1 \dot{I}_1 + j\omega L_1 \dot{I}_1 - j\omega M \dot{I}_2 - j\dfrac{1}{\omega C_1}\dot{I}_1 = \dot{U}_s \\ R_2 \dot{I}_2 + j\omega L_2 \dot{I}_2 - j\omega M \dot{I}_1 - j\dfrac{1}{\omega C_2}\dot{I}_2 = 0 \end{cases}$$

其中

$$\omega L_1 = 2\times 10^7 \times 50.5\times 10^{-6} = 1010\Omega$$
$$\omega L_2 = 2\times 10^7 \times 50\times 10^{-6} = 1000\Omega$$
$$\omega M = 2\times 10^7 \times 0.5\times 10^{-6} = 10\Omega$$
$$\dfrac{1}{\omega C_1} = \dfrac{1}{\omega C_2} = \dfrac{1}{2\times 10^7 \times 50\times 10^{-12}} = 1000\Omega$$
$$R_1 = R_2 = 10\Omega$$

设 $\dot{U}_s = 10\angle 0°\text{V}$，将以上各值代入方程，得

$$\begin{cases} 10\dot{I}_1 + \mathrm{j}1010\dot{I}_1 - \mathrm{j}10\dot{I}_2 - \mathrm{j}1000\dot{I}_1 = 10 \\ 10\dot{I}_2 + \mathrm{j}1000\dot{I}_2 - \mathrm{j}10\dot{I}_1 - \mathrm{j}1000\dot{I}_2 = 0 \end{cases}$$

整理得

$$\begin{cases} (1+\mathrm{j}1)\dot{I}_1 - \mathrm{j}\dot{I}_2 = 1 \\ -\mathrm{j}\dot{I}_1 + \dot{I}_2 = 0 \end{cases}$$

解得

$$\dot{I}_1 = \frac{1}{2+\mathrm{j}1} = 0.447\angle -26.57°\mathrm{A}$$

$$\dot{I}_2 = \frac{\mathrm{j}}{2+\mathrm{j}1} = \mathrm{j}\dot{I}_1 = 0.447\angle 63.43°\mathrm{A}$$

注意：分析互感耦合电路时不能使用节点电压法，除非采用去耦等效电路。

例 8.2 如图 8.11 所示电路，已知 $U_\mathrm{s}=10\angle 0°\mathrm{V}$，$R_1=R_2=3\Omega$，$\omega L_1=\omega L_2=4\Omega$，$\omega M=2\Omega$，试求 a、b 间的戴维宁等效电路。

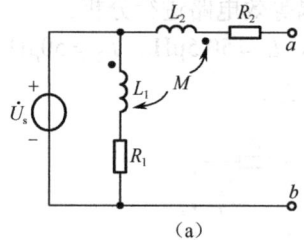
(a)

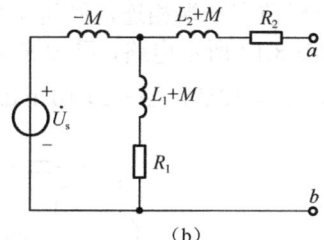
(b)

图 8.11　例 8.2 图

解题思路：先将图 8.11 所示电路的去耦等效电路画出，再分别计算出 a、b 间的开路电压和等效阻抗，即可得到戴维宁等效电路。

解：其 T 型去耦等效电路如图 8.11（b）所示。

1）先求开路电压 $\dot{U}_{ab}$

$$\dot{U}_{ab} = \frac{R_1 + \mathrm{j}\omega(L_1+M)}{R_1 + \mathrm{j}\omega(L_1+M) - \mathrm{j}\omega M}\dot{U}_\mathrm{s} = \frac{R_1 + \mathrm{j}\omega(L_1+M)}{R_1 + \mathrm{j}\omega L_1}\dot{U}_\mathrm{s}$$

$$= \frac{3+\mathrm{j}6}{3+\mathrm{j}4}\times 10\angle 0° = 13.42\angle 10.3°\mathrm{V}$$

2）再求 Z_eq

$$Z_\mathrm{eq} = R_2 + \mathrm{j}\omega(L_2+M) + [R_1 + \mathrm{j}\omega(L_1+M)]//(-\mathrm{j}\omega M)$$

$$= R_2 + \mathrm{j}\omega(L_2+M) + \frac{[R_1 + \mathrm{j}\omega(L_1+M)]\times(-\mathrm{j}\omega M)}{R_1 + \mathrm{j}\omega(L_1+M) - \mathrm{j}\omega M}$$

$$= R_2 + \mathrm{j}\omega(L_2+M) + \frac{[R_1 + \mathrm{j}\omega(L_1+M)]\times(-\mathrm{j}\omega M)}{R_1 + \mathrm{j}\omega L_1}$$

$$= 3 + \mathrm{j}6 + \frac{(3+\mathrm{j}6)\times(-\mathrm{j}2)}{3+\mathrm{j}4}$$

$$= 3.48 + \mathrm{j}3.36 = 4.84\angle 44°\,\Omega$$

其戴维宁等效电路如图 8.12 所示。

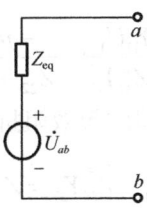

图 8.12 例 8.2 戴维宁等效电路

8.5 变压器

变压器是电工、电子技术中常用的电气设备,它是由两个电感线圈围绕在一个共同的芯子上制成的,以形成互感耦合线圈。变压器是一个二端口设备,一个线圈为一个端口。其中一个端口接电源(信号源)作为输入回路,也称为一次回路(或一次侧);另一个端口(或线圈)接负载作为输出回路,也称为二次回路(或二次侧)。

8.5.1 空心变压器

空心变压器的芯子是由非铁磁材料制成的,其导磁率不是很高,主要起阻抗变换和隔离(高、低压)作用,其耦合系数 $k<1$,其电路模型如图 8.13 所示。

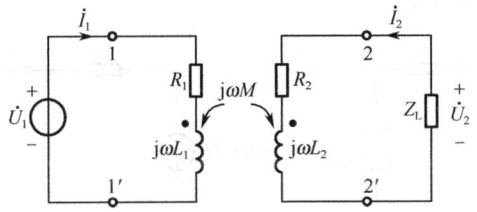

图 8.13 空心变压器的电路模型

在正弦稳态下,其电路方程为

$$\begin{cases} (R_1 + \mathrm{j}\omega L_1)\dot{I}_1 + \mathrm{j}\omega M \dot{I}_2 = \dot{U}_1 \\ \mathrm{j}\omega M \dot{I}_1 + (R_2 + \mathrm{j}\omega L_2 + Z_L)\dot{I}_2 = 0 \end{cases}$$

上述方程分别根据一次回路和二次回路列写,通过互感耦合联列在一起,是分析变压器性能的依据。设 $Z_{11} = R_1 + \mathrm{j}\omega L_1$,称为一次回路阻抗,$Z_{22} = R_2 + \mathrm{j}\omega L_2 + Z_L$,称为二次回路阻抗,$Z_M = \mathrm{j}\omega M$,称为互感抗,$Y_{11} = \dfrac{1}{Z_{11}}$,称为一次回路导纳,$Y_{22} = \dfrac{1}{Z_{22}}$,称为二次回路导纳。上述方程可化简为

$$\begin{cases} Z_{11}\dot{I}_1 + Z_M \dot{I}_2 = \dot{U}_1 \\ Z_M \dot{I}_1 + Z_{22}\dot{I}_2 = 0 \end{cases}$$

解上述方程组得

$$\dot{I}_1 = \frac{\dot{U}_1}{Z_{11} - Z_M^2 Y_{22}} = \frac{\dot{U}_1}{Z_{11} + (\omega M)^2 Y_{22}}$$

$$\dot{I}_2 = \frac{-Z_M Y_{11} \dot{U}_1}{Z_{22} - Z_M^2 Y_{11}} = \frac{-\mathrm{j}\omega M Y_{11} \dot{U}_1}{Z_{22} + (\omega M)^2 Y_{11}}$$

由 $\dot{I}_1$ 的表达式可得，一次回路输入端的等效阻抗为

$$Z_{\mathrm{in}} = \frac{\dot{U}_1}{\dot{I}_1} = Z_{11} - Z_M^2 Y_{22} = Z_{11} + (\omega M)^2 Y_{22}$$

表明变压器一次等效电路的输入阻抗可由两个阻抗串联组成，式中，$-Z_M^2 Y_{22} = (\omega M)^2 Y_{22}$，称为引入阻抗或反映阻抗，它是二次回路阻抗和互感抗通过互感反映到一次回路的等效阻抗，反映了二次回路通过磁耦合对一次回路产生的影响，只有当 $\dot{I}_2 = 0$，即二次回路开路时，反映阻抗才为 0，这时二次回路对一次回路无影响。引入阻抗的性质与 Z_{22} 相反，即感性（容性）变为容性（感性）。等效电路如图 8.14（a）所示。

将一次回路作为一个整体反映到二次回路中，可通过 $\dot{I}_2$ 的表达式分析

$$\dot{I}_2 = \frac{-Z_M Y_{11} \dot{U}_1}{Z_{22} - Z_M^2 Y_{11}} = \frac{-\mathrm{j}\omega M Y_{11} \dot{U}_1}{Z_{22} + (\omega M)^2 Y_{11}} = -\frac{\dot{U}_{\mathrm{oc}}}{Z_{\mathrm{eq}} + Z_L}$$

式中，分子是戴维宁等效电路的等效电压源，即端口 $2-2'$ 的开路电压 $\dot{U}_{\mathrm{oc}}$，分母是等效电路的回路阻抗，它由 3 部分组成，一次回路反映到二次回路的引入阻抗 $(\omega M)^2 Y_{11}$、二次线圈的阻抗 $R_2 + \mathrm{j}\omega L_2$ 及负载阻抗 Z_L，而 $Z_{\mathrm{eq}} = (\omega M)^2 Y_{11} + R_2 + \mathrm{j}\omega L_2$ 是端口 $2-2'$ 的戴维宁等效阻抗，其等效电路如图 8.14（b）所示。

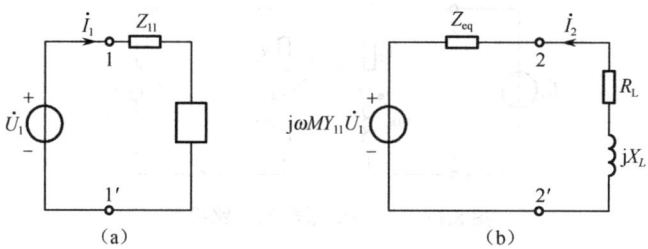

图 8.14 空心变压器的等效电路

根据变压器的电路方程可以获得各部分的复功率及相互转换情况，即

$$Z_{11} I_1^2 + Z_M \dot{I}_2 \dot{I}_1^* = \dot{U}_1 \dot{I}_1^*$$
$$Z_M \dot{I}_1 \dot{I}_2^* + Z_{22} I_2^2 = 0$$

由此可得

$$Z_{22} I_2^2 = -Z_M \dot{I}_1 \dot{I}_2^* = (Z_M \dot{I}_2 \dot{I}_1^*)^*$$
$$(\omega M)^2 Y_{22} I_1^2 = Z_M \dot{I}_2 \dot{I}_1^*$$

8.5.2 全耦合变压器

如果把两个线圈都绕在高导磁率的铁磁材料芯子上，则可使两个线圈紧密耦合。在理想情况下，有 $\Phi_{11} = \Phi_{21}$，$\Phi_{22} = \Phi_{12}$

则有

$$k = \sqrt{\frac{\Phi_{21} \Phi_{12}}{\Phi_{11} \Phi_{22}}} = 1$$

称这种情况下的耦合为全耦合。

在全耦合条件下，由于 $M_{12}=M_{21}=M$，$N_1\Phi_{11}=L_1 i_1$，$N_1\Phi_{12}=Mi_2$，$N_2\Phi_{22}=L_2 i_2$，$N_2\Phi_{21}=Mi_1$，所以

$$\frac{N_1}{N_2}=\frac{L_1}{M}=\frac{M}{L_2}$$

故

$$M^2=L_1 L_2$$

$$\frac{L_1}{L_2}=\left(\frac{N_1}{N_2}\right)^2=n^2$$

式中，$n=\dfrac{N_1}{N_2}$ 是正实常数，为一次绕组匝数 N_1 和二次绕组匝数 N_2 之比，称为变比，是理想变压器的唯一参数。

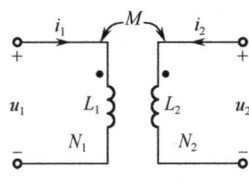

图 8.15 全耦合变压器的电路模型

全耦合变压器的电路模型如图 8.15 所示。

其伏安特性为

$$u_1=L_1\frac{di_1}{dt}+M\frac{di_2}{dt}=\sqrt{L_1}\left(\sqrt{L_1}\frac{di_1}{dt}+\sqrt{L_2}\frac{di_2}{dt}\right)$$

$$u_2=L_2\frac{di_2}{dt}+M\frac{di_1}{dt}=\sqrt{L_2}\left(\sqrt{L_1}\frac{di_1}{dt}+\sqrt{L_2}\frac{di_2}{dt}\right)$$

由以上两式相除可得

$$\frac{u_1}{u_2}=\frac{\sqrt{L_1}}{\sqrt{L_2}}=\frac{N_1}{N_2}$$

即

$$u_1(t)=\frac{N_1}{N_2}u_2(t)$$

另外，由于

$$L_1\frac{di_1}{dt}=u_1-M\frac{di_2}{dt}$$

所以

$$\frac{di_1}{dt}=\frac{1}{L_1}u_1-\frac{M}{L_1}\frac{di_2}{dt}=\frac{1}{L_1}u_1-\frac{N_2}{N_1}\frac{di_2}{dt}$$

即

$$di_1(t)=\frac{1}{L_1}u_1(t)dt-\frac{N_2}{N_1}di_2(t)$$

将上式从 $t=-\infty$ 到 t 积分，并设 $i_1(-\infty)=i_2(-\infty)=0$，有

$$i_1(t)=\frac{1}{L_1}\int_{-\infty}^{t}u_1(\xi)d\xi-\frac{N_2}{N_1}i_2(t)$$

$$=i_\Phi(t)+i_1'(t)$$

式中

$$\begin{cases} i_\Phi(t) = \dfrac{1}{L_1}\int_{-\infty}^{t} u_1(\xi)\mathrm{d}\xi \\ i_1'(t) = -\dfrac{N_2}{N_1} i_2(t) \end{cases}$$

上式表明，全耦合变压器的输入电流 i_1 由两部分组成（i_Φ 和 i_1'）。其中，i_Φ 是由于存在初级回路自感 L_1 而出现的分量，称为励磁电流，其与初级回路的状况无关；另一个分量 i_1' 是次级回路电流 i_2 在初级回路上的反映，它表明了初级回路与次级回路的关系。

由上式可画出考虑初级回路励磁电流的电路模型，如图 8.16 所示。

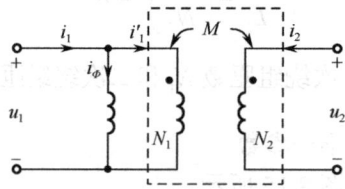

图 8.16　空心变压器的电路模型

图 8.16 中虚线框内的伏安特性为

$$\begin{cases} u_1(t) = \dfrac{N_1}{N_2} u_2(t) \\ i_1'(t) = -\dfrac{N_2}{N_1} i_2(t) \end{cases}$$

在正弦稳态情况下，其相应的相量域模型如图 8.17 所示。

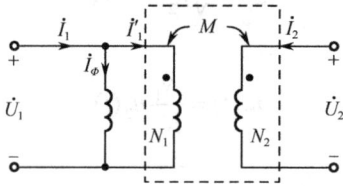

图 8.17　空心变压器的相量域模型

图 8.17 中虚线框内的伏安特性为

$$\begin{cases} \dot{U}_1 = \dfrac{N_1}{N_2} \dot{U}_2 \\ \dot{I}_1' = -\dfrac{N_2}{N_1} \dot{I}_2 \end{cases}$$

则

$$\dot{I}_\Phi = -\dfrac{\dot{U}_1}{\mathrm{j}\omega L_1}$$

8.5.3　理想变压器

理想变压器也是一种磁耦合元件，它是从实际铁芯变压器中抽象出来，理想化的电路模型，是一种特殊的无损耗全耦合变压器。

（1）构成理想变压器的条件：
① 变压器本身无损耗，即电阻效应为零。
② 耦合系数 $k = \dfrac{M}{\sqrt{L_1 L_2}} = 1$，即全耦合。
③ L_1、L_2 和 M 为无穷大，但

$$\frac{\sqrt{L_1}}{\sqrt{L_2}} = \frac{N_1}{N_2} = n$$

保持不变，则称此时的变压器为理想变压器。

（2）理想变压器的电路模型及伏安特性。由于当 $L_1 \to \infty$ 时有

$$i_\Phi(t) = \frac{1}{L_1} \int_{-\infty}^{t} u_1(\xi) \mathrm{d}\xi = 0$$

因此理想变压器的电路模型如下

① 时域模型（如图 8.18 所示，用于输入为正弦或时变的非正弦情形）

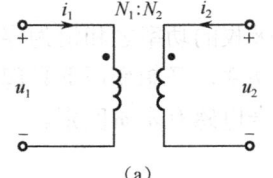 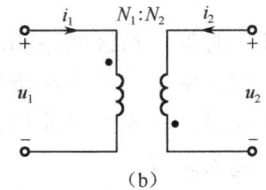

（a） （b）

图 8.18 理想变压器的时域模型

对于图 8.17（a），其伏安特性为

$$\begin{cases} u_1 = \dfrac{N_1}{N_2} u_2 = n u_2 \\ i_1 = -\dfrac{N_2}{N_1} i_2 = -\dfrac{1}{n} i_2 \end{cases}$$

对于图 8.17（b），其伏安特性为

$$\begin{cases} u_1 = -\dfrac{N_1}{N_2} u_2 = -n u_2 \\ i_1 = \dfrac{N_2}{N_1} i_2 = \dfrac{1}{n} i_2 \end{cases}$$

② 相量域模型（如图 8.19 所示，只用于输入为正弦的情形）

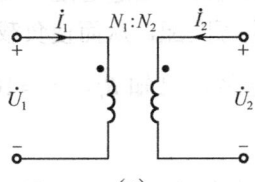 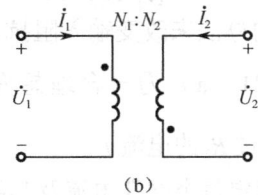

（a） （b）

图 8.19 理想变压器的相量域模型

对于图 8.19（a），其伏安特性为

$$\begin{cases} \dot{U}_1 = \dfrac{N_1}{N_2}\dot{U}_2 = n\dot{U}_2 \\ \dot{I}_1 = -\dfrac{N_2}{N_1}\dot{I}_2 = -\dfrac{1}{n}\dot{I}_2 \end{cases}$$

对于图 8.19（b），其伏安特性为

$$\begin{cases} \dot{U}_1 = -\dfrac{N_1}{N_2}\dot{U}_2 = -n\dot{U}_2 \\ \dot{I}_1 = \dfrac{N_2}{N_1}\dot{I}_2 = \dfrac{1}{n}\dot{I}_2 \end{cases}$$

式中，$n = \dfrac{N_1}{N_2}$ 为匝数比或变比。由此可得，理想变压器是电压、电流的线性变换器。

（3）理想变压器的功率。从理想变压器吸收的功率来看，有

$$p = u_1 i_1 + u_2 i_2 = [\pm n u_2]\left[\pm\dfrac{1}{n} i_2\right] + u_2 i_2 = -u_2 i_2 + u_2 i_2 = 0$$

上式表明，在任一时刻，初级回路和次级回路吸收的功率之和恒为零，也就是说，理想变压器从初级回路吸收功率，然后从次级回路发出功率，理想变压器只起传输功率（能量）的作用，它既不消耗能量，也不发出能量，这与耦合电感有本质区别。

（4）理想变压器输入阻抗

对于正弦稳态时的理想变压器，当次级回路接入负载阻抗 Z_L 时，如图 8.20 所示。

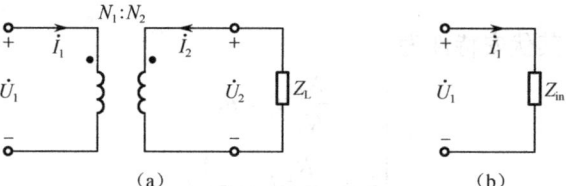

图 8.20　次级回路接负载的理想变压器

则其初级回路的输入阻抗为

$$Z_{in} = \dfrac{\dot{U}_1}{\dot{I}_1} = \dfrac{\pm\dfrac{N_1}{N_2}\dot{U}_2}{\pm\dfrac{N_2}{N_1}\dot{I}_2} = -\left(\dfrac{N_1}{N_2}\right)^2 \dfrac{\dot{U}_2}{\dot{I}_2} = \left(\dfrac{N_1}{N_2}\right)^2 Z_L = n^2 Z_L$$

可见，理想变压器除具有变换电压、电流的作用之外，还起着阻抗变换的作用。因此，可利用改变匝数比的办法来改变输入阻抗，使之与电源匹配，从而使负载获得最大功率。

例 8.3　图 8.21（a）为一含理想变压器的电路，已知 $R_1 = R_2 = 10\Omega$，$\dfrac{1}{\omega C} = 50\Omega$，$\dot{U}_s = 50\angle 0°\text{V}$，求流过 R_2 的电流 $\dot{I}$。

解题思路：先确定每个网孔电流及其绕行方向，如图 8.21（b）所示，然后列出其网孔电流方程并进行求解。

解：设理想变压器的端口电压、电流为 $\dot{U}_1$、$\dot{U}_2$ 和 $\dot{I}_1$、$\dot{I}_2$，选择网孔电流为 $\dot{I}_1$ 和 $\dot{I}_2$。

列出其网孔电流方程为

$$\begin{cases} (R_1+R_2)\dot{I}_1 + R_2\dot{I}_2 + \dot{U}_1 = \dot{U}_s \\ R_2\dot{I}_1 + \left(R_2 - j\dfrac{1}{\omega C}\right)\dot{I}_2 + \dot{U}_2 = 0 \end{cases}$$

根据理想变压器的伏安特性及其具体接法，有

$$\begin{cases} \dot{U}_1 = \dfrac{N_1}{N_2}\dot{U}_2 = \dfrac{1}{2}\dot{U}_2 \\ \dot{I}_1 = -\dfrac{N_2}{N_1}\dot{I}_2 = -2\dot{I}_2 \end{cases}$$

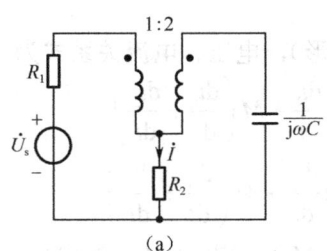 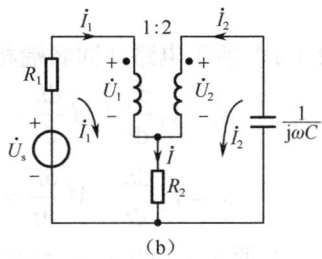

图 8.21　例 8.3 图

将以上伏安特性代入网孔电流方程，并代入元件参数值，得

$$\begin{cases} 15\dot{I}_1 + \dot{U}_1 = 50\angle 0^\circ \\ (5+j25)\dot{I}_1 + 2\dot{U}_1 = 0 \end{cases}$$

解得

$$\begin{cases} \dot{I}_1 = 2 + j2 \text{ A} \\ \dot{I}_2 = -\dfrac{1}{2}\dot{I}_1 = -1 - j1 \text{ A} \end{cases}$$

故

$$\dot{I} = \dot{I}_1 + \dot{I}_2 = 1 + j1 = 1.414\angle 45^\circ \text{ A}$$

8.6　本章小结

耦合电感元件和理想变压器是两种重要的电路元件，含互感正弦稳态电路的分析与计算是本课程的重要内容。本章的主要内容可总结如下。

（1）耦合电感元件的互感电压与同名端。当给某一线圈施加可变电流，而另一线圈开路时，每个线圈上均有一感应电压，这两个电压实际极性的高（或低）电位端称为同名端。当流过两个耦合线圈的电流产生的磁通分量的叠加使总磁通增加时，称为磁通相助，反之则为磁通相消。

（2）耦合电感元件的伏安特性

$$u_1 = L_1\dfrac{di_1}{dt} \pm M\dfrac{di_2}{dt}$$

用时域形式表示为

$$u_2 = L_2\dfrac{di_2}{dt} \pm M\dfrac{di_1}{dt}$$

用相量形式表示为

$$\begin{cases} \dot{U}_1 = j\omega L_1 \dot{I}_1 \pm j\omega M \dot{I}_2 \\ \dot{U}_2 = j\omega L_2 \dot{I}_2 \pm j\omega M \dot{I}_1 \end{cases}$$

在列写电压的表达式时，注意正负号，当互感电压与线圈电压参考方向相同时取 "+"，相反时取 "–"。

（3）含耦合电感元件正弦稳态电路的分析方法。分析含有耦合电感元件的正弦稳态电路时，仍采用相量法，互感电压作为受控源，并在正确标注其极性后，用正弦稳态分析方法进行分析。若耦合电感有公共端，则采用"去耦"法化简电路。即用三个无耦合的电感等效，如图 8.22 所示。

对于图 8.22（a）所示电路（同名端相连的情形），电压、电流关系式为

$$u_1 = L_1 \frac{di_1}{dt} + M \frac{di_2}{dt} = (L_1 - M)\frac{di_1}{dt} + M\left(\frac{di_1}{dt} + \frac{di_2}{dt}\right)$$

$$u_2 = L_2 \frac{di_2}{dt} + M \frac{di_1}{dt} = (L_2 - M)\frac{di_2}{dt} + M\left(\frac{di_1}{dt} + \frac{di_2}{dt}\right)$$

等效变换后，L_1 两端的电压 u_1 应为电感（$L_1 - M$）与电感 M 上的电压代数和。经过去耦等效变换后，电路的分析仿照正弦稳态电路的相量法进行分析计算。

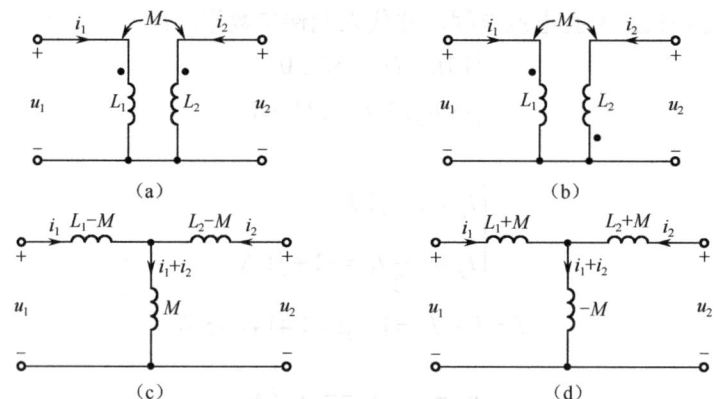

图 8.22 "去耦"法化简电路

（4）理想变压器及含理想变压器的电路的分析方法

实际变压器满足三个条件（无损耗、全耦合、自感无穷大）时可抽象为理想变压器。对于由两个线圈组成的理想变压器（见图 8.22（a）），有

$$\begin{cases} u_1 = \dfrac{N_1}{N_2} u_2 = nu_2 \\ i_1 = -\dfrac{N_2}{N_1} i_2 = -\dfrac{1}{n} i_2 \end{cases}$$

注意：变比 n 是理想变压器的唯一一个参数。

理想变压器的重要性质：①任一时刻，理想变压器的功率都为零；②当理想变压器次级回路接入负载阻抗 Z_L 时，由初级回路接入的输入阻抗为 $Z_{in} = n^2 Z_L$。

习　题

8-1　列写图 8.23 中各耦合电感的伏安关系。

图 8.23　习题 8-1 图

8-2　把两个线圈串联后接到 $U=220\text{V}$，$f=50\text{Hz}$ 的正弦电源上，反接时电流 $I=5\text{A}$，吸收的平均功率为 500W；顺接时电流 $I'=3.2\text{A}$，求互感系数 M。

8-3　如图 8.24 所示电路，(1) $L_1=8\text{H}$，$L_2=2\text{H}$，$M=2\text{H}$；(2) $L_1=8\text{H}$，$L_2=2\text{H}$，$M=4\text{H}$；(3) $L_1=L_2=M=4\text{H}$。试求在以上三种情况下各电路的等效电感。

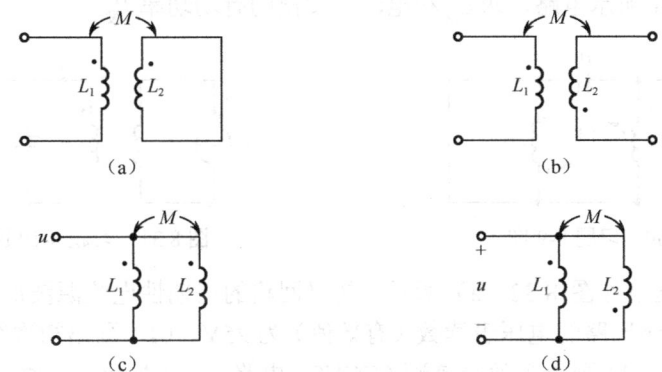

图 8.24　习题 8-3 图

8-4　求图 8.25 所示电路的输入阻抗 $Z(\omega=1\text{rad/s})$。

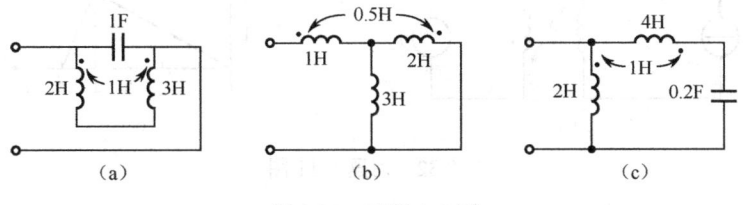

图 8.25　习题 8-4 图

8-5　两个耦合线圈如图 8.26 所示，$L_1=5\text{H}$，$L_2=4\text{H}$，$M=2\text{H}$。求（1）若 L_2 两端短路，求 L_1 端的等效电感值；（2）若 L_1 两端短路，求 L_2 两端的等效电感值。

8-6　如图 8.27 所示电路中，$R=500\Omega$，$L_1=70\text{mH}$，$L_2=20\text{mH}$，$M=20\text{mH}$，$C=1\mu\text{F}$ 正弦电源的电压 $\dot{U}=500\angle 0°\text{V}$，$\omega=10^4\text{rad/s}$。试求各支路电流。

8-7　如图 8.28 所示电路，$R_1=1\Omega$，$\omega L_1=2\Omega$，$\omega L_2=32\Omega$，$\omega M=8\Omega$，$\dfrac{1}{\omega C}=32\Omega$，求电流 $\dot{I}_1$ 和电压 $\dot{U}_2$。

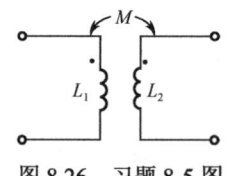

图 8.26 习题 8-5 图

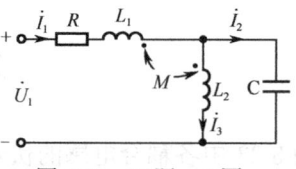

图 8.27 习题 8-6 图

8-8 如图 8.29 所示电路中，$R_1 = 10\Omega$，$R_2 = 20\Omega$，$\omega L_1 = 30\Omega$，$\omega L_2 = 20\Omega$，$\omega M = 20\Omega$，电源电压 $\dot{U}_1 = 100\angle 0°\text{V}$，试求电压 $\dot{U}_2$ 及电阻 R_2 消耗的功率。

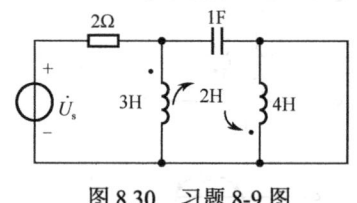

图 8.28 习题 8-7 图

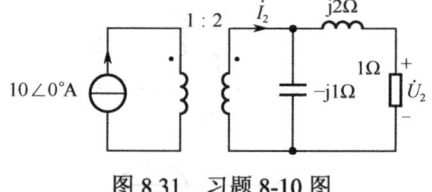

图 8.29 习题 8-8 图

8-9 电路如图 8.30 所示，已知 $\omega = 1\text{rad/s}$，$\dot{U}_s = \sqrt{2}\angle 0°\text{V}$，试求电路消耗的有功功率。

8-10 如图 8.31 所示电路，求 $\dot{U}_2$ 和电流源发出的有功功率 $P_{\text{发}}$。

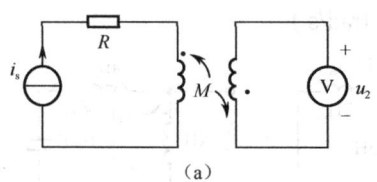

图 8.30 习题 8-9 图

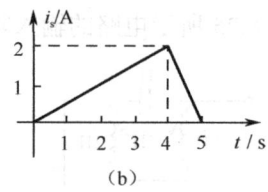

图 8.31 习题 8-10 图

8-11 已知变压器如图 8.32（a）所示，初级回路的周期性电流源波形如图 8.32（b）所示（一个周期），次级回路的电压表读数（有效值）为 25V。(1) 画出初次级回路端电压的波形，并计算互感 M；(2) 画出等效受控源（CCVS）电路；(3) 如果同名端弄错，那么对 (1)、(2) 的结果有无影响？

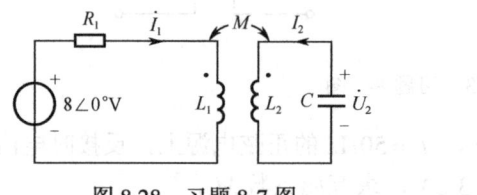

图 8.32 习题 8-11 图

8-12 含理想变压器的电路如图 8.33 所示，欲使 1Ω 的电阻获得最大功率 P_{Lmax}，求 n 和 P_{Lmax} 的值。

8-13 电路如图 8.34 所示，已知 $\dot{U}_s = 40\angle 0°\text{mV}$，求电流 $\dot{I}$。

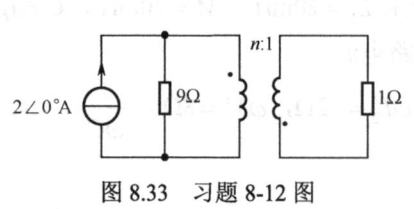

图 8.33 习题 8-12 图

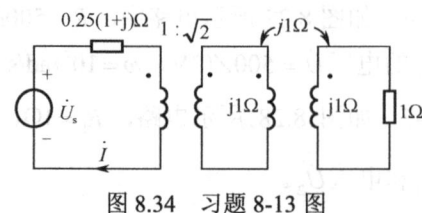

图 8.34 习题 8-13 图

8-14 如图 8.35 所示电路的输入电阻 $R_{ab} = 0.25\Omega$。求理想变压器的变比 n。

8-15 含理想变压器的电路如图 8.36 所示，已知 $R_1 = 10\Omega$，$R_2 = 20\Omega$，$\dfrac{1}{\omega C} = 10\Omega$，电压比 $n = 2$，$\dot{U} = 100\angle 0°\text{V}$，试求流过 R_2 的电流 $\dot{I}$。

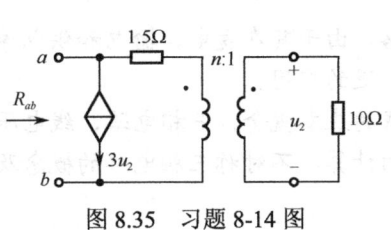

图 8.35 习题 8-14 图

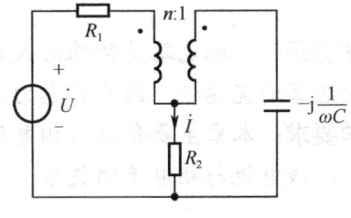

图 8.36 习题 8-15 图

8-16 如图 8.37 所示电路，$n = 1:10$，求次级电压 $\dot{U}_2$。若负载为 250Ω 时能够获得最大功率，试求变压器变比 n。

8-17 如图 8.38 所示电路，电路处于正弦稳态，已知 $u_s(t) = 220\sqrt{2}\sin(314t)\text{V}$，$L_1 = 2\text{H}$，$L_2 = 4\text{H}$，$M = 1\text{H}$，$R_1 = R_2 = 10\Omega$，试求电流 $i(t)$。

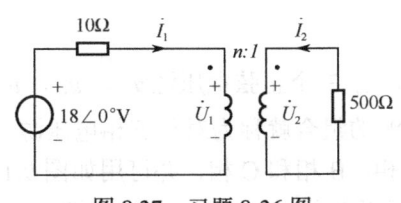

图 8.37 习题 8-36 图

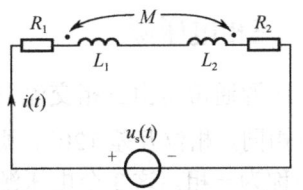

图 8.38 习题 8-17 图

8-18 如图 8.39 所示电路，当 $Z_L = 16 + \text{j}16\Omega$ 时，求电压源发出的有功功率。

8-19 如图 8.40 所示电路，试求：（1）选择合适的 n 值，使传输到负载上的功率达到最大；（2）求 1Ω 电阻上获得的最大功率。

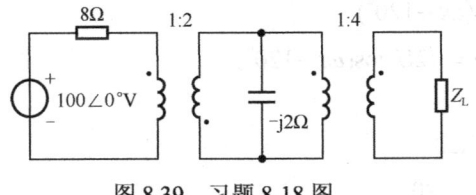

图 8.39 习题 8-18 图

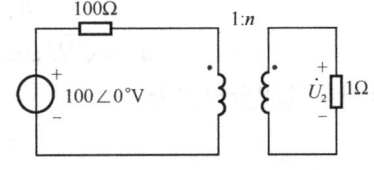

图 8.40 习题 8-19 图

8-20 如图 8.41 所示电路中，$R_1 = 2\Omega$，$R_2 = 4\Omega$，求该电路的输入电阻 R_{in}。

8-21 已知电路如图 8.42 所示，$R_1 = R_2 = 3\text{k}\Omega$，$u_s = 20\sqrt{2}\sin(\omega t)\text{V}$，$L_1 = 100\text{mH}$，$L_2 = 25\text{mH}$，$M = 30\text{mH}$，$C_2 = 0.1\mu\text{F}$，欲使 $\dot{U}_s$ 和 $\dot{I}$ 同相，试求 ω 和 $\dot{I}$。

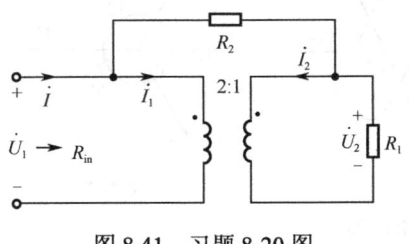

图 8.41 习题 8-20 图

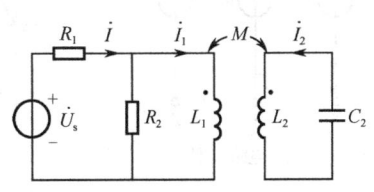

图 8.42 习题 8-21 图

第9章 三相电路

教学提示：三相电路是特殊形式的正弦稳态电路，由于其在发电、输电和供电等方面都具有十分显著的优越性，因而在电力系统中得到了广泛的应用。

教学要求：本章主要介绍三相电压源和三相负载的基本概念，三相电路，线电压与相电压的关系，线电流与相电流的关系，对称三相电路的计算，不对称三相电路的概念及三相功率的计算。

9.1 三相电路

目前，世界各国的发电、输电、供电系统，基本上都采用三相制。采用三相制供电的电路，称为三相电路，三相电路是由三相电压源、三相负载和三相输电线路组成的。

9.1.1 三相电压源

三相电压源通常是由三相交流发电机产生的，若 3 个正弦电压源 u_A，u_B，u_C 的最大值相等，频率相同，相位互差 120°，则此 3 个电压源的组合就称为对称三相电压源，其中每一个电压源都称为一相。这 3 个电压源依次称为 A 相、B 相和 C 相，并可用如图 9.1（a）所示的三个独立的正弦电压源来表示，其中电压源的正极性端 A、B、C 称为首端，负极性端 X、Y、Z 称为尾端。

以 u_A 为参考正弦量，它们的瞬时值表达式为

$$u_A = \sqrt{2}U\cos\omega t$$
$$u_B = \sqrt{2}U\cos(\omega t - 120°)$$
$$u_C = \sqrt{2}U\cos(\omega t - 240°) = \sqrt{2}U\cos(\omega t + 120°)$$

其对应的相量形式为

$$\dot{U}_A = U\angle 0°$$
$$\dot{U}_B = U\angle -120°$$
$$\dot{U}_C = U\angle -240° = U\angle 120°$$

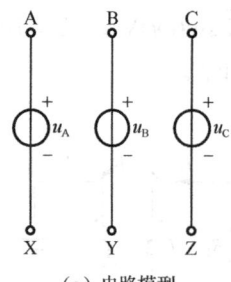

（a）电路模型　　　　　（b）波形图　　　　　（c）相量图

图 9.1　对称三相电压源

对称三相电压源的波形图和相量图如图 9.1（b）和图 9.1（c）所示。在任一瞬间，对称三相电压源的三个电压之和都恒等于零，即

$$u_A + u_B + u_C = 0$$

或

$$\dot{U}_A + \dot{U}_B + \dot{U}_C = 0$$

三相电压源在相位上的先后次序称为相序，我们把相序 A-B-C 称为正序（顺序），把 C-B-A 称为负序（逆序），相序在三相电压源电力系统中非常重要，它决定了与电源相连的电动机的转动方向，在电力系统中通常采用正序。

三相电压源的连接方式既可以是 Y 形联结（见图 9.2（a）），也可以是△形联结（见图 9.2（b）），如图 9.2 所示。

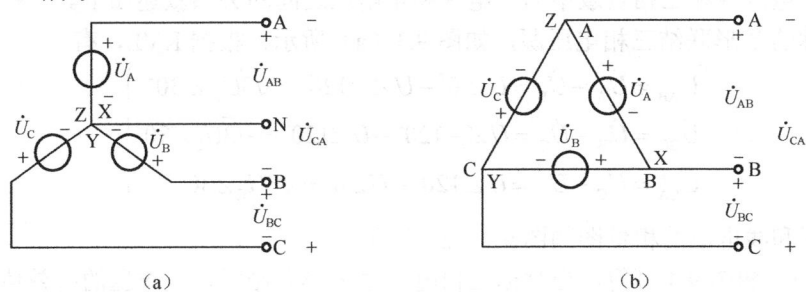

图 9.2 三相电压源的联结方式

Y 形联结将 3 个电压源的负极连接在一起形成一个节点，记为 N，称为中性点；从中性点引出的线称为中线（当中线接地时，称为地线）。从 3 个电压源正极性端向外引出的导线称为相线，也称"火线"，3 个电压源的相线分别称为 A 线，B 线，C 线，工程上分别用黄、绿、红三种颜色标记。△形联结将 3 个电压源的正负极性依次连接，再从三个连接点 A，B，C 向外引出三条端线，即构成三相电压源的△形联结。

在一般情况下，三相电压源的△形联结并不常用，因为如果任一相电压接反，则三个相电压之和将不为零，在考虑电源内阻抗的△形联结的闭合回路中就会出现很大的环路电流，造成严重后果。

9.1.2 三相负载

与发电机的联结方式类似，根据终端应用的不同，三相负载的联结方式也分为 Y 形联结（见图 9.3（a））和△形联结（见图 9.3（b）），如图 9.3 所示。当三个阻抗相等时，就称为对称三相负载。三相负载的△形联结要比 Y 形联结更常用，因为在三相负载的△形联结中，可以很方便地在每一相中增加或删除负载。

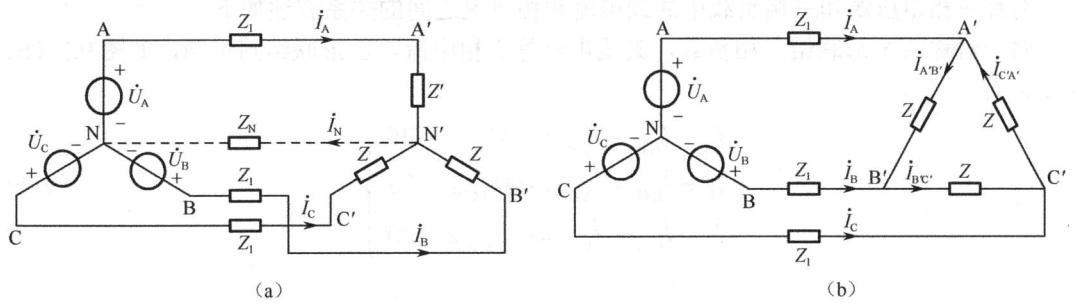

图 9.3 三相负载的联结方式

9.2 线电压(流)与相电压(流)的关系

在三相电路中,任意两个始端之间的电压称为线电压,分别记为 $\dot{U}_{AB}$,$\dot{U}_{BC}$,$\dot{U}_{CA}$;每一相的始端和末端之间的电压称为相电压,分别记为 $\dot{U}_A$,$\dot{U}_B$,$\dot{U}_C$,其参考极性以相线为正极性,中性线为负极性。各相负载中的电流称为相电流,分别记为 $\dot{I}_A$,$\dot{I}_B$,$\dot{I}_C$,每根端线中的电流称为线电流,分别记为 $\dot{I}_{A'B'}$,$\dot{I}_{B'C'}$,$\dot{I}_{C'A'}$。三相电路中的线电压和相电压、线电流和相电流之间的关系都与联结方式有关。

对称三相电压源和三相负载中的线电压和相电压之间的关系叙述如下。

对于对称的 Y 形联结三相电压源,如图 9.3(a)所示,根据 KVL,有

$$\left.\begin{array}{l}\dot{U}_{AB}=\dot{U}_A-\dot{U}_B=U\angle 0°-U\angle-120°=\sqrt{3}\dot{U}_A\angle 30°\\ \dot{U}_{BC}=\dot{U}_B-\dot{U}_C=U\angle-120°-U\angle 120°=\sqrt{3}\dot{U}_B\angle 30°\\ \dot{U}_{CA}=\dot{U}_C-\dot{U}_A=U\angle 120°-U\angle 0°=\sqrt{3}\dot{U}_C\angle 30°\end{array}\right\} \quad (9\text{-}1)$$

各相电压和线电压的相量图如图 9.4(a)所示。

由式(9-1)和图 9.4 可得,当对称三相电压源 Y 形联结时,线电压的有效值是相电压有效值的 $\sqrt{3}$ 倍,在顺序条件下,线电压的相位依次超前对应的相电压 30°,故在实际计算时,只需计算出 $\dot{U}_{AB}$,就可以依序写出 $\dot{U}_{BC}$,$\dot{U}_{CA}$。

对于对称的 △ 形联结三相电压源,因为没有中性点,故线电压就是相电压,有

$$\dot{U}_{AB}=\dot{U}_A,\ \dot{U}_{BC}=\dot{U}_B,\ \dot{U}_{CA}=\dot{U}_C$$

其相量图如图 9.4(b)所示。

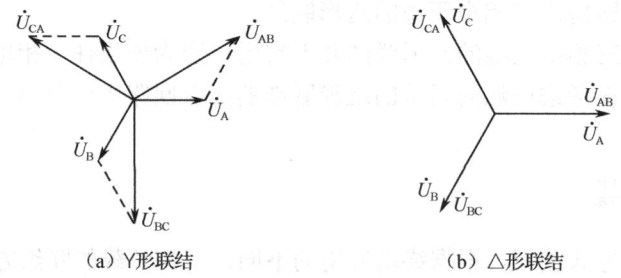

(a) Y 形联结 (b) △ 形联结

图 9.4 相电压和线电压的相量图

以上有关线电压和相电压的关系也适用于对称的 Y 形联结三相负载和 △ 形联结三相负载。对称三相电压源和三相负载中的线电流和相电流之间的关系叙述如下。

对于对称的 Y 形联结三相负载,其线电流等于相电流,△ 形联结则不同,如图 9.3(b)所示,有

$$\left.\begin{array}{l}\dot{I}_A=\dot{I}_{A'B'}-\dot{I}_{C'A'}=\sqrt{3}\dot{I}_{A'B'}\angle-30°\\ \dot{I}_B=\dot{I}_{B'C'}-\dot{I}_{A'B'}=\sqrt{3}\dot{I}_{B'C'}\angle-30°\\ \dot{I}_C=\dot{I}_{C'A'}-\dot{I}_{B'C'}=\sqrt{3}\dot{I}_{C'A'}\angle-30°\end{array}\right\} \quad (9\text{-}2)$$

各相电流和线电流的相量图如图 9.5 所示。

由式（9-2）和图 9.5 可得，当对称三相电压源△形联结时，线电流的有效值是相电流有效值的 $\sqrt{3}$ 倍，在顺序条件下，线电流的相位依次滞后对应的相电流 $30°$，故在实际计算时，只需计算出 $\dot{I}_A$，就可以依序写出 $\dot{I}_B$，$\dot{I}_C$。

以上有关线电流和相电流的关系也适用于对称的△形联结和 Y 形联结三相电压源。

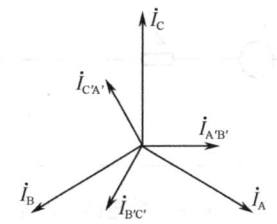

图 9.5 相电流和线电流的相量图

9.3 对称三相电路的计算

在三相电路中，根据三相电压源与三相负载的不同联结方式，可以形成 Y-Y、Y-△、△-Y、△-△ 四种联结方式的三相电路，在 Y-Y 联结中，把三相电压源中性点和负载中性点用一条中线连接起来，如图 9.3（a）虚线所示，称为三相四线制供电方式，其他联结方式为三相三线制供电方式。由于 Y-△、△-Y、△-△ 三种联结方式的对称三相电路可以根据 Y 形和△形联结的等效互换，变换成对称的 Y-Y 联结三相电路，所以本节主要讨论 Y-Y 联结。

如图 9.3（a）所示，其中，Z_1 为线阻抗，Z_N 为中线阻抗，$Z = |Z| \angle \varphi$ 为负载阻抗，N 和 N′ 为中性点。设 N 为参考点，则根据节点电压法可求出中性点 N′ 和 N 之间的电压

$$\left(\frac{3}{Z + Z_1} + \frac{1}{Z_N} \right) \dot{U}_{N'N} = \frac{\dot{U}_A}{Z + Z_1} + \frac{\dot{U}_B}{Z + Z_1} + \frac{\dot{U}_C}{Z + Z_1}$$

由此可得

$$\dot{U}_{N'N} = \frac{\dfrac{\dot{U}_A + \dot{U}_B + \dot{U}_C}{Z + Z_1}}{\dfrac{3}{Z + Z_1} + \dfrac{1}{Z_N}}$$

由于 $\dot{U}_A + \dot{U}_B + \dot{U}_C = 0$，所以 $\dot{U}_{N'N} = 0$，即对称的 Y-Y 联结三相电路的两个中性点等电位。各相电源和负载中的相电流都等于线电流，各相线电流为

$$\dot{I}_A = \frac{\dot{U}_A - \dot{U}_{N'N}}{Z + Z_1} = \frac{\dot{U}_A}{Z + Z_1}$$

$$\dot{I}_B = \frac{\dot{U}_B - \dot{U}_{N'N}}{Z + Z_1} = \frac{\dot{U}_B}{Z + Z_1} = \dot{I}_A \angle -120°$$

$$\dot{I}_C = \frac{\dot{U}_C - \dot{U}_{N'N}}{Z + Z_1} = \frac{\dot{U}_C}{Z + Z_1} = \dot{I}_A \angle 120°$$

显然，它们也是对称的，中线电流为

$$\dot{I}_N = \dot{I}_A + \dot{I}_B + \dot{I}_C = 0$$

故中线阻抗的大小甚至中线的有无都无关紧要，不影响计算结果。实际上，在长距离电力传输中需采用多路三相系统，并以大地作为中线的导体，以这种方式设计的电力系统在所有关键点都要良好接地，以保证安全。

由于对称三相电路中 $\dot{U}_{N'N} = 0$，所以在分析此类问题时，不论原来有没有中线，也不论中线阻抗的大小是多少，都可以设想在中性点 N 和 N′ 之间用一根理想导线连接起来，使对称

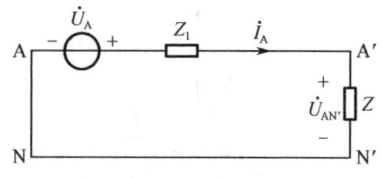

图 9.6 单相计算电路（A 相）

三相电路变换成三个独立的单相电路。因此，在分析对称的 Y-Y 联结三相电路时，可以用处理单相电路的方法来进行分析计算。例如，可把 A 相单独画出进行计算，如图 9.6 所示，求出 A 相负载相电流 $\dot{I}_A$ 和相电压 $\dot{U}_{A'N'}$；再根据对称性直接写出其他两相的相电流和相电压。

例 9.1 如图 9.7（a）所示对称三相电路，已知 $u_{AB}=380\sqrt{2}\cos(\omega t+30°)\text{V}$，$Z=(6+\text{j}8)\,\Omega$，求负载中各相电流的相量。

解题思路：根据对称三相电路可以用处理单相电路的方法来进行分析计算。

解：设有一个 Y 形联结的三相对称电源作为图 9.7（a）所示电路的电源。由式（9-1）得此三相对称电源的 A 相相电压为

$$\dot{U}_A=\frac{\dot{U}_{AB}}{\sqrt{3}}\angle-30°=220\angle 0°\text{V}$$

画出 A 相计算电路，如图 9.7（b）所示，得

$$\dot{I}_A=\frac{\dot{U}_A}{Z}=\frac{220\angle 0°}{6+\text{j}8}=22\angle-53.13°\text{A}$$

根据对称性，可写出

$$\dot{I}_B=\dot{I}_A\angle-120°=22\angle-173.13°\text{A}$$
$$\dot{I}_C=\dot{I}_A\angle 120°=22\angle 66.87°\text{A}$$

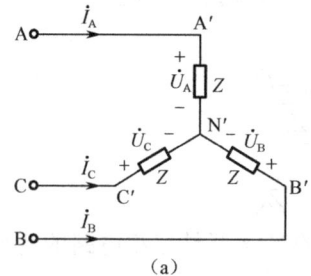 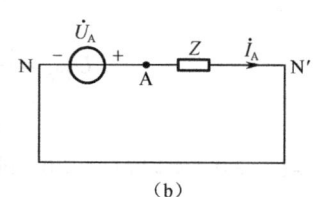

(a)　　　　　　　　　(b)

图 9.7 例 9.1 图

例 9.2 对称三相电路如图 9.3（b）所示。已知：$Z=(19.2+\text{j}14.4)\Omega$，$Z_1=(3+\text{j}4)\Omega$，对称线电压 $U_{AB}=380\text{V}$。求负载的线电压和相电流。

解题思路：先将电路中的△形联结负载变换成 Y 形联结负载，再根据对称三相电路可以用处理单相电路的方法来进行分析计算。

解：该电路可以变换为对称的 Y-Y 联结三相电路，如图 9.8 所示。其中，Z' 为△形联结变换为 Y 形联结后的阻抗

$$Z'=\frac{Z}{3}=\frac{19.2+\text{j}14.4}{3}=(6.4+\text{j}4.8)\Omega$$

令 $\dot{U}_A=220\angle 0°\text{V}$。根据单相计算电路有

$$\dot{I}_A=\frac{\dot{U}_A}{Z'+Z_1}=\frac{220\angle 0°}{6.4+\text{j}4.8+3+\text{j}4}=17.1\angle-43.2°\text{A}$$

根据对称性，可写出

$$\dot{I}_B = \dot{I}_A \angle -120° = 17.1 \angle -163.2° \text{A}$$
$$\dot{I}_C = \dot{I}_A \angle 120° = 17.1 \angle 76.8° \text{A}$$

此电流为负载的线电流。再求出负载的相电压，利用线电压与相电压的关系可以求得负载的线电压。负载的相电压为

$$\dot{U}_{A'N'} = \dot{I}_A Z' = 136.8 \angle -6.3° \text{V}$$

根据式（9-1），有

$$\dot{U}_{A'B'} = \sqrt{3} \dot{U}_{A'N'} \angle 30° = 236.9 \angle 23.7° \text{V}$$

根据对称性，可写出

$$\dot{U}_{B'C'} = \dot{U}_{A'B'} \angle -120° = 236.9 \angle -96.3° \text{V}$$
$$\dot{U}_{C'A'} = \dot{U}_{A'B'} \angle 120° = 236.9 \angle 143.7° \text{V}$$

根据负载的线电压可以求得负载的相电流，有

$$\dot{I}_{A'B'} = \frac{\dot{U}_{A'B'}}{Z} = 9.9 \angle -13.2° \text{A}$$
$$\dot{I}_{B'C'} = \frac{\dot{U}_{B'C'}}{Z} = \dot{I}_{A'B'} \angle -120° = 9.9 \angle -133.2° \text{A}$$
$$\dot{I}_{C'A'} = \frac{\dot{U}_{C'A'}}{Z} = \dot{I}_{A'B'} \angle 120° = 9.9 \angle 106.8° \text{A}$$

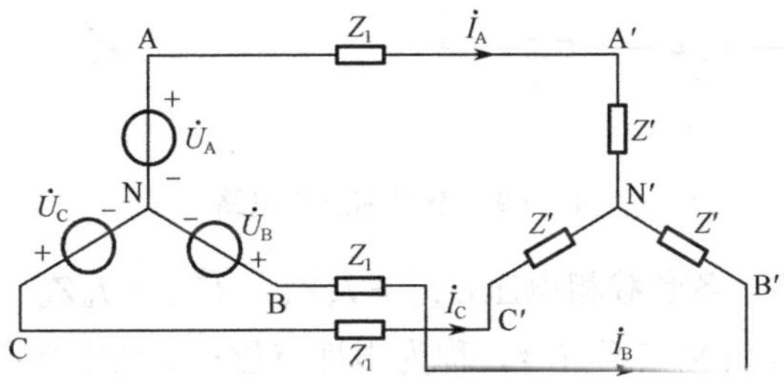

图9.8 例9.2图

9.4 不对称三相电路的概念

在三相电路中，只要出现如下任一种情况，三相电路就称为不对称三相电路。
（1）三相电压源的大小不相等，或者相位角不相等。
（2）负载阻抗不相等。
（3）线路阻抗不相等。

造成电路不对称的原因有多种，但最常见的是由于各相负载分配不均匀而造成的负载阻抗不相等。对于不对称三相电路的分析，不能应用上一节关于对称三相电路的计算方法，而要用分析复杂正弦稳态电路的方法求解。为了简化分析，我们仅对负载阻抗不相等的三相电路进行简单讨论。

图9.9（a）所示电路是具有中线的Y-Y联结的不对称三相电路，Z_A、Z_B、Z_C不相等。开关S断开后，设N为参考点，根据节点电压法可求得节点电压$\dot{U}_{N'N}$为

$$\dot{U}_{N'N} = \frac{\dfrac{\dot{U}_A}{Z_A} + \dfrac{\dot{U}_B}{Z_B} + \dfrac{\dot{U}_C}{Z_C}}{\dfrac{1}{Z_A} + \dfrac{1}{Z_B} + \dfrac{1}{Z_C}}$$

由于 $Z_A \neq Z_B \neq Z_C$，故 $\dot{U}_{N'N} \neq 0$（一般情况），即 N' 点和 N 点的电位不同。

各负载相电流为

$$\dot{I}_A = \frac{\dot{U}_A - \dot{U}_{N'N}}{Z_A}$$

$$\dot{I}_B = \frac{\dot{U}_B - \dot{U}_{N'N}}{Z_B}$$

$$\dot{I}_C = \frac{\dot{U}_C - \dot{U}_{N'N}}{Z_C}$$

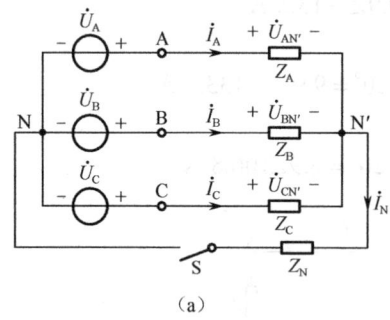
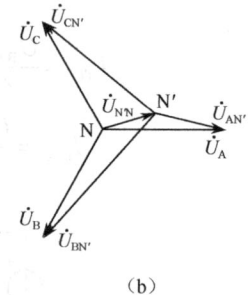

(a) （b）

图 9.9 不对称三相电路

各负载相电流不对称，各负载相电压 $\dot{U}_{AN'} = \dot{I}_A Z_A$，$\dot{U}_{BN'} = \dot{I}_B Z_B$，$\dot{U}_{CN'} = \dot{I}_C Z_C$ 也不对称，如图 9.9（b）所示，N' 点和 N 点不重合，称为中性点位移。当中性点位移较大时，会造成负载相电压严重不对称，有的相电压高于规定值，从而损坏该相负载；有的相电压低于规定值，从而使该相负载不能正常工作。

当开关 S 闭合后，如果 $Z_N \approx 0$，则可强迫使 $\dot{U}_{N'N} = 0$。尽管电路是不对称的，但在这个条件下，可强迫使各相保持独立性，各相的工作互不影响，因而各相可以分别独立计算。确保了各相负载在相电压下能安全工作，克服了无中线时引起的缺点，因此，在负载阻抗不相等的情况下，中线的存在是非常重要的，它能起到保证安全供电的作用。在实际工程中，中线上不允许接入熔断器和开关，有时还用机械强度较高的导线作为中线。

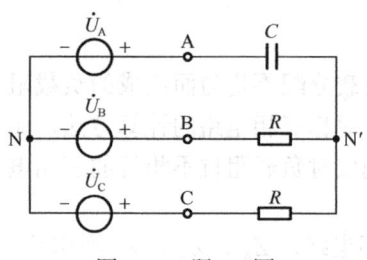

图 9.10 题 9.3 图

例 9.3 图 9.10 所示为判定相序的一种电路，称为相序器。它是由一个电容和两个相同的白炽灯组成的 Y 形联结电路。设灯泡电阻为 R，且 $R = \dfrac{1}{\omega C}$。试根据两个灯泡的亮度，判定相序。

解题思路：计算出每相负载的相电压，由相电压的有效值大小来判断两个灯泡的亮度。

解：设连接电容 C 的一相为 A 相，如图 9.10 所示，取 $\dot{U}_A = U\angle 0°\text{V}$，则节点电压为

$$\dot{U}_{N'N} = \frac{j\omega C\dot{U}_A + \dfrac{\dot{U}_B}{R} + \dfrac{\dot{U}_C}{R}}{j\omega C + \dfrac{1}{R} + \dfrac{1}{R}} = 0.63U\angle 108.4°\text{V}$$

由 KVL 可得，各负载的相电压分别为

$$\dot{U}_{AN'} = \dot{U}_A - \dot{U}_{N'N} = 1.34U\angle -26.6°\text{V}$$
$$\dot{U}_{BN'} = \dot{U}_B - \dot{U}_{N'N} = 1.5U\angle -101.5°\text{V}$$
$$\dot{U}_{CN'} = \dot{U}_C - \dot{U}_{N'N} = 0.4U\angle 138.4°\text{V}$$

因为 $\dot{U}_{BN'} = 1.5U > \dot{U}_{CN'} = 0.4U$，所以较亮的白炽灯所接的那一相是接电容那一相的后继相，即 B 相，灯泡较暗的一相为 C 相。

9.5 三相电路的功率

对于三相电路，三相负载吸收的复功率等于各相负载吸收的复功率之和，即

$$\overline{S} = \overline{S}_A + \overline{S}_B + \overline{S}_C$$

在对称三相电路中，$\overline{S}_A = \overline{S}_B = \overline{S}_C$，因此 $\overline{S} = 3\overline{S}_A$。

因而，对于对称三相电路，三相负载吸收的平均功率为

$$P = 3U_P I_P \cos\varphi$$

无功功率为

$$Q = 3U_P I_P \sin\varphi$$

视在功率为

$$S = 3U_P I_P$$

当负载为 Y 形联结时，$U_l = \sqrt{3}U_P$，$I_l = I_P$；当负载为 △ 形联结时，$U_l = U_P$，$I_l = \sqrt{3}I_P$。
若用线电压和线电流来表示三相负载的平均功率，则有

$$P = \sqrt{3}U_l I_l \cos\varphi$$

无功功率为

$$Q = \sqrt{3}U_l I_l \sin\varphi$$

视在功率为

$$S = \sqrt{3}U_l I_l$$

式中，φ 是相电压与相电流的相位差角，即负载的阻抗角。

三相电路的瞬时功率为各相负载瞬时功率之和，如图 9.3 所示的对称三相电路，其相电压为

$$u_{AN} = \sqrt{2}U_{AN}\cos(\omega t)$$
$$u_{BN} = \sqrt{2}U_{AN}\cos(\omega t - 120°)$$
$$u_{CN} = \sqrt{2}U_{AN}\cos(\omega t + 120°)$$

相电流为

$$i_A = \sqrt{2}I_A\cos(\omega t - \varphi)$$
$$i_B = \sqrt{2}I_A\cos(\omega t - \varphi - 120°)$$
$$i_C = \sqrt{2}I_A\cos(\omega t - \varphi + 120°)$$

式中，φ 是负载的阻抗角。

各相的瞬时功率为

$$p_A = u_{AN}i_A = \sqrt{2}U_{AN}\cos(\omega t) \times \sqrt{2}I_A\cos(\omega t - \varphi)$$
$$= U_{AN}I_A[\cos\varphi + \cos(2\omega t - \varphi)]$$
$$p_B = u_{BN}i_B = \sqrt{2}U_{AN}\cos(\omega t - 120°) \times \sqrt{2}I_A\cos(\omega t - \varphi - 120°)$$
$$= U_{AN}I_A[\cos\varphi + \cos(2\omega t - \varphi - 240°)]$$
$$p_C = u_{CN}i_C = \sqrt{2}U_{AN}\cos(\omega t + 120°) \times \sqrt{2}I_A\cos(\omega t - \varphi + 120°)$$
$$= U_{AN}I_A[\cos\varphi + \cos(2\omega t - \varphi + 240°)]$$

各相的瞬时功率之和为

$$p = p_A + p_B + p_C = 3U_AI_A\cos\varphi = 3P_A$$

因此，对称三相电路中总的瞬时功率是恒定的，其值等于平均功率，而不像各相瞬时功率那样随时间变化而变化，无论负载是 Y 形联结还是 △ 形联结，这个结论都成立。这是采用三相电路发电、供电的一个重要原因。对于三相发电机和三相电动机而言，瞬时功率不随时间变化而变化意味着机械转矩不随时间变化而变化，这样可以避免电机在运转时因转矩变化而产生的振动。

对于三相三线制供电方式，不论电路联结方式如何，是否对称，三相电路的功率都可以用两个瓦特表（功率表）来测量。测量平均功率的两个功率表的连接方式如图 9.11 所示，将两个表的电流线圈分别串入任意两条端线之中（如 A 线和 B 线），电压线圈分别跨接在这两条端线与第三条端线（如 C 线）之间（无*端接于公共端线）。功率表的接线与负载和电源的联结方式无关，此时两个功率表读数的代数和就是所测三相电路的平均功率。这种方法称为二瓦计法。

可以证明，图 9.11（a）中两个功率表读数的代数和为三相三线制供电方式中右侧电路吸收的平均功率。

设两个功率表的读数分别为 P_1 和 P_2，根据功率表的工作原理，有

$$P_1 = \text{Re}[\dot{U}_{AC}\dot{I}_A^*], \quad P_2 = \text{Re}[\dot{U}_{BC}\dot{I}_B^*]$$

由于

$$\dot{U}_{AC} = \dot{U}_A - \dot{U}_C, \quad \dot{U}_{BC} = \dot{U}_B - \dot{U}_C, \quad \dot{I}_A^* + \dot{I}_B^* = -\dot{I}_C^*$$

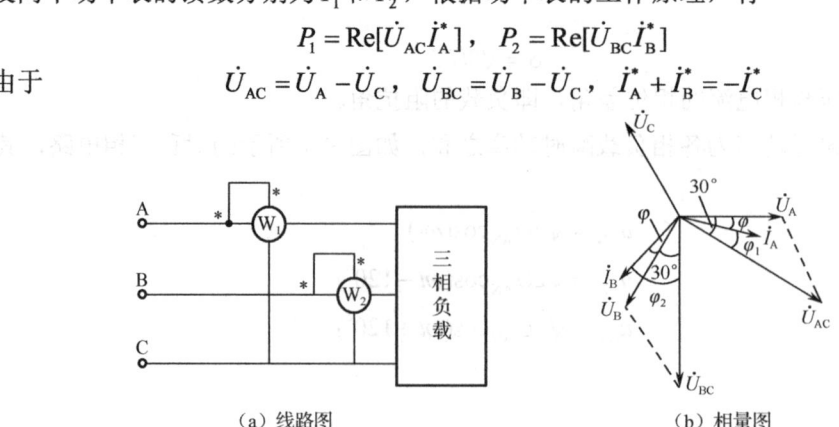

(a) 线路图 (b) 相量图

图 9.11 二瓦计法

故
$$P_1 + P_2 = \text{Re}[\dot{U}_{AC}\dot{I}_A^* + \dot{U}_{BC}\dot{I}_B^*]$$
$$= \text{Re}[(\dot{U}_A - \dot{U}_C)\dot{I}_A^* + (\dot{U}_B - \dot{U}_C)\dot{I}_B^*]$$
$$= \text{Re}[\dot{U}_A\dot{I}_A^* + \dot{U}_B\dot{I}_B^* + \dot{U}_C\dot{I}_C^*]$$
$$= \text{Re}[\bar{S}_A + \bar{S}_B + \bar{S}_C] = \text{Re}[\bar{S}]$$

式中，$\text{Re}[\bar{S}]$ 为右侧三相负载电路的平均功率。从而有
$$P = P_1 + P_2 = U_{AC}I_A \cos\varphi_1 + U_{BC}I_B \cos\varphi_2$$

式中，φ_1 为 $\dot{U}_{AC}$ 和 $\dot{I}_A$ 的相位差角；φ_2 为 $\dot{U}_{BC}$ 和 $\dot{I}_B$ 的相位差角。

可见，两个功率表读数的代数和就是三相电路的平均功率。

在对称三相电路中，如图9.11（b）所示，两个功率表的读数分别为
$$P_1 = \text{Re}[\dot{U}_{AC}\overset{*}{I}_A] = U_{AC}I_A \cos(30° - \varphi)$$
$$P_2 = \text{Re}[\dot{U}_{BC}\overset{*}{I}_B] = U_{BC}I_B \cos(30° + \varphi)$$

式中，φ 为负载的阻抗角。由上式可得，当 $\varphi = 0$ 时，$P_1 = P_2$，即两个功率表读数相等；当 $\varphi = \pm 60°$ 时，有一个功率表的读数为零；当 $|\varphi| > 60°$ 时，有一个功率表的读数可能为负，求代数和时该读数应取负值。一般来讲，单独一个功率表的读数是没有意义的。

这种方法只适用于三相三线制或三相四线制中线电流为零的电路，不对称的三相四线制电路不能用二瓦计法测量三相电路的功率，这是因为在一般情况下，$\dot{I}_A + \dot{I}_B + \dot{I}_C \neq 0$。

例 9.4 有一个三相对称负载，每相的 $R = 12\Omega$，$X_L = 16\Omega$，电源线电压 $U_{AB} = 380\text{V}$。试求：

（1）当负载为 Y 形联结时，三相电路的平均功率、无功功率和视在功率；
（2）当负载为 △ 形联结时，三相电路的平均功率、无功功率和视在功率。

解题思路：先计算负载在不同联结情况下的线电压和线电流，再根据三相电路的平均功率、无功功率和视在功率的计算公式计算。

解：（1）当负载为 Y 形联结时
$$U_p = \frac{U_l}{\sqrt{3}} = \frac{380}{\sqrt{3}} = 220\text{V}$$

每相负载的阻抗模为
$$|Z| = \sqrt{R^2 + X_L^2} = \sqrt{12^2 + 16^2} = 20\Omega$$

则
$$I_p = I_l = \frac{U_p}{|Z|} = \frac{220}{20} = 11\text{A}$$
$$\cos\varphi = \frac{R}{|Z|} = \frac{12}{20} = 0.6, \quad \sin\varphi = 0.8$$

所以
$$P_Y = \sqrt{3}U_l I_l \cos\varphi = \sqrt{3} \times 380 \times 11 \times 0.6 = 4.34\text{kW}$$
$$Q_Y = \sqrt{3}U_l I_l \sin\varphi = \sqrt{3} \times 380 \times 11 \times 0.8 = 5.79\text{var}$$
$$S_Y = \sqrt{3}U_l I_l = \sqrt{3} \times 380 \times 11 = 7.24\text{kVA}$$

（2）当负载为△形联结时

$$U_l = U_p = 380\text{V}$$

则

$$I_p = \frac{U_p}{|Z|} = \frac{380}{20} = 19\text{A}$$

$$I_l = \sqrt{3}I_p = \sqrt{3} \times 19 = 33\text{A}$$

所以

$$P_\triangle = \sqrt{3}U_l I_l \cos\varphi = \sqrt{3} \times 380 \times 33 \times 0.6 = 13.02\text{kW}$$

$$Q_\triangle = \sqrt{3}U_l I_l \sin\varphi = \sqrt{3} \times 380 \times 33 \times 0.8 = 17.37\text{var}$$

$$S_\triangle = \sqrt{3}U_l I_l = \sqrt{3} \times 380 \times 33 = 21.72\text{kVA}$$

上述计算结果表明，在相同线电压下，负载为△形联结时的功率是Y形联结时的3倍。

9.6 本章小结

本章主要介绍了对称三相电压源、对称三相负载和对称三相电路及其功率计算等内容。这些内容对于理解三相电路非常重要。本章的主要内容可总结如下。

（1）线电压与相电压的关系。对于对称的Y形联结三相电压源，有

$$\dot{U}_{AB} = \sqrt{3}\dot{U}_A \angle 30°,\quad \dot{U}_{BC} = \sqrt{3}\dot{U}_B \angle 30°,\quad \dot{U}_{CA} = \sqrt{3}\dot{U}_C \angle 30°$$

对于△形联结三相电压源，有

$$\dot{U}_{AB} = \dot{U}_A,\quad \dot{U}_{BC} = \dot{U}_B,\quad \dot{U}_{CA} = \dot{U}_C$$

（2）线电流与相电流的关系。对于对称的Y形联结三相负载，有

$$\dot{I}_A = \dot{I}_{A'B'},\quad \dot{I}_B = \dot{I}_{B'C'},\quad \dot{I}_C = I_{C'A'}$$

对于△形联结三相负载，有

$$\dot{I}_A = \sqrt{3}\dot{I}_{A'B'} \angle -30°,\quad \dot{I}_B = \sqrt{3}\dot{I}_{B'C'} \angle -30°,\quad \dot{I}_C = \sqrt{3}\dot{I}_{C'A'} \angle -30°$$

（3）对称三相电路的计算。将△形联结三相电压源和负载均变换成Y形联结，将中性点用短路线连接，画出单相等效电路进行计算，最后根据对称性推算出其他两相的电压和电流。

（4）三相功率的计算。对于对称三相电路，三相负载吸收的

平均功率为

$$P = \sqrt{3}U_l I_l \cos\varphi$$

无功功率为

$$Q = \sqrt{3}U_l I_l \sin\varphi$$

视在功率为

$$S = \sqrt{3}U_l I_l$$

习 题

9-1 已知在对称三相电路中，电源线电压 $U_l = 380\text{V}$，每相负载阻抗 $Z = 10\angle 53.1°\Omega$。求负载为Y形和△形联结时的相电流和线电流。

9-2 在三相四线制 Y-Y 联结对称三相电路中,已知线电压 $U_{AB}=\sqrt{2}\times 380\times\sin(314t+30°)$V,Y 形联结三相负载每相电阻 $R=6\Omega$,每相电抗 $X_L=8\Omega$。求相电流 $\dot{I}_A$、$\dot{I}_B$、$\dot{I}_C$。

9-3 对称三相电压源,线电压 $U_l=380$V,对称三相感性负载为△形联结,若测得线电流 $I_l=17.3$A,三相电路平均功率 $P=9.12$kW,求每相负载的电阻和感抗。

9-4 如图 9.12 所示对称三相电路为△-△联结,$U_{A'B'}=380$V,三相电动机吸收的功率为 1.4kW,其功率因数 $\lambda=0.866$(滞后),$Z_L=-j55\Omega$。求 U_{AB} 和电源端的功率因数 λ'。

9-5 Y 形联结的对称三相负载阻抗 $Z=12+j16\Omega$,接至对称三相电压源,其线电压为 380V,端线阻抗为零,试求线电流及负载吸收的功率。若将此三相负载改为△形联结,则其线电流及负载吸收的功率又为多少?

9-6 如图 9.13 所示对称三相电路,已知电源线电压 $\dot{U}_{AB}=380\angle 0°$V,线电流 $\dot{I}_A=10\angle -75°$A。求三相负载的总功率。

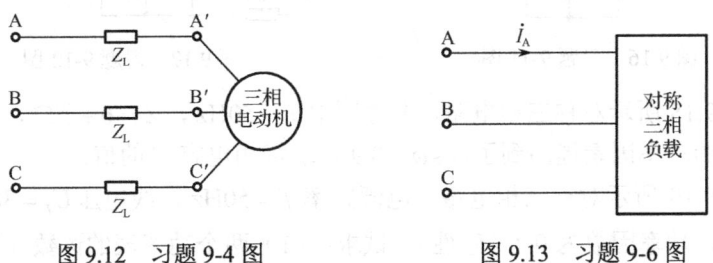

图 9.12 习题 9-4 图   图 9.13 习题 9-6 图

9-7 对称三相电路,电源为 Y 形联结,其相电压为 400V,△形联结负载阻抗 $Z=160+j120\Omega$,试求:(1)端线阻抗 $Z_L=2.81+j2.11\Omega$ 时各线电流、相电流及负载的线电压;(2)若忽略端线阻抗,求各相电流与各线电流。

9-8 不对称三相电路如图 9.14 所示,对称三相电压源的线电压为 380V,不对称三相负载阻抗为 $Z_A=19-j51.6\Omega$,$Z_B=19+j51.6\Omega$,$Z_C=55\Omega$,试求:(1)各相负载电流与中线电流,画出对应的相量图;(2)若中线在 D 点断开,计算各相负载的电流与电压,并分析可能产生的后果。

9-9 如图 9.15 所示三相电路,电源为对称三相电压源,已知开关 S_1 和 S_2 均闭合时各线电流均为 10A,试求:(1)开关 S_1 闭合、S_2 断开时的各线电流;(2)开关 S_1 断开、S_2 闭合时的各线电流;(3)开关 S_1 和 S_2 均断开时的各线电流。

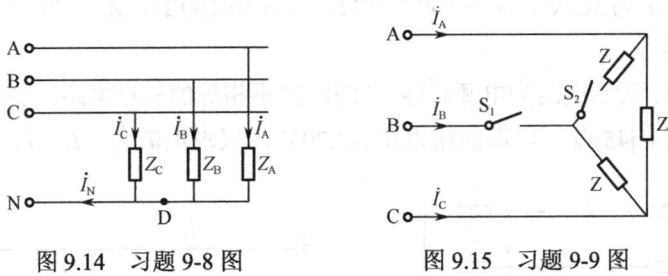

图 9.14 习题 9-8 图   图 9.15 习题 9-9 图

9-10 一对称三相负载具有如下特性:Y-△形联结,C 相的电源电压为 $20\angle -90°$V,相序为 A-B-C,线路阻抗为 $1+j3\Omega$,负载阻抗为 $117-j99\Omega$,试求:(1)画出 A 相的单相等效电路;(2)A 相的线电流;(3)三相负载的 A 相线电压。

9-11 电路如图 9.16 所示,Y 形联结的负载 $R_1=110\Omega$,额定电压为 380/220V;负载 II

为感性对称负载，功率为 5.28kW，$\cos\varphi_z = 0.8$，额定电压也是 380/220V，端线阻抗 $Z_1 = 1 + j2\Omega$。求负载在额定运行情况下电源的线电压 U_{AB}。

9-12 如图 9.17 所示对称三相电路，线电压 $U_l = 380V$，Y 形联结的负载阻抗 $Z_1 = 10\angle 53.1°\Omega$，△形联结的负载阻抗 $Z_2 = -j50\Omega$，中线阻抗 $Z_0 = 1 + j2\Omega$，试求：（1）线电流 $\dot{I}_A$、$\dot{I}_B$、$\dot{I}_C$，并画出其相量图；（2）三相负载吸收的总功率。

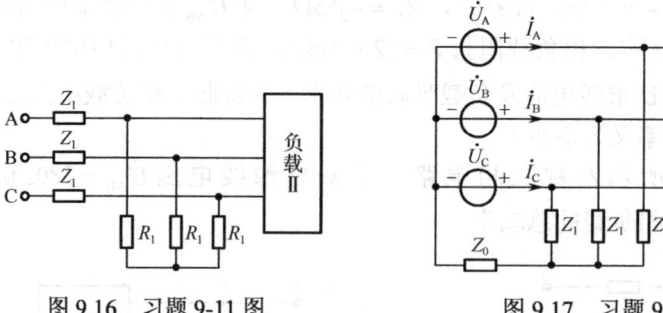

图9.16 习题9-11图　　图9.17 习题9-12图

9-13 如图 9.18 所示对称三相电路，电源频率 $f = 50$Hz，$Z = 6 + j8\Omega$，在负载接入三相电容组后，电路的功率因素提高到了 $\cos\varphi = 0.9$。求每相电容 C 的值。

9-14 如图 9.19 所示对称三相电路，电源频率 $f = 50$Hz，线电压 $U_l = 380V$，负载吸收的功率为 2.4kW，功率因数为 0.4（感性）。试求：（1）两个功率表的读数（用二瓦计法测量功率时）；（2）怎样才能使负载的功率因数提高到 0.8？并求出两个功率表的读数。

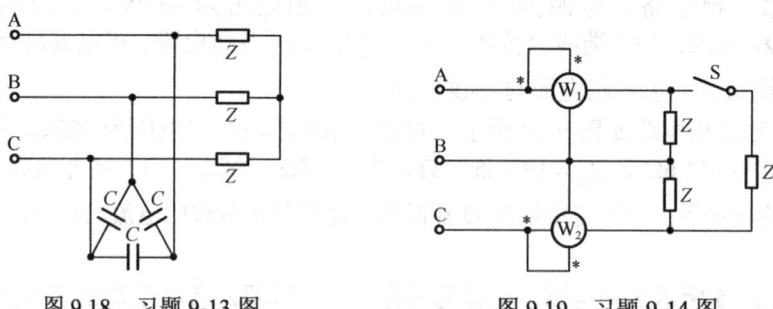

图9.18 习题9-13图　　图9.19 习题9-14图

9-15 如图 9.20 所示电路为对称三相电压源向两组 Y 形联结并联负载供电的电路，已知三相电压源的线电压为 380V，$Z_1 = 100\angle 30°\Omega$，$Z_2 = 50\angle 60°\Omega$，$Z_L = 20\angle 45°\Omega$，试求线电流 $\dot{I}_A$、负载电流 $\dot{I}_{1A}$ 和 $\dot{I}_{2A}$。

9-16 如图 9.21 所示电路为电源对称，负载阻抗不相等的三相电路。已知 $Z_1 = (150 + j75)\Omega$，$Z_2 = 75\Omega$，$Z_3 = (45 + j45)\Omega$，电源的相电压为 220V，试求电流 $\dot{I}_A$、$\dot{I}_B$、$\dot{I}_C$。

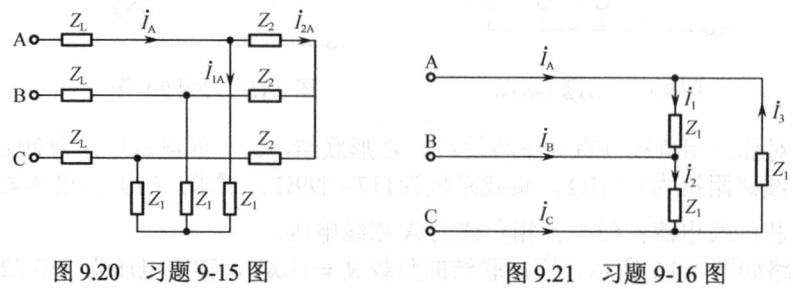

图9.20 习题9-15图　　图9.21 习题9-16图

9-17　如图 9.22 所示的三相电路。已知 $Z = (50+j50)\Omega$，$Z_1 = (50 + j50)\Omega$，Z 由 R、L、C 串联组成，$R = 50\Omega$，$X_L = 314\Omega$，$X_C = -264\Omega$，对称三相电压源的线电压为 380V，试求开关 S 闭合时电源的线电流 $\dot{I}_A$、$\dot{I}_B$、$\dot{I}_C$。

9-18　如图 9.23 所示的对称三相电路，三相负载吸收的功率 $P = 2.4\text{kW}$，功率因数 $\lambda=0.5$（感性），求两个功率表的读数。

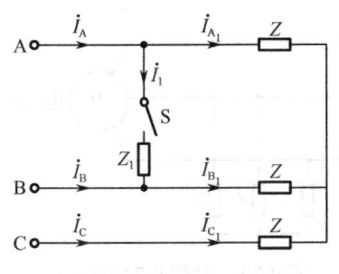

图 9.22　习题 9-17 图

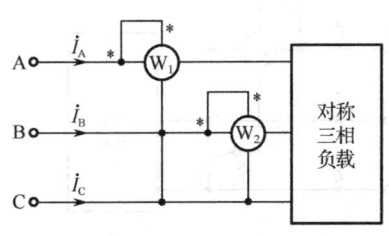

图 9.23　习题 9-18 图

9-19　如图 9.24 所示的对称三相电路，对称三相电压源的相电压为 220V，三相负载的功率为 2.4kW，功率因数为 0.8（感性）。试求：(1) 线电流及负载的阻抗角；(2) 若为对称 Y 形联结三相负载，求负载阻抗 Z_Y；(3) 若为对称△形联结三相负载，求负载阻抗 $Z_\triangle$。

9-20　如图 9.25 所示对称三相电路，已知线电压为 380V，Y 形联结三相负载的功率为 10kW，功率因数 $\lambda_1=0.85$（感性），△形联结三相负载的功率为 20kW，功率因数 $\lambda_2=0.8$（感性），试求：(1) 三相电压源的线电流；(2) 三相电压源的视在功率、有功功率、无功功率及功率因数。

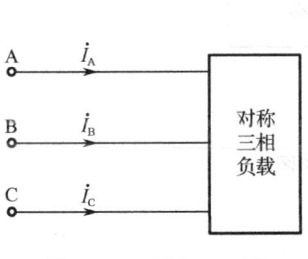

图 9.24　习题 9-19 图

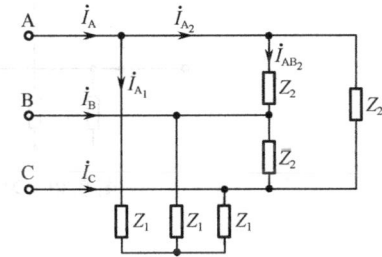

图 9.25　习题 9-20 图

9-21　如图 9.26 所示的对称三相电路，已知线电压 $U_{AB} = 220\text{V}$，$Z = (10 + j10)\Omega$，试求负载的总有功功率。

9-22　如图 9.27 所示对称三相电路，线电压为 U_l，功率表 W_1 的读数为 833.33W，功率表 W_2 的读数为 1666.67W，试求对称三相负载的有功功率、无功功率及功率因数。

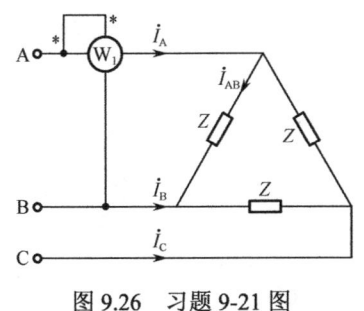

图 9.26　习题 9-21 图

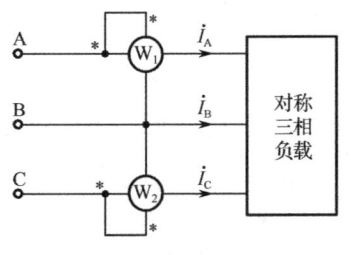

图 9.27　习题 9-22 图

9-23 如图 9.28 所示的对称三相电路，线电压为 U_l，如果将开关 S 分别切换到位置 1 和位置 2 时，功率表读数分别为 P_1 和 P_2，则 P_1+P_2 表示什么含义？

9-24 如图 9.29 所示对称三相电路，对称三相电压源的线电压为 380V，负载阻抗 $Z=(50+j70)\Omega$。电动机 M 的有功功率 $P=1600\text{W}$，功率因数 $\cos\varphi=0.8$（滞后），试求三相电压源发出的有功功率和无功功率。

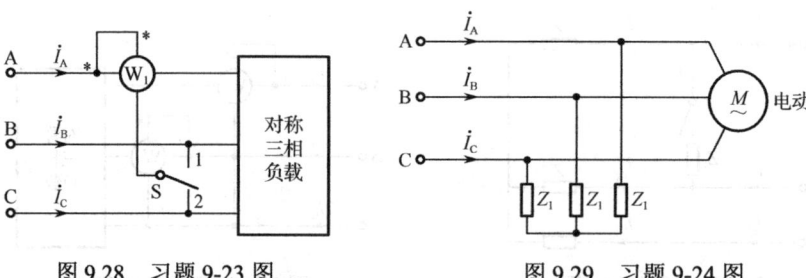

图 9.28 习题 9-23 图   图 9.29 习题 9-24 图

9-25 如图 9.30 所示对称三相电路，对称三相电压源线电压 $U_l=380\text{V}$，接有两组三相负载，一组为 Y 形联结的对称三相负载，每相阻抗 $Z=(30+j40)\Omega$；另一组是△形联结的不对称三相负载，$Z_A=100\Omega$，$Z_B=-j100\Omega$，$Z_C=j380\Omega$。试求：（1）交流电流表 A 的读数；（2）三相电压源发出的平均功率。

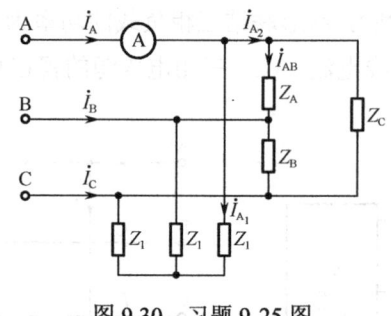

图 9.30 习题 9-25 图

第10章 双口网络

教学提示：本章主要介绍双口网络的特性及其方程，参数矩阵及它们之间的关系，等效电路，连接等内容。双口网络也称为四端网络，其中同侧的两个端子构成一个端口，每个端口都分别与电路的内部网络相连。双口网络能将电路的整体或部分用相应的外部特性参数表示出来，而不用考虑其内部的具体情况。这样被表示的电路就成为具有一组特殊性质的"黑箱"，从而能对网络进行抽象化和简化分析。

教学要求：本章的内容主要有双口网络的基本概念及其方程、电阻（阻抗）、电导（导纳）、混合和传输参数矩阵及它们之间的相互转化关系、双口网络的等效电路、互易双口及互易定理、包含双口网络的电路分析及其连接等。在教学过程中，要求讲清楚双口网络的基本概念和几种参数方程的转化关系，以及双口网络的电路分析等，以培养学生的电路分析能力。

10.1 双口网络

前面讨论的电路分析主要研究这类问题：在一个电路及其输入已经给定的情况下，如何计算一条或多条支路的电压或电流。如果一个复杂的电路只有两个端子与外部连接，且仅对外接电路中的电路变量感兴趣，则该电路可视为一个一端口电路，可以用戴维宁或诺顿等效电路进行替代，再进行下一步计算。在实际工程中，有些电路有两个端口，这两个端口分别与该电路的输入端和输出端相连，以实现特定的电路功能，如电压器、滤波器、放大电路、反馈网络、阻抗均衡器等。

将有多个端子与外电路连接的网络，称为多端网络。若在任一时刻，从多端网络的某一端子流入的电流都等于另一端子流出的电流，则称这样的一对端子为一个端口。如前面章节所学内容，二端网络（一端口网络）的两个端子就满足上述条件，故二端网络又被称为单口网络。单口网络，有一个端口电压和一个端口电流，如图10.1（a）所示。不含独立电源的线性电阻单口网络，其端口特性可用联系 u-i 关系的方程 $u = R_{eq}i$ 或 $i = G_{eq}u$ 描述。双口网络有两个端口电压 u_1、u_2 和两个端口电流 i_1、i_2，如图10.1（b）所示。对于任一时间，从端子1流入的电流都等于从端子1'流出的电流；同时，从端子2流入的电流都等于从端子2'流出的电流。若向外伸出的4个端子上的电流无上述限制，则称为四端网络。本章仅讨论双口网络，也叫作二端口网络。

用双口网络的概念分析电路时，仅对两对端口处的电流、电压之间的关系感兴趣，这种关系可以通过一些参数表示。如果确定了表征这个二端口的参数，那么当一个端口上的电压、电流发生变化时，要计算另一个端口上的电压、电流就较为容易了。同时，还可以利用这些参数比较不同的双口网络在传递电能和信号方面的性能，从而评价它们的质量。任意一个复杂的双口网络，都可以看作由若干个简单的二端口组成。本章介绍的双口网络是由线性电阻、电感、电容和受控源组成的，不作特殊说明，即规定不包含任何独立电源。

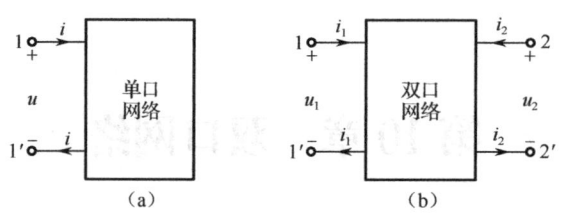

图 10.1 单口网络和双口网络

10.2 双口网络的方程和参数矩阵

如图 10.1（b）所示的双口网络，其端口特性可用电压和电流关系的两个方程来描述，根据直流电阻电路和正弦稳态电路，时域表达式和相量表达式各有六种不同的组合方式。

10.2.1 时域表达式

先介绍不含独立电源的线性电阻双口网络的六种时域表达式。

端口 1-1′ 和 2-2′ 处的电流和电压的参考方向如图 10.1（b）所示。假设已知两个端口电流 i_1 和 i_2，利用替代定理把 i_1 和 i_2 都看作是外加独立电流源的电流，如图 10.2（a）所示。

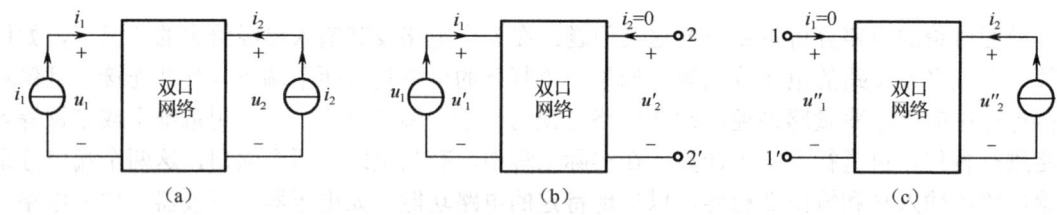

图 10.2 电阻参数的计算

根据叠加定理，u_1 和 u_2 应分别等于各个独立电流源单独作用时产生的电压之和，即

$$\begin{cases} u_1 = R_{11}i_1 + R_{12}i_2 \\ u_2 = R_{21}i_1 + R_{22}i_2 \end{cases} \text{或} \begin{bmatrix} u_1 \\ u_2 \end{bmatrix} = \begin{bmatrix} R_{11} & R_{12} \\ R_{21} & R_{22} \end{bmatrix} \begin{bmatrix} i_1 \\ i_2 \end{bmatrix} = R \begin{bmatrix} i_1 \\ i_2 \end{bmatrix} \quad (10\text{-}1)$$

式中，$R = \begin{bmatrix} R_{11} & R_{12} \\ R_{21} & R_{22} \end{bmatrix}$ 为双口网络的电阻矩阵或 R 参数矩阵。R 参数矩阵可以通过以下方法计算：令端口 2-2′ 开路，即 $i_2 = 0$，只在端口 1-1′ 两端外加一个电流源 i_1，如图 10.2（b）所示。当电流源 i_1 单独作用（$i_2 = 0$）时，由式（10-1）可得

$$R_{11} = \left. \frac{u_1}{i_1} \right|_{i_2=0}, \quad R_{21} = \left. \frac{u_2}{i_1} \right|_{i_2=0}$$

R_{11} 表示端口 2-2′ 开路时，端口 1-1′ 处的开路输入电阻；R_{21} 表示端口 2-2′ 开路时，与端口 1-1′ 之间的开路转移电阻。同理，令端口 1-1′ 开路，即 $i_1 = 0$，并在端口 2-2′ 处外加一个电流源 i_2，如图 10.2（c）所示。当电流源 i_2 单独作用（$i_1 = 0$）时，由式（10-1）可得

$$R_{12} = \left. \frac{u_1}{i_2} \right|_{i_1=0}, \quad R_{22} = \left. \frac{u_2}{i_2} \right|_{i_1=0}$$

R_{12} 表示端口 1-1′ 开路时，端口 1-1′ 与端口 2-2′ 之间的开路转移电阻；R_{22} 表示端口 1-1′ 开路

时，端口 2-2′ 处的输出电阻。由于每一个电阻参数均在某一端口开路时求得，故电阻参数又称为开路电阻参数。

假如已知两个端口电压 u_1 和 u_2，利用替代定理将两个端口电压都看作外加独立电压源，如图 10.3（a）所示。

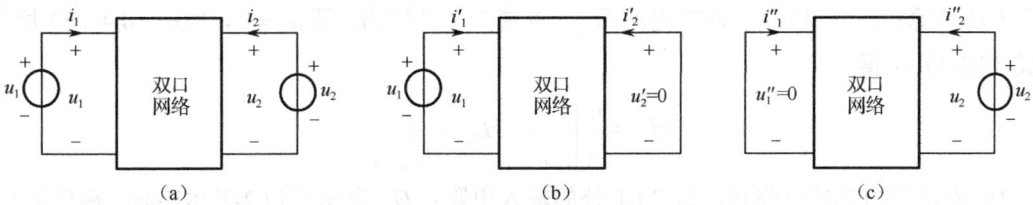

图 10.3 电导参数的计算

根据叠加定理，i_1 和 i_2 应分别等于各个独立电压源单独作用时产生的电流之和，即

$$\begin{cases} i_1 = G_{11}u_1 + G_{12}u_2 \\ i_2 = G_{21}u_1 + G_{22}u_2 \end{cases} \text{ 或 } \begin{bmatrix} i_1 \\ i_2 \end{bmatrix} = \begin{bmatrix} G_{11} & G_{12} \\ G_{21} & G_{22} \end{bmatrix} \begin{bmatrix} u_1 \\ u_2 \end{bmatrix} = G \begin{bmatrix} u_1 \\ u_2 \end{bmatrix} \tag{10-2}$$

式中，$G = \begin{bmatrix} G_{11} & G_{12} \\ G_{21} & G_{22} \end{bmatrix}$ 为双口网络的电导矩阵或 G 参数矩阵。G 参数矩阵可以通过以下方法计算：在端口 1-1′ 上外加电压 u_1，令端口 2-2′ 短路，即 $u_2 = 0$，如图 10.3（b）所示。由式（10-2）可得

$$G_{11} = \frac{i_1}{u_1}\bigg|_{u_2=0}, \quad G_{21} = \frac{i_2}{u_1}\bigg|_{u_2=0}$$

G_{11} 表示端口 2-2′ 短路时，端口 1-1′ 处的输入电导；G_{21} 表示端口 2-2′ 短路时，端口 2-2′ 与端口 1-1′ 之间的转移电导，其表示的是一个端口的电流与另一个端口的电压之间的关系。

在端口 2-2′ 上外加电源 u_2 时，令端口 1-1′ 短路，即 $u_1 = 0$，如图 10.3（c）所示，由式（10-2）可得

$$G_{12} = \frac{i_1}{u_2}\bigg|_{u_1=0}, \quad G_{22} = \frac{i_2}{u_2}\bigg|_{u_1=0}$$

G_{12} 表示端口 1-1′ 短路时，端口 1-1′ 与端口 2-2′ 之间的转移电导；G_{22} 表示端口 1-1′ 短路时，端口 2-2′ 处的输出电导。

假如端口电流 i_1 和端口电压 u_2 已知，利用替代定理将 i_1 和 u_2 都看作外加独立电源，如图 10.4（a）所示。

根据叠加定理，u_1 和 i_2 应分别等于各个独立电源单独作用时产生的结果之和，即

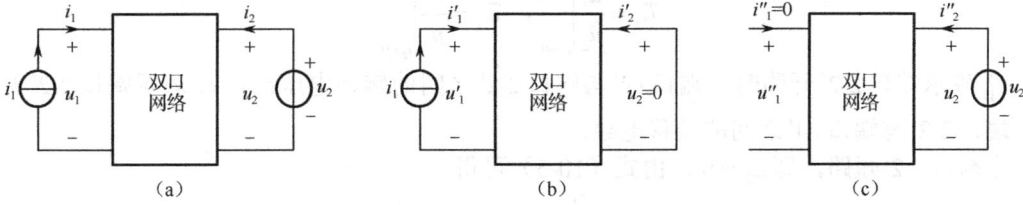

图 10.4 混合参数的计算

$$\begin{cases} u_1 = H_{11}i_1 + H_{12}u_2 \\ i_2 = H_{21}i_1 + H_{22}u_2 \end{cases} \text{或} \begin{bmatrix} u_1 \\ i_2 \end{bmatrix} = \begin{bmatrix} H_{11} & H_{12} \\ H_{21} & H_{22} \end{bmatrix} \begin{bmatrix} i_1 \\ u_2 \end{bmatrix} = H \begin{bmatrix} i_1 \\ u_2 \end{bmatrix} \tag{10-3}$$

式中，$H = \begin{bmatrix} H_{11} & H_{12} \\ H_{21} & H_{22} \end{bmatrix}$ 为双口网络的混合参数 1 矩阵或 H 参数矩阵。H 参数矩阵可以通过以下方法计算：在端口 1-1' 上外加电流源 i_1，令端口 2-2' 短路，即 $u_2 = 0$，如图 10.4（b）所示。由式（10-3）可得

$$H_{11} = \frac{u_1}{i_1}\bigg|_{u_2=0}, \quad H_{21} = \frac{i_2}{i_1}\bigg|_{u_2=0}$$

H_{11} 表示端口 2-2' 短路时，端口 1-1' 处的输入电阻；H_{21} 表示端口 2-2' 短路时，端口 2-2' 与端口 1-1' 之间的转移电流比，其表示的是一个端口的电流与另一个端口的电流之间的关系。

在端口 2-2' 上外加电源 u_2 时，令端口 1-1' 开路，即 $i_1 = 0$，如图 10.4（c）所示，由式（10-3）可得

$$H_{12} = \frac{u_1}{u_2}\bigg|_{i_1=0}, \quad H_{22} = \frac{i_2}{u_2}\bigg|_{i_1=0}$$

H_{12} 表示端口 1-1' 开路时，端口 1-1' 与端口 2-2' 之间的转移电压比；H_{22} 表示端口 1-1' 开路时，端口 2-2' 处的输出电导。各参数分别表示电阻、电导或无量纲的比例系数，故称为混合参数。

同理，线性电阻双口网络的混合 2 表达式为

$$\begin{cases} i_1 = H'_{11}u_1 + H'_{12}i_2 \\ u_2 = H'_{21}u_1 + H'_{22}i_2 \end{cases} \text{或} \begin{bmatrix} i_1 \\ u_2 \end{bmatrix} = \begin{bmatrix} H'_{11} & H'_{12} \\ H'_{21} & H'_{22} \end{bmatrix} \begin{bmatrix} u_1 \\ i_2 \end{bmatrix} = H' \begin{bmatrix} u_1 \\ i_2 \end{bmatrix} \tag{10-4}$$

式中，$H' = \begin{bmatrix} H'_{11} & H'_{12} \\ H'_{21} & H'_{22} \end{bmatrix}$ 为双口网络的混合参数 2 矩阵或 H' 参数矩阵，可以用相同的方法计算。

假如端口 2-2' 分别外加电压源 u_2 和电流源 i_2，利用替代定理将 i_2 和 u_2 都看作外加独立电源，根据叠加定理，u_1 和 i_1 应分别等于两个独立电源单独作用时产生的结果之和，即

$$\begin{cases} u_1 = T_{11}u_2 - T_{12}i_2 \\ i_1 = T_{21}u_2 - T_{22}i_2 \end{cases} \text{或} \begin{bmatrix} u_1 \\ i_1 \end{bmatrix} = \begin{bmatrix} T_{11} & T_{12} \\ T_{21} & T_{22} \end{bmatrix} \begin{bmatrix} u_2 \\ -i_2 \end{bmatrix} = T \begin{bmatrix} u_2 \\ -i_2 \end{bmatrix} \tag{10-5}$$

式中，$T = \begin{bmatrix} T_{11} & T_{12} \\ T_{21} & T_{22} \end{bmatrix}$ 为双口网络的传输参数 1 矩阵或 T 参数矩阵。T 参数矩阵可以通过以下方法计算：令端口 2-2' 开路，即 $i_2 = 0$，由式（10-5）可得

$$T_{11} = \frac{u_1}{u_2}\bigg|_{i_2=0}, \quad T_{21} = \frac{i_1}{u_2}\bigg|_{i_2=0}$$

T_{11} 表示端口 2-2' 开路时，端口 1-1' 与端口 2-2' 之间的转移电压比；T_{21} 表示端口 2-2' 开路时，端口 2-2' 与端口 1-1' 之间的转移电导。

令端口 2-2' 短路，即 $u_2 = 0$，由式（10-5）可得

$$T_{12} = -\frac{u_1}{i_2}\bigg|_{u_2=0}, \quad T_{22} = -\frac{i_1}{i_2}\bigg|_{u_2=0}$$

T_{12} 表示端口 2-2′ 短路时，端口 1-1′ 与端口 2-2′ 之间的转移电阻；T_{22} 表示端口 2-2′ 短路时，端口 1-1′ 与端口 2-2′ 之间的转移电流比。

同理，线性电阻双口网络的传输 2 表达式为

$$\begin{cases} u_2 = T'_{11}u_1 + T'_{12}i_1 \\ -i_2 = T'_{21}u_1 + T'_{22}i_1 \end{cases} \text{ 或 } \begin{bmatrix} u_2 \\ -i_2 \end{bmatrix} = \begin{bmatrix} T'_{11} & T'_{12} \\ T'_{21} & T'_{22} \end{bmatrix} \begin{bmatrix} u_1 \\ i_1 \end{bmatrix} = T' \begin{bmatrix} u_1 \\ i_1 \end{bmatrix} \tag{10-6}$$

式中，$T' = \begin{bmatrix} T'_{11} & T'_{12} \\ T'_{21} & T'_{22} \end{bmatrix}$ 为传输参数 2 矩阵或 T' 参数矩阵，可用相同的方法求得。

以上六种参数矩阵中，R 和 G 互为逆矩阵，H 和 H' 互为逆矩阵，T 和 T' 互为逆矩阵。即

$$R = G^{-1}, G = R^{-1} \tag{10-7}$$

$$H = H'^{-1}, H' = H^{-1} \tag{10-8}$$

$$T = T'^{-1}, T' = T^{-1} \tag{10-9}$$

第 1 章介绍的四种受控源和第 8 章介绍的理想变压器等双口元件，其电压和电流的关系，都可以用双口网络的矩阵形式表示，关系如下

电流控制电压源 CCVS：$\begin{cases} u_1 = 0 \\ u_2 = ri_1 \end{cases}$ 或 $\begin{pmatrix} u_1 \\ u_2 \end{pmatrix} = \begin{pmatrix} 0 & 0 \\ r & 0 \end{pmatrix} \begin{pmatrix} i_1 \\ i_2 \end{pmatrix}$ (10-10)

电压控制电流源 VCCS：$\begin{cases} i_1 = 0 \\ i_2 = gu_1 \end{cases}$ 或 $\begin{pmatrix} i_1 \\ i_2 \end{pmatrix} = \begin{pmatrix} 0 & 0 \\ g & 0 \end{pmatrix} \begin{pmatrix} u_1 \\ u_2 \end{pmatrix}$ (10-11)

电流控制电流源 CCCS：$\begin{cases} u_1 = 0 \\ i_2 = \beta i_1 \end{cases}$ 或 $\begin{pmatrix} u_1 \\ i_2 \end{pmatrix} = \begin{pmatrix} 0 & 0 \\ \beta & 0 \end{pmatrix} \begin{pmatrix} i_1 \\ u_2 \end{pmatrix}$ (10-12)

电压控制电压源 VCVS：$\begin{cases} i_1 = 0 \\ u_2 = \mu u_1 \end{cases}$ 或 $\begin{pmatrix} i_1 \\ u_2 \end{pmatrix} = \begin{pmatrix} 0 & 0 \\ \mu & 0 \end{pmatrix} \begin{pmatrix} u_1 \\ i_2 \end{pmatrix}$ (10-13)

理想变压器：$\begin{cases} u_1 = nu_2 \\ i_2 = -ni_1 \end{cases}$ 或 $\begin{pmatrix} u_1 \\ i_2 \end{pmatrix} = \begin{pmatrix} 0 & +n \\ -n & 0 \end{pmatrix} \begin{pmatrix} i_1 \\ u_2 \end{pmatrix}$ (10-14)

注意，四种受控源在 R、G、H 和 H' 四种参数矩阵中，只存在一种网络参数矩阵。

10.2.2 相量表达式

在双口网络的分析中，根据正弦稳态情况，并应用相量法。端口 1-1′ 和 2-2′ 处的电流相量和电压相量的参考方向如图 10.5 所示。

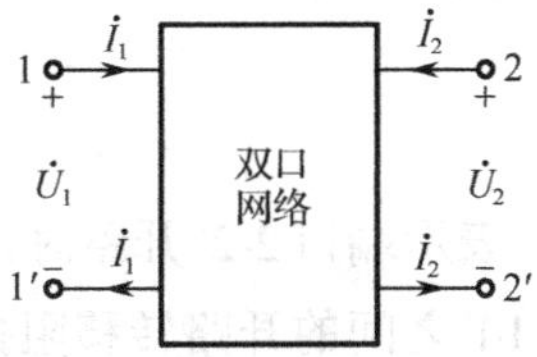

假如两个端口电压 $\dot{U}_1$ 和 $\dot{U}_2$ 已知，可以利用替代定理将两个端口电压 $\dot{U}_1$ 和 $\dot{U}_2$ 都看作外加独立电源。根据叠加定理，$\dot{I}_1$ 和 $\dot{I}_2$ 应分别等于各个独立电压源单独作用时产生的电流之和，即

图 10.5 双口网络的电流电压关系

$$\begin{cases} \dot{I}_1 = Y_{11}\dot{U}_1 + Y_{12}\dot{U}_2 \\ \dot{I}_2 = Y_{21}\dot{U}_1 + Y_{22}\dot{U}_2 \end{cases} \text{ 或 } \begin{bmatrix} \dot{I}_1 \\ \dot{I}_2 \end{bmatrix} = \begin{bmatrix} Y_{11} & Y_{12} \\ Y_{21} & Y_{22} \end{bmatrix} \begin{bmatrix} \dot{U}_1 \\ \dot{U}_2 \end{bmatrix} = Y \begin{bmatrix} \dot{U}_1 \\ \dot{U}_2 \end{bmatrix} \tag{10-15}$$

式中，$Y = \begin{bmatrix} Y_{11} & Y_{12} \\ Y_{21} & Y_{22} \end{bmatrix}$ 为双口网络的导纳矩阵或 Y 参数矩阵。Y 参数矩阵可以通过以下方法计

算：在端口 1-1′ 上外加电压 $\dot{U}_1$，令端口 2-2′ 短路，即 $\dot{U}_2 = 0$，如图 10.6（a）所示。由式（10-15）可得

$$Y_{11} = \left.\frac{\dot{I}_1}{\dot{U}_1}\right|_{\dot{U}_2=0}, \quad Y_{21} = \left.\frac{\dot{I}_2}{\dot{U}_1}\right|_{\dot{U}_2=0}$$

Y_{11} 表示端口 2-2′ 短路时，端口 1-1′ 处的输入导纳；Y_{21} 表示端口 2-2′ 短路时，端口 2-2′ 与端口 1-1′ 之间的转移导纳，其表示的是一个端口的电流与另一个端口的电压之间的关系。

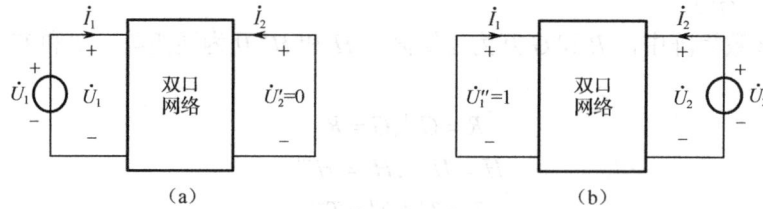

图 10.6 导纳参数的计算

同理，在端口 2-2′ 上外加电源 $\dot{U}_2$ 时，令端口 1-1′ 短路，即 $\dot{U}_1 = 0$，如图 10.6（b）所示。由式（10-15）可得

$$Y_{12} = \left.\frac{\dot{I}_1}{\dot{U}_2}\right|_{\dot{U}_1=0}, \quad Y_{22} = \left.\frac{\dot{I}_2}{\dot{U}_2}\right|_{\dot{U}_1=0}$$

Y_{12} 表示端口 1-1′ 短路时，端口 1-1′ 与端口 2-2′ 之间的转移导纳；Y_{22} 表示端口 1-1′ 短路时，端口 2-2′ 处的输出导纳。

假设如图 10.5 所示双口网络的 $\dot{I}_1$ 和 $\dot{I}_2$ 已知，同样利用替代定理将 $\dot{I}_1$ 和 $\dot{I}_2$ 看作外加电流源的电流。根据叠加定理，$\dot{U}_1$、$\dot{U}_2$ 等于各个电流源单独作用时产生的电压之和，即

$$\begin{cases} \dot{U}_1 = Z_{11}\dot{I}_1 + Z_{12}\dot{I}_2 \\ \dot{U}_2 = Z_{21}\dot{I}_1 + Z_{22}\dot{I}_2 \end{cases} \text{或} \begin{bmatrix} \dot{U}_1 \\ \dot{U}_2 \end{bmatrix} = \begin{bmatrix} Z_{11} & Z_{12} \\ Z_{21} & Z_{22} \end{bmatrix} \begin{bmatrix} \dot{I}_1 \\ \dot{I}_2 \end{bmatrix} = Z \begin{bmatrix} \dot{I}_1 \\ \dot{I}_2 \end{bmatrix} \quad (10\text{-}16)$$

式中，$Z = \begin{bmatrix} Z_{11} & Z_{12} \\ Z_{21} & Z_{22} \end{bmatrix}$ 为双口网络的阻抗矩阵或 Z 参数矩阵。Z 参数矩阵可以通过以下方法计算：令端口 2-2′ 开路，即 $\dot{I}_2 = 0$，只在端口 1-1′ 上外加一个电流源 $\dot{I}_1$，如图 10.7（a）所示。由式（10-16）可得

$$Z_{11} = \left.\frac{\dot{U}_1}{\dot{I}_1}\right|_{\dot{I}_2=0}, \quad Z_{21} = \left.\frac{\dot{U}_2}{\dot{I}_1}\right|_{\dot{I}_2=0}$$

Z_{11} 表示端口 2-2′ 开路时，端口 1-1′ 处的开路输入阻抗；Z_{21} 表示端口 2-2′ 开路时，端口 2-2′ 与端口 1-1′ 之间的开路转移阻抗。同理，令端口 1-1′ 开路，即 $\dot{I}_1 = 0$，并在端口 2-2′ 上外加电流源 $\dot{I}_2$，如图 10.7（b）所示，由式（10-15）可得

$$Z_{12} = \left.\frac{\dot{U}_1}{\dot{I}_2}\right|_{\dot{I}_1=0}, \quad Z_{22} = \left.\frac{\dot{U}_2}{\dot{I}_2}\right|_{\dot{I}_1=0}$$

Z_{12} 表示端口 1-1′ 开路时，端口 1-1′ 与端口 2-2′ 之间的开路转移阻抗；Z_{22} 表示端口 1-1′ 开路时，端口 2-2′ 处的开路输出阻抗。

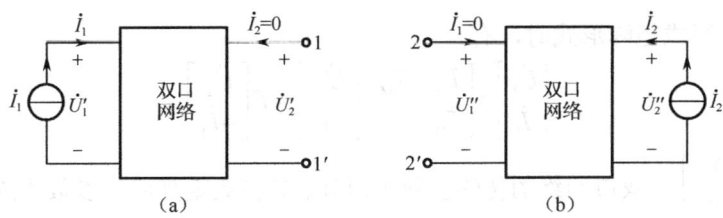

图 10.7　阻抗参数的计算

比较式（10-15）和式（10-16），可以看出，阻抗矩阵与导纳矩阵互为逆矩阵，即

$$Z = Y^{-1}, Y = Z^{-1} \text{ 或 } \begin{bmatrix} Z_{11} & Z_{12} \\ Z_{21} & Z_{22} \end{bmatrix} = \frac{1}{\Delta_Y} \begin{bmatrix} Y_{22} & Y_{12} \\ -Y_{21} & Y_{11} \end{bmatrix} \tag{10-17}$$

式中，$\Delta_Y = Y_{11}Y_{22} - Y_{12}Y_{21}$。

在许多工程实际问题中，都希望找到一个端口的电流、电压与另一端口的电流、电压之间的直接关系。比如，放大器、滤波器的输入和输出之间的关系；传输线的始端和终端之间的关系。有些双口网络并不同时存在阻抗矩阵和导纳矩阵，或者既无阻抗矩阵，也无导纳矩阵，如理想变压器。这意味着某些双口网络宜用 Z 参数和 Y 参数以外的其他形式的参数描述端口特性。所以，可把式（10-15）的第二个式子转化为

$$\dot{U}_1 = -\frac{Y_{22}}{Y_{21}}\dot{U}_2 + \frac{1}{Y_{21}}\dot{I}_2$$

然后代入式（10-15）的第一个式子，整理后得

$$\dot{I}_1 = \left(Y_{12} - \frac{Y_{11}Y_{22}}{Y_{21}}\right)\dot{U}_2 + \frac{Y_{11}}{Y_{21}}\dot{I}_2$$

把以上两个式子写成如下形式

$$\begin{aligned} \dot{U}_1 &= T_{11}\dot{U}_2 - T_{12}\dot{I}_2 \\ \dot{I}_1 &= T_{21}\dot{U}_2 - T_{22}\dot{I}_2 \end{aligned} \tag{10-18}$$

式中

$$T_{11} = -\frac{Y_{22}}{Y_{21}}, \quad T_{12} = -\frac{1}{Y_{21}}, \quad T_{21} = Y_{12} - \frac{Y_{11}Y_{22}}{Y_{21}}, \quad T_{22} = -\frac{Y_{11}}{Y_{21}} \tag{10-19}$$

这样，就把端口 1-1' 的电流 $\dot{I}_1$、电压 $\dot{U}_1$ 用端口 2-2' 的电流 $\dot{I}_2$、电压 $\dot{U}_2$ 通过 T_{11}、T_{12}、T_{21}、T_{22} 4 个参数表示出来了。T_{11}、T_{12}、T_{21}、T_{22} 4 个参数为双口网络的传输参数、T 参数或 A 参数。它们表示的具体含义可分别用下列各式说明

$$T_{11} = \left.\frac{\dot{U}_1}{\dot{U}_2}\right|_{\dot{I}_2=0}, \quad T_{12} = -\left.\frac{\dot{U}_1}{\dot{I}_2}\right|_{\dot{U}_2=0}, \quad T_{21} = \left.\frac{\dot{I}_1}{\dot{U}_2}\right|_{\dot{I}_2=0}, \quad T_{22} = -\left.\frac{\dot{I}_1}{\dot{I}_2}\right|_{\dot{U}_2=0}$$

可见，T_{11} 是两个电压的比值，是一个量纲为 1 的量；T_{12} 是短路转移阻抗；T_{21} 是开路转移导纳；T_{22} 是两个电流的比值，也是一个量纲为 1 的量。

对于不含受控源的无源线性双口网络，按照式（10-19），且 $Y_{12} = Y_{21}$，可以得到

$$T_{11}T_{22} - T_{12}T_{21} = \frac{Y_{11}Y_{22}}{Y_{21}^2} + \frac{1}{Y_{21}}\frac{Y_{12}Y_{21} - Y_{11}Y_{22}}{Y_{21}} = \frac{Y_{12}}{Y_{21}} = 1$$

所以在 T_{11}、T_{12}、T_{21}、T_{22} 4 个参数中，只有 3 个参数是独立的。

对于对称的双口网络，由于 $Y_{11} = Y_{22}$，故由式（10-19）得，$T_{11} = T_{22}$。

式（10-18）写成矩阵形式时，有

$$\begin{bmatrix} \dot{U}_1 \\ \dot{I}_1 \end{bmatrix} = \begin{bmatrix} T_{11} & T_{12} \\ T_{21} & T_{22} \end{bmatrix} \begin{bmatrix} \dot{U}_2 \\ -\dot{I}_2 \end{bmatrix} = T \begin{bmatrix} \dot{U}_2 \\ -\dot{I}_2 \end{bmatrix}$$

式中，$T = \begin{bmatrix} T_{11} & T_{12} \\ T_{21} & T_{22} \end{bmatrix}$ 为双口网络的传输参数 1 矩阵、T 参数矩阵或 A 参数矩阵。引用上式时，要注意式中电流 $\dot{I}_2$ 前面的负号。

线性电阻双口网络的传输表达式的另一种形式为

$$\begin{cases} \dot{U}_2 = T'_{11}\dot{U}_1 + T'_{12}\dot{I}_1 \\ -\dot{I}_2 = T'_{21}\dot{U}_1 + T'_{22}\dot{I}_1 \end{cases} \text{或} \begin{bmatrix} \dot{U}_2 \\ -\dot{I}_2 \end{bmatrix} = \begin{bmatrix} T'_{11} & T'_{12} \\ T'_{21} & T'_{22} \end{bmatrix} \begin{bmatrix} \dot{U}_1 \\ \dot{I}_1 \end{bmatrix} = T' \begin{bmatrix} \dot{U}_1 \\ \dot{I}_1 \end{bmatrix} \qquad (10\text{-}20)$$

式中，$T' = \begin{bmatrix} T'_{11} & T'_{12} \\ T'_{21} & T'_{22} \end{bmatrix}$ 为双口网络的传输参数 2 矩阵或 T' 参数矩阵。

与时域表达式类似，相量表达式还有一套常用的参数，称为混合参数或 H 参数，用下面一组方程表示

$$\begin{cases} \dot{U}_1 = H_{11}\dot{I}_1 + H_{12}\dot{U}_2 \\ \dot{I}_2 = H_{21}\dot{I}_1 + H_{22}\dot{U}_2 \end{cases} \text{或} \begin{bmatrix} \dot{U}_1 \\ \dot{I}_2 \end{bmatrix} = \begin{bmatrix} H_{11} & H_{12} \\ H_{21} & H_{22} \end{bmatrix} \begin{bmatrix} \dot{I}_1 \\ \dot{U}_2 \end{bmatrix} = H \begin{bmatrix} \dot{I}_1 \\ \dot{U}_2 \end{bmatrix} \qquad (10\text{-}21)$$

在晶体管电路中，H 参数得到了广泛应用。H 参数的意义如下

$$H_{11} = \left.\frac{\dot{U}_1}{\dot{I}_1}\right|_{\dot{U}_2=0}, \quad H_{12} = \left.\frac{\dot{U}_1}{\dot{U}_2}\right|_{\dot{I}_1=0}, \quad H_{21} = \left.\frac{\dot{I}_2}{\dot{I}_1}\right|_{\dot{U}_2=0}, \quad H_{22} = \left.\frac{\dot{I}_2}{\dot{U}_2}\right|_{\dot{I}_1=0}$$

可见，H_{11} 是短路输入阻抗；H_{12} 是两个电压的比值，是一个量纲为 1 的量；H_{21} 是两个电流的比值，也是一个量纲为 1 的量；H_{22} 是开路输出导纳。式中，$H = \begin{bmatrix} H_{11} & H_{12} \\ H_{21} & H_{22} \end{bmatrix}$ 为双口网络的混合参数 1 矩阵或 H 参数矩阵。

如图 10.8 所示的电流控制电流源电路，根据 H 参数的定义，可以求得

$$H_{11} = \left.\frac{\dot{U}_1}{\dot{I}_1}\right|_{\dot{U}_2=0} = R_1, \quad H_{12} = \left.\frac{\dot{U}_1}{\dot{U}_2}\right|_{\dot{I}_1=0} = 0, \quad H_{21} = \left.\frac{\dot{I}_2}{\dot{I}_1}\right|_{\dot{U}_2=0} = \beta, \quad H_{22} = \left.\frac{\dot{I}_2}{\dot{U}_2}\right|_{\dot{I}_1=0} = \frac{1}{R_2}$$

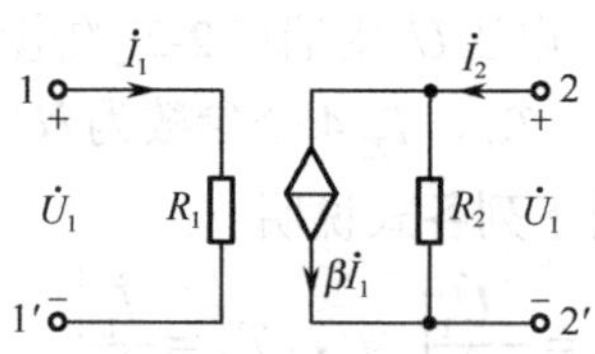

图 10.8 电流控制电流源电路

线性电阻双口网络传输表达式的另一种形式为

$$\begin{cases} \dot{I}_1 = H'_{11}\dot{U}_1 + H'_{12}\dot{I}_2 \\ \dot{U}_2 = H'_{21}\dot{U}_1 + H'_{22}\dot{I}_2 \end{cases} \text{或} \begin{bmatrix} \dot{I}_1 \\ \dot{U}_2 \end{bmatrix} = \begin{bmatrix} H'_{11} & H'_{12} \\ H'_{21} & H'_{22} \end{bmatrix} \begin{bmatrix} \dot{U}_1 \\ \dot{I}_2 \end{bmatrix} = H' \begin{bmatrix} \dot{U}_1 \\ \dot{I}_2 \end{bmatrix}$$

式中，$H' = \begin{bmatrix} H'_{11} & H'_{12} \\ H'_{21} & H'_{22} \end{bmatrix}$ 为双口网络的传输参数 2 矩阵或 H' 参数矩阵。

各种参数矩阵之间的转换关系可以根据以上的方程推导出来。

10.3 双口网络参数的计算

10.3.1 直流电阻电路

不含独立源的单口网络的特性由电阻 R_{eq} 或电导 G_{eq} 来表征，计算 R_{eq} 或 G_{eq} 的一般方法是在端口处外加电源，求端口处电压、电流的关系。与此相似，不含独立源的双口网络的特性由双口参数矩阵来表征，计算双口网络参数的基本方法也是在端口处外加电源，用网络分析的任何一种方法求端口电压、电流关系式，得到网络参数。

例 10.1 如图 10.9（a）所示的双口网络，求其电压、电流关系和相应的网络参数矩阵。

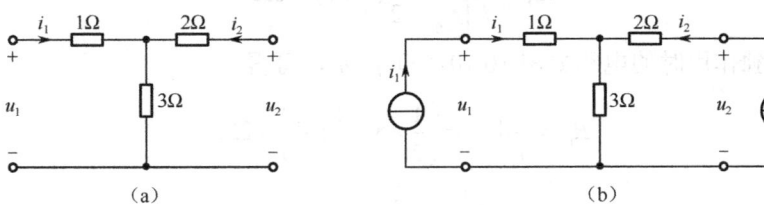

图 10.9 例 10.1 图

解题思路：已知不含独立源的线性双口网络的结构和元件参数，可以在端口处外加电源，用网络分析的任何一种方法计算端口电压、电流的关系式，然后得到网络参数。

解：在端口处外加两个电流源得到图 10.9（b）所示电路，以电流 i_1 和 i_2 作为网孔电流，列出网孔电流方程

$$\begin{cases} u_1 = 4i_1 + 3i_2 \\ u_2 = 3i_1 + 5i_2 \end{cases} \quad (10\text{-}22)$$

由此可得

$$R = \begin{bmatrix} 4 & 3 \\ 3 & 5 \end{bmatrix} \Omega$$

求电阻参数矩阵 R 的逆矩阵，得电导矩阵

$$G = R^{-1} = \begin{bmatrix} 0.4545 & -0.2727 \\ -0.2727 & 0.3636 \end{bmatrix} S$$

由电导矩阵 G 得如下表达式

$$\begin{cases} i_1 = 0.4545u_1 - 0.2727u_2 \\ i_2 = -0.2727u_1 + 0.3636u_2 \end{cases} \quad (10\text{-}23)$$

结合式（10-22）和式（10-23），同理可以求得混合参数 1 表达式和传输参数 1 表达式。由双口网络电压、电流关系计算网络参数的特点是可以同时求得四个网络参数。已知不含独立源的线性双口网络的结构和元件参数，可以在端口处外加两个独立电源，用叠加定理，在由一个独立电源单独作用的电路中求得相应的网络参数，其优点是可以从一个比较简单的电路中求得网络参数，以及显示某个参数的物理意义。

例 10.2 求如图 10.10（a）所示的双口网络的电阻矩阵。

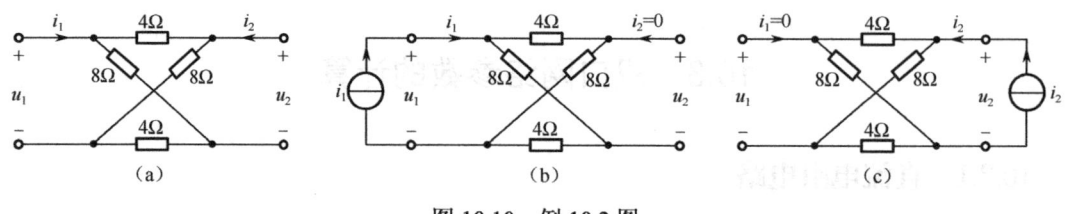

图 10.10 例 10.2 图

解题思路：在端口处外加电流源 i_1 和 i_2，用叠加定理计算电阻矩阵。

解：在端口处外加两个电流源 i_1 和 i_2，电流源 i_1 单独作用时的电路如图 10.10（b）所示，可得

$$R_{11} = \left.\frac{u_1}{i_1}\right|_{i_2=0} = \frac{1}{2}(4+8) = 6\Omega$$

电流源 i_2 单独作用时的电路如图 10.10（c）所示，可得

$$R_{12} = \left.\frac{u_1}{i_2}\right|_{i_1=0} = \left(\frac{1}{2}\times 8 - \frac{1}{2}\times 4\right) = 2\Omega$$

$$R_{22} = \left.\frac{u_2}{i_2}\right|_{i_1=0} = \frac{1}{2}(4+8) = 6\Omega$$

得电阻矩阵

$$R = \begin{bmatrix} 6 & 2 \\ 2 & 6 \end{bmatrix}\Omega$$

例 10.3 求如图 10.11（a）所示的双口网络的电导矩阵。

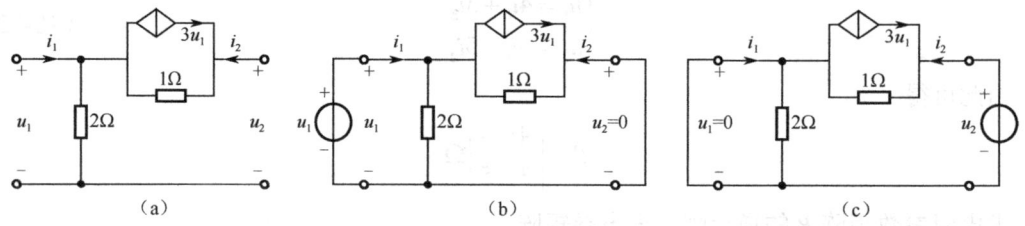

图 10.11 例 10.3 图

解题思路：在端口处外加电压源 u_1 和 u_2，用叠加定理计算电导矩阵。

解：在端口处外加两个电压源 u_1 和 u_2，电压源 u_1 单独作用时的电路如图 10.11（b）所示，可得

$$G_{11} = \left.\frac{i_1}{u_1}\right|_{u_2=0} = 3+1+0.5 = 4.5\text{S}$$

$$G_{21} = \left.\frac{i_2}{u_1}\right|_{u_2=0} = -3-1 = -4\text{S}$$

电压源 u_2 单独作用时的电路图如图 10.11（c）所示，可得

$$G_{12} = \left.\frac{i_1}{u_2}\right|_{u_1=0} = -1\text{S}$$

$$G_{22} = \left.\frac{i_2}{u_2}\right|_{u_1=0} = 1\text{S}$$

得电导矩阵

$$G = \begin{bmatrix} 4.5 & -1 \\ -4 & 1 \end{bmatrix} \text{S}$$

例 10.4 求如图 10.12（a）所示的双口网络的混合参数 1 矩阵。

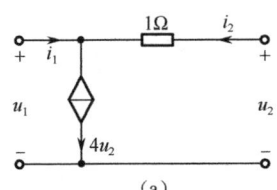 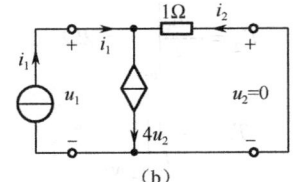 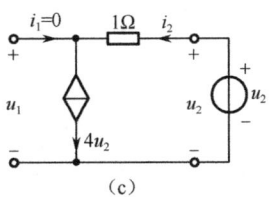

图 10.12　例 10.4 图

解题思路：在端口处外加电流源 i_1 和电压源 u_2，用叠加定理计算混合参数 1 矩阵。

解：在端口处外加电流源 i_1 和电压源 u_2，电流源 i_1 单独作用时的电路如图 10.12（b）所示，可得

$$H_{11} = \left.\frac{u_1}{i_1}\right|_{u_2=0} = 1\Omega$$

$$H_{21} = \left.\frac{i_2}{i_1}\right|_{u_2=0} = -1$$

电压源 u_2 单独作用的电路如图 10.12（c）所示，可得

$$H_{12} = \left.\frac{u_1}{u_2}\right|_{i_1=0} = -4 \times 1 + 1 = -3$$

$$H_{22} = \left.\frac{i_2}{u_2}\right|_{i_1=0} = 4\text{S}$$

得混合参数 1 矩阵

$$H = \begin{bmatrix} 1\Omega & -3 \\ -1 & 4\text{S} \end{bmatrix}$$

例 10.5 求如图 10.13（a）所示的双口网络的传输参数 1 矩阵。

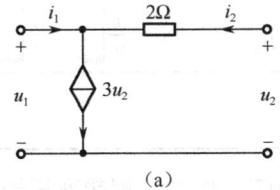 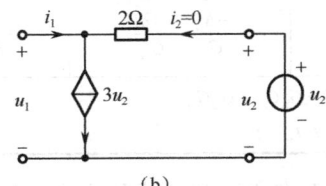 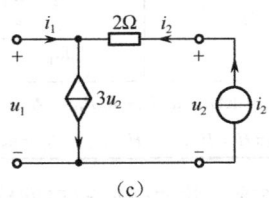

图 10.13　例 10.5 图

解题思路：在端口处分别外加电压源 u_2 和电流源 i_2，用叠加定理计算传输参数 1 矩阵。

解：在端口处外加电压源 u_2 和电流源 i_2，电压源 u_2 单独作用时的电路如图 10.13（b）所

示，可得

$$T_{11} = \frac{u_1}{u_2}\bigg|_{i_2=0} = 1$$

$$T_{21} = \frac{i_1}{u_2}\bigg|_{i_2=0} = 3S$$

电流源 i_2 单独作用时的电路如图 10.13（c）所示，可得

$$T_{12} = -\frac{u_1}{i_2}\bigg|_{u_2=0} = 2\Omega$$

$$T_{22} = -\frac{i_1}{i_2}\bigg|_{u_2=0} = 1$$

得传输参数 1 矩阵

$$T = \begin{bmatrix} 1 & 2\Omega \\ 3S & 1 \end{bmatrix}$$

若已知某一种双口网络参数，则利用各种双口网络参数间的关系，可以求得其余双口网络参数。表 10-1 列出了计算双口网络参数及由一种双口网络参数计算其他双口网络参数的公式。

表 10-1　线性双口网络参数计算和转换公式

	R	G	H	T
R	$\frac{u_1}{i_1}\big\|_{i_2=0}$　$\frac{u_1}{i_2}\big\|_{i_1=0}$ $\frac{u_2}{i_1}\big\|_{i_2=0}$　$\frac{u_2}{i_2}\big\|_{i_1=0}$	$\frac{G_{22}}{\Delta_G}$　$\frac{-G_{12}}{\Delta_G}$ $\frac{-G_{21}}{\Delta_G}$　$\frac{G_{11}}{\Delta_G}$	$\frac{\Delta_H}{H_{22}}$　$\frac{H_{12}}{H_{22}}$ $\frac{-H_{21}}{H_{22}}$　$\frac{1}{H_{22}}$	$\frac{T_{11}}{T_{21}}$　$\frac{\Delta_T}{T_{21}}$ $\frac{1}{T_{21}}$　$\frac{T_{22}}{T_{21}}$
G	$\frac{R_{22}}{\Delta_R}$　$\frac{-R_{12}}{\Delta_R}$ $\frac{-R_{21}}{\Delta_R}$　$\frac{R_{11}}{\Delta_R}$	$\frac{i_1}{u_1}\big\|_{u_2=0}$　$\frac{i_1}{u_2}\big\|_{u_1=0}$ $\frac{i_2}{u_1}\big\|_{u_2=0}$　$\frac{i_2}{u_2}\big\|_{u_1=0}$	$\frac{1}{H_{11}}$　$\frac{H_{12}}{H_{11}}$ $\frac{H_{21}}{H_{11}}$　$\frac{\Delta_H}{H_{11}}$	$\frac{T_{22}}{T_{12}}$　$\frac{-\Delta_T}{T_{12}}$ $\frac{-1}{T_{12}}$　$\frac{T_{11}}{T_{12}}$
H	$\frac{\Delta_R}{R_{22}}$　$\frac{R_{12}}{R_{22}}$ $\frac{-R_{21}}{R_{22}}$　$\frac{1}{R_{22}}$	$\frac{1}{G_{11}}$　$\frac{-G_{12}}{G_{11}}$ $\frac{G_{21}}{G_{11}}$　$\frac{\Delta_G}{G_{11}}$	$\frac{u_1}{i_1}\big\|_{u_2=0}$　$\frac{u_1}{u_2}\big\|_{i_1=0}$ $\frac{i_2}{i_1}\big\|_{u_2=0}$　$\frac{i_2}{u_2}\big\|_{i_1=0}$	$\frac{T_{12}}{T_{22}}$　$\frac{\Delta_T}{T_{22}}$ $\frac{-1}{T_{22}}$　$\frac{T_{21}}{T_{22}}$
T	$\frac{R_{11}}{R_{21}}$　$\frac{\Delta_R}{R_{21}}$ $\frac{1}{R_{21}}$　$\frac{R_{22}}{R_{21}}$	$\frac{-G_{22}}{G_{21}}$　$\frac{-1}{G_{21}}$ $\frac{-\Delta_G}{G_{21}}$　$\frac{-G_{11}}{G_{21}}$	$\frac{-\Delta_H}{H_{21}}$　$\frac{-H_{11}}{H_{21}}$ $\frac{-H_{22}}{H_{21}}$　$\frac{-1}{H_{21}}$	$\frac{u_1}{u_2}\big\|_{i_2=0}$　$-\frac{u_1}{i_2}\big\|_{u_2=0}$ $\frac{i_1}{u_2}\big\|_{i_2=0}$　$-\frac{i_1}{i_2}\big\|_{u_2=0}$

注：$\Delta_R = \det R = R_{11}R_{22} - R_{12}R_{21}$，$\Delta_G = \det G = G_{11}G_{22} - G_{12}G_{21}$，
$\Delta_H = \det H = H_{11}H_{22} - H_{12}H_{21}$，$\Delta_T = \det T = T_{11}T_{22} - T_{12}T_{21}$

当然，并非任何双口网络都存在六种表达式和相应的参数矩阵。例如，理想变压器就不存在电阻和电导矩阵，这是因为在理想变压器上外加两个电流源或两个电压源时，与理想变压器的 VAR 存在矛盾，该电路没有唯一解。例如，如果双口网络外加两个电流源具有唯一解，则存在 R 参数矩阵；如果双口网络外加两个电压源具有唯一解，则存在 G 参数矩阵；如果双口网络外加电流源 i_1 和电压源 u_2 具有唯一解，则存在 H 参数矩阵。

10.3.2 正弦稳态电路

例 10.6 求如图 10.14（a）所示双口网络的 Y 参数矩阵。

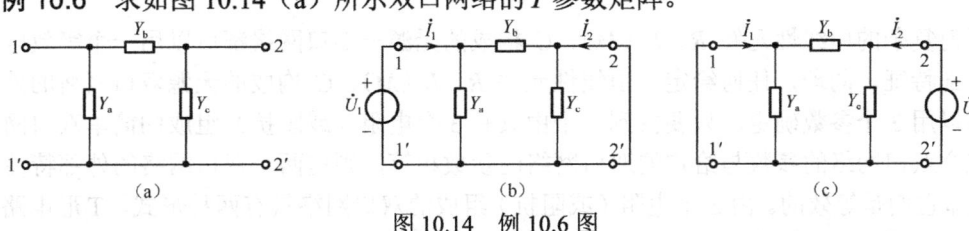

图 10.14　例 10.6 图

解题思路：在端口处外加电压源 $\dot{U}_1$ 和 $\dot{U}_2$，用叠加定理计算 Y 参数矩阵。

解：该端口结构较为简单，是一个 π 形电路。首先令端口 2-2' 短路，即 $\dot{U}_2=0$，在端口 1-1' 处外加电压源 $\dot{U}_1$，如图 10.14（b）所示，可得

$$\dot{I}_1 = \dot{U}_1(Y_a + Y_b)$$
$$-\dot{I}_2 = \dot{U}_1 Y_b$$

式中，$\dot{I}_2$=0 有负号是由指定的电流和电压参考方向造成的。根据定义可得

$$Y_{11} = \left.\frac{\dot{I}_1}{\dot{U}_1}\right|_{\dot{U}_2=0} = Y_a + Y_b, \quad Y_{21} = \left.\frac{\dot{I}_2}{\dot{U}_1}\right|_{\dot{U}_2=0} = -Y_b$$

令端口 1-1' 短路，即 $\dot{U}_1=0$，在端口 2-2' 处外加电压源 $\dot{U}_2$，如图 10.14（c）所示，可得

$$Y_{12} = \left.\frac{\dot{I}_1}{\dot{U}_2}\right|_{\dot{U}_1=0} = -Y_b, \quad Y_{22} = \left.\frac{\dot{I}_2}{\dot{U}_2}\right|_{\dot{U}_1=0} = Y_a + Y_b$$

正弦稳态电路的分析方法与直流电阻电路类似，若已知某一种双口网络参数，则利用各种双口网络参数间的关系，可以求得其余双口网络参数。表 10-2 列出了正弦稳态电路计算双口网络参数及由一种双口网络参数计算其他双口网络参数的公式。

表 10-2　正弦稳态电路的双口网络参数计算和转换公式

	Z		Y		H		T	
Z	Z_{11}	Z_{12}	$\frac{Y_{22}}{\Delta_Y}$	$\frac{-Y_{12}}{\Delta_Y}$	$\frac{\Delta_H}{H_{22}}$	$\frac{H_{12}}{H_{22}}$	$\frac{T_{11}}{T_{21}}$	$\frac{\Delta_T}{T_{21}}$
	Z_{21}	Z_{22}	$\frac{-Y_{21}}{\Delta_Y}$	$\frac{Y_{11}}{\Delta_Y}$	$\frac{-H_{21}}{H_{22}}$	$\frac{1}{H_{22}}$	$\frac{1}{T_{21}}$	$\frac{T_{22}}{T_{21}}$
Y	$\frac{Z_{22}}{\Delta_Z}$	$\frac{-Z_{12}}{\Delta_Z}$	Y_{11}	Y_{12}	$\frac{1}{H_{11}}$	$\frac{-H_{12}}{H_{11}}$	$\frac{T_{22}}{T_{12}}$	$\frac{-\Delta_T}{T_{12}}$
	$\frac{-Z_{21}}{\Delta_Z}$	$\frac{Z_{11}}{\Delta_Z}$	Y_{21}	Y_{22}	$\frac{H_{21}}{H_{11}}$	$\frac{\Delta_H}{H_{11}}$	$\frac{-1}{T_{12}}$	$\frac{T_{11}}{T_{12}}$
H	$\frac{\Delta_Z}{Z_{22}}$	$\frac{Z_{12}}{Z_{22}}$	$\frac{1}{Y_{11}}$	$\frac{-Y_{12}}{Y_{11}}$	H_{11}	H_{12}	$\frac{T_{12}}{T_{22}}$	$\frac{\Delta_T}{T_{22}}$
	$\frac{-Z_{21}}{Z_{22}}$	$\frac{1}{Z_{22}}$	$\frac{Y_{21}}{Y_{11}}$	$\frac{\Delta_Y}{Y_{11}}$	H_{21}	H_{22}	$\frac{-1}{T_{22}}$	$\frac{T_{21}}{T_{22}}$
T	$\frac{Z_{11}}{Z_{21}}$	$\frac{\Delta_Z}{Z_{21}}$	$\frac{-Y_{22}}{Y_{21}}$	$\frac{-1}{Y_{21}}$	$\frac{-\Delta_H}{H_{21}}$	$\frac{-H_{11}}{H_{21}}$	T_{11}	T_{12}
	$\frac{1}{Z_{21}}$	$\frac{Z_{22}}{Z_{21}}$	$\frac{-\Delta_Y}{Y_{21}}$	$\frac{-Y_{11}}{Y_{21}}$	$\frac{-H_{22}}{H_{21}}$	$\frac{-1}{H_{21}}$	T_{21}	T_{22}

注：$\Delta_Z = \det Z = Z_{11}Z_{22} - Z_{12}Z_{21}$，$\Delta_Y = \det Y = Y_{11}Y_{22} - Y_{12}Y_{21}$
　　$\Delta_H = \det H = H_{11}H_{22} - H_{12}H_{21}$，$\Delta_T = \det T = T_{11}T_{22} - T_{12}T_{21}$

10.4 双口网络的等效电路

任何复杂的由线性元件 R、L（M）、C 构成的无源一端口网络都可以用一个等效电阻表示其外部特征。同理，任何给定的由线性元件 R、L（M）、C 构成的无源双口网络的外部特性都可以用 3 个参数确定，只要找到一个由具有 3 个电阻（或阻抗）组成的简单双口网络，如果这个双口网络的参数与给定的双口网络的参数相等，则这两个双口网络的外部特性完全相同，即它们是等效的。由 3 个电阻（或阻抗）组成的双口网络只有两种形式，T 形电路和 π 形电路，如图 10.15 所示。

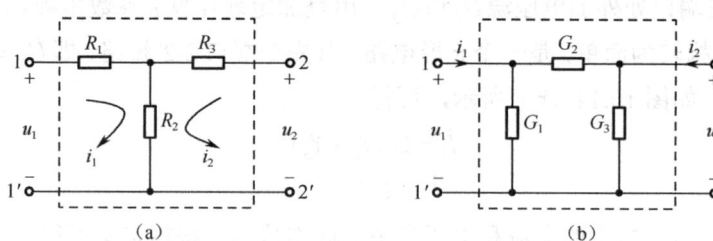

图 10.15 双口网络的等效电路

如果给定二端口的 R 参数，要确定此二端口的等效 T 形电路，如图 10.15（a）所示电路中的 R_1、R_2、R_3 的值，则可以先按图中网孔（回路）电流的方向，列写出 T 形电路的网孔（回路）电流方程

$$u_1 = (R_1 + R_2)i_1 + R_2 i_2$$
$$u_2 = (R_3 + R_2)i_2 + R_2 i_1 \tag{10-24}$$

对照 R 参数表示的方程式（10-1），由于 $R_{12} = R_{21}$，则可将式（10-24）写为

$$u_1 = (R_{11} - R_{12})i_1 + R_{12}(i_1 + i_2)$$
$$u_2 = R_{12}(i_1 + i_2) + (R_{22} - R_{12})i_2 \tag{10-25}$$

比较式（10-24）和（10-25），可得

$$R_1 = R_{11} - R_{12}, \quad R_{12} = R_{21} = R_2, \quad R_3 = R_{22} - R_{12} \tag{10-26}$$

如果给定二端口的 G 参数，则应先求出其等效 π 形电路，如图 10.15（b）所示电路中的 G_1、G_2、G_3 的值。针对图 10.15（b）所示电路，按求 T 形电路的相似方法可得

$$G_1 = G_{11} + G_{12}, \quad G_2 = -G_{12} = -G_{21}, \quad G_3 = G_{22} + G_{21} \tag{10-27}$$

如果给定二端口的其他参数，则可查表 10-1，将其他参数变换成 R 参数或 G 参数，然后再由式（10-26）或（10-27）求得等效 T 形电路或 π 形电路的参数值。

同理，对于正弦稳态的双口网络，也是相同的分析方法。以双口网络内部含有受控源为例，双口网络的 4 个参数是相互独立的。若给定二端口的 Z 参数，则式（10-16）可以写成

$$\dot{U}_1 = Z_{11}\dot{I}_1 + Z_{12}\dot{I}_2$$
$$\dot{U}_2 = Z_{12}\dot{I}_1 + Z_{22}\dot{I}_2 + (Z_{12} - Z_{21})\dot{I}_1$$

第 2 个方程右端的最后一项是一个 CCVS，其等效电路如图 10.16（a）所示。同理，用 Y 参数表示的含受控源的双口网络可用图 10.16（b）所示等效电路代替。

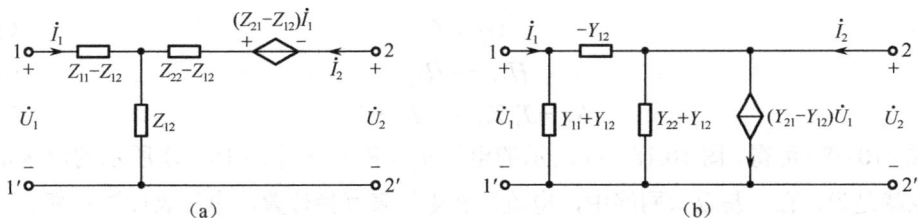

图 10.16 含受控源的双口网络的等效电路

前面讨论了不含独立电源的线性双口网络。当双口网络包含独立电源时，如图 10.17（a）所示，这些独立电源在端口处会产生开路电压和短路电流。

图 10.17（a）所示双口网络的以电流为自变量的表达式为

$$\begin{cases} u_1 = R_{11}i_1 + R_{12}i_2 + u_{oc1} \\ u_2 = R_{21}i_1 + R_{22}i_2 + u_{oc2} \end{cases}$$

相应的等效电路如图 10.17（b）所示。图 10.17（a）所示双口网络的以电压为自变量的表达式为

$$\begin{cases} i_1 = G_{11}u_1 + G_{12}u_2 + i_{sc1} \\ i_2 = G_{21}u_1 + G_{22}u_2 + i_{sc2} \end{cases}$$

相应的等效电路如图 10.17（c）所示。同理，对于正弦稳态双口网络，也是相同的分析方法。

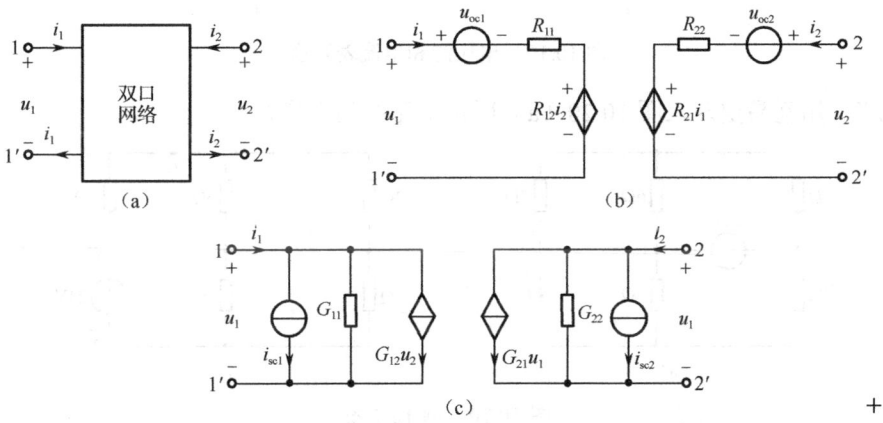

图 10.17 含独立电源的双口网络的等效电路

10.5 互易双口网络和互易定理

10.5.1 互易定理

仅含有线性时不变的二端元件（电阻、电容、电感）、理想变压器的双口网络，称为互易双口网络。

互易定理：对于互易双口网络，存在以下关系

$$R_{12} = R_{21} \tag{10-28}$$

$$G_{12} = G_{21} \tag{10-29}$$
$$H_{12} = -H_{21} \tag{10-30}$$
$$\Delta_T = T_{11}T_{22} - T_{12}T_{21} = 1 \tag{10-31}$$

由式（10-28）可得，图 10.18（a）所示的电压 $u_2 = R_{21}i_s$ 与图 10.18（b）所示的电压 $u_1 = R_{12}i_s$ 相同。也就是说，在互易双口网络中，电流源和电压表互换位置，电压表读数不变。

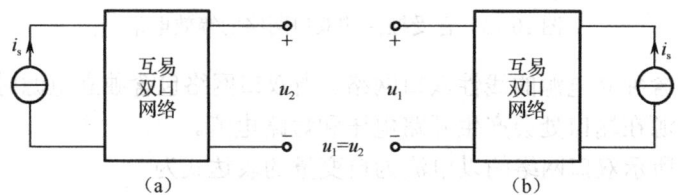

图 10.18　电流源和电压表互换

由式（10-29）可得，图 10.19（a）所示的电流 $i_2 = G_{21}u_s$ 与图 10.19（b）所示的电流 $i_1 = G_{12}u_s$ 相同。也就是说，在互易双口网络中，电压源和电流表互换位置，电流表读数不变。

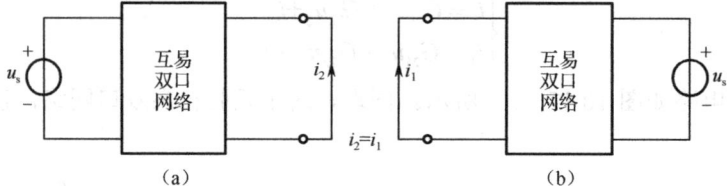

图 10.19　电压源和电流表互换

例 10.7　用互易定理求图 10.20（a）所示电路中的电流 i。

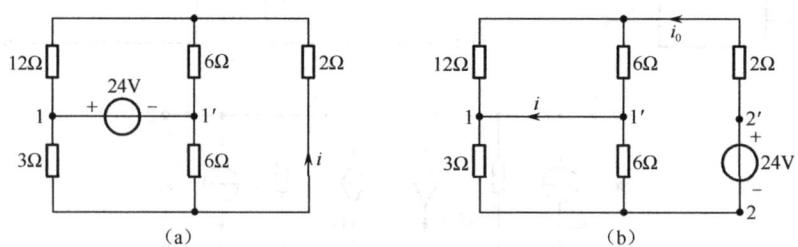

图 10.20　例 10.7 图

解题思路：应用互易定理，交换电压源和电流表的位置，使电路变得简单。

解：根据互易定理，图 10.20（a）和图 10.20（b）所示电路中的电流 i 相同。从图 10.20（b）中，非常容易求得

$$i_0 = \frac{24}{2 + \dfrac{6\times 12}{6+12} + \dfrac{3\times 6}{3+6}} = 3\text{A}$$

$$i = \frac{12}{6+12}i_0 - \frac{3}{3+6}i_0 = 1\text{A}$$

10.5.2　互易定理的等效电路

由互易定理得，互易双口网络只有 3 个独立参数，这就可以用图 10.21 所示的由 3 个电

阻构成的 T 形电路和 π 形电路等效。

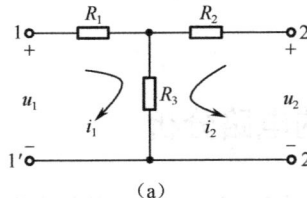 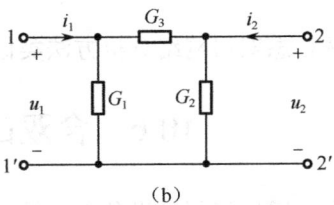

图 10.21 互易双口网络的等效电路

图 10.21（a）所示电路的网孔电流方程为
$$\begin{cases} u_1 = (R_1+R_3)i_1 + R_3 i_2 \\ u_2 = R_3 i_1 + (R_2+R_3)i_2 \end{cases}$$

与式（10-1）对比，令其对应系数相等，可得
$$R_{11} = R_1 + R_3$$
$$R_{22} = R_3 + R_2$$
$$R_{12} = R_{21} = R_3$$

由此可得，T 形电路的等效条件为
$$R_1 = R_{11} - R_{12}$$
$$R_2 = R_{22} - R_{21}$$
$$R_3 = R_{21} = R_{12}$$

用此类似方法，可得 π 形电路，图 10.21（b）的等效条件为
$$G_1 = G_{11} + G_{12}$$
$$G_2 = G_{22} + G_{21}$$
$$G_3 = -G_{21} = -G_{12}$$

已知互易双口网络的电阻或电导，可用 T 形或 π 形等效电路代替双口网络，以便简化电路分析。

例 10.8 已知图 10.22（a）所示电路中互易双口网络的电阻为 $R_{11}=5\Omega$、$R_{22}=7\Omega$、$R_{12}=3\Omega$、$R_{21}=3\Omega$，试求 i_1 和 u_2。

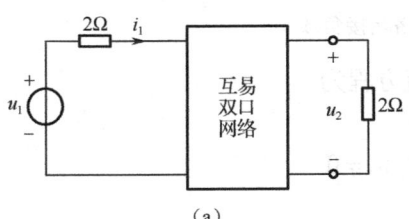 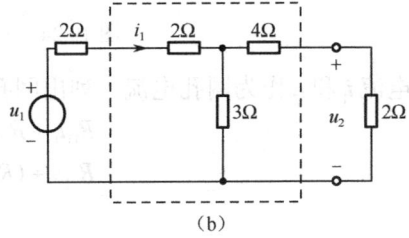

图 10.22 例 10.8 图

解：用等效 T 形电路代替互易双口网络，得到图 10.22（b）所示电路，可得
$$i_1 = \frac{18}{2+2+\dfrac{3\times(4+2)}{3+4+2}} = 3\text{A}$$

$$u_2 = 2 \times \frac{3}{3+6} \times i_1 = 2\text{V}$$

同理，正弦稳态双口网络分析方法类似。

10.6 含双口网络的电路分析

在电子工程、通信和测量设备中，常用双口网络来选择、变换和传输各种电信号。通常在双口网络的输入端接信号源，输出端接负载，如图10.23（a）所示。人们关心的是输入端和输出端的电压和电流。为了便于计算输入端的电压和电流，可以将端接负载的双口网络等效为一个电阻，得到如图10.23（b）所示的等效电路。为方便计算输出端的电压和电流，可以将端接信号源的双口网络等效为戴维宁等效电路，得到如图10.23（c）所示的等效电路。

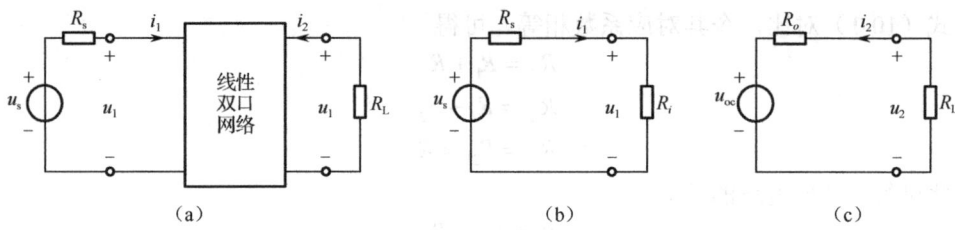

图10.23 含双口网络的电路

10.6.1 双口网络端接负载时的输入电阻

计算图10.24（a）所示双口网络端接负载 R_L 时的输入电阻 R_i，可以等效替代为如图10.24（b）所示电路。

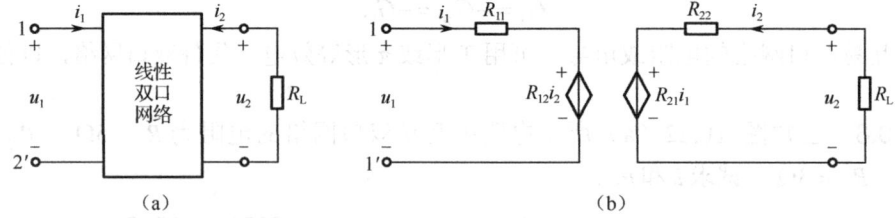

图10.24 双口网络端接负载

选择电流 i_1 和 i_2 作为网孔电流，列出网孔电流方程为

$$R_{11}i_1 + R_{12}i_2 = u_1$$
$$R_{21}i_1 + (R_{22} + R_L)i_2 = 0$$

解得

$$i_1 = \frac{R_{22} + R_L}{R_{11}R_{22} + R_{11}R_L - R_{12}R_{21}} u_1$$

由此可得输入电阻为

$$R_i = \frac{u_1}{i_1} = \frac{R_{11}R_{22} + R_{11}R_L - R_{12}R_{21}}{R_{22} + R_L} = R_{11} - \frac{R_{12}R_{21}}{R_{22} + R_L}$$

10.6.2 双口网络端接信号源的戴维宁等效电路

计算如图 10.25（a）所示双口网络输入端接信号源时，输出端的戴维宁等效电路，可以等效替代为如图 10.25（b）所示电路。

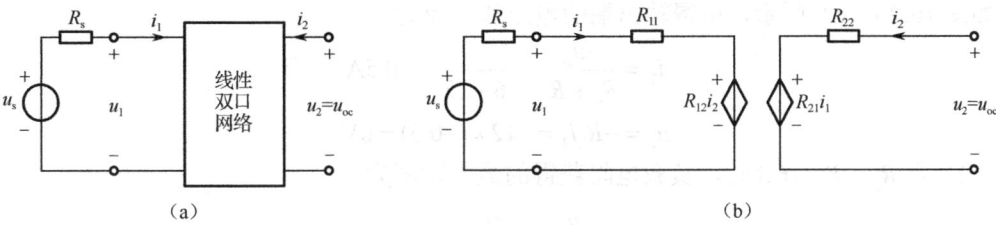

图 10.25 双口网络端接信号源

计算双口网络输出端开路时（$i_2=0$），输出端的开路电压 u_{oc}。选择电流 i_1 和 i_2 作为网孔电流，列出网孔电流方程

$$(R_s+R_{11})i_1 = u_s$$
$$R_{21}i_1 = u_2$$

解得开路电压为

$$u_{oc} = u_2 = R_{21}i_1 = R_{21} \times \frac{u_s}{R_s+R_{11}}$$

将电压源短路，用求输入电阻的类似方法，得到输出电阻

$$R_o = R_{22} - \frac{R_{12}R_{21}}{R_{11}+R_s}$$

例 10.9 已知图 10.26（a）所示电路中双口网络的电阻为 $R_{11}=6\Omega$、$R_{22}=8\Omega$、$R_{12}=4\Omega$、$R_{21}=5\Omega$，试求：（1）i_1、i_2、u_1、u_2；（2）负载 R_L 获得的最大功率 P_{Lmax}。

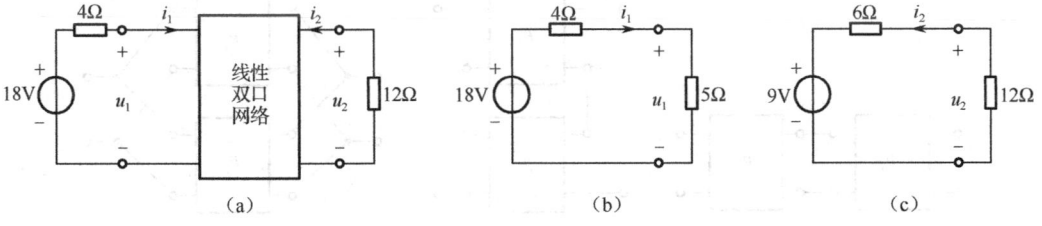

图 10.26 例 10.9 图

解：（1）先求双口网络端接负载 $R_L=12\Omega$ 的输入电阻

$$R_i = R_{11} - \frac{R_{12}R_{21}}{R_{22}+R_L} = 6 - \frac{4\times5}{8+12} = 5\Omega$$

得到图 10.26（b）所示输入端等效电路，由此可得

$$i_1 = \frac{u_s}{R_s+R_i} = \frac{18}{4+5} = 2\text{A}$$

$$u_1 = \frac{R_i}{R_s+R_i}u_s = \frac{5}{4+5}\times18 = 10\text{V}$$

再求双口网络输出端的等效电路，得

$$u_{oc} = \frac{R_{21}}{R_s + R_{11}} u_s = \frac{5}{4+6} \times 18 = 9\text{V}$$

$$R_o = R_{22} - \frac{R_{12}R_{21}}{R_s + R_{11}} = 8 - \frac{4 \times 5}{4+6} \times 18 = 6\Omega$$

如图 10.26（c）所示，可得输出端的电压和电流为

$$i_2 = \frac{-u_{oc}}{R_o + R_L} = \frac{-9}{6+12} = -0.5\text{A}$$

$$u_2 = -R_L i_2 = -12 \times (-0.5) = 6\text{V}$$

（2）当 $R_L = R_o = 6\Omega$ 时，负载电阻获得的最大功率为

$$P_{\text{Lmax}} = \frac{u_{oc}^2}{4R_o} = \frac{9^2}{4 \times 6} = 3.375\text{W}$$

同理，正弦稳态双口网络分析方法类似。

10.7 双口网络的连接

如果把一个复杂的双口网络看成是由若干个简单的双口网络按照某种连接方式连接而成的，则将使电路分析得到简化。在设计和实现一个复杂的双口网络时，可以使用简单的双口网络作为"积木块"，将它们按照一定的方式连接成具有所需特性的双口网络。一般来说，设计简单的部分电路并加以连接要比直接设计一个复杂的整体电路容易些。因此，讨论双口网络的连接具有重要意义。

双口网络可以按照多种方式相互连接，这里主要介绍 3 种方式：级联（链联）、串联和并联，如图 10.27 所示。在双口网络的连接上，我们感兴趣的是复合双口网络的参数与部分双口网络的参数之间的关系。

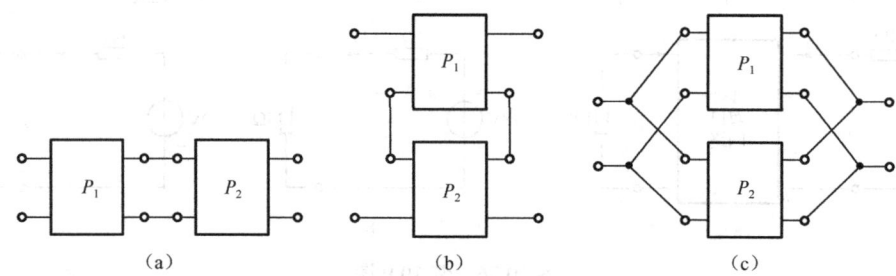

图 10.27 双口网络的连接

当两个无源双口网络 P_1 和 P_2 按级联方式连接后，它们构成了一个复合双口网络，如图 10.28 所示。

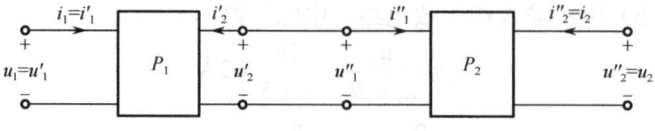

图 10.28 双口网络的级联

设双口网络 P_1 和 P_2 的 T 参数分别为

$$T' = \begin{bmatrix} T'_{11} & T'_{12} \\ T'_{21} & T'_{22} \end{bmatrix}, \quad T'' = \begin{bmatrix} T''_{11} & T''_{12} \\ T''_{21} & T''_{22} \end{bmatrix}$$

则应有

$$\begin{bmatrix} u'_1 \\ i'_1 \end{bmatrix} = T' \begin{bmatrix} u'_2 \\ -i'_2 \end{bmatrix}, \quad \begin{bmatrix} u''_1 \\ i''_1 \end{bmatrix} = T'' \begin{bmatrix} u''_2 \\ -i''_2 \end{bmatrix}$$

由于 $u_1 = u'_1$、$u'_2 = u''_1$、$u''_2 = u_2$、$i_1 = i'_1$、$i'_2 = -i''_1$、$i''_2 = i_2$，所以有

$$\begin{bmatrix} u_1 \\ i_1 \end{bmatrix} = \begin{bmatrix} u'_1 \\ i'_1 \end{bmatrix} = T' \begin{bmatrix} u'_2 \\ -i'_2 \end{bmatrix} = T' \begin{bmatrix} u''_1 \\ i''_1 \end{bmatrix} = T'T'' \begin{bmatrix} u''_2 \\ -i''_2 \end{bmatrix} = T \begin{bmatrix} u_2 \\ -i_2 \end{bmatrix}$$

式中，T 为复合双口网络的 T 参数矩阵，它与双口网络 P_1 和 P_2 的 T 参数矩阵的关系为

$$T = T'T''$$

即

$$T = \begin{bmatrix} T'_{11}T''_{11} + T'_{12}T''_{21} & T'_{11}T''_{12} + T'_{12}T''_{22} \\ T'_{21}T''_{11} + T'_{22}T''_{21} & T'_{21}T''_{12} + T'_{22}T''_{22} \end{bmatrix}$$

当两个双口网络 P_1 和 P_2 按并联方式连接时，如图 10.29 所示。

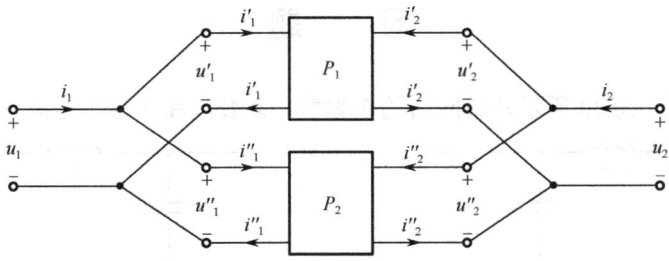

图 10.29 双口网络的并联

两个端口的输入电压和输出电压被分别强制为相同，即 $u'_1 = u''_1 = u_1$、$u'_2 = u''_2 = u_2$。如果每个双口网络的端口条件（即端口处流入一个端子的电流等于流出另一个端子的电流）都不因并联而破坏，则复合双口网络的总端口的电流应该为

$$i_1 = i'_1 + i''_1, \quad i_2 = i'_2 + i''_2$$

设 P_1 和 P_2 的 G 参数分别为

$$G' = \begin{bmatrix} G'_{11} & G'_{12} \\ G'_{21} & G'_{22} \end{bmatrix}, \quad G'' = \begin{bmatrix} G''_{11} & G''_{12} \\ G''_{21} & G''_{22} \end{bmatrix}$$

则有

$$\begin{bmatrix} i_1 \\ i_2 \end{bmatrix} = \begin{bmatrix} i'_1 \\ i'_2 \end{bmatrix} + \begin{bmatrix} i''_1 \\ i''_2 \end{bmatrix} = G' \begin{bmatrix} u'_1 \\ u'_2 \end{bmatrix} + G'' \begin{bmatrix} u''_1 \\ u''_2 \end{bmatrix} = (G' + G'') \begin{bmatrix} u_1 \\ u_2 \end{bmatrix} = G \begin{bmatrix} u_1 \\ u_2 \end{bmatrix}$$

式中，G 为复合双口网络的 G 参数矩阵，它与双口网络 P_1 和 P_2 的 G 参数矩阵的关系为

$$G = G' + G''$$

当两个双口网络 P_1 和 P_2 按串联方式连接时，只要端口条件成立，用类似方法，同样可以求出复合双口网络的 R 参数矩阵与串联的两个双口网络的 R 参数矩阵有如下关系

$$R = R' + R''$$

同理，正弦稳态双口网络分析方法类似。

10.8 本章小结

本章主要介绍了双口网络及其方程、双口网络的六种参数矩阵及它们之间的相互关系。然后介绍了等效 T 形和 π 形电路及互易定理，最后介绍了双口网络的连接。

（1）双口网络有两个端口电压和端口电流。线性双口网络的电压、电流的关系由两个线性代数方程来描述。

（2）已知双口网络，可以用网络分析的任何一种方法计算端口电压和端口电流的关系表达式，然后得到网络参数。对于线性双口网络，可以外加两个独立电源，用叠加定理计算出双口网络参数矩阵。并非任何双口网络都同时存在六种网络参数。

（3）由线性时不变二端电阻和理想变压器构成的互易双口网络，可以用 3 个二端电阻构成等效 T 形和 π 形电路。

（4）复杂的双口网络可以由简单的双口网络按照不同的方式相互连接，主要介绍了级联、串联和并联三种连接方式。

习　题

10-1　试求如图 10.30 所示双口网络的 Y 参数、Z 参数和 T 参数矩阵。

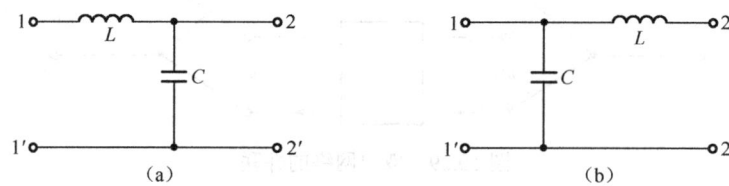

图 10.30　习题 10-1 图

10-2　试求如图 10.31 所示双口网络的 Y 参数、Z 参数矩阵。

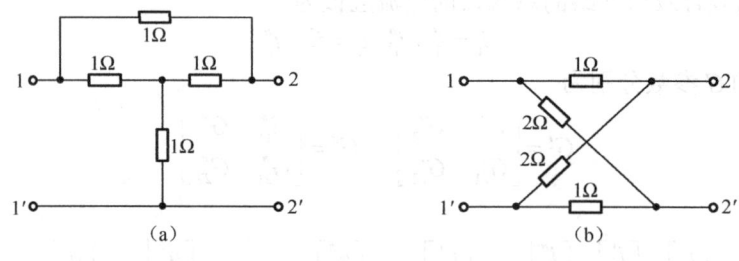

图 10.31　习题 10-2 图

10-3　试求如图 10.32 所示双口网络的 T 参数矩阵。

10-4　试求如图 10.33 所示双口网络的 Y 参数矩阵。

10-5　试求如图 10.34 所示双口网络的 Y 参数矩阵。

10-6　试求如图 10.35 所示双口网络的 H 参数矩阵。

10-7　已知如图 10.36 所示双口网络的 Z 参数矩阵为 $Z = \begin{bmatrix} 10 & 3 \\ 2 & 10 \end{bmatrix} \Omega$，求 R_1、R_2、R_3 和 r。

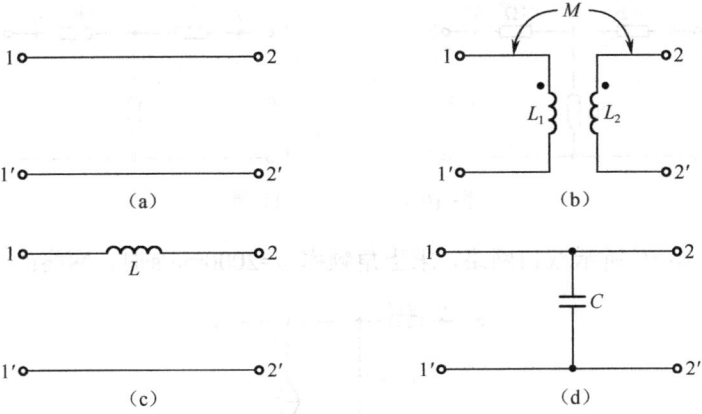

图 10.32　习题 10-3 图

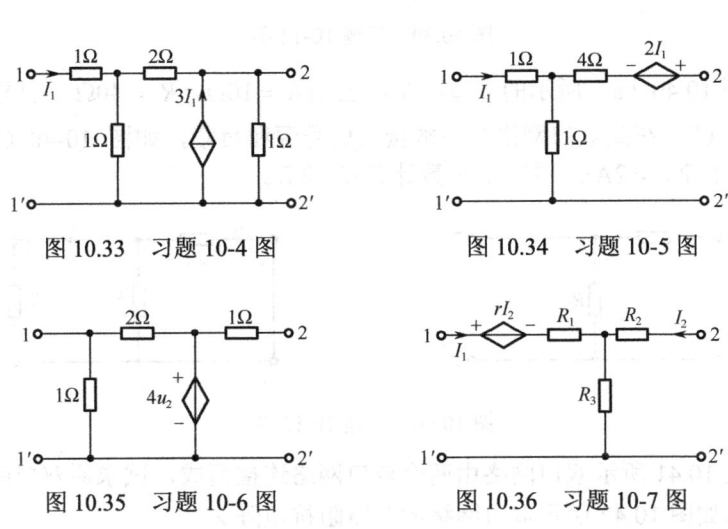

图 10.33　习题 10-4 图　　　　图 10.34　习题 10-5 图

图 10.35　习题 10-6 图　　　　图 10.36　习题 10-7 图

10-8　已知双口网络的 Y 参数矩阵为 $Y = \begin{bmatrix} 2 & -1 \\ -1 & 4 \end{bmatrix}$ S，求 H 参数矩阵，并说明该双口网络中是否有受控源。

10-9　试求如图 10.37 所示双口网络的 Z 参数矩阵和 T 参数矩阵。

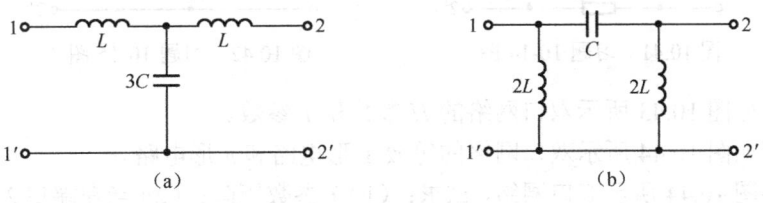

图 10.37　习题 10-9 图

10-10　已知双口网络参数矩阵为（1） $Z = \begin{bmatrix} 12 & 8 \\ 8 & 20 \end{bmatrix}$ S；（2） $Y = \begin{bmatrix} 7 & -3 \\ 0 & 4 \end{bmatrix}$ S。

试问双口网络是否有受控源，并求它们的等效 π 形电路。

10-11　求如图 10.38 所示双口网络的电阻和电导矩阵。

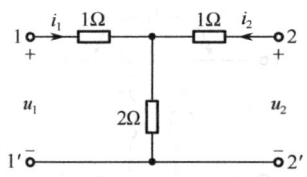 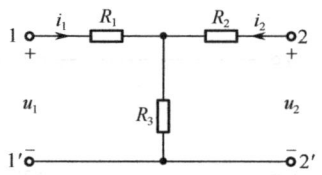

图 10.38　习题 10-11 图

10-12　如图 10.39 所示双口网络，求当角频率 ω=2000rad/s 时，网络的 Z 参数和 Y 参数。

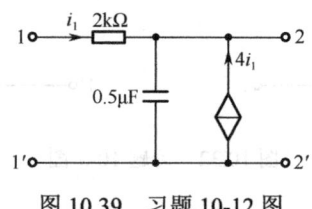

图 10.39　习题 10-12 图

10-13　如图 10.40（a）所示的双口网络，已知 $R_1=10\Omega$，$R_2=40\Omega$。试求：（1）此双口网络的 T 参数；（2）在此双口网络的两端接上信号源和负载，如图 10-40（b）所示，已知 $R_3=20\Omega$，此时电流 $i_2=2$A。根据 T 参数计算 U_s 和 I_1。

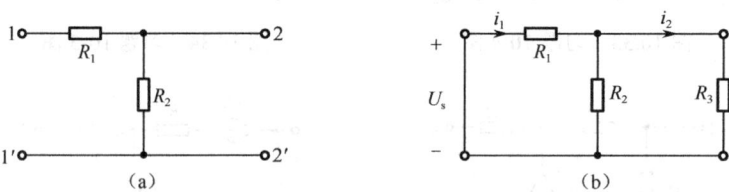

图 10.40　习题 10-13 图

10-14　如图 10.41 所示双口网络由两个双口网络连接而成，试求原双口网络的 Z 参数。

10-15　计算如图 10.42 所示双口网络的开路阻抗矩阵 Z。

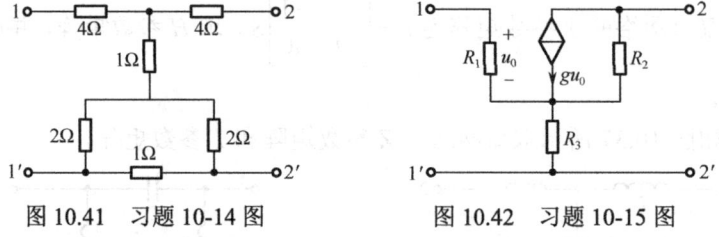

图 10.41　习题 10-14 图　　　　　图 10.42　习题 10-15 图

10-16　求如图 10.43 所示双口网络的 H 参数和 T 参数。

10-17　求如图 10.44 所示双口网络的等效 T 形电路和 π 形电路。

10-18　如图 10.44 所示双口网络，试求：（1）T 参数矩阵；（2）当在端口 2-2′ 处加10V电压时，端口1-1′处接2Ω负载，求负载吸收的功率。

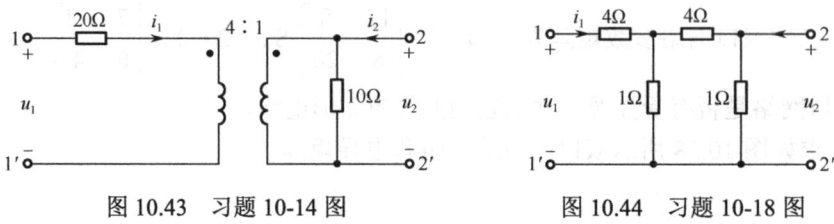

图 10.43　习题 10-14 图　　　　　图 10.44　习题 10-18 图

10-19 如图 10.45 所示双口网络，电阻参数为 $r_{11}=800\Omega$，$r_{22}=600\Omega$，$r_{12}=r_{21}=300\Omega$，试求电流 i_1 和电压 u_2。

10-20 如图 10.46 所示双口网络，电阻参数为 $r_{11}=7\Omega$，$r_{12}=3\Omega$，$r_{21}=6\Omega$，$r_{22}=8\Omega$，试求电流 i_1、i_2 和电压 u_1、u_2。

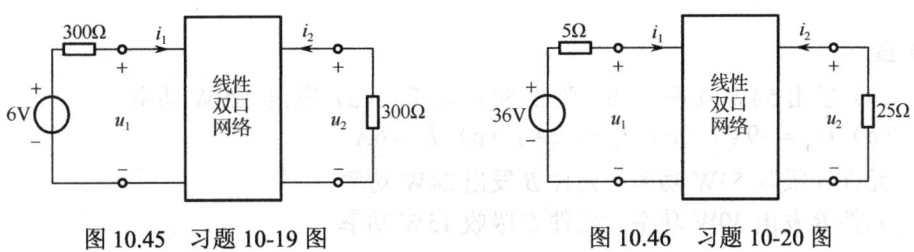

图 10.45 习题 10-19 图   图 10.46 习题 10-20 图

10-21 如图 10.49 所示双口网络，电阻参数为 $r_{11}=8\Omega$，$r_{12}=r_{21}=3\Omega$，$r_{22}=4\Omega$，试求电压 u 和 5Ω 电阻吸收的功率。

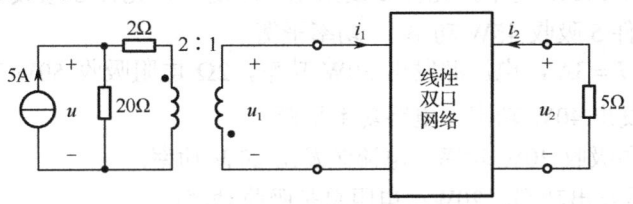

图 10.47 习题 10-21 图

习题答案

第1章

1-1 （a）发出54W功率；（b）吸收50W功率；（c）发出220W功率

1-2 （a）$U_A = -9V$；（b）$I_B = -2A$；（c）$I_C = 6A$

1-3 元件 A 吸收54W功率；元件 B 发出24W功率

1-4 元件 B 发出30W功率；元件 C 吸收15W功率

1-5 （1）略；

（2）元件1和2是电源，元件3、4、5是负载；

（3）元件1发出140W功率，元件2发出135W功率，元件3吸收150W功率，元件4吸收80W功率，元件5吸收45W功率； 功率平衡

1-6 $I_1 = 5A$，$I = 3A$，电压源发出30W功率，2Ω电阻吸收50W功率，5Ω电阻吸收20W功率，电流源发出40W功率；电路功率平衡

1-7 （a）电压源吸收20W功率，电流源发出20W功率；

（b）电流源总是发出功率，20W；电阻总是吸收功率；

$R>0.8Ω$时，电压源吸收功率；$R=0.8Ω$时，电压源既不吸收也不发出功率；$R<0.8Ω$时，电压源发出功率

1-8 （a）电压源吸收45W功率，电流源发出45W功率；

（b）电压源总是发出功率； 电阻总是吸收功率；

$R>5Ω$时，电流源发出功率；$R=5Ω$时，电流源既不吸收也不发出功率；$R<5Ω$时，电流源吸收功率

1-9 （a）电阻吸收2W功率，电压源吸收2W功率，电流源发出4W功率；

（b）电阻吸收2W功率，电压源功率为0，电流源发出2W功率；

（c）1Ω电阻功率为0，2Ω电阻吸收2W功率，电压源发出2W功率，电流源功率为0

1-10 $I_1 = 9A$；$I_2 = 9A$；$I_3 = -18A$；$I_4 = 4A$

1-11 $I = 0.5A$；$R = 34Ω$；$U_s = 34V$

1-12 $R = 4Ω$

1-13 受控电流源发出235W功率，电流源发出65W功率

1-14 $I = 1A$；$I_0 = 4A$

1-15 $U_{oc} = 3V$

1-16 $U_{ab} = -3V$，$I_{ab} = -1.5A$

1-17 （a）$R = 2500Ω$；（b）$R = 800Ω$

1-18 $R = 1.875Ω$

1-19 （a）$I = 2A$；（b）$U = -4V$

1-20 $I = 4A$

1-21 $R = 6Ω$

1-22 $I=5\text{mA}$；$U=15\text{V}$

1-23 16W

1-24 $i=2.5\text{A}$

1-25 (a) $U=\dfrac{8}{9}\text{V}$；$I=\dfrac{20}{9}\text{A}$，(b) $U=-13\text{V}$

1-26 $U_1=20\text{V}$；$U=200\text{V}$

1-27 $R_x=3\Omega$

1-28 $u_o=8\text{V}$，受控源发出192W功率

1-29 $U_A=-2\text{V}$

1-30 S 断开时，$U_A\approx 6\text{V}$；S 闭合时，$U_A\approx 2\text{V}$

1-31 $U_B=-\dfrac{200}{7}\text{V}$

第2章

2-1 (a) $R_{ab}=2\Omega$；(b) $R_{ab}=3\Omega$；(c) $R_{ab}=2\Omega$

2-2 $R_{ab}=7\Omega$

2-3 $R_{ab}=0.5\Omega$

2-4 略

2-5 $I=2\text{A}$

2-6 $I=0\text{A}$，$I_1=1\text{A}$

2-7 $U=2\text{V}$，$U_{ab}=20\text{V}$

2-8 $R=5\Omega$

2-9 (a) $I=-1\text{A}$；(b) $U=10\text{V}$；(c) $I=3\text{A}$

2-10 $R=4\Omega$

2-11 $I=2\text{mA}$

2-12 $U=20\text{V}$

2-13 $U=6\text{V}$

2-14 $U=-2\text{V}$；$I=3\text{A}$

2-15 $U=4.5\text{V}$；$I=1.5\text{A}$

2-16 $I_1=4\text{A}$；$I_2=5\text{A}$；$U_1=8\text{V}$；$U_s=12\text{V}$

2-17 $I=1\text{A}$

2-18 $I=-0.5\text{A}$

2-19 当 $R=1\Omega$ 时，$I=1\text{A}$；当 $R=2\Omega$，$I=0.6\text{A}$

2-20 $P=4\text{W}$

2-21 $u_{oc}=1.5\text{V}$

2-22 $u_{oc}=6\text{V}$

2-23 $P=60\text{W}$

2-24 $I_L=2\text{A}$；$R_L=1\Omega$

2-25 $I=0.5\text{A}$

2-26 (a) $R_{ab}=(R_1+R_2+0.5R_1R_2)\Omega$；(b) $R_{ab}=7\Omega$

2-27 (a) $R_{ab}=1\Omega$；(b) $R_{ab}=2.5\Omega$

2-28　（a）$R_{ab}=0.5\Omega$；（b）$R_{ab}=2\Omega$

2-29　（1）$R_i=2\Omega$；（2）$R_o=1\Omega$

2-30　$R_o=100\Omega$

第3章

3-1　（a）$u=6V$；（b）$i=2A$

3-2　略

3-3　（a）$i=3A$，$u_{ab}=3V$；（b）$i=\dfrac{13}{3}A$，$u_{ab}=1V$

3-4　（a）$I=3A$，$U=12V$；（b）$I=1A$，$U=8V$

3-5　（a）$I=0.4A$，$U=-0.4V$；（b）$I=3A$，$U=10V$

3-6　（a）$U=-30V$；（b）$U=6V$

3-7　（a）$U=8V$；（b）$I=1A$

3-8　$I=-4A$

3-9　$U=20V$

3-10　（a）$i=3A$，$u_{ab}=3V$；（b）$i=\dfrac{13}{3}A$，$u_{ab}=1V$

3-11　（a）$I=3A$，$U=12V$；（b）$I=1A$，$U=8V$

3-12　（a）$I=0.4A$，$U=-0.4V$；（b）$I=3A$，$U=10V$

3-13　（a）$U=-30V$；（b）$U=6V$

3-14　（a）$U=8V$；（b）$I=1A$

3-15　$I=-4A$

3-16　$U=20V$

3-17　$I_s=9A$，$I=-3A$

3-18　$U=32V$

3-19　$R=2\Omega$

3-20　$u=1V$

3-21　$u=7V$；$P_L=25W$

3-22　$I=3A$；54W

3-23　$U=5V$

3-24　$I=-10A$

3-25　$I=-4A$

3-26　$U_{ab}=18V$

第4章

4-1　$U=20V$

4-2　$U=7V$

4-3　（a）$U=0.4V$；（b）$U=10V$

4-4　（a）$U=30V$；（b）$U=6V$

4-5　（a）$I=3A$，$U=12V$；（b）$I=1A$，$U=8V$

4-6　（a）$U=8V$；（b）$U=1V$

4-7　$u=2V$

4-8 $P_{2A} = 52\text{W}$，$P_{3A} = 78\text{W}$

4-9 $I = 1\text{A}$，$U = 1\text{V}$

4-10 $R = 2\Omega$

4-11   (a) $u_{oc} = 14\text{V}$，$R_{eq} = 2\Omega$；$i_{sc} = 7\text{A}$，$R_{eq} = 2\Omega$

(b) $u_{oc} = 4\text{V}$，$R_{eq} = 1\Omega$；$i_{sc} = 4\text{A}$，$R_{eq} = 1\Omega$

4-12 $u_{oc} = 10\text{V}$，$R_{eq} = 0.2\Omega$；$i_{sc} = 50\text{A}$，$R_{eq} = 0.2\Omega$

4-13 $u = \dfrac{1}{3} u_s$

4-14 $\begin{cases} R = 2\Omega \text{时}，I = 2\text{A} \\ R = 6\Omega \text{时}，I = 1\text{A} \\ R = 14\Omega \text{时}，I = 0.5\text{A} \end{cases}$

4-15 $R = 2\Omega$

4-16 $R = 4\Omega$

4-17 $u_{oc} = 5\text{V}$，$R_{eq} = 2\Omega$，$P_{\text{Lmax}} = 3.125\text{W}$

4-18 $u_{oc} = 11\text{V}$，$R_{eq} = 4\Omega$，$P_{\text{Lmax}} = 7.56\text{W}$

4-19 $u_{oc} = 42\text{V}$，$R_{eq} = 10\Omega$，$P_{\text{Lmax}} = 44.1\text{W}$

4-20 $R = 5\Omega$；$u_{oc} = 18.4\text{V}$，$P_{\text{Lmax}} = 23.51\text{W}$

4-21 $u_{oc} = 3\text{V}$，$R_{eq} = 3\Omega$

4-22 $u_{oc} = 16\text{V}$，$R_{eq} = 4\Omega$，$P_{\text{Lmax}} = 16\text{W}$

4-23 $\beta = 3$，$P_{\text{Lmax}} = 10.42\text{W}$

4-24 $u_{oc} = 40\text{V}$，$R_{eq} = 10\Omega$，$P_{\text{Lmax}} = 40\text{W}$

4-25   10.8A

4-26   5kΩ，10V

4-27   2V

4-28   4A

第5章

5-1   (a) $i = 3\text{A}$，$u_{ab} = 3\text{V}$；(b) $i = \dfrac{13}{3}\text{A}$，$u_{ab} = 1\text{V}$

5-2   (a) $I = 3\text{A}$，$U = 12\text{V}$；(b) $I = 1\text{A}$，$U = 8\text{V}$

5-3   (a) $I = 0.4\text{A}$，$U = -0.4\text{V}$；(b) $I = 3\text{A}$，$U = 10\text{V}$

5-4   (a) $U = -30\text{V}$；(b) $U = 6\text{V}$

5-5   (a) $I_s = 9\text{A}$；$I = -3\text{A}$

5-6 $U = 32\text{V}$

5-7 $u = 1\text{V}$

5-8 $u = 7\text{V}$；$P_L = 25\text{W}$

5-9 $U = 5\text{V}$

5-10 $I = -4\text{A}$

5-11 $U = 7\text{V}$

5-12 （a）$U = 0.4\text{V}$；（b）$U = 10\text{V}$

5-13 （a）$U = 30\text{V}$；（b）$U = 6\text{V}$

5-14 （a）$I = 3\text{A}$，$U = 12\text{V}$；（b）$I = 1\text{A}$，$U = 8\text{V}$

5-15 （a）$U = 8\text{V}$；（b）$U = 1\text{V}$

第6章

6-1 开关断开后电压表会损坏（断开后电压表的电压初始值为 $6 \times 10^4\text{V}$，远超其量程）

6-2 $i = 2\text{e}^{-2t}$

6-3 $u_C(t) = 6(1 - \text{e}^{-2t})$，$u(t) = 6 - 1.2\text{e}^{-2t}$

6-4 $u_C(t) = 25 - 20\text{e}^{-0.2(t-10)}$，$t > 10$

6-5 $i_L(t) = 2(1 - \text{e}^{-2t})$

6-6 $u_C(t) = 6 + 3\text{e}^{-2t}$，$i = 1 + 0.2\text{e}^{-2t}$

6-7 $i_L(t) = 1.5 - 0.5\text{e}^{-4t}$

6-8 （1）$R_1 = R_2 = 4\Omega$，$C = 0.25\text{F}$；（2）$u_C(t) = 5 - 3\text{e}^{-2t}$

6-9 $u(t) = 4 + 2\text{e}^{-2t}$

6-10 $u_C(t) = 5 - \text{e}^{-t}$

6-11 $i_L = 1 + 2\text{e}^{-2t}$，$u(t) = 3 - 6\text{e}^{-2t}$

6-12 $i = \dfrac{8}{3} + \dfrac{5}{6}\text{e}^{-5t}$

6-13 $u = 24 - 6.4\text{e}^{-t}$

6-14 $i = 0.5 - 1.5\text{e}^{-4t}$

6-15 $u_C = 8 - 4\text{e}^{-t}$

6-16 $i = 3 - \text{e}^{-t}$

6-17 （1）$g(t) = 0.25(1 - \text{e}^{-2t})u(t)$；

（2）$i_L = 4g(t) - 4g(t-2) = (1 - \text{e}^{-2t})u(t) - (1 - \text{e}^{-2(t-2)})u(t-2)$

6-18 （1）$u_C(t) = 8\text{e}^{-2t} - 2\text{e}^{-8t}$，$i(t) = 4(\text{e}^{-2t} - \text{e}^{-8t})$；（2）$R = 2\Omega$

6-19 $u_C = -200\text{e}^{-10t}\sin 50t$，$i_L = \text{e}^{-10t}\cos 50t + 0.2\text{e}^{-10t}\sin 50t$

6-20 $u_C = 25\text{e}^{-25t}\cos 139.19t - 354.75\text{e}^{-25t}\sin 139.19t$

6-21 （1）$i(t) = 0.0447(\text{e}^{-381.95t} - \text{e}^{-2618.05t})$，$u_C = 100 - 117.09\text{e}^{-381.95t} + 17.08\text{e}^{-2618.05t}$

（2）$i(t) = 100t\text{e}^{-1000t}$，$u_C = 100 - 100\text{e}^{-1000t} - 100000t\text{e}^{-1000t}$

（3）$i(t) = 0.1\text{e}^{-100t}\sin 995t$，$u_C = 100 - 100\text{e}^{-100t}\cos 995t - 10.05\text{e}^{-100t}\sin 995t$

6-22 $u_L = -309.897\text{e}^{-250t}\sin 12907.52t$

6-23 $i_L = \text{e}^{-t}\sin 2t$

6-24 $u_C = -2 + 6\text{e}^{-2t} - 2\text{e}^{-3t}$

6-25 $u_C = \dfrac{2}{3} - 4\text{e}^{-2t} + \dfrac{4}{3}\text{e}^{-3t}$

6-26 $u_C = 50 - 10\text{e}^{-0.4t}$，$i_C = 120\delta(t) + 12\text{e}^{-0.4t}$

6-27 $i = 4\delta(t) - 2\text{e}^{-t}$

6-28 $u_C = 6\text{e}^{-t}\cos 3t - 8\text{e}^{-t}\sin 3t$

6-29 $i_L = \dfrac{4}{3}e^{-t} + 4e^{-3t} - \dfrac{13}{3}e^{-4t}$

第7章

7-1 略

7-2 瞬时表达式 $i(t) = 8\cos(1000t + 45°)$A，有效值 $I = 5\sqrt{2} \approx 5.66$A

7-3 $\dot{I}_1 = 10\angle 53.1°$A，$i_1(t) = 10\sqrt{2}\cos(\omega t + 53.1°)$A

$\dot{I}_2 = 10\angle -53.1°$A，$i_2(t) = 10\sqrt{2}\cos(\omega t - 53.1°)$A

$\dot{I}_3 = 10\angle 53.1°$A，$i_3(t) = 10\sqrt{2}\cos(\omega t + 53.1°)$A

$\dot{I}_4 = 10\angle -53.1°$A，$i_4(t) = 10\sqrt{2}\cos(\omega t - 53.1°)$A

7-4 （1）$\dot{U}_L = j\omega L \dot{I}_L$；（2）$i(t) = 5\cos(\omega t)$A，$\dot{I} = 2.5\sqrt{2}\angle 0°$A

（3）$\dot{I} = j\omega C \dot{U}$；（4）$X_L = \dfrac{\dot{U}_L}{j\dot{I}_L}$；（5）$\dfrac{1}{j\omega C} = \dfrac{\dot{U}_C}{\dot{I}_C}$；（6）正确

7-5 $R = 15\Omega$，$\lambda = 0.6$

7-6 $\dot{U}_L = (80 + j80)$V，$P = 1600$W

7-7 $\dot{U}_s = 2\sqrt{2}\angle 45°$V

7-8 $R = 740.7\Omega$，$X_L = 371\Omega$

7-9 $R_L = 13.7\Omega$，$L = 0.1$H

7-10 $R = 10\sqrt{2}\Omega$，$X_L = 5\sqrt{2}\Omega$，$X_C = 10\sqrt{2}\Omega$，$\dot{I} = 5\sqrt{2}\angle 45°$A

7-11 $U_s = 25$V

7-12 $R = 66.1\Omega$，$i(t) = \sqrt{2}\cos(1000t - 20.7°)$A

7-13 $\dot{I}_1 = 10\angle 0°$A，则 $\dot{U}_s = 5\sqrt{2}\angle 45°$V，$\dot{I} = 10\sqrt{2}\angle 45°$A，电路的相量图如下所示

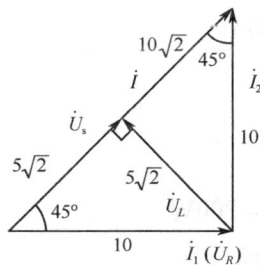

7-14 A_2 的读数为 48mA

7-15 $Z = 4.15 \pm j12.79\Omega$

7-16 $P = 499$W

7-17 $P = 38$W，$Q = -8$Var，$S = 38.8$VA，$S^* = 38 - j8 = 38.8\angle -11.9°$

7-18 $\dot{U}_{oc} = (50 - j1000)$V，$Z_{eq} = (500 - j500)\Omega$，$P = 625$W

7-19 $P_{\max} = 1.5$W

7-20 $U_{BC} = 32$V

7-21 $R = 10\sqrt{2}\Omega$，$X_L = 10\sqrt{2}\Omega$，$X_C = 10\sqrt{2}\Omega$

7-22 $R = 30\Omega$，$L = 0.127$H

7-23 $R_2 = 7.5\Omega$，$X_L = 7.5\Omega$，$X_C = 15\Omega$，$\dot{I}_1 = 10\angle 45°$A

7-24 $i_C(t) = \cos(t)$A, $i_L(t) = -\cos(t+180°)$A

7-25 $\dot{U}_{oc} = 5\sqrt{2}$V, $R_{eq} = (2+j)\Omega$

7-26 （1）电压源两端：$P = -1070.7$W, $Q = 269$Var

（2）电压源发出平均功率；

（3）电压源吸收无功功率；

（4）对于12.5Ω电阻：$P = 264.5$W, $Q = 0$Var

对于电容：$P = 0$W, $Q = -1366.8$Var

对于15Ω电阻：$P = 821.4$W, $Q = 0$Var

对于电感：$P = 0$W, $Q = 1095.2$Var

（5）综上计算，平均功率和无功功率均守恒。

7-27 $C \approx 10\mu$F, $Z \approx (5-j24)\Omega$，容性；$Z \approx (5+j23.4)\Omega$感性

第8章

8-1 （a）$\begin{cases} u_1 = L_1\dfrac{di_1}{dt} - M\dfrac{di_2}{dt} \\ u_2 = M\dfrac{di_1}{dt} - L_2\dfrac{di_2}{dt} \end{cases}$，（b）$\begin{cases} u_1 = L_1\dfrac{di_1}{dt} - M\dfrac{di_2}{dt} \\ u_2 = -M\dfrac{di_1}{dt} + L_2\dfrac{di_2}{dt} \end{cases}$

8-2 $M = 0.021$H

8-3 （a）（1）6H；（2）0H；（3）0H

（b）（1）6H；（2）0H；（3）0H

（c）（1）2H；（2）0H；（3）4H

（d）（1）0.86H；（2）0H；（3）0H

8-4 （a）$-j1.5\Omega$；（b）$j1.55\Omega$；（c）$-j1\Omega$

8-5 （1）4H；（2）3.2H

8-6 $\dot{I}_1 = \dot{I}_3 = 0.5 - j0.5$A，$\dot{I}_2 = 0$A

8-7 $\dot{I}_1 = 0$A, $\dot{U}_2 = 32\angle 0°$V

8-8 $\dot{U}_2 = 50\angle 0°$V, $P = 125$W

8-9 0.5W

8-10 $\dot{U}_2 = 10\sqrt{2}\angle -135°$V, $P_{发} = 200$W

8-11 （1）25H；（2）略；（3）略

8-12 $n = 3$, $P_{Lmax} = 9$W

8-13 $\dot{I} = 40\sqrt{2}\angle 45°$A

8-14 $n = 0.5$或$n = 0.25$

8-15 $\dot{I} = -1.2 - j1.6 = 2\angle -127°$A

8-16 $\dot{U}_2 = 60\angle 0°$V, $n = 0.2$

8-17 $i(t) = 0.5\cos(5t - 45°)$A

8-18 625W

8-19 $n = 0.1$, $P_{Lmax} = 25$W

8-20 8Ω

8-21 $\omega = 25000$rad/s, $\dot{I} = -0.02$A

第9章

9-1 （1）Y-Y 联结时：$I_l = I_p = 22\text{A}$；（2）Y-△联结时：$I_l = 66\text{A}$，$I_p = 38\text{A}$

9-2 $\dot{I}_A = 22\angle -53.13°\text{A}$；$\dot{I}_B = 22\angle -173.13°\text{A}$；$\dot{I}_C = 22\angle 66.87°\text{A}$

9-3 $R = 10\Omega$，$X_L = 8\Omega$

9-4 设三相绕组为△形联结，$U_{AB} = 256.21\text{V}$，$\lambda' = 0.59$

9-5 （1）负载为 Y 形联结时：$I_l = 11\text{A}$，$P = 4356\text{W}$；（2）负载为△形联结时：$I_l = 6.35\text{A}$，$P = 1452\text{W}$

9-6 $P = 4654\text{W}$

9-7 （1）线电流：$\dot{I}_A = 3.135\angle -36.87°\text{A}$，$\dot{I}_B = 3.135\angle -156.87°\text{A}$，$\dot{I}_C = 3.135\angle 83.13°\text{A}$；相电流：$\dot{I}_{A'B'} = 1.805\angle -66.87°\text{A}$，$\dot{I}_{B'C'} = 1.805\angle -186.87°\text{A}$，$\dot{I}_{C'A'} = 1.805\angle 53.13°\text{A}$；负载线电压：$\dot{U}_{A'B'} = 360.92\angle -30°\text{V}$，$\dot{U}_{B'C'} = 360.92\angle -150°\text{V}$，$\dot{U}_{C'A'} = 360.92\angle 90°\text{V}$。（2）相电流：$\dot{I}_{A'B'} = 1.9\angle -6.87°\text{A}$，$\dot{I}_{B'C'} = 1.9\angle -126.87°\text{A}$，$\dot{I}_{C'A'} = 1.9\angle 113.13°\text{A}$；线电流：$\dot{I}_A = 3.291\angle -36.87°\text{A}$，$\dot{I}_B = 3.291\angle -156.87°\text{A}$，$\dot{I}_C = 3.291\angle 83.13°\text{A}$

9-8 （1）$\dot{I}_A = 4\angle 70°\text{A}$，$\dot{I}_B = 4\angle 170°\text{A}$，$\dot{I}_C = 4\angle 120°\text{A}$，$\dot{I}_N = 9.14\angle -60°\text{A}$；
（2）$\dot{I}_A = 10\angle 30°\text{A}$，$\dot{I}_B = 10\angle -150°\text{A}$，$\dot{I}_C = 4\angle 120°\text{A}$；$\dot{U}_{AD} = 550\angle -40°\text{V}$，$\dot{U}_{BD} = 550\angle -80°\text{V}$，$\dot{U}_{CN} = 220\angle 120°\text{V}$，若 D 点断开，A 相和 B 相负载将会因承受 550V 的高压而损坏。

9-9 （1）$I_A = I_B = 5.774\text{A}$，$I_C = 10\text{A}$；（2）$I_A = I_C = 8.66\text{A}$，$I_B = 0$；（3）$I_A = I_C = 5.774\text{A}$，$I_B = 0$

9-10 （1）略；（2）$\dot{I}_A = 0.4\angle -173.13°\text{A}$；（3）$\dot{U}_{A'B'} = 35.4\angle 176.63°\text{V}$

9-11 $U_{AB} = 384.81\text{V}$

9-12 （1）$\dot{I}_A = 18.1\angle 43.2°\text{A}$ $\dot{I}_B = 18.1\angle -76.8°\text{A}$ $\dot{I}_C = 18.1\angle -196.8°\text{A}$

相量图如下

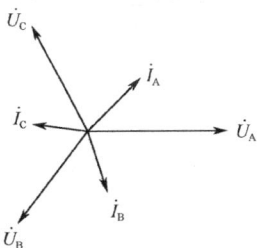

三相负载吸收的总功率为
$P = 3\text{Re}[\bar{S}_A] = 3\text{Re}[\dot{U}_A \dot{I}_A^*] = 8707\text{W}$

9-13 $C = 2.0815 \times 10^{-4}\text{F}$

9-14 功率表读数为 2.4kW
Y 形连接 3 个电容，电容值为 8.115e-5F，可以提高功率因数到 0.8
电容补偿后，功率表读数依然是 2.4kW.

9-15 $I_A = 0.04\angle -50°\text{A}$，$I_{A1} = 0.014\angle -30°\text{A}$，$I_{A2} = 0.0275\angle -60°\text{A}$

9-16 $I_A = 0.45 - j6.8\Omega$，$I_B = -4.5 - j3.33\Omega$，$I_C = 4.05 + j10.13\Omega$

9-17 $I_A = 8.2\angle -26°\text{A}$，$I_B = 3.1\angle -45°\text{A}$，$I_C = 3.1\angle 75°\text{A}$

9-18 功率表的读数为 2.4kW

9-19　（1）4.55A，36.9°；（2）$Z_Y = 38.72 + j29\Omega$；（3）$Z_\triangle = 116.16 + j87\Omega$。

9-20　（1）$I_A = 55.8$A

（2）$S = 36828$VA，$P = 30082.7$W，$Q = 21244.6$Var，$\lambda = 0.82$

9-21　$P = 7260.6$W

9-22　$P = 2500$W，$Q = 1433$Var，$\lambda = 0.866$

9-23　$P_1 + P_2$ 表示三相负载的有功功率

9-24　$P = 2581.16$W，$Q = 2575.53$Var

9-25　（1）5.97A　（2）$S = 3425.7$VA

第 10 章

10-1　（a）$Y = \begin{bmatrix} \dfrac{-j}{\omega L} & \dfrac{j}{\omega L} \\ \dfrac{j}{\omega L} & j\left(\omega C - \dfrac{1}{\omega L}\right) \end{bmatrix}$，$Z = \begin{bmatrix} j\left(\omega L - \dfrac{1}{\omega C}\right) & \dfrac{-j}{\omega C} \\ \dfrac{-j}{\omega C} & \dfrac{-j}{\omega C} \end{bmatrix}$，$T = \begin{bmatrix} 1 - \omega^2 LC & j\omega L \\ j\omega C & 1 \end{bmatrix}$;

（b）$Y = \begin{bmatrix} j\left(\omega C - \dfrac{1}{\omega L}\right) & \dfrac{j}{\omega L} \\ \dfrac{j}{\omega L} & \dfrac{-j}{\omega L} \end{bmatrix}$，$Z = \begin{bmatrix} \dfrac{-j}{\omega C} & \dfrac{-j}{\omega C} \\ \dfrac{-j}{\omega C} & j\left(\omega L - \dfrac{1}{\omega C}\right) \end{bmatrix}$，$T = \begin{bmatrix} 1 & j\omega L \\ j\omega C & 1 - \omega^2 LC \end{bmatrix}$

10-2　（a）$Y = \begin{bmatrix} \dfrac{5}{3} & \dfrac{-4}{3} \\ \dfrac{-4}{3} & \dfrac{5}{3} \end{bmatrix}$，$Z = \begin{bmatrix} \dfrac{5}{3} & \dfrac{4}{3} \\ \dfrac{4}{3} & \dfrac{5}{3} \end{bmatrix}$；（b）$Y = \begin{bmatrix} \dfrac{3}{4} & \dfrac{-1}{4} \\ \dfrac{-1}{4} & \dfrac{3}{4} \end{bmatrix}$，$Z = \begin{bmatrix} \dfrac{3}{2} & \dfrac{1}{2} \\ \dfrac{1}{2} & \dfrac{3}{2} \end{bmatrix}$

10-3　（a）$T = \begin{bmatrix} -1 & 0 \\ 0 & -1 \end{bmatrix}$；（b）$T = \begin{bmatrix} \dfrac{L_1}{M} & -j\omega\dfrac{L_1 L_2 - M^2}{M} \\ \dfrac{-j}{\omega M} & \dfrac{L_2}{M} \end{bmatrix}$；（c）$T = \begin{bmatrix} 1 & j\omega L \\ 0 & 1 \end{bmatrix}$；

（d）$T = \begin{bmatrix} 1 & 0 \\ j\omega C & 1 \end{bmatrix}$

10-4　$Y = \begin{bmatrix} 0.7143 & -0.1429 \\ -0.4286 & 0.2857 \end{bmatrix}$

10-5　$Y = \begin{bmatrix} 1 & -1 \\ -3 & 4 \end{bmatrix}$

10-6　$H = \begin{bmatrix} 2 & 4 \\ 0 & -3 \end{bmatrix}$

10-7　$R_1 = 8\Omega$，$R_2 = 8\Omega$，$R_3 = 2\Omega$，$r = 1\Omega$

10-8　$H = \begin{bmatrix} 0.5 & 0.5 \\ -0.5 & 3.5 \end{bmatrix}$，不含有受控源

10-9　（a）$Z = \begin{bmatrix} j\left(\omega L - \dfrac{1}{3\omega C}\right) & \dfrac{-j}{3\omega C} \\ \dfrac{-j}{3\omega C} & j\left(\omega L - \dfrac{1}{3\omega C}\right) \end{bmatrix}$;

(b) $Z = \begin{bmatrix} \dfrac{j3\omega L(1-3\omega^2 LC)}{1-6\omega^2 LC} & \dfrac{-j9\omega^3 L^2 C}{1-6\omega^2 LC} \\ \dfrac{-j9\omega^3 L^2 C}{1-6\omega^2 LC} & \dfrac{j3\omega L(1-3\omega^2 LC)}{1-6\omega^2 LC} \end{bmatrix}$

10-10 （a）不含有受控源，其等效 π 形电路如下所示

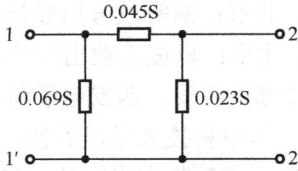

（b）含有受控源，其等效 π 形电路如下所示

10-11 $Z = \begin{bmatrix} 3 & 2 \\ 2 & 3 \end{bmatrix} \Omega$, $Y = \begin{bmatrix} 0.6 & -0.4 \\ -0.4 & 0.6 \end{bmatrix} S$

10-12 $Z = \begin{bmatrix} 2000-j4000 & -j1000 \\ -j4000 & -j1000 \end{bmatrix} \Omega$, $Y = \begin{bmatrix} 0.0005 & -0.0005 \\ -0.002 & 0.002+j0.001 \end{bmatrix} S$

10-13 $T = \begin{bmatrix} 7 & 60 \\ 0.1 & 1 \end{bmatrix}$, $U_s = 160V$, 和 $I_1 = 2A$

10-14 $Z = \begin{bmatrix} 6 & 2 \\ 2 & 6 \end{bmatrix} \Omega$

10-15 $Z = \begin{bmatrix} R_1+R_3 & R_3 \\ R_3-g_0 R_1 R_2 & R_2+R_3 \end{bmatrix} \Omega$

10-16 $H = \begin{bmatrix} 20 & 4 \\ -2 & 0.1 \end{bmatrix}$, $T = \begin{bmatrix} 5 & 10 \\ 0.05 & 0.5 \end{bmatrix}$, $T = \begin{bmatrix} 5 & 10 \\ 0.05 & 0.5 \end{bmatrix}$, $T = \begin{bmatrix} 5 & 10 \\ 0.05 & 0.5 \end{bmatrix}$

10-17 等效 T 形电路如下所示

10-18 （1）$T = \begin{bmatrix} 25 & 104 \\ 6 & 5 \end{bmatrix}$; （2）吸收功率 13.52W

10-19 $u_1 = 4.2V$, $u_2 = 0.6V$

10-20 $u_1 = 18V$, $u_2 = 2.4V$, $i_1 = 3.6A$, $i_2 = -2.4A$

10-21 $u = 60V$, $P \approx 8.89W$

参考文献

[1] 邱关源. 电路[M]. 第5版. 北京：高等教育出版社，2006.

[2] 黄锦安. 电路[M]. 第2版. 北京：机械工业出版社，2008.

[3] 吴大正. 电路基础[M]. 第2版. 西安：西安电子科技大学出版社，2000.

[4] 邹玲. 电路理论[M]. 武汉：华中科技大学出版社，2006.

[5] 张永瑞. 电路分析[M]. 北京：高等教育出版社，2004.

[6] 贺洪江. 电路基础[M]. 北京：高等教育出版社，2007.

[7] 赵桂钦. 电路分析基础教程与实验[M]. 北京：清华大学出版社，2008.

[8] 陈晓平，殷春芳. 电路原理试题库与题解[M]. 北京：机械工业出版社，2010.

[9] 周茜. 电路分析基础[M]. 第3版. 北京：电子工业出版社，2015.

[10] 单潮龙. 电路[M]. 北京：国防工业出版社，2014.

[11] 胡翔骏. 电路分析[M]. 第3版. 北京：高等教育出版社，2016.

[12] 孙雨耕，余晓丹，李桂丹. 电路基础理论[M]. 第2版. 北京：高等教育出版社，2017.

[13] 于歆杰，朱桂萍，陆文娟. 电路原理[M]. 北京：清华大学出版社，2007.

[14] NILSSON W JAMES. 电路[M]. 第9版. 周玉坤译. 北京：电子工业出版社，2012.

[15] BOYLESTAD L ROBERT. 电路分析导论[M]. 第12版. 陈希有译. 北京：机械工业出版社，2014.